全

法　语

LE FRANÇAIS

第三册

北京外国语大学法语系
马晓宏　编
陈振尧　审定

外语教学与研究出版社

(京)新登字155号

法　语

第三册

北京外国语大学法语系

马晓宏　编

*　*　*

出 版 人：李朋义
出版发行：外语教学与研究出版社
社　　址：北京市西三环北路19号（100089）
网　　址：http://www.fltrp.com
印　　刷：北京国防印刷厂
开　　本：850×1168　1/32
印　　张：17.5
版　　次：1993年6月第1版　2006年3月第14次印刷
书　　号：ISBN 7-5600-0660-4
定　　价：20.90元

*　*　*

TABLE DES MATIERES

Leçon 1

I. Météo[1] et satellites

Monsieur:	J'aimerais aller passer le week-end en Corse. on prendrait l'avion d'Ajaccio à 8 heures. Que dit la météo?
Madame:	Pour les régions méditerranéennes: temps nuageux avec orages. Allons plutôt en Bretagne, dans notre maison de Dinard: on annonce du soleil, avec un peu de vent.
Monsieur:	C'est très bien, si la météo ne se trompe pas...
Madame:	Tu sais, maintenant les informations que fournissent les satellites artificiels sont assez sûres.
Monsieur:	Il ne faut pas toujours s'y fier!
Leur fils:	Les satellites ont pu tout de même, la semaine dernière, suivre heure par heure la marche du cyclone "Julie" sur le Pacifique et l'Amérique[2].
Monsieur:	C'est entendu, ils rendent de grands services: grâce à eux on peut photographier toute la terre, on peut retransmettre en mondovision les actualités importantes. Les satellites permettront même de prévoir certains cataclysmes: tremblements de terre, éruptions volcaniques...
Madame:	J'aime mieux les voir faire ce métier pacifique, que celui d'espions militaires, auquel on les destine trop souvent.[3]

Monsieur: Oui, les hommes ont assez à faire avec les catastrophes naturelles[4]...

Leur fils: Sans compter celles que provoqua, de tout temps, leur imprudence,[5] les incendies de forêts, par exemple...

Monsieur: Comme dans certaines régions du Midi. Pour rien au monde, je ne voudrais y camper en été![6] Le Midi, très bien en hiver ou au printemps, mais en été, vive la Bretagne et son climat doux et frais!

II. La pluie et le beau temps

(1) L'évolution du temps

Après la traversée de la zone de pluie et de la tempête hier, le vent s'est calmé, et sur l'ensemble du pays le temps sera instable avec encore quelques averses. Dans la nuit prochaine, une nouvelle zone de pluie arrivera sur l'Atlantique et le ciel se couvrira dans toute la moitié sud-ouest du pays.

(2) Le temps aujourd'hui samedi

Région parisienne. Une journée fraîche avec des températures évoluant de 2℃ le matin à 6℃ l'après-midi, avec alternance de quelques éclaircies et des passages nuageux, avec encore des averses de pluie ou de neige fondue devenant plus rares[7].

Nord et Nord-Est. Temps frais avec encore des averses et de la neige en montagne au-dessus de 500 m.

Aquitaine et Centre. Des éclaircies et des passages nuageux, de faibles gelées le matin et des températures remontant jusqu' à 7℃.

Ailleurs. Temps instable avec des averses de moins en moins fréquentes, des éclaircies et le retour du mistral et de la tramontane.

(3) Le temps dimanche

Il sera en général frais et brumeux dans toute la moitié nord-ouest du pays, avec des gelées près des frontières de la Belgique et de l'Allemagne. Dans le Sud-Ouest, au contraire, une nouvelle zone de pluie arrivera, provoquant une hausse des températures. Ces pluies atteindront le soir les régions s'étendant de la Bretagne aux Pyrénées.

VOCABULAIRE

la météo = la météorologie	气象局，天气预报
météo *a. inv.*	气象的
un satellite	卫星
la Corse	科西嘉(岛)
Ajaccio	阿雅克修(科西嘉省会)
méditerranéen, ne *a.*	地中海的
nuageux, se *a.*	阴云密布的；多云的
Dinard	迪纳尔(地名：位于布列塔尼西部，著名海滨疗养地)
annoncer du soleil	预报晴天；出太阳
se tromper *v. pr.*	搞错了
fournir *v. t.*	提供；供给
artificiel, le *a.*	人造的；人工的
se fier à qch (qn).	相信某物(某人)
tout de même *loc. adv.*	仍然，还是
heure par heure	一小时一小时地
la marche	行进；运行；发展
un cyclone	旋风；龙卷风；飓风
Julie	朱丽(此处为飓风名)
le Pacifique	太平洋

l'Amérique	美洲
rendre service à qn.	为某人提供服务
photographier *v.t.*	拍照;摄影
retransmettre *v.t.*	转播;转发
la mondovision	电视的卫星转播
une actualité	新闻;现实性
un cataclysme	激变;社会大动乱,灾难
un tremblement	颤抖;震动
un tremblement de terre	地震
une éruption	喷发;爆发
un volcan	火山
volcanique *a.*	火山的
pacifique *a.*	和平的
un espion	间谍
militaire *a.*	军事的
destiner ... à qn (qch)	把某物指定给某人;准备把……用于
avoir à faire avec qch (qn)	某人有事要做;对付某物(某人)
une catastrophe naturelle	自然灾害
provoquer *v.t.*	挑衅;挑起;引起
sans compter ...	还不算……
de tout temps *loc. adv.*	历来,一向,一贯
une imprudence	不小心;粗心大意
un incendie	火灾
une forêt	森林
le Midi	(法国)南方
pour rien au monde + 否定式	无论如何不;绝不
camper *v.i.*	野营;暂时居住
vive *interj.*	万岁!
une évolution	演变;发展
la traversée	穿越;穿过

une zone	地区
la tempête	风暴，暴风雨
se calmer *v. pr.*	平静下来；安静下来
instable *a.*	不稳定的；变幻无常的
une averse	暴雨；骤雨
se couvrir *v. pr.*	乌云密布
évoluer *v. i.*	演变；进展
une alternance	交替；更迭；轮换
une éclaircie	云雾中的一角晴天；天气的暂时晴朗
la neige fondue	融化的雪
Aquitaine	阿奎坦地区(法国西部)
faible *a.*	弱小的；轻微的
une gelée	严寒；冰冻
remonter à ... *v. i.*	重新上升至……
ailleurs *adv.*	其它地方
de moins en moins	越来越少(地)
fréquent, e *a.*	经常的；频繁的
un mistral	指法国南部及地中海的干燥、寒冷而强烈的西北风或北风
la tramontane	(地中海沿岸的)北风
brumeux, se *a.*	多雾的；有雾的
au contraire *loc. adv.*	相反
une hausse	升高；上涨
atteindre *v. t.*	达到；触及；到达

Après la pluie, le beau temps.
雨过天晴。

NOTES

1. Météo et météorologie:

Météo 是 météorologie 的缩略书写形式，它既可作名词又可作为不变形容词。名词 métro 和 métropolitain；disco 和 discothèque 也是相同的情况。

2. “. . . , suivre **heure par heure** la marche du cyclone ‘**Julie**’ sur le Pacifique et l'Amérique.”

“……，一小时一小时地跟踪在太平洋和美洲地区肆虐的‘朱丽’号飓风的行踪。”

1) 这里的 heure par heure 并不是一个固定的句型，它是通过介词 par 起作用的。Par 在这里表示一种分配关系，和 deux fois par jour 相同。我们还可以说 jour par jour(一天一天地)；an par an (年复一年地)；un par un(一个一个地)；deux par deux(成双成对地)。

2) 我国沿海多台风，而西欧及拉美多飓风。我们的习惯是给每个台风标上号：一号，二号，等等。而西方的传统则是给它们起上个名子。比如 89 年夏季席卷整个拉美和美国的“雨果”号飓风，便是一例。

3. J'aime mieux les voir faire ce métier pacifique, que celui d'espions militaires, **auquel** on les destine trop souvent.

“我更愿看到人造卫星从事这项和平工作，而不愿见到它们去干那些人们常让它们去搞的军事间谍的勾当。”

Auquel 是 à + lequel 的复合形式。这里的 lequel 是关系代词，不是疑问代词。请参看本课的语法。

4. Oui, les hommes **ont assez à faire avec** les catastrophes naturelles . . .

“是的，人类光对付自然灾害就已经够忙的了……”

avoir à faire avec qch (qn)是指要应付或对付某物或某人的意思。在 avoir 后面可以加上某个副词，用来加强或减弱这种“应付”的感情。这些词包括 beaucoup, trop, rien 以及 assez 等等。请看例句：

Nous aurons **beaucoup à faire demain avec** eux. 明天我们有很多事儿要和他们一起做。

Les habitants de la ville **ont trop à faire avec** leurs voitures. 城市居民们要应付他们自己的小轿车简直是太不容易了。

Je n'ai **rien à faire avec** lui! 我和他井水不犯河水!

5. Sans compter celles que **provoqua**, de tout temps, leur imprudence, ...

   "还不算那些由于他们一贯满不在乎而引起的灾害,…"这是个倒装句。主语是 leur imprudence, provoqua 是 provoquer 的直陈式简单过去时的第三人称单数。简单过去时 (le passé simple)一般用来描写过去发生的,与现在没有什么联系的动作。

6. **Pour rien au monde,** je ne voudrais y camper en été!

   "我是无论如何不会愿意夏天在那儿野营的!"

   这是一种比较特殊的否定形式。它的原来形式应当是 ne... pour rien au monde 为了修饰效果,加强语气,往往把后者提前,成为课文中的这种形式。请看例句:

   Il **n'**y reviendra **pour rien au monde**! 他绝不会再回那儿去了!

   Je **ne** ferai cela **pour rien au monde**! 我绝不会干这事儿!

7. Une journée fraîche avec des températures **évoluant** de 2℃ le matin à 6℃ l'après-midi, avec alternance de quelques éclaircies et des passages nuageux, avec encore des averses de pluie ou de neige fondue **devenant** plus rares.

   天气较冷。气温为早上 2 度,下午 6 度。多云间晴。有零星小阵雨或雨加雪。

   Evoluant 和 devenant 是动词 évoluer 和 devenir 的现在分词,等于 qui évoluent 和 qui deviennent。

现在分词的构成是动词的直陈式现在时第一人称复数去掉词尾-ons，加上-ant。这种用法多见于笔语或专业用语中。

GRAMMAIRE

Le pronom relatif composé "lequel"（复合关系代词"lequel"）

关系代词 lequel 与疑问代词 lequel 有许多相似之处，但用法却大相径庭。我们先来看看它的构成：

1. Formation（构成）

		Masculin	Féminin
Formes composées （复合形式）	Singulier	lequel duquel auquel	laquelle de laquelle à laquelle
	Pluriel	lesquels desquels auxquels	lesquelles desquelles auxquelles

2. Emplois（用法）

一般说，复合关系代词 lequel 在使用时前面往往置有一个介词，并根据与之有关的先行词的性、数作相应的性和数的变化。我们来看看下列几种情况中 lequel 的使用方法：

1）在现代法语中，如果先行词是物或是动物，而介词又不是de的时候*，人们一般使用 lequel：

J'aurai enfin une maison **dans laquelle** je serai à l'aise. 我终于要有一所房子了，在那里我会很舒服的。

Voilà un bon dictionnaire **avec lequel** je pourrai travailler. 这是本好辞典，有它我就可以工作了。

La patrie, **pour laquelle** chacun doit se sacrifier, exige ce nouveau sacrifice. 祖国，每个人都应为之做出牺牲的祖国，

* 因为在上述情况中，如果介词是 de，法语中则往往使用关系代词 dont。

现在要求我们做出新的牺牲。

2) 复合人称代词 lequel 有时也可在先行词是指人的时候使用。法语口语中经常会见到这种情况。这时这个先行词应是间接宾语。

L'homme **à qui** (ou **auquel**) j'ai parlé.

La personne **à laquelle** vous venez de parler.

3) 作为主语或直接宾语。lequel 在现代法语中除在行政及司法两个部门外已很少使用。请看下例:

On a entendu deux temoins, **lesquels** ont affirmé ... 听取了两个证人的证词,证人证实说……

Nous avons enfin cédé aux demandes qu'ils nous ont posées, **lesquelles** ont fait jusqu'ici la plus grande sollicitude du président. 我们终于向他们提出的要求做出了让步,这些要求至今一直是总统先生最为关心的。

同时, lequel 作为主语使用是为了避免两个性、数不同的先行词的混淆。这往往出现在笔语中:

Il y a une nouvelle édition de cet ouvrage, **laquelle** se vend fort bien. 这部书有一种新版本,很畅销。

4) 在 parmi, entre 后边,无论是指人还是指物,都使用 lequel:

Il a rencontré un groupe d'amis étrangers, **parmi lesquels** cinq Français. 他遇到了一群外国朋友,其中五位是法国人。

Là, il connaît des jeunes gens venus de Paris, **parmi lesquels** Maucroix. 在那儿,他结识一些从巴黎来的年轻人,其中有莫克卢瓦。

5) 关系代词 lequel 如果紧接以介词引导的名词,并作该名词补语时,一般使用带 de 的复合形式:

Vous trouverez non loin de la maison un grand arbre à l'ombre **duquel** vous pourrez vous reposer.

On a organisé une conférence hier après-midi **au cours de laquelle** on a discuté (de) ce problème.

注意：

先行词如果是指人的名词，也可使用 de qui：

Il était accompagné de ses amis avec l'aide **de qui** (ou: **desquels**) il avait pu réussir.

UN PEU DE PHONETIQUE

L'intonation des phrases exclamatives（感叹句的语调）

感叹句语调有两种形式、两种读法，但要求充满感情。

1. 第一类有感叹词，如 quel, comme 等。语调先高后低，或说由高往低：

Quel temps!

Quelle foule!

Quelle vitesse il faut!

2. 第二类感叹词：语调开始正常，逐渐升高，最后一个元音往往拖腔：

Oh! ça sent bon!

Oh! ça sent tellement bon!

C'est formidable!

C'est vraiment formidable!

3. Exercices:

Lisez les phrases exclamatives suivantes:

1) Quel monde!

Qu'il est bon!

Comme vous êtes joli! que vous me semblez beau!
Comme il est difficile!
Quel film!
Que le temps est mauvais!

2) C'est beau!
C'est froid!
C'est chaud!
Le temps est vraiment beau!
C'est vraiment un temps de chien!
C'est intéressant!
Mais vous êtes encore très jeunes!
Vous êtes vraiment très gentil!
Oh! je suis fatiguée!

UN PEU DE CIVILISATION FRANÇAISE

法兰西的气候

法兰西的位置处于北极和赤道的中间,它的气候属温带型,各地区有明显差异。

布列塔尼和诺曼底是典型的海洋性气候;随着向内地的延伸,这种气候的特点也逐步减弱。东北地区和上述两地区的对比就比较明显,在那里已能感受到明显的大陆性气候。

一般说来,法国较热的地方是阿奎坦盆地,位于法国西部偏南;而较冷的则是北部。东部则随着阿尔卑斯山的升高,气候逐步变冷。法国南部为典型的地中海型气候,著名的密斯塔尔风很强烈,沿着罗纳河谷吹向地中海沿岸。

巴黎的年平均气温为 10 度左右,十分凉爽,年降雨量在 500 毫米左右。

我国的降雨一般以平原、南方为多。但法国的降雨量却集中在山区。阿尔卑斯山、比利牛斯山、汝拉山、沃日山区及中央高原的年平均降雨量在1000毫米左右；而在巴黎盆地、阿奎坦盆地及法国南部地区降雨量却少得多。法国年降雨量少的地方是里昂东南的鲁西荣(Rousillon)，年平均降雨只有330毫米；其次是阿尔萨斯的卡玛格地区，不足500毫米。

EXERCICES ORAUX

1. Répondez aux questions suivantes d'après les textes:

1) Où monsieur aimerait-il passer son week-end?

2) Où se trouve la Corse?

3) Qui est né en Corse?

4) Connaissez-vous la ville d'Ajaccio?

5) Que dit la météorologie pour les régions méditerranéennes?

6) Pourquoi madame propose-t-elle à son mari d'aller plutôt ailleurs?

7) Est-ce que cette famille habite à Dinard?

8) Est-ce que les informations que fournissent les satellites sont bien justes?

9) Qu'est-ce que le satellite a pu suivre la semaine dernière sur le Pacifique?

10) Qu'est-ce que c'est qu'un cyclone?
Pouvez-vous essayer d'expliquer en français?

11) Quels sont les services que peuvent rendre les satellites?

12) Qu'est-ce que c'est que la mondovision?

13) Pourquoi leur fils dit que les incendies de forêts ont été provoqués par l'imprudence des hommes?

14) Pourquoi monsieur ne voudrait-il pas camper en été dans les régions du Midi?

15) Pourquoi dit-il "vive la Bretagne"?

2. Questions à développer:

1) Que dit la météo pour la région de Beijing?

2) Quelle est la température d'aujourd'hui?

3) Pourriez-vous faire une annonce de la météo?

4) Est-ce que la météo en Chine est sûre?

5) Est-ce que la Chine a aussi le satellite météo?

6) Comment vous pensez du satellite? C'est bon?

7) Qu'est-ce que vous savez du satellite?

8) Enfin, si vous avez des congés (假期) maintenant, où est-ce que vous désirez aller?

3. Choisissez la bonne réponse:

1) "mistral" est une sorte de:

(a) pluie (b) vent

(c) neige (d) brouillard

2) "tramontane" est une sorte de:

(a) pluie (b) neige

(c) vent (d) brume

3) "brumeux" signifie ici:

(a) couvert de neige (b) agréable

(c) froid (d) couvert de brume

4) D'après les bulletins de météo, quel temps a-t-il fait à Paris avant ce week-end-là?

(a) Il a fait beau. (b) Il a fait très froid.

(c) Il a fait très chaud.

(d) Il a plu et le vent a soufflé en tempête.

5) Pour quelle région a-t-on annoncé de la neige en montagne ce week-end-là?

(a) la région parisienne (b) le Sud-Ouest

(c) le Nord et le Nord-Est (d) L'Atlantique

4. Exercices des structures:

pronom relatif composé: lequel, laquelle, ...

1)

C'est un problème important. On y a beaucoup réfléchi.
C'est un problème important auquel on a beaucoup réfléchi.

(1) C'est une question intéressante. Elle y a beaucoup réfléchi.

(2) Jacques a un nouveau projet. Il y pense souvent.

(3) Hier on a eu une réunion. Notre directeur y a assisté.

(4) C'est une solution satisfaisante (令人满意的).

Nos amis s'y intéressent beaucoup.

(5) Je vais vous dire les difficultés. Il faut y faire attention.

2)

Jacqueline travaille sur ce chantier.
Voilà le chantier sur lequel Jacqueline travaille.

(1) Nous allons lire le texte avec ce dictionnaire.

(2) On produit des machines pour cette entreprise.

(3) Nous avons rencontré cinq Français parmi ces amis étrangers.

(4) Je suis revenu par cette rue.

(5) Le chat s'est caché sous ce lit.

(6) Le facteur a mis les lettres dans cette boîte.

3)

Voici un nouvel H. L. M.. Jacquot habite à côté de cet H. L. M..
Voici le nouvel H. L. M. à côté duquel habite Jacquot.

(1) Voici de nouvelles maisons. Vous trouverez le supermarché en face de ces maisons.

(2) Voici le lac. Des pins (松树) sont plantés au bord de ce lac.

(3) Voici les nouveaux grands ensembles. L'office (办公室) d'H. L. M. se trouve à gauche de ces ensembles.

(4) Voici le jardin d'enfants. Une école primaire est installée à droite de ce jardin.

(5) Voici une colline. Un nouveau bureau de poste a été construit au pied de cette colline.

4)

Nous travaillons le soir avec ce magnétophone.
Voilà le magnétophone avec lequel nous travaillons le soir.

(1) Vous devez penser à cette difficulté.

(2) Elle a laissé sa veste sur cette chaise.

(3) Je suis revenu par cette route.

(4) Je vais au travail avec ce vélo.

(5) Hier nous avons fait une promenade autour de ce parc.

(6) Jacques habite près de ce bâtiment.

(7) Le directeur prête la plus grande attention à ce problème.

(8) Tous nos camarades ont participé à ce travail.

(9) L'exposition se tient (举行) dans cette grande salle d'exposition.

5. Exercices de réemploi:

1) se tromper de qch.

— Il a oublié la date du départ?
— Non, mais il s'est trompé de date du départ!

(1) Il a oublié l'adresse?

(2) Il a oublié le chemin?

(3) Vous avez oublié les chiffres (数字)?

(4) Elle a oublié sa veste?

(5) Ils ont oublié le numéro?

2) se fier à qn ou qch.

— Est-ce que vous me croyez?
— Oui, oui, je me fie entièrement à vous!

(1) Est-ce que vous le croyez?

(2) Est-ce qu'elle vous croit?

(3) Est-ce que vous croyez cela?

(4) Faut-il croire ce qu'il a dit?

(5) Vous croyiez pendant longtemps cette histoire?

3) tout de même

— Il a fait cela?! je ne le crois pas!
— Mais il l'a fait tout de même!

(1) Ont-ils pu venir si tôt? Je ne le crois pas!

(2) Les satellites peuvent photographier toute la terre? je ne le crois pas!

(3) Le satellite a prévu ce cataclysme?! je ne le crois pas!

(4) Les filles courent plus vite que les garçons? Je ne le crois pas!

4) rendre service à qn.

— Les satellites sont très utiles pour l'humanité (人类).
— Oui, ils nous rendent beaucoup de services.

(1) Le vélo est très utile pour les habitants d'une petite ville.

(2) L'électricité est utile pour nous tous.

(3) Ce monsieur est très gentil pour eux.

(4) Le magnétophone est très très utile dans nos études.

(5) La météo est vraiment nécessaire pour notre vie quotidienne.

5) grâce à ...

A l'aide de ce dictionnaire, j'ai pu enfin finir la traduction.
J'ai pu enfin finir la traduction grâce à ce dictionnaire.

(1) A l'aide des satellites, on peut enfin retransmettre en mondovision les actualités importantes.

(2) A l'aide de la météo, on pourrait savoir le temps à l'avance.

(3) A l'aide de ces médicaments, je suis vite guéri.

(4) A l'aide du téléphone, on peut transmettre les nouvelles en un rien de temps (很短的时间内).

(5) A l'aide des avions, on peut se déplacer très vite.

6) avoir à faire avec qch ou qn.

— Votre audition en français n'est pas fameuse.
— Vous avez raison. Nous avons encore assez à faire avec notre audition.

(1) Votre grammaire n'est pas encore fameuse.

(2) Sa prononciation n'est pas très juste.

(3) Leur intonation n'est pas très correcte.

(4) Votre voisin n'est pas content de vous!

(5) Il paraît que les filles ne sont pas d'accord avec nous trois!

7) sans compter ...

— Vous êtes si nombreux à partir d'aujourd'hui?
— Oui, et sans compter les filles qui sont derrière.

(1) Mais vous avez travaillé si longtemps?

(2) Mais ils ont tant de choses à faire?

(3) Mais elle a traduit tant?

(4) Mais le satellite a photographié notre ville?

(5) Et il y aura encore de la pluie demain?

8) au contraire

— Il paraît que vous n'êtes pas très contents ce matin?
— Mais si, au contraire, nous sommes même très contents ce matin! Parce que nous allons partir pour la France!

(1) Il paraît que vous n'êtes pas en forme?

(2) Vous êtes un peu malade, non?

(3) Ils vont partir tout de suite?

(4) Il paraît que le professeur est mécontent?

(5) Les satellites ne sont pas très utiles à mon avis!

6. Exercices divers:

1) Traduisez en français:

(1)你坐的那把椅子太小了。

(2) 我们去买东西的那个超级市场是三年前建成的。

(3) 我就用这本字典学的法语。

(4) 你看过这几部电影吗？你最喜欢哪一部？

(5) 我有不少小说，你想要看(读)哪一本？

(6) 你所想到的问题是很重要的。

2) Dites le sens du mot "*atteindre*" dans les phrases suivantes:

(1) *atteindre* l'ennemi par une marche forcée (强行军)

(2) Nous *atteindrons* Paris avant la muit.

(3) *atteindre* les fruits avec la main

(4) *atteindre* un âge avancé

(5) *atteindre* le but

(6) Le nombre d'étudiants a *atteint* 2 000.

(7) Le sommet de cette montagne *atteint* 8 000 m.

(8) La maladie l'a *atteint*.

3) Complétez les phrases suivantes avec un pronom relatif qui convient:

(1) Vous parlez de la conférence ________ j'ai assisté?

(2) Il va nous dire les difficultés ________ il faut faire attention.

(3) Voilà la seule solution ________ ils n'ont pas pensé.

(4) Connaissez-vous les problèmes ________ vos amis s'intéressent actuellement?

(5) Il nous a expliqué la question ________ nous devons réfléchir.

(6) Le télégramme que j'ai reçu et ________ j'ai répondu était extrêmement important.

(7) Je voudrais vous parler d'un des voyages au cours ________ j'ai pris de nombreuses photos.

(8) J'aimerais vous présenter à l'une de mes collègues avec ________ je travaille depuis bientôt trois ans.

4) Voici deux cartes météo; commentez-les!

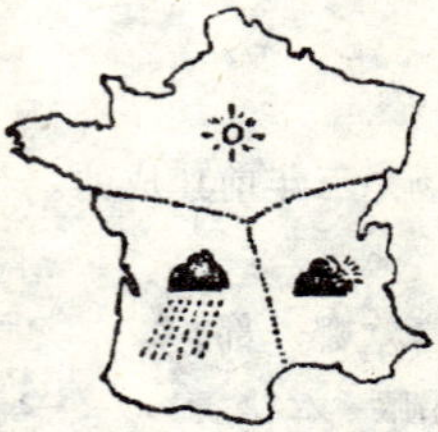

5) Jeu de dialogue:

(1) Vous comptez faire une promenade demain à la Grande Muraille avec votre voisin(e);

(2) Mais votre voisin(e) dit que le temps ne sera pas fameux d'après la météo;

(3) Vous insistez d'y aller; mais votre voisin(e) n'est absolument pas d'accord!

Alors, qui va persuader qui?

6) Faites un petit résumé météo du temps d'hier en employant les termes de météorologie.

7) Commentez cette caricature (漫画):

EXERCICES ECRITS

1. Refaites les phrases suivantes en employant le pronom relatif composé:

1) C'est à ce livre que je pense.

2) C'est à cette réunion que nous avons participé.

3) C'est à des projets fous que vous rêvez.

4) Ils habitent près de ce lac; il est plein de poissons.

5) Elle habite près de ce quartier; il est très calme.

6) Ils habitent près de la gare; elle est facile à trouver.

2. Complétez les phrases suivantes avec un pronom relatif:

1) Il m'a donné une valise — j'ai mis mes vêtements.
— je pars en voyage.
— me plaît beaucoup.

2) Prenez ce dictionaire — vous pouvez traduire ce texte difficile.
— vous ne pouvez pas traduire ce texte difficile.

3) Voici un grand arbre — on voit loin.
— il a mis une chaise.
— j'aime m'asseoir.

4) Il a visité une région — elle était touristique (旅游的).
— il a beaucoup aimé.
— il a vu des animaux extraordinaires.
— il pensera souvent.

3. Remplacez les mots soulignés par un pronom relatif en transformant la phrase si nécessaire:

1) Il nous présente ses amis; il a passé ses vacances avec **eux**.

2) Il regarde le mur; sur le **mur**, il y a une carte du monde.

3) Ils s'asseyent à une table, les couverts sont mis sur **cette table**.

4) Voici mon sac; dans **ce sac** j'ai mis de l'argent.

5) Il prend sa valise; son nom est écrit sur **cette valise**.

6) Il prend son billet; il ne peut pas partir sans **ce billet**.

7) Voici une enveloppe (信封); vous mettrez un timbre sur **cette enveloppe**.

4. Remplacez les blancs par une préposition ou un article contracté, ou supprimez-les:

1) Les soldats se rendaient compte ________ difficultés qu'ils rencontreraient ________ les jours après.

2) ________ avoir réfléchi, Joelle est décidée ________ quitter ses parents.

3) Il reste un quart ________ heure ________ voyageurs ________ le départ ________ train.

4) N'oubliez pas ________ prévenir ________ Isabelle ________ la date ________ départ.

5) Ce docteur propose ________ malade ________ garder le lit ________ le moins trois jours.

6) Le professeur permet ________ ses élèves ________ sortir ________ la cour ________ l'heure du repos.

5. Version:

De "Les satellites ont pu tout de même ...", jusqu'à "les incendies de forêts, par exemple."

6. Traduisez en français:

预报有雨	气象卫星	提供信息	搞错地址
相信某事	日复一日地	这不用说	为某人提供服务
多亏了某人	电视卫星转播	挑衅	把某物指定给某人
历来	间谍卫星	平静下来	无论如何不
自然灾害	越来越少(地)	其它地方	雨过天晴

7. Thème:

1) 我国气象卫星提供的信息是可靠的。

2) 这是咱们没有想到的唯一的解决办法。

3) 北京明天的天气可不怎么好:阴有雪。

4) 我光是对付法语语法就够忙乎的了。

5) 请不要吸烟! 不小心会引起火灾的!

6) 多亏有了人造卫星,我们每天晚上都能看到它转播的重要国际新闻。

7) 气象预报:

明天白天我国大部分地区天气晴好。江南一带阴,有大雨。东北地区阴,清晨有冰冻。北京地区多云间晴,清晨有雾。傍晚转阴,有零星小阵雨。

LECTURE

Le bulletin météo：amélioration

AUJOURD'HUI：

· Région parisienne. — Variable, brumeux le matin, puis ensoleillé.
  — Vent d'ouest modéré ou faible. Température maximale：21 à 24 degrés.

· Nord et régions voisines de la Manche.
  — Temps brumeux et très nuageux；quelques éclaircies l'après-midi et le soir. Vent de secteur ouest modéré. Température maximale：18 à 21 degrés.

· Régions voisines de l'Atlantique et Bassin aquitain.
  — Brumes et brouillards matinaux, puis temps ensoleillé. Vent de secteur ouest faible. Température maximale：22 à 25 degrés.

· Régions méditerranéennes.
  — Nuageux avec ondées orageuses en Corse；peu nuageux ailleurs. Vent assez fort de secteur nord-ouest. Température maximale：26 à 29 degrés.

VOCABULAIRE

un bulletin	公报；通报；简报
une amélioration	改善
variable *a*.	变化的；可变的
ensoleillé, e *a*.	阳光明媚的
modéré, e *a*.	温和的；柔和的

maximal, e *a*.	最大的;最高的
un degré	度
un secteur	部位;地区;方位
un bassin	盆地
aquitain, e *a*.	阿奎坦的
le brouillard	(大)雾
matinal, e, aux *a*.	早上的;清晨的
orageux, se *a*.	暴风雨的
une ondée *n*. *f*.	骤雨,阵雨

Leçon 2

I. L'oeuvre du sixième jour[1]

— Conte —

Dans ce conte, Marie *Noël* (*1883—1967*) *interprète à sa façon la Genèse*, *cette partie de la Bible qui dit comment Dieu*, *après avoir fait le ciel*, *la terre*, *les eaux et les animaux au cours des cinq premiers jours*, *créa l'homme le sixième jour*.

Dès que le Chien fut créé, il lécha la main du Bon Dieu et le Bon Dieu le flatta sur la tête:

"Que veux-tu, chien?

— Seigneur Bon Dieu, je voudrais loger chez toi, au ciel, sur le paillasson devant la porte.

— Bien sûr que non, dit le Bon Dieu. Je n'ai pas besoin de chien puisque je n'ai pas encore créé les voleurs.

— Quand les créeras-tu, Seigneur?

— Jamais. Je suis fatigué. Voilà cinq jours que je travaille, il est temps que je me repose.[2] Te voilà fait[3], toi, Chien, ma meilleure créature, mon chef-d'oeuvre. Mieux vaut m'en tenir là. Il n'est pas bon qu'un artiste se surmène au-delà de son inspiration.[4] Si je continuais à créer, je serais bien capable de rater mon affaire. Va, Chien! Va vite t'installer sur la terre. Va et sois heureux."

Le Chien poussa un profond soupir:

"Que ferais-je sur la terre, Seigneur?

— Tu mangeras, tu boiras, tu croîtras et tu multiplieras."

Le Chien soupira plus tristement encore.

"Que te faut-il de plus?

— Toi, Seigneur mon Maître! Ne pourrais-tu pas, Toi aussi, t'installer sur la terre?[5]

— Non! dit le Bon Dieu, non, Chien! Je t'assure. Je ne peux du tout m'installer sur la terre pour te tenir compagnie. J'ai bien d'autres chats à fouetter. Ce ciel, ces anges, ces étoiles, je t'assure, c'est tout un tracas! "

Alors le Chien baissa la tête et commença à s'en aller. Mais il revint:

"Ah! si seulement, Seigneur Bon Dieu, si seulement il y avait là-bas une espèce de maître dans ton genre?

— Non, dit le Bon Dieu, il n'y en a pas."

Le Chien se fit tout petit, tout bas et supplia plus près encore:[6]

"Si tu voulais, Seigneur Bon Dieu . . . , tu pourrais toujours essayer . . .

— Impossible, dit le Bon Dieu. J'ai fait ce que j'ai fait. Mon oeuvre est achevée. Jamais je ne créerai un être meilleur que toi. Si j'en créais un autre aujourd'hui, je le sens dans ma main droite, celui-là serait raté.

— Ô seigneur Bon Dieu, dit le Chien, ça ne fait rien qu'il soit raté pourvu que je puisse le suivre partout où il va et me coucher devant lui quand il s'arrête. "

Alors le Bon Dieu fut émerveillé d'avoir créé une créature si bonne et il dit au Chien:

"Va! qu'il soit fait selon ton coeur."

Et, rentrant dans son atelier, il créa l'homme.

N.B. — L'homme est raté, naturellement. Le Bon Dieu l'avait bien dit. Mais le Chien est joliment content!

D'après "CONTES", de Marie Noël

II. La malédiction des Pharaons

C'est en octobre 1922 que Howard Carter arriva dans la Vallée des Rois,[7] près de Louxor, pour préparer les fouilles qui allaient conduire à la découverte du tombeau de Toutankhamon. Le 5 novembre, des ouvriers aperçurent sous le sable le départ d'un escalier creusé dans la montagne, puis, un peu plus tard, une porte de pierre.

Carter télégraphia aussitôt à son ami Lord Carnarvon, resté en Grande-Bretagne, et les fouilles recommencèrent après son arrivée. Le lendemain, 24 novembre, les deux archéologues découvrirent un couloir montant et une seconde porte qui fermait une grande salle remplie de meubles et d'objets dont un morceau de bois où ils lurent cette phrase:[8] "Les ailes de la mort toucheront celui qui osera déranger mon repos!" Mais aucun d'eux n'en parla et ils le cachèrent pour ne pas faire peur aux ouvriers qui travaillaient avec eux.

Les recherches continuèrent donc et, le 17 février 1923, Carter et Carnarvon ouvrirent la chambre où se trouvait le tombeau de Toutankhamon. C'était la découverte la plus extraordinaire de l'archéologie égyptienne: on venait de retrouver le corps d'un roi, mort il y a plus de 3 000 ans, et, un peu plus tard, toutes ses richesses dans une salle voisine.

Deux mois après cette découverte, Lord Carnarvon tomba

malade au Caire. Sa maladie avait commencé d'une façon bizarre: "J'ai un peu mal à la tête", avait-il déclaré un matin. On appela un médecin: il avait 40 et sa fièvre dura pendant douze jours avec des hauts et des bas. Dans ses rêves, Lord Carnarvon prononça souvent le nom de Toutankhamon et ses dernières paroles, avant de mourir, furent: "J'ai entendu son appel; je vais le suivre..."

Deux autres personnes qui avaient participé aux fouilles dans le tombeau moururent la même année. C'est à ce moment que les chercheurs, et bientôt aussi les journalistes, commencèrent à parler de la MALEDICTION DES PHARAONS. Jusqu'en 1929, vingt-deux personnes, qui toutes étaient entrées dans le tombeau, moururent d'une mort inexplicable.[9]

VOCABULAIRE

une oeuvre	工作;作品;著作
un conte	故事;短篇小说
interpréter *v.t.*	解释,说明,阐明
à sa façon	以他(她)的方式
la Genèse	"创世纪"(圣经旧约的第一卷)
la Bible	福音书,圣经
Dieu	上帝
au cours de ...	在……的过程中
créer *v. t.*	创造;创作
un chien	狗
lécher *v.t.*	舔
flatter *v.t.*	抚摸;奉承;迎合
Seigneur	天主,上帝之称谓
un seigneur	领主;老爷;大人
le paillasson	擦鞋垫,门毡

bien sûr que non	当然不是
bien sûr que oui	当然是
un voleur	小偷;贼
une voleuse	小偷(女);女贼
se reposer *v. pr.*	休息
une créature	创造物
un chef-d'oeuvre	杰作
mieux vaut + inf.	(无人称句)更好做什么
s'en tenir là	限于此处;到此为止
un aitiste	艺术家
se surmener *v. pr.*	劳累过度;工作过度
au-delà de ... *loc. prép.*	超过;在……之外
une inspiration	灵感;灵机,突如其来的想法
rater qch.	没做成功;没有搞好
une affaire	业务;使人特别感兴趣的事情
être capable de faire qch.	有能力做某事
s'installer à (sur ...)	安家;定居
sois	être 虚拟式第二人称单数
pousser *v. t.*	推;发出(叫声等)
un soupir	叹息
profond, e *a.*	深深的
croître *v. i.*	成长;增加
multiplier *v. i.*	增加;繁殖
soupirer *v. i.*	叹气;叹息
tristement *adv.*	伤心地;悲伤地
le maître	主人;师付
tenir compagnie à qn.	陪伴某人
un chat	猫
fouetter *v. t.*	抽打;鞭打
avoir d'autres chats à fouetter	有别的事要做
un ange	天使,安琪儿

un tracas	烦恼,忧虑
baisser *v.t.*	低下;降下
s'en aller *v.pr.*	走掉;离去;走开
une espèce	种类
une espèce de ...	一种;……之类的(指人时带有贬义)
un genre	类型;风度,派头
dans son genre	在这一类人中
se faire	变为,变成
achever *v.t.*	结束;完成
ça ne fait rien que ...	……没关系;……无关紧要
pourvu que ...	只要……;但愿……
être émerveillé de faire qch.	对做某事赞叹不已
selon	按照;根据
un atelier	车间;作坊
naturellement *adv.*	自然地;当然地
joliment *adv.*	<俗>非常,极其
N.B. =(拉丁语:Nota Bene 的缩写)	请注意
une malédiction	诅咒;咒骂
un pharaon	法老(古埃及国王)
Howard Carter	霍华德·卡特(英:人名)
une vallée	河谷
un roi	国王
Louxor	卢克索尔(埃及地名);巴黎协和广场园柱即来自该地
les fouilles *n.f.pl.*	发掘;挖掘
conduire à...	导致
une découverte	发现
un tombeau	墓;墓地;墓穴
Toutankhamon	杜坦卡门(古埃及国王)
le sable	沙子

creuser *v.t.*	挖;掘
Lord Carnarvon	卡那冯爵士(英:人名)
recommencer *v.i. et. v.t.*	重新开始;重新开始做
le lendemain	第二天
un archéologue	考古学家
découvrir *v.t.*	发现
dont	关系代词
un morceau	一块儿
le bois	木材;木头
une aile	翅膀
oser	敢
le repos	休息;安息
aucun, aucune	没有任何人(用于否定形式)
cacher *v.t.*	掩藏;掩盖
faire peur à qn.	使某人感到害怕;吓着某人
une recherche	寻找;寻求;探索
l'archéologie *n.f.*	考古学
égyptien, ne *a.*	埃及的
retrouver *v.t.*	重新找到;再发现
une richesse	财富
voisin, e *a.*	邻近的;旁边的
tomber malade	病倒;得病
le Caire	开罗
des hauts et des bas	有时高有时低
un rêve	梦;梦境
prononcer *v.t.*	发出;发音
une parole	言语;话语
un appel	召唤
un chercheur	探求者;研究员
un journaliste	记者
inexplicable *a.*	无法解释的

Tant vaut l'homme, tant vaut la terre.

人勤地不懒。

Mieux vaut tard que jamais.

迟做总比不做强。

NOTES

1. L'oeuvre du sixième jour 第六天的作品

   根据《圣经》第一卷“创世纪”的说法,上帝第一天创造了光明,与黑暗分开,便有了白天和夜晚。第二天上帝创造了天,第三天创造了海洋和陆地,第四天创造了日月星辰和四季,第五天创造出了各种动物,第六天又创造出万物,并终于造出了管理这一切的人类。天地万物造齐了,上帝的造物已经功德圆满,第七天便歇息了。于是上帝赐给第七日,称为圣日,也叫做安息日。

   本课选用法国作家马丽·诺埃尔所著故事集中一则荒诞讽刺故事。

2. Voilà cinq jours que je travaille, **il est temps que** je me repose. 我已工作了五天,现在是我休息的时候了。

   Il est temps que 是固定句型,意为“是做某事的时候了”,它的后面可以跟一个从句,但从句的谓语要用虚拟式。类似情况本课还有几处,如:

   il n'est pas bon que . . . 做……不好;

   ça ne fait rien que . . . 做……没关系;

   pourvu que . . . 只要……。

   从句所使用的谓语都要求用虚拟式。

3. Te **voilà fait**, toi, . . . 你吗,你已经被创造出来了。

   动词 faire 在此处代替动词 créer。Voilà 是介词,在现代法语中，它的使用比较广泛。

1）有“那儿是，那就是；这儿是，这就是”的含义：

Voilà l'ennemi. 敌人来了。

Voilà l'homme que vous demandez. 这就是你要找的那个人。

Le voilà. 他来了。（他在这儿！它在这儿！）

2）有时会带有感叹的色彩：

Les beaux fruits que **voilà**! 多好的水果(呀)！

Voilà, voilà, . . . j'arrive! 来了，来了，……我就来！

3）“以上就是，上面就是”的含意：

Voilà sa question. 以上就是他的问题。

Voilà tout! 就这些！（讲完了！）

En **voilà** assez! 够了！得了！少啰嗦！

Ah! **voilà** 啊！原来如此！（嗳哟！好不容易呀！）

Voilà bien les hommes! 男人就是这个样子！

4）“现在，这会儿”的含义：

Vous **voilà** content! 您现在可高兴了！

Nous **voilà** frais. 咱们这下子可糟了。

La **voilà** partie. 她终于走了。

Nous y **voilà**. 咱们到了。（转意：果然不出所料。）

5）加 que 与后面的补语从句相连，表示发生新的情况：

Voilà qu'on sonne. 啊，打铃了。

Voilà qu'on m'appelle. 哦，有人叫我。

Tiens! **voilà qu'**il se met à pleuvoir. 瞧！下起雨来了。

6）专指时间，表示“已经有”的意思：

Voilà trois jours qu'il n'a pas mangé. 他已有三天没吃东西了。

Voilà cinq jours que je travaille. 我已干了五天活了。

4. Il n'est pas bon qu'un artiste se surmène **au-delà de** son inspiration. 一位艺术家超越自己的灵感去过度操劳是不好的。

au-delà de 是介词短语，可用于具体与抽象两个方面：

au-delà de la frontière 在国境线外面；～那边

Il a réussi **au-delà de** mes espérances. 他的成功超出了我的期望。

5. **Toi, Seigneur** mon **Maître**! Ne pourrais-tu pas, **Toi** aussi, t'installer sur la **terre**? 你呀，上帝啊，我的主！你就不能和我一样，也到下界去安家落户吗？

   1）这一句中出现了四个大写的字母。第二个和第三个都较容易理解，是专指上帝而言。而第四个最不好理解。重读人称代词是不能大写的，除非在句首。作者在这里使用不规范大写，是想借助这种突然的手段，更好地刻画出"狗"那副阿谄奉承，委曲求全的嘴脸。第一个 toi 实际上也和第二个 toi 一样，只是它在句首，看不出来罢了。文中的 Chien 大写，也是为了说明这是上帝创造的第一条狗。

   2）la terre 原意为"大地"，"地上"。我们可以把它理解为"下界"。这个词在中国传统神话故事中常常用来专指人间。

6. Le Chien **se fit** tout petit, tout bas et supplia plus près encore: . . .

   狗便蜷缩成一团，趴下身子，更凑近上帝哀求道：……se faire 加上形容词，往往含有"变成，变为"的含义。se faire 和 devenir 不尽相同，往往含有主动的意义；而后者则往往是对客观景象的描写。

7. la Vallée des Rois 国王谷指尼罗河西部的山区，因古埃及法老——国王们多建自己的陵墓于此，故而得名。

8. "..., les deux archéologues découvrirent un couloir montant et

une seconde porte qui fermait une grande salle remplie de meubles et d'objets **dont** un morceau de bois où ils lurent cette phrase: . . ."

"……两位考古学家发现了一条向上的通道和第二道门，门里是一个巨大的厅堂，里面堆满了各种用具和物品，其中的一块木板上写着这样的字句……"

关系代词 dont 在关系从句中可以做为名词，动词，形容词或数词的补语。

如果不使用 dont，这个句子，应该是这样：

. . . une grande salle remplie de meubles et d'objets, un morceau de bois de ces objets portait cette phrase: . . .

9. 据查，考古人员之死是坟墓长期封闭后散发的毒气所致。

GRAMMAIRE

Le passé simple（简单过去时）

1. Ses particularités（其特点）

   由于语言和历史原因，造成了简单过去时不同于法语中其它诸时态的各种特点。首先，简单过去时主要用于书面语，包括文学作品和报刊。其二，它在广播及电视领域中正在逐渐扩大使用范围。

   由于文学作品、广播电视等的影响，现在文化层次较高的人们还在使用简单过去时，特别是在法国南部以及西部的某些地区。

2. Sa formation（其构成）

   简单过去时有三种不同类型的词尾。除少数特殊情况外，在动词词根后加上以下词尾，便构成简单过去时：

premier	deuxième	troisième
-ai	-is	-us

-as	-is	-us
-a	-it	-ut
-a	-it	-ut
-âmes	-îmes	-ûmes
-âtes	-îtes	-ûtes
-èrent	-irent	-urent
-èrent	-irent	-urent

1）第一种类型的词尾适用于全部以-er 结尾的动词。包括动词 aller 在内。

commencer：	je commençai,	il commença
manger：	je mangeai,	il mangea
créer：	je créai,	il créa
aller：	j'allai,	il alla

2）第二种类型的词尾用于：

（1）以-ir 结尾的动词（courir，mourir，venir 除外）。

（2）与 répondre 同型的第三组动词。

（3）不规则动词 s'asseoir，voir，mettre，prendre，faire，écrire，conduire，atteindre，naître，vaincre：这一类动词简单过去时中的词根略有改变（s'asseoir，mettre，prendre 可以参考过去分词的形式）。

ouvrir：	j'ouvris，il ouvrit
répondre：	je répondis，il répondit
s'asseoir：	je m'assis，il s'assit
voir：	je vis，il vit
faire：	je fis，il fit
écrire：	j'écrivis，il écrivit
conduire：	je conduisis，il conduisit
atteindre：	j'atteignis，il atteignit

naître：	je naquis，il naquit
vaincre：	je vainquis，il vainquit

3）第三种类型的词尾适用于其余不规则动词（tenir，venir，avoir 和 être 除外）：

（1）courir，mourir.

（2）以-oir 结尾的动词（s'asseoir，voir 除外）。

（3）不属于第二种类型的以-re 结尾的动词。

这一类动词的简单过去时中，词根常有改变，除 mourir 外，过去分词均以-u 结尾，和简单过去时的形式相近，可做参考。

courir：	je courus,	il courut
mourir：	je mourus,	il mourut
pouvoir：	je pus,	il put
croire：	je crus,	il crut

4）动词 tenir 和 venir（及其同根动词）的简单过去时变位是不规则的：

tenir		venir	
je tins	nous tînmes	je vins	nous vînmes
tu tins	vous tîntes	tu vins	vous vîntes
il tint	ils tinrent	il vint	ils vinrent
elle tint	elles tinrent	elle vint	elles vinrent

5）助动词 avoir 和 être 的简单过去时的变位：

avoir		être	
j'eus	nous eûmes	je fus	nous fûmes
tu eus	vous eûtes	tu fus	vous fûtes
il eut	ils eurent	il fut	ils furent
elle eut	elles eurent	elle fut	elles furent

3. Ses emplois（其用法）：

1）简单过去时一般局限于书面语中。在叙述中，简单过去时用来表示过去某一确定时间内已经完成的某一行为或一系列动作。请看例句：

L'homme **fut** l'oeuvre du sixième jour de Dieu. 人是上帝创世第六天的作品。

L'hiver de 1793 **fut** extrêmement rigoureux. 1793 年冬天格外地寒冷。

Marie Noël **naquit** en 1883 et **mourut** en 1967. 玛丽·诺埃尔生于 1883 年，卒于 1967 年。

Il se leva, **prit** son manteau, **ouvrit** la porte et **disparut** dans la nuit. 他站起身来，拿过大衣，打开门，消失在夜色中。

2）在成语或格言中往往使用简单过去时。这类句子往往用否定式，句中有表示时间的状语：

Jamais mauvais ouvrier ne **trouva** bon outil. 劣匠手中无利器。

3）描写状况一般用未完成过去时。但如果出现新的情况，就可看成是动作，因而可以用简单过去时表示：

Le ciel **était** gris, il **pleuvait**. Le vent **se leva**, il **chassa** les nuages et le soleil **apparut**. 天阴沉沉的，下着雨。起风了，风驱散了乌云，太阳出来了。

Il **marchait** le long de la rue et n'**arrêtait** pas d'y penser... Soudain, il **sut** qu'il s'était trompé. 他沿着大街走着，不停地在想这件事……突然，他发觉自己搞错了。

4）未完成过去时表示同时发生的动作或状况，简单过去时则表示先后发生的动作。试比较：

Il **était** bien triste quand il **reçut** ma letttre. 他正伤心时收

到了我的信。

(Il était bien triste au moment où il reçut ma lettre.)

Il **fut** bien triste quand il **reçut** ma lettre. 收到我的信之后,他十分伤心。

(Le contenu de ma lettre le rendit triste.)

5) 简单过去时与复合过去时都可以叙述过去的事件,但复合过去时所包含的时间概念是从"现在"着眼的,即与说话的时候还有联系,可以表示说话时已经完成或者尚未完成的过去的动作。而简单过去时表示纯粹发生在过去的事,和现在没有联系。请看例句:

Tout à coup mes yeux **furent attirés** par de petits points rouges qui brillaient dans l'herbe: des fraises! c'était: des fraises! Je ne **sentis** plus ma fatigue. Il y en avait des milliers qui formaient un tapis rouge. J'en **ai mangé** depuis de plus belles et de plus grosses, jamais de meilleures.

突然,我的目光被草丛中闪烁着的许多小红点儿吸引过去:草莓!是草莓!我也不觉得累了。地上的草莓成百上千,多得象铺上了一块红地毯。后来,我又吃过更大,更好看的草莓,但没吃过比那再好的了。

(Ai mangé 脱离当时叙述,联系到说话的时候,不能再用简单过去时。)

UN PEU DE PHONETIQUE

Les apostrophes (呼语)

呼语主要为了引起对方的注意,在词义上和句中其它成份无直接联系。在句中,呼语用升调或降调完全凭个人喜好,无硬性规定。但一般说来,用升调显得比较活泼,而用降调则显得较为沉稳。

Luc, il faut partir!

Mes enfants,nous devons rentrer!

Vous dèsirez,monsieur?

Que dèsirez-vous,madame?

夹在句中的呼语和一般插入成份语调相近：

Ecoutez messieurs, la question est beauc
-oup moins simple que vous l'maginez!
Ce que vous dites, mademoiselle, est
tout á fait rai sonnadle

呼叫较远处的人时，往往采用拖音的办法，把音节拉长：

Catheri-ne! reviens vi-te!

Geor-ges! viens!

Exercices：

1. Hé! Pascal! tu viens ou pas?
2. Monsieur, vous avez perdu quelque chose?
4. Cécile, viens vite!
5. Doucement, doucement, mon enfant, prenons d'abord cela.
6. Ce qu'il a dit, Jacques, est tout à fait juste.
7. —Tiens! Catherine est déjà loin!
   —Catheri-ne! reviens vi-te!
8. Pardon, madame, je voudrais deux kilos de tomates.

UN PEU DE CIVILISATION FRANÇAISE

《圣经》梗概

法国人大多信奉天主教。

《圣经》是基督教的经典，由《旧约全书》和《新约全书》组成。天主教的《圣经》还包括《次经全书》。

《旧约全书》共39卷，分成四类：一、古经；二、历史；三、文苑；四、预言。

古经亦称律法书，共书卷，包括“创世纪”、“出埃及记”、“利未记”、“民数记”和“申命记”。相传为摩西所作，通称“摩西五经”。五经说的是上帝创造天地万物和人类，以及古代以色列人的传说、法典与教规等。

历史12卷，写的是以色列民族的形成与兴衰的历史。

文苑五卷，内容大多是有关宗教的哲理、诗歌、格言和其它文艺作品。

预言，指的是先知书，计17卷，大约是诸先知自己写成。而就篇幅长短来说又分为大先知书和小先知书。大先知书五卷，小先知书12卷。

以上39卷书从纪元前17世纪至前1世纪，陆续用希伯来文写成。从地域上说，大约为今日中东及地中海沿岸一带。

因为这些作品记载了神与人订立的“约”，所以被犹太教奉为圣经。后来基督教承袭此说，但由于基督降世后与人重立了“新约”，因此就把犹太教的圣经称为“旧约”。

《新约全书》共27卷，也分成四类：一、福音书：二、使徒行传；三、书信；四、启示录。

“福音书”就是基督传，分别由马太、马可、路加和约翰四人写成，通称“四福音书”。

“使徒行传”从耶稣升天后不久写起，直到保罗在罗马传教为止，叙述30余年的福音传播史。

“书信”，包括使徒保罗致各地教会的13封书信，还有其他人写的八封书信，共计21封。

“启示录”是使徒约翰根据在拨摩岛上所见异象写下的记录，

望穿时空,预言未来。

《新约全书》用希腊文写成。写作时间大约从纪元一世纪中叶至末叶,陆续出现,历时近半个世纪。根据它的记载,《圣经》是圣徒依照上帝的默示写就的。

《圣经》译成中文,大约有一百多万字。

EXERCICES ORAUX

1. Répondez aux questions suivantes d'après les textes:

(texte 1)

1) A quel jour le Dieu créa-t-il l'homme?

2) D'après ce conte, qui poussa Dieu à créer l'homme?

3) Le chien voulait d'abord loger chez Dieu, mais Dieu le refusa. Pourquoi?

4) D'après Dieu, qui est le plus réussi de ses oeuvres?

5) Pourquoi Dieu ne voulait plus continuer à créer?

6) Dieu ne pouvait pas s'installer sur la terre. Vous savez pourquoi?

7) Que voulait dire Dieu par "J'ai bien d'autres chats à fouetter"?

8) Pourquoi le chien se fit-il tout petit, tout bas?

9) Comment Dieu accepta-t-il enfin la proposition du chien et créa l'homme?

10) Pourquoi l'auteur a-t-il mis à part (放置一旁) la remarque finale?

(texte 2)

1) Où se trouve la Vallée des Rois?

2) Qu'est-ce que c'est que l'archéologie?

3) Quand eurent lieu les fouilles archéologiques du tombeau de Toutankhamon?

4) Qui fut responsable de ces fouilles?

5) Où est-ce que les ouvriers trouvèrent un escalier?

6) Pourquoi Carter dut attendre l'arrivée de Carnarvon pour recommencer les fouilles?

7) A quelle date précise les deux archéologues purent enfin entrer dans le tombeau de Toutankhamon?

8) Où trouvèrent-ils un morceau de bois sur lequel il y a la malédiction?

9) Connaissez-vous la raison pour laquelle les deux archéologues cachèrent ce morceau de bois aux ouvriers qui travaillaient avec eux?

10) Que trouva-t-on dans le tombeau de Toutankhamon?

11) Pourquoi dit-on que ce fut la découverte la plus extraordinaire de l'archéologie égyptienne?

12) Quand Carnarvon tomba-t-il malade?

13) Comment était sa maladie?

14) Fut-il guéri?

15) Que dit-il avant de mourir?

16) Et les autres personnes qui étaient entrées aussi dans le tombeau? Elles étaient saines et sauves(平安无事的)?

17) Croyez-vous à cette Malédiction? Pourquoi?

2. Choisissez la bonne réponse:

1) le mot "tracas" veut dire:

a. une tristesse; b. un chagrin;

c. une question; d. un problème.

2) Dieu ne voulait pas s'installer sur la terre parce que:

a. il aimait encore le paradis (天堂);

b. il n'aimait pas l'homme;

c. il n'aimait pas le chien;

d. il devait s'occuper des autres problèmes.

3) Le chien demanda au Dieu de créer l'homme pour:

a. arrêter les voleurs;

b. avoir un compagnon;

c. faire plaisir au Dieu;

d. rester au ciel.

4) La "Malédiction" est un mot

a. qui est sale;

b. qui peut porter bonheur;

c. qui peut porter malheur;

d. qui peut porter de l'argent.

5) Les chercheurs et les journalistes commencèrent à parler de la "Malédiction":

a. avant la mort de Carnarvon;

b. après la mort de Carnarvon;

c. après la mort des deux autres personnes;

d. après la mort des vingt-deux personnes qui toutes étaient entrées dans le tombeau.

3. Exercices sur des mots et expressions:

1) à la façon de qn.

— Ainsi, j'ai réparé ma voiture. Vous faites comme moi?
— Non, merci. Je réparerai la mienne à ma façon.

(1) Ainsi, il a fait sa chambre. Tu ne fais pas comme lui?

(2) Ainsi, j'ai interprété ma question. Il ne fait pas comme moi?

(3) Ainsi, elle a préparé son repas. Elles ne veulent pas faire comme elle?

(4) Ainsi, nous avons écrit nos lettres. Vous ne faites pas comme nous?

2) au cours de ...

— Qu'as-tu fait ces dernières années?
— Au cours de ces dernières années, j'ai étudié le français, l'anglais, l'espagnol et le chinois.

(1) Qu'est-ce qu'il a fait ces derniers jours?

(2) Que faisiez-vous pendant l'année 85?

(3) Qu'a-t-il fait ces derniers mois?

(4) Qu'est-ce qu'elle a fait ces jours-ci?

(5) Que faisait Pascal ces trois semaines?

3) mieux vaut faire qch. (il vaut mieux faire qch.)

— Nous devons partir ou rester?

— Mieux vaut partir. (Il vaut mieux partir)

(1) Nous devons écrire en chinois ou en français?

(2) Ils doivent y entrer ou pas?

(3) Nous devons nous surmener ou nous reposer?

(4) Et le paillasson, il faut l'acheter ou non?

(5) Est-ce que je dois lui tenir compagnie?

4) s'installer à (chez, sur, dans. . .)

— Vous venez de déménager (搬家)?

— Oui, nous nous sommes intallés à Paris.

(1) Vous allez déménager? à la campagne?

(2) Ils vont déménager? en province?

(3) Tu vas déménager? en ville?

(4) Elle va déménager? chez son oncle?

(5) Nous allons déménager? aux Etats-Unis?

5) tenir compagnie à qn.

— Je dois l'accompagner?

— Oui, vaut mieux lui tenir compagnie.

(1) Est-ce que nous devons accompagner ces enfants?

(2) Est-ce que les parents doivent toujours accompagner leurs enfants qui traversent la rue?

(3) Est-ce que nous devons accompagner cette vieille dame à l'hôpital?

(4) Doivent-ils accompagner ces jeunes filles pour rentrer le soir à la maison?

(5) Je dois vous accompagner à la gare?

6) une espèce de . . .

— Connaissez-vous le riz?

—Oui, c'est une espèce de plante.

(1) Connaissez-vous cette pièce?

(2) Connaissez-vous le chat?

(3) Connaissez-vous le chien?

(4) Connaissez-vous le pain?

(5) Connaissez-vous le vin?

7) aucun, aucune

— Vous connaissez ses amis? — Non, je ne connais aucun de ses amis.

(1) Vous avez lu ces livres?

(2) Ils ont vu ces films français?

(3) Est-ce que Paul a visité ces monuments?

(4) Vous avez des amis français?

(5) Elle a reçu des lettres de ses parents?

— Parmi vous, personne ne l'a dit? — Non, aucun de nous ne l'a dit.

(1) Parmi les filles, personne n'a vu ce film?

(2) Parmi vous, personne n'a vu ce spectacle?

(3) Parmi les ouvriers, personne ne vit ce morceau de bois?

(4) Parmi vos camarades, personne n'a vu Paul?

(5) Parmi ces archéologues, personne n'a visité le tombeau de Toutankhamon?

4. Exercices divers:

1) Traduisez en français:

(1)《圣经》对法国人来说很重要。

(2) 按"创世纪"的解释,万物是上帝创造的。

(3) 他有能力做好这件事情。

(4) 我的灵感没有了。

(5) 我们有更重要的事情要做。

(6) 他伤心地叹了一口气。

(7) 你愿把家安在外省吗？

2) Traduisez en chinois:

(1) Dès que le chien fut créé, il lécha la main du Bon Dieu et le Bon Dieu le flatta sur la tête.

(2) Si je continuais à créer, je serais bien capable de rater mon affaire.

(3) Je ne peux pas du tout m'installer sur la terre pour te tenir compagnie. J'ai bien d'autres chats à fouetter. Ce ciel, ces anges, ces étoiles, je t'assure, c'est tout un tracas.

3) Dites le sens du mot "voilà" dans les phrases suivantes:

(1) *Voilà* ma maison et *voilà* la leur.

(2) *Voilà* pour vous.

(3) Le *voilà* qui arrive!

(4) Les *voilà* enfin!

(5) Vous en voulez? En *voilà*.

(6) En *voilà* pour 100 francs.

(7) *Voilà* sa raison.

(8) *Voilà* qui est bien.

(9) Nous *voilà* dans la place!

(10) *Voilà* qu'ils partent.

(11) *Voilà* bientôt cinq ans que je suis ici.

4) Sujet de discussion:

(1) Pourquoi Dieu considère-t-il le chien comme son chef-d'oeuvre?

(2) Est-ce que vous pensez que le chien est toujours "joliment" content? Faites-le parler!

5) Sujet de dialogue:

Imaginez un dialogue entre le chien et le Bon Dieu quelques années plus tard.

EXERCICES ECRITS

1. Mettez les verbes au passé simple quand il le faut:

Le Renard(狐狸)invite un jour la Cigogne(鹳)à dîner; il lui présente de la sauce(汤)dans une assiette(碟子). Naturellement, la Cigogne, à cause de son bec (鸟嘴), ne mange rien et s'en retourne chez elle, sans dire un mot. Quelque temps après, elle invite à son tour le Renard qui arrive à l'heure fixée (固定;约定的)et trouve devant lui une carafe(长颈瓶)pleine de nourriture. Mais le col (颈)étroit de la carafe empêche le Renard de manger. Il retourne chez lui tout honteux(感到羞愧的).

2. Mettez les verbes entre parenthèses au passé simple ou à l'imparfait:

1) Il y avait autrefois un certain maître Dongguo. Un jour qu'il (faire) beau, maître Dongguo (décider) d'aller à Zhongshan. Il (mettre) des livres dans un sac; (monter) sur un âne(驴)et (partir) pour Zhongshan.

Tout à coup, un loup (sortir) de la forêt. Des chasseurs (猎人)le (poursuivre) (v. t. 追捕). Le loup (courir) vers maître Dongguo et lui (demander) de le sauver.

Maître Dongguo (faire) entrer le loup dans son sac, (mettre) le sac sur son âne et (continuer) son chemin à pied.

A peine le danger éloigné(危险刚过去), le loup (sortir) du sac et (se jeter) (扑向) sur maître Dongguo. Heureusement, un vieux paysan (voir) la scène(景象), (sauver) maître Dongguo et (tuer)(杀死)le loup.

2) C'était un matin d'hiver. Il (faire) froid. Il y (avoir) un grand vent. Un vieux paysan (se rendre) aux champs quand il (voir) tout à coup quelque chose au milieu de la route. Il (s'approcher), (regarder). Ce (être) un serpent(蛇). Le serpent ne (bouger) (v. i. 动弹;活动) pas. Il (aller) mourir de froid.

Le paysan le (prendre) alors dans ses mains, puis (chercher) un endroit plus chaud pour ce pauvre reptile. Il (finir) par le mettre sous sa veste, tout près de son coeur.

Peu de temps après, le serpent (se mettre)(开始)à bouger. Il (devenir) de plus en plus fort. Enfin, il (mordre 咬) le paysan.

Avant de mourir, le paysan (se dire): "Ce (être) de ma faute si je (mourir), parce que je (sauver) un ennemi."

3. Version:

Les deux premiers paragraphes du deuxième texte.

4. Traduisez en français:

阐明一个问题	在……过程中	当然不是	杰作	到此为止
劳累过度	把某事搞糟了	导致……	重新开始做某事	
使某人感到害怕	时高时低	病倒	叹气	超越
离去	陪伴某人	财富		

5. Thème:

1) 列宁(Lénine)出生于1870年,卒于1924年。

2) 狗被创造出来后,要求上帝再给它创造出人类;上帝抚摸着狗的头说:"我不能再干了,如果再干,会搞糟的。"

3) 玛丽·诺埃尔在这个故事中用她的方法向我们讲述了狗是怎样地讨好上帝的。

4) 在过去的几年中,他花了不少时间学习法语,英语和汉语。

5) 你别吓唬我! 我从不相信什么法老的诅咒。

6) ——你愿和我们出去吗?

——我想不行。

——真的不行?

——当然不行。我还有许多别的事儿要做呢!

7) 乌鸦和狐狸

有一天乌鸦找到一块奶酪。它很高兴。回家的路上,它碰见了狐狸。

狐狸一见奶酪,便想怎样把它搞到手。

它对乌鸦说:"乌鸦先生,您多漂亮呀。您唱歌一定唱得很好。"

乌鸦一听,高兴极了。马上张开嘴唱起歌来。奶酪掉到了地上。

狐狸马上抓住奶酪,说了声"谢谢",走了。乌鸦这才明白过来,但是,已经太迟了。

LECTURE
La dernière classe

……

M. Hamel nous dit d'une voix douce et grave:

—Mes enfants, c'est la dernière fois que je vous fais la classe. L'ordre est venu de Berlin de ne plus enseigner que l'allemand dans les écoles de l'Alsace et de la Lorraine... Le nouveau maître arrivera demain. Aujourd'hui c'est votre dernière leçon de français. Je vous prie d'être bien attentifs.

Ces quelques paroles me bouleversèrent.

Ma dernière leçon de français!... Et moi qui ne savais pas encore écrire! Je n'apprendrais donc jamais!... Comme je m'en voulais maintenant du temps perdu, des classes manquées...

M. Hamel se mit à nous parler de la langue française, et dit qu'il fallait la garder entre nous et ne jamais l'oublier. Puis il prit une grammaire et nous lut notre leçon. J'étais étonné de voir comme je comprenais. Tout ce qu'il disait me semblait facile.

On passa ensuite à l'écriture. Chacun s'appliquait. On n'entendait que le grincement des plumes sur le papier. Sur la toiture de l'école, des pigeons roucoulaient tout bas, et je me disais en les écoutant:

— Est-ce qu'on ne va pas les obliger à chanter en allemand, eux aussi?

Tout à coup l'horloge de l'église sonna midi. Au même moment, les trompettes des Prussiens qui revenaient de l'exercice militaire éclatèrent sous nos fenêtres ... M. Hamel se leva, tout pâle:

— Mes enfants, dit-il, mes amis, je . . . je . . .

Mais quelque chose l'étouffait. Il ne pouvait pas achever sa phrase. Alors il se tourna vers le tableau, prit un morceau de craie et écrivit aussi gros qu'il put:

"Vive la France!"

D'après Alphonse Daudet:
"**Contes du lundi**"

VOCABULAIRE

une voix grave	深沉的声音
faire la classe	上课;教课
un ordre	命令
Berlin	柏林
ne plus . . . que	只能……
l'Alsace	阿尔萨斯(省)
la Lorraine	洛林(省)
attentif, ve *a.*	专心致志的
bouleverser *v.t.*	震憾;使……震惊
en vouloir à qn de qch	怨恨某人做某事
garder *v.t.*	保留,保存
comme *adv.*	多么地
s'appliquer *v.pr.*	专心致志于……
le grincement	摩擦声
une plume	钢笔尖
une toiture	屋顶
un pigeon	鸽子
roucouler *v.i.*	(鸽子)咕咕地叫
une horloge	钟;时钟;钟表
une trompette	喇叭;军号
prussien, ne *a.et n.*	普鲁士的(人的)

éclater *v. i.*	爆发;响起
étouffer *v. t.*	使窒息
achever *v. t.*	结束,完成
se tourner *v. pr.*	转过身
la craie	粉笔
Alphonse Daudet	阿尔封斯·都德(法国作家 1840——1897)

Leçon 3

Travailler pour des prunes

"Elle va le casser . . . Ah! le malheureux! . . . Il ne va plus tenir bien longtemps![1] . . . Encore un an ou deux et il sera mort! . . . Et les feuilles. Qu'est-ce qu'ils vont faire des feuilles. Tout descend en même temps! . . .

— . . . du vent! . . .

— Comment du vent?

— Excusez-moi de vous interrompre: je vous disais que la machine fait aussi du vent et le vent fait partir les feuilles: elles ne restent pas avec les fruits." L'homme qui a interrompu le paysan désigne du doigt la machine: une sorte de parapluie en effet, posé sur le dos[2], avec l'arbre au milieu. Et en moins de cinq minutes, tous les fruits sont récoltés.

La scène se passe à Billy-sous-les-Côtes, un petit village de Lorraine, dans les vergers de M. Jeannin, maire du pays.

"Elle", c'est une machine à secouer les pruniers, la première qui soit vraiment adaptée aux vergers lorrains. Entre les arbres, beaucoup de monde. Le maire est là, bien sûr, et plusieurs conseillers municipaux, des gros propriétaires, tous les notables du village et des deux villages voisins. Le maire quitte un groupe pour aller vers un autre, puis revient.

"Ce n'est pas beau, ça? Qu'est-ce que vous en dites?" Puis il s'éloigne à nouveau.

Le paysan qui parlait tout seul est un habitant de Billy. Il ne croit pas beaucoup à l'efficacité de la nouvelle machine, mais il feint de s'y intéresser.

Celui qui a interrompu son monologue est un journaliste belge. On aime bien la mirabelle en Belgique. On en achète tous les ans des dizaines de tonnes en Lorraine. Aussi son journal "La Belgique libre" l'a envoyé faire une enquête dans les villages des Côtes où, après le 15 août comme toujours, on commence à s'occuper des mirabelles de la nouvelle récolte. Il paraît que les choses sont en train de changer par là. Le journaliste se découvre, pose son chapeau, sort de sa poche le calepin où il écrit ses notes et rappelle le paysan.

"Ne partez pas, s'il vous plaît, Monsieur, Monsieur?

— Moi? . . . Drouet.

— Dites-moi, Monsieur Drouet, il y a une chose qui me frappe: je remarque que vous n'avez pas l'air d'y croire, vous, aux machines?

— Non, je suis pas comme mon cousin, le maire. Ce n'est pas moi qui dépenserai de l'argent pour ça. Je m'occupe d'abord de mes champs de blé et de ma moisson. Pour cent francs qui entrent chez moi, il y en a pas plus de vingt qui viennent des mirabelles et encore, dans les meilleures années! Vous comprenez?. . ."

Un jeune homme a rejoint le petit groupe qui s'est formé autour du journaliste. Il a entendu les dernières phrases du père Drouet et dit:

"Si tout le monde était comme vous!"

Le journaliste: Vous n'êtes donc pas d'accord?

Le jeune homme: Eh non! C'est sûr, quand on est tout seul, on ne peut pas acheter une machine comme ça. Il faut se mettre à plusieurs, former des coopératives. La machine, on la fait circuler!... C'est ce que dit mon père... Excusez-moi! Je m'appelle Jeannin, Jean-Louis Jeannin, élève au Lycée Technique Agricole de Château-Salins. Je suis sûr que mon père a raison.

Le journaliste: C'est vous peut-être, jeune homme, qui avez parlé de cette machine à votre père pour la première fois?... Alors, Monsieur Drouet, vous ne croyez pas que la Lorraine va réussir à nous vendre, année après année, à peu près les quantités de mirabelles que nous voulons, et à peu près au même prix?

M. Drouet: Quoi?... Ce n'est pas nous qui faisons les saisons! S'il pleut trop au printemps, la fleur ne donne pas de fruit. Une année, tout va bien, l'année suivante tout va mal! Pas vrai, Jean-Louis?

Le jeune homme: C'est vrai! Cette année le département ne récoltera pas plus de mille tonnes. Il y en avait trois fois plus l'année dernière et il fallait vendre, bien sûr, trois fois moins cher.

M. Drouet: De plus, les arbres sont trop vieux par ici: ils ont bien trente ans. Et si on replante, il faudra attendre dix ans la première récolte.[3] C'est trop pour moi. La moisson d'abord, je n'en demande pas plus.[4] C'est ma seule ambition.

Le journaliste: Monsieur Jean-Louis, parlez, vous avez la parole.

Le jeune homme: On a déjà commencé à replanter. Avec des arbres bien droits et sur des terrains plus plats, les machines auront le travail facile. Et puis, vous avez tort, cousin:[5] il faut sortir de son petit village, il faut voir grand[6] et chercher, au contraire, de nouveaux clients. Au Bénélux, par exemple, on s'intéresse à nous. N'est-ce pas, Monsieur?

Le journaliste: En effet... Vive la mirabelle, Messieurs. Je suis très content ... Je suis même ravi de voir tout ce progrès. Et soyez tranquilles: vous n'aurez pas travaillé pour rien. Comme on dit en France, je crois, vous n'aurez pas travaillé pour des prunes, savez-vous!"

D'après **"L'Est Républicain"**
le 11 août.

VOCABULAIRE

une prune	李子
pour des prunes *loc. adv. fam.*	<民>为了鸡毛蒜皮;白白地;无谓地(此处为双关语)
casser *v.t.*	打断;打碎
un malheureux, une malheureuse	倒霉的人;倒霉蛋
tenir *v.i.*	坚持住;挺住
interrompre *v.t.*	打断
désigner *v.t.*	指派;指明
un doigt	手指
un parapluie	雨伞
en effet *loc. adv.*	果然;的确
sur le dos	仰面;背朝下
en moins de + un temps	用不到……的时间
récolter *v.t.*	收获
Billy-sous-les-Côtes	地名,位于法国东北
la Lorraine	洛林省
un verger	果园
Jeannin	(姓)贾南
un maire	市长;镇长
secouer *v.t.*	摇晃;撼动
un prunier	李子树

adapté, e à . . .	适合于某物
lorrain, e *a*.	洛林地区的
un conseiller	市政委员;顾问
municipal, e, aux *a*.	市府的;市政的
un propriétaire	主人,所有者
un notable	名人;显要人物
s'éloigner	走开;远去
à nouveau *loc. adv*.	重新;再一次
une efficacité	效率;效能
feindre de faire qch.	装作做某事
un monologue	独白,自言自语
la mirabelle	(产于洛林等地的)黄香李
envoyer qn faire qch.	派某人去做某事
une enquête	调查
par là *loc. prép*.	在那儿
se découvrir	脱帽
un calepin	笔记本
les notes *n. f. pl*.	笔记;日记
rappeler *v. t*.	叫回,召回;再打电话;提醒
Drouet	(姓)杜鲁埃
frapper *v. t*.	打击;使感到振动;使留下深刻印象
remarquer *v. t*.	注意到
dépenser *v. t*.	花销;开支;花费
la moisson	收获
rejoindre *v. t*.	重新加入;再参加
se former	形成;构成
se mettre à plusieurs	几个人组织在一起
former *v. t*.	组成
une coopérative	合作社
circuler *v. i*.	流动;巡回
Château-Salins	(地名)

un département	省
par ici	在这一带
replanter *v.t.*	重新种植
une ambition	雄心,抱负;野心
droit, e *a.*	笔直的
plat, e *a.*	平坦的;平整的
le tort	错误
avoir tort	错了
voir grand	有宏大的计划;有很远的设想
ravi, e *a.*	非常愉快的;心醉神迷的
républicain, e *a.*	共和的;共和国的

> Qui sème le vent récolte la tempête.
> 种瓜得瓜,种豆得豆。

NOTES

1. Il ne va plus **tenir** bien longtemps! 这棵树活不了太久了。

   tenir 除去及物用法外,在不及物用法中表示"持久;挺住;坚持"等意思,请看例句:

   On ne peut pas arracher ce clou, il **tient** trop. 这根钉子拔不下来,钉得太牢了。

   Le beau temps **tiendra**. 好天气会持续几天。

   Tenir ferme contre les agresseurs. 对侵略者进行顽强抵抗。

   Cette chambre est pleine de fumée, on n'y peut pas **tenir**! 这屋里都是烟,人呆不下去了!

2. "..., une sorte de parapluie en effet, posé **sur le dos**, avec l'arbre au milieu." 果然是个伞状物,仰面朝上放着,中间是树。

   sur le dos 是指"仰面朝天"的意思。和汉语相反,法语是用"脊背"来表达"面朝上"这个含义,请看例句:

se coucher **sur le dos** 仰卧，平躺

tomber **sur le dos** 仰面朝天摔倒

相反：se coucher à plat ventre 俯卧；面朝下躺着

3. Et si on replante, il faudra attendre dix ans la récolte. 如果栽新树的话，还得再等上十年。

原句是口语，所以较随便。这句话在 dix ans 和 la récolte 之间加上 pour，就更好了。也可加上 pendant，放在 dix ans 前。

4. **La moisson** d'abord, je n'**en** demande pas plus. 首先是收获粮食，我不再苛求别的什么。

   1) la moisson 专指粮食的收获；而 la récolte 则可泛指其它一切作物等的收获，也可以指收获别的什么东西。

   2) 句中的 en 没有确切含义，指所提到过的"事情"。法语中有一句型为 **en demander trop à qn.** 意为"过分苛求某人"。句中的含义也和这一句型相近。

5. **père** et **cousin**:

   1) père 除去指"父亲"外，还可用来指年岁大的人。意为"老爹""老头儿"等。例：**père** Noël — 圣诞老人。

   2) cousin 除去指表兄弟、堂兄弟外，也可用来指"远亲"。因为文中的年轻人的父亲和杜鲁埃老人是表兄，年轻人不可能把老人称为"表兄"，只能理解为"远亲"。

6. il faut **voir grand** 应该把眼光放远些

Voir grand 和 faire grand 都是指"有宏大计划，很远的设想"。这里也可译为："有更宏伟的计划"。

法语中形容词作副词的情况较多，仅举几例：

tenir bon	坚持住
tenir ferme	顽强地坚持
chanter faux	唱得五音不全，左嗓子
voler bas	低飞

GRAMMAIRE

Le futur antérieur（先将来时）

1. Sa formation：

先将来时由助动词的简单将来时形式加上动词的过去分词构成。

2. Ses emplois：

先将来时主要用来表示某个在另一个将来的动作之前完成的动作。请看下列几种情况：

1）在主句或独立句中：

Encore un an ou deux et il **sera mort**! 再有一两年，这树非死不可！

Il arrivera à huit heures. Mais déjà je **serai parti**. 他八点钟才到。可那时我已经走了。

2）用在从句中：

（1）时间从句：

Il arrivera quand je **serai parti**. 我一走他就会到。

（2）原因从句：

Vous serez récompensé parce que vous **aurez** bien **fait** ce travail. 您如果把这工作干好会得到奖励的。

Le travail des machines sera plus facile parce que les pruniers **auront été replantés**. 机器的工作会更加容易，因为树将重新种过。

（3）比较从句：

Il fera ce travail comme vous l'**aurez fait**. 他会和您一样做好这项工作的。

（4）关系从句：

Nous mangerons le pain que nous **aurons gagné**. 我们要

吃我们挣来的面包。

3）特殊用法：用来表示设想是可能的事情：

Vous n'**aurez** pas **oublié** de lui dire ... 您别忘了跟他说……

Vous n'**aurez** pas **travaillé** pour des prunes. 你们不会白干的。

3. Les conjugaisons:

avoir

j'aurai eu	nous aurons eu
tu auras eu	vous aurez eu
il aura eu	ils auront eu
elle aura eu	elles auront eu

être

j'aurai été	nous aurons été
tu auras été	vous aurez été
il aura été	ils auront été
elle aura été	elles auront été

se lever

je me serai levé	nous nous serons levés
tu te seras levé	vous vous serez levés
il se sera levé	ils se seront levés
elle se sera levée	elles se seront levées

4. 先将来时使用时，常常伴有 dès que, lorsque, quand 等词，以清楚地表达时间上的关联。

UN PEU DE CIVILISATION FRANÇAISE

法国的干酪

法国流传着戴高乐将军的幽默名言:“鬼才知道该怎样治理一个有 365 种干酪的国家。”

这句话从另一方面说明在法国可以天天吃干酪而不重样! 对法国人而言,每顿正餐后的干酪就象我们中国人餐桌上的咸菜和辣椒!

然而,将军本人恐怕也未必知道,详尽数来法国的干酪竟有 487 种之多!(还不算那些外国的!)

在法国,谈起干酪,你便常会听到布理亚·萨瓦兰(Brillat-Savarin)的名言:“没有干酪的晚宴就象少了一只眼的美人。”

追溯其历史,干酪早在人类还在岩洞中穴居时便有了。那时的人们饲养了第一批家畜,干酪也就诞生了。

干酪一词来自拉丁文“forma”,实际上是“formage”一词的变异,意为“成形”。

随着文明不断进化,干酪的家族也逐渐发展壮大,每种干酪都有自己的特点:外表、味道和滋味。从前,修道院可以说是制造干酪的大本营。因为那时只有修道院才有发展干酪的条件:智慧,经验和贪图美食! 也正因为如此,一直到今天,法国许多干酪的商标上都还绘有胃口大开的修道士!

EXERCICES ORAUX

1. Répondez aux questions suivantes d'après le texte:

   1) Où se passe l'histoire?

   2) Pourquoi père Drouet dit que le prunier ne tiendra pas longtemps?

   3) Comment fait-on pour faire sortir les feuilles des fruits?

   4) Qui est monsieur qui a interrompu Drouet?

5) Qù se trouve ce petit village?

6) Qui est le maire du pays?

7) Comment est cette machine? Pourriez-vous l'imaginer?

8) Est-ce qu'il y a beaucoup de personnes venant voir le manoeuvre(操作)de la nouvelle machine?

9) Qui sont ces gens-là?

10) Qu'est-ce que le maire fait en ce moment?

11) Que disent les gens de cette machine?

12) Est-ce que le père Drouet a confiance en cette machine?

13) Pourquoi feint-il de s'y intéresser?

14) Est-ce que les Belges aiment bien les mirabelles?

15) Combien de prunes achète-t-on chaque année?

16) Pourquoi le journal "La Belgique libre" envoie son correspondant en Lorraine?

17) Est-ce que les choses sont toujours les mêmes qu'auparavant?

18) Pourquoi le journaliste se découvre-t-il?

19) Qu'est-ce que c'est qu' un calepin?

20) Pourquoi le journaliste rappelle père Drouet?

21) Quelle est la raison pour laquelle M. Drouet ne s'intéresse pas à la machine?

22) Est-ce que les mirabelles occupent un pourcentage important dans les revenus de M. Drouet?

23) Quelles sont les conditions pour une bonne récolte?

24) Qui a rejoint le petit groupe formé autour du journaliste?

25) D'après ce jeune homme, qu'est-ce qu'on doit faire pour se payer(购买) une nouvelle machine comme celle-ci?

26) Qu'est-ce que c'est qu'une coopérative?

27) Où est-ce que Jean-Louis fait ses études secondaires?

28) D'après vous, qui a dit au maire que la nouvelle machine est bonne?

29) Est-ce que les paysans sont d'accord de vendre chaque année aux Belges des quantités de mirabelles au prix fixe?

30) Est-ce que les récoltes sont toujours très bonnes?

31) Qu'est-ce qui décide les récoltes d'après père Drouet?

32) Est-ce que l'année dernière les récoltes étaient meilleures que celles de cette année?

33) Pourquoi devait-on les vendre beaucoup moins cher?

34) Comment sont les arbres de ce côté-ci?

35) Quelle est l'ambition de monsieur Drouet?

36) Pourquoi doit-on replanter les pruniers dans la localité?

37) Que signifie la phrase "il faut voir grand"?

38) Et le journaliste, pourquoi est-il ravi?

39) Pourquoi dit-il que les Lorrains n'auront pas travaillé pour des prunes?

40) Qu'est-ce que c'est que "L'Est Républicain"?

2. Choisissez la bonne réponse:

1) Où est la nouvelle machine?

Elle est:

a) au milieu d'un arbre;

b) entre les arbres;

c) sous un arbre;

d) à côté d'un arbre.

2) Le mot "notable" veut dire:

a) les gens riches;

b) les gens bien connus;

c) les gens très travailleurs;

d) les gens peu travailleurs.

3) Le père Drouet ne s'intéresse pas beaucoup à la nouvelle machine parce que:

a) il a d'autres chats à fouetter;

b) il ne veut pas travailler pour des prunes;

c) il a peur des nouvelles machines;

d) il ne veut pas vendre les mirabelles aux Belges.

4) D'après le jeune homme, on doit se mettre à plusieurs parce que:

a) la machine est trop compliquée;

b) le manoeuvre de la machine demande plusieurs personnes;

c) le prix de la machine est raisonnable (合理的);

d) la machine n'est pas bon marché.

5) L'année dernière, les paysans lorrains devaient vendre leurs mirabelles moins cher parce que:

a) le climat n'était pas bon du tout;

b) personne ne voulait en acheter;

c) la production était trop grande;

d) les mirabelles étaient de qualité médiocre.

3. Exercices sur le futur antérieur:

1) Je ferai mes devoirs, puis j'irai au cinéma. J'irai au cinéma dès que j'aurai fini mes devoirs.

(1) Nous prendrons un taxi, puis nous partirons.

(2) Il se lèvera, puis il ira en ville.

(3) Ils liront le texte, puis ils sortiront.

(4) Ils trouveront leurs voitures, puis ils rentreront ensemble.

(5) Elle finira cette lettre, puis elle vous tiendra compagnie.

(6) Tout le monde arrivera, puis le film commencera.

2) Nous gagnerons le pain et nous le mangerons. Nous mangerons le pain que nous aurons gagné.

(1) Nous gagnerons de l'argent et nous le dépenserons.

(2) Ils feront un film et ils vous feront le voir.

(3) Les filles prépareront le repas et nous le prendrons ensemble.

(4) Catherine achètera un joli veston et elle le portera. (veston: 西服上装)

(5) Le professeur corrigera la version et je la referai tout seul.

(6) Les paysans achèteront ensemble une nouvelle machine et ils la feront fonctionner.

4. Exercies sur des mots et expressions:

1) pour des prunes

— C'est un travail moins important, je pense.
— Oui, ne le fais pas! Sinon, tu le feras pour des prunes.

(1) C'est une question moins intéressante, je pense.

(2) C'est un problème moins urgent, je pense.

(3) Ce sont des avis moins importants, je pense.

(4) C'est une réparation inutile, je pense.

(5) C'est un phénomène(现象)inexplicable, je crois.

2) en moins de + un temps

— Tu l'as fini en combien de temps, cinq minutes?
— Je l'ai fini plus vite, en moins de cinq minutes.

(1) Vous avez écrit cette lettre en combien de temps, une heure?

(2) Ils ont fait leurs devoirs en combien de temps, 30 minutes?

(3) Ont-elles préparé le repas en combien de temps, trois heures?

(4) La machine a récolté les fruits en combien de temps, cinq minutes?

(5) Les chauffeurs ont parcouru cette région en combien de temps, 24 heures?

3) adapté, (e) à ...

— Comment trouvez-vous ce type de magnétophone pour les étudiants?
— Ce type de magnétophone est le mieux adapté aux étudiants, je pense.

(1) Comment trouves-tu ce jouet pour ton fils?

(2) Comment trouvent-ils ces exercices pour les élèves?

(3) Que pensent-ils de cette machine?

(4) Comment trouvez-vous ces vestons pour les filles?

(5) Que pensez-vous de cette méthode d'enseignement?

4) feindre de faire qch.

— Il a l'air de ne pas croire à la machine.

— Oui, il feint de ne pas y croire.

(1) Il a l'air de ne pas vouloir aller au cinéma.

(2) Les filles ont l'air de bien vouloir sortir avec nous ensemble.

(3) Tous les notables ont l'air content de participer à cette réunion.

(4) Ce petit garçon a l'air bien content de voir ces animaux.

(5) Le maire semble s'intéresser à notre intérêt.

5) qch. frapper qn.

— Le métro parisien vous a impressionnés au cours de votre visite en France?

— Oui, c'est le métro de Paris qui nous a le plus frappés.

(1) Les vélos en Chine vous ont frappés au cours de votre visite en Chine?

(2) Les beaux châteaux des deux côtés de la Loire vous ont beaucoup impressionnés au cours de votre voyage à Orléans(奥尔良，位于法国中部)?

(3) Le beauté de Versailles les a bien impressionnés au cours de leur visite en France?

(4) Le beau paysage du centre de la France l'a beaucoup impressionnée au cours de son séjour en France?

(5) Le courage du peuple chinois vous a beaucoup impressionnée au cours de votre séjour en Chine?

5. Exercices divers:

1) Traduisez en français

白干活	坚持不长	仰面朝天躺下	抱负
用不到一小时功夫		派某人去做某事	几个人组织在一起
名流显贵	错了	使留下深刻印象	雄心

2) Dites le sens du mot "rappeler" dans les phrases suivantes:

(1) Il tombe malade, va vite *rappeler* un médecin!

(2) Il n'est pas là? Bon, je *rappellerai* tout à l'heure.

(3) Il ne s'occupe de rien maintenant; nous devons le *rappeler* à son devoir!

(4) Ce garçon a peur de n'importe quoi! Ce n'est pas possible! Nous devrions *rappeler* son courage!

(5) Tout, dans la maison, me *rappelle* le souvenir de mes grands-parents.

3) Mettez les verbes entre parenthèses au futur antérieur:

(1) Quand vous (planter) ces fleurs, vous les arroserez tous les jours.

(2) Dès que tu (lire) cet article, passe-moi le journal!

(3) Les matchs pourront commencer après que l'arbitre (vérifier 验看) la liste des deux équipes.

(4) Lorsqu'il (terminer) ses notes, ce jeune étudiant les donnera à son voisin.

(5) Une fois qu'on (acheter) la machine, on pourra le faire.

4) Mettez les verbes entre parenthèses au futur simple ou au futur antérieur selon le sens:

(1) Pendant ce semestre, nous (étudier) les principaux verbes irréguliers.

A la fin du semestre, nous (étudier) les principaux verbes irréguliers.

(2) La secrétaire (taper)(打字) le courrier demain matin.

La secrétaire (finir) de taper le courrier avant midi.

(3) Les ouvriers (commencer) à refaire les travaux dans quelques jours.

Les ouvriers (terminer) ces travaux à six heures du soir.

(4) Nous (arriver) à Marseille vers vingt heures.

Nous (arriver) à Marseille avant vingt heures.

(5) J'espère qu'il (recevoir) ma lettre bientôt.

J'espère qu'il (recevoir) ma lettre avant la fin de la semaine.

5) Thème:

(1)等他们把新机器买来,就可以开始收割麦子了。

(2) 黄香李是法国洛林地区著名水果。比利时人特别喜欢这东西，每年都要从洛林农民手中大量采购。

(3) 市长把大家召集在一起说，让我们去看看这崭新的机器。这新机器的确给我们留下深刻的印象。

(4) 这架机器的效率极高，每小时可收获三十棵树的李子。平均两分钟一棵树。

(5) 最近保尔上课很不认真。他总是想别的事情。老师给他提问题，他就装作没有听懂。他这样做是不对的。

6) Indiquez la valeur des verbes conjugués:

(1) pour le présent:

A. Présent actuel

B. Habitude

C. Vérité générale

D. Valeur de futur proche

a) ( ) Nous **sommes** le 15 septembre.

b) ( )A la campagne, les gens **se couchent** et **se lèvent** tôt.

c) ( )La Terre **tourne** sur elle-même et autour du Soleil.

d) ( )Elle **passe** son baccalauréat la semaine prochaine.

e) ( )Il **neige** depuis trois jours.

f) ( )L'argent ne **fait** pas le bonheur.

g) ( )Les Français **prennent** trois repas par jour.

h) ( )Je **reviens** tout de suite.

(2) pour le futur:

A. Antériorité

B. Futur proche

C. Evénement accompli

D. Evénement à venir

E. Valeur d'impératif

a) ( )Le ciel est gris; il **va neiger**.

b) ( )Le train prochain **partira** dans 5 heures.

c) ( )Dans un an, il **aura terminé** ses études de médecine.

d) (　)Vous **ferez** cet exercice pour demain.

e) (　)Quand elle **aura pris** sa douche, Brigitte s'habillera.

f) (　)Nous **irons** en Suisse l'été prochain.

(3) pour le passé composé:

A. Evénement accompli

B. Succession d'événements

C. Durée limitée

D. Antériorité par rapport au présent

a) (　)Guillaume **est né** en 1988.

b) (　)Les Dupont **ont vécu** à Rome pendant 5 ans.

c) (　)J'**ai visité** trois fois le musée du Louvre.

d) (　)Ils **ont acheté** un ordinateur (计算机) et ils l'utilisent beaucoup.

e) (　)Le bébé **s'est réveillé**, il **a pleuré** un peu, puis il **s'est rendormi** aussitôt.

(4) pour l'imparfait:

A. Habitude

B. Simultanéité

C. Description

a) (　)Le dimanche, nous **passions** l'après-midi chez ma grand-mère.

b) (　)Le vent **soufflait**, les vagues **étaient** énormes (巨大的).

c) (　)Le chat est sorti pendant que je **bavardais** avec une voisine.

d) (　)Quand je suis arrivé chez eux, ils **étaient** en train de dîner.

(5) pour le passé simple:

A. Evénement accompli

B. Durée limitée

C. Succession d'événements

a) (　)La construction de cette cathédrale (教堂)**dura** presque un siècle.

b) (　) Le policier **interrogea** plusieurs fois le témoin (证人) du crime.

c) (　) Paul **se retourna** tout à coup et ouvrit la bouche pour parler, mais ce fut trop tard.

d) (　) Le général de Gaulle **organisa** son gouvernement de Résistance à Londres.

EXERCICES ECRITS

1. Donnez le pluriel des mots suivants:

un porte-parole
un haut-parleur
un journal matinal
municipal
un match
une carte postale

2. Mettez l'article:

1) Il y a ________ station de métro tout près d'ici; c'est ________ station Concorde.
2) ________ café m'empêche de dormir.
3) J'aime bien prendre ________ tasse de café après ________ déjeuner.
4) Mathilde n'aime que ________ cigarettes blondes.
5) ________ dimanche, nous allons souvent à ________ cinéma.
6) Ma fille est née ________ dimanche.
7) Feriez-vous lire ce livre à ________ enfant de 8 ans?
8) Sans ________ écoles primaires, on fait faire ________ travaux manuels ________ enfants.
9) En général, ________ villes de province offrent moins d'activités culturelles (文化生活) que Paris; cependant, il y a ________ villes très vivantes qui organisent ________ concerts (音乐会), ________ exposi-

tions, ________ représentations théâtrales et ________ festivals en été.

3. Complétez avec la préposition:

1) L'avion volait ________ la mer Méditerranée.

2) Il boit toujours son café ________ sucre.

3) L'équipe de football de Saint-Etienne jouera samedi ________ celle de Bordeaux.

4) Je me suis couché à 2 heures du matin et je meurs ________ sommeil.

5) Vous devez régler votre inscription:
________ francs français, ________ chèque ou ________ espèces.

6) Le train est arrivé ________ deux heures de retard.

7) J'ai rencontré Mathieu ________ hasard, rue de Rivoli.

8) J'ai trouvé 10 francs ________ terre, ________ un banc.

9) Tout le monde est venu, ________ Mireille qui avait la grippe.

10) Le prix d'entrée est ________ 30 francs ________ personne.

4. Mettez le pronom:

Marie et Laurent viennent de ________ installer dans un nouvel appartement. Ils ________ louent 4 000 francs par mois. L'agence immobilière (房地产办事处) ________ a demandé une forte caution mais on ________ remboursera quand ils partiront. L'appartement était en bon état, mais, comme le papier peint (彩色墙纸)du salon ne ________ plaisait pas; ils ________ ont acheté un autre et ils ________ poseront eux-mêmes.

5. Mettez le pronom relatif:

1) Pourriez-vous répéter ce ________ vous venez de dire?

2) Nous irons certainement un jour dans ce pays ________ nous ne sommes jamais allés.

3) Nous irons certainement un jour dans ce pays ________ nous n'avons jamais visité.

4) Nous avons retrouvé des photos sur ________ on voit comment était la

maison du temps de nos grands-parents.

6. Trouvez la bonne solution:

1) perdre/se perdre

Hier, je ________ ma bicyclette.

La première fois que j'ai pris le métro à Londres, je ________.

2) ennuyer/s'ennuyer

Personne ne dansait, aucun ne chantait, on ________ toute la soirée.

Jean n'aime pas les mathématiques, ça le ________.

3) cacher / se cacher

Les enfants aiment beaucoup ________.

Les pharaons ________ leurs trésors (宝物)dans leurs tombeaux.

4) demander /se demander

Je suis en retard; je ________ si je ne ferais pas mieux de prendre un taxi.

________ ce renseignement au guichet 5!

5) sentir / se sentir

Ouvrez les fenêtres! ça ________ le tabac.

J'ai la tête qui tourne; je ne ________ pas très bien.

6) trouver / se trouver

Le Havre ________ au nord de la France.

On ________ beaucoup de cerises dans cette forêt.

7) mettre / se mettre

Il est 9 heures; c'est l'heure de ________ au travail. Il est midi; c'est l'heure de ________ la table.

8) apercevoir / s'apercevoir

Quand le temps est clair, on ________ la chaîne des Pyrénées.

Devant la porte, il ________ qu'il avait oublié les clés.

9) rendre / se rendre

Pour ________ à Lille, il vaut mieux prendre l'autoroute du Nord.

Prête-moi 1 000 francs, je te les ________ à la fin du mois.

10) passer / se passer

La route nationale 10 ________ par Chartres, Poitiers et Bordeaux.

Cette histoire ________ dans un petit village près de la frontière franco-belgique.

7. Mettez les verbes entre parenthèses au temps du passé:

1) Je (essayer) de t'appeler plusieurs fois ce matin, mais ou bien ça ne (répondre) pas, ou bien ce (être occupé). Qu'est-ce que tu (faire)?

2) Le professeur a promis qu'il nous (montrer) des diapositives sur les châteaux de la Loire.

3) On a annoncé que les prix de plusieurs produits de consommation courante (rester) stables l'année dernière.

4) Au XVIII siècle, il (falloir) cinq ou six jours pour aller de Paris à Lyon en diligence (公共马车).

5) Hier, au village, il y (avoir) un bal. Tout le monde (danser), les jeunes, les vieux et même les enfants.

6) Tu as de la chance de me trouver à la maison. Je (aller) partir.

7) Ils étaient très inquiets; ils (venir) d'apprendre que leur filles (se droguer 吸毒).

8) Le maire espérait que son fils (prendre) sa succession (继任)après sa retraite.

8. Mettez le texte suivant au temps passé:

Il est neuf heures du matin; c'est l'hiver. Une fois de plus Pauline va arriver en retard au lycée parce qu'elle s'est couchée tard et que son réveil n'a pas sonné. Elle s'habille vite, avale une tasse de café et prend son gros manteau car elle sait qu'il fera froid dehors. Au moment où elle entre dans la station de métro, elle s'aperçoit qu'elle a oublié sa carte orange. Elle vient d'acheter un ticket quand elle tombe sur un camarade de classe qui remonte l'escalier du métro. Celui-ci lui annonce que le cours n'aura pas lieu parce que le professeur est malade.

9. Mettez au passé simple:

Aujourd'hui, c'est l'ouverture de la chasse (开猎期). Malgré le temps pluvieux (多雨的), Guy Loterrier se sent de belle humeur. Son chien Fox court de tous côtés. Arrivé à la forêt, Guy prend sans bruit un petit chemin le long de l'étang (池塘). Les feuilles tombent une à une: c'est déjà l'automne. Soudain, un canard sauvage (野鸭子) apparaît, Guy prend son fusil, tire. L'oiseau continue son vol (飞行) dans un grand bruit d'ailes ...

Guy l'a manqué!

10. Remplacez les mots soulignés par un infinitif et faites les transformations nécessaires:

1) **La construction** du tunnel sous la Manche (海底遂道) demandera plusieurs années.

2) En hiver à la montagne, j'adore **la lecture** au coin du feu.

3) **La traduction** d'un roman prend beaucoup de temps.

4) Pour **la culture** des cannes à sucre (甘庶), il faut un climat chaud.

5) Mes amis et moi, nous avons l'habitude de **la marche** en montagne.

6) Avant **votre départ,** n'oubliez pas de nous téléphoner.

7) Le maire de la ville a ordonné(命令)**la fermeture** de ce cinéma.

8) Les enfants aiment **les jeux** en plein air.

11. Mettez les verbes entre parenthèses au mode et au temps convenables:

1) S'il fait beau demain, nous (aller) à la plage (海滨).

2) S'il faisait beau, nous (aller) à la plage, mais malheureusement, il pleut.

3) L'avion ne décollera pas s'il y (avoir) du brouillard.

4) L'avion ne décollerait (起飞) pas s'il y (avoir) du brouillard.

5) Si vous travaillez, vous (faire) des progrès.

6) Si vous travailliez, vous (faire) des progrès.

7) Si vous ne (avoir) plus de timbre, donnez-moi quelques enveloppes.

8) Si vous (être) libre ce soir, nous irions voir un film.

12. Traduisez en français:

低租金住房　高速火车　巴黎地区快速地铁网　劣匠手中无利器

几个人组织在一起　　邮寄挂号信　　预订座位　　请求某人做某事

对某事感到十分骄傲　　家庭内部　　对某事表示怀疑　　邮政信箱

亲兄弟,明算账。　　到此为止

13. Thème:

1) 如果明天你能和我们共进晚餐,我们将不胜荣幸。

2) 这些新机器都是供农民们使用的。

3) 假如明天晚上有时间的话,我们就去城里看电影。

4) 现在无论那天晚上我们都能通过我国自己的通讯卫星看到卫星转播的新闻节目。

5) 多亏了气象预报,我们出去时才可不必害怕变天。

6) 巴黎市政府(la Municipalité de Paris)为市民提供了大量的服务,包括:邮政、公共交通、购物、娱乐,等等诸方面。

7) 由于有了卫星及各种新的科学方法,人类现在能够预测地震、火山喷发以及各种大的自然灾害。这都得归功于人类的聪明才智。

LECTURE ET COMPREHENSION RAPIDE

L'agriculture française

La France possède 30% des terres utilisées dans la communauté européenne. Pour le blé, le maïs, la betterave, le vin, pour la viande de boeuf, de veau, elle est au premier rang de l'Europe des neufs. Ses vins sont **renommés**[1] à travers le monde entier.

Vingt millions de Français continuent de vivre directement ou indirectement de l'agriculture, mais le pourcentage des **exploitants**[2] par rapport à l'ensemble de la population active est tombé de 15% à 9% ces vingt dernières années. Sur deux millions d'agriculteurs, moins de 20% ont moins de 40 ans, 33% ont plus de 60 ans.

Les progrès techniques et le regroupement des surfaces cultivées ont fait **éclater**[3] l'exploitation agricole traditionnelle à faible rendement, fondée sur le travail familial. Comme dans tous les pays de la Communauté, le nombre des exploitations de plus de 50 hectares tend à augmenter, mais il **subsiste**[4] des exploitations de moins de 5 hectares. Un grand nombre d'exploitations françaises ont une superficie de moins de 50 hectares, ce qui leur permet difficilement de participer à la compétition économique internationale.

Questions

1. "renommé" signifie:
   a. transporté b. brave
   c. acceptable d. réputé
2. "exploitant" signifie ici:
   a. fermier b. cultivateur
   c. campagnard d. salarié agricole
3. "éclater" signifie ici:
   a. briser b. commencer
   c. luire d. rire
4. "subsister" veut dire ici:
   a. persister b. se maintenir
   c. exister encore d. surgir
5. D'après le texte, actuellement en France, quel est le pourcentage des exploitants par rapport à l'ensemble de la population active?
   a. 30% b. 15% c. 9% d. 20%
6. La plupart des agriculteurs français ont:
   a. plus de 60 ans b. plus de 40 ans
   c. moins de 40 ans d. 40 ans

7. Le nombre des exploitations de plus de 50 hectares tend à augmenter:
   a. seulement en France.
   b. dans tous les pays de la Communauté européenne.
   c. dans tous les pays de la Communauté européenne, sauf la France.
8. Pourquoi est-ce qu'un grand nombre d'exploitations françaises ont de la difficulté à participer à la compétition économique internationale:
   a. Parce qu'un grand nombre de Français continuent de vivre directement ou indirectement de l'agriculture.
   b. Parce qu'en France, le pourcentage des exploitants par rapport à l'ensemble de la population active est tombé de 15% à 9% ces vingt dernières années.
   c. Parce que les vins français sont renommés à travers le monde entier.
   d. Parce qu'un grand nombre d'exploitations françaises ont une superficie de moins de 50 hectares.

Leçon 4

La télévision

I. Il faut un nouveau téléviseur!

M. Leroy: Ça y est![1] Le téléviseur va encore tomber en panne!

Mme. Leroy: Attends, je vais le régler.

M. Leroy: De toute façon ce poste est trop vieux: six ans déjà que nous l'avons!

Mme. Leroy: L'image est encore bonne. Et nous pouvons recevoir toutes les chaînes.

M. Leroy: Oui, oui, je suis d'accord que l'image est encore bonne. Mais la couleur, tu vois la couleur? C'est presque un noir-blanc! Samedi, en Eurovision, j'ai vu France-Ecosse de rugby[2] chez nos voisins, on distinguait beaucoup mieux les maillots des deux équipes.

Mme. Leroy: Oh! toi, à part les reportages sportifs, rien ne t'intéresse à la télé. Et à propos de la couleur, soyons clairs là-dessus, dès que tu as eu pris ce poste, je t'ai dit de prendre un Philips au lieu d'un Amstrad,[3] tu n'as pas voulu m'écouter!

M. Leroy: Oui, oui, ça c'est vrai. Mais voilà depuis six ans que nous l'avons, il est vieux, il faut le changer maintenant! Tu n'es pas de mon avis, chérie?

Mme. Leroy: Si, si, je veux bien moi aussi. Mais un nouveau téléviseur, c'est pas donné.[4] Et nous devons encore payer notre nouvelle voiture.

M. Leroy: La télé d'abord! Tu sais, c'est plus important. La voiture, on peut s'en passer; mais la télé, c'est un peu comme le pain!

Mme. Leroy: Oui, c'est parce que tu restes du matin au soir devant le petit-écran.

M. Leroy: Mais tu sais, pour le direct, la télé est incomparable. Chaque soir, je regarde aussi les actualités télévisées. Mais en France, la radio-télévision est un monopole d'Etat; oui, bien sûr la télévision est en partie privatisée,[5] mais elles reflètent quand même les idées du gouvernement.

Mme. Leroy: Il y a pourtant des émissions où la parole est donnée à l'opposition. Avant-hier soir, il y avait un "face à face" entre le ministre de l'Economie et l'ancien premier ministre. Comme ça chaque téléspectateur, après avoir entendu les deux adversaires, pouvait se faire une opinion.

M. Leroy: Mais l'ennui, c'est que la télé, elle, traite les questions en un quart d'heure, sans rien approfondir.

Mme. Leroy: Que veux-tu? Il faut de tout dans les programmes: des variétés, des films, des jeux pour distraire le grand public.

M. Leroy: Distraire n'interdit* pas d'instruire. Les livres, les arts, l'histoire, la médecine, la musique, le théâtre même n'ont pas une place suffisante. Mais tout ça, c'est autre chose. Le plus important, c'est qu'il nous faut un nouveau téléviseur!

* 注意：interdire 直陈式现在时第二人称复数变位时为：vous interdisez。

II. Le "phénomène" télévision

On compte actuellement en France plus de 17 millions de postes de télévision, parmi lesquels 65% sont de récepteurs couleur.

Alors qu'une salle de théâtre ne peut contenir que quelques centaines de spectateurs, la télévision peut montrer une pièce jouée par les meilleurs acteurs à des millions de téléspectateurs[6]. Elle peut surtout offrir un choix de pièces infiniment plus grand que les meilleurs théâtres de province.

La plupart des Français, soit[7] plus de cinquante millions, ont un téléviseur dans leur maison. Le Français moyen (de 7 à 77 ans) passe 1200 heures par an à regarder la télévision.

Le temps consacré à la télévision varie avec l'âge, surtout chez les jeunes: 45 minutes par jour à 3 ans, 2 heures à 6 ans, 3 heures à 11 ans et à nouveau 2 heures à 16 ans.

Le nombre de téléspectateurs est lui aussi très variable selon les programmes et les heures: 20% à midi (surtout des femmes), 40% pour le feuilleton de fin d'après-midi, 65% pour le journal télévisé du soir et 5% après dix heures. Naturellement, en plus du rôle de distraction et celui d'information, l'Etat voudrait aussi donner à la télévision un grand rôle culturel comme dans d'autres pays développés. Et en fait, les émissions culturelles sont parmi les plus suivies.[8]

A noter qu'en France la télévision n'est pas complètement privatisée[9] : l'Etat est indirectement propriétaire de deux chaînes—Antenne 2 et FR 3. Mais dans de petits pays voisins de la France, le Luxembourg, la Monaco, il existe des émetteurs privés qui s'adressent au public français.

La raison de cette diffusion gigantesque que n'a pas connue le cinéma et encore bien moins le théâtre, est très simple. La télévision est un moyen d'information et de distraction qui pénètre dans la maison. C'est l'instrument qui permet d'assister à un spectacle sans avoir à sortir de chez soi, commodément installé dans son fauteuil, dans sa salle à manger — voire même dans son lit[10]— sans dépenser un sou, ou presque. En plus de la taxe annuelle,[11] une certaine somme a bien été versée lors de l'acquisition du poste — ou continue à être réglée tous les mois s'il s'agit d'un achat à crédit — mais personne n'y pense. Une autre cause du prodigieux essor de la télévision est sans doute le fait qu'elle peut s'adresser à tous, dans le langage simple et élémentaire des images. Elle est adaptée à l'intelligence moyenne, à la culture moyenne, à la sensibilité moyenne de l'homme d'aujourd'hui.

Au cours de ses émissions, l'homme et la femme, l'enfant et l'adulte, l'analphabète et l'érudit peuvent trouver des informations d'un grand intérêt car elle sait se faire comprendre de tous.

Elle comporte une gamme complète de spectacles en tous genres, allant de l'émission culturelle au magazine, du grand film au documentaire, qui peuvent satisfaire tous les goûts.

VOCABULAIRE

un téléviseur	电视机
une panne	故障
régler *v.t.*	调整;调谐
un poste	岗位;站,台;设备;接收机
une chaîne	(一个)频道
l'Eurovision *n.f.*	欧洲电视联播
Ecosse *n.f.*	苏格兰
le rugby	橄榄球
distinguer *v.t.*	区分;分辨
à part *loc. prép.*	除……以外;除去
un reportage	报道;通讯
clair, e *a.*	明亮的;清楚的;明确的
Amstrat	阿姆斯塔德牌
Philips	菲利浦牌
être de son avis	同意某人的意见
donné, e *a.*	给予的,送予的,白给的
se passer de qch.	省掉,放弃,免去
le petit écran	小屏幕(指电视机屏幕)
le direct	直播
incomparable *a.*	无可比拟的;无与伦比的
télévisé, e *a.*	电视的
les actualités télévisées	电视新闻
la radio-télévision	广播电视
un monopole	垄断;专利
privatisé, e *a.*	私有化的
refléter *v.t.*	反映,体现;映出
parfois *adv.*	有时;往往
une opposition	反对派;反对党;对立面

face à face *loc. adv.*	面对面地
un "face à face"	(电视上的)当面辩论
le premier ministre	总理
un téléspectateur	电视观众
un adversaire	对手,敌手;反对者
approfondir *v.t.*	深入
une variété	多种多样;(复数)综艺节目
distraire *v.t.*	使分心;使散心;使消遣,娱乐
interdire *v.t.ind.*	禁止
interdire à qn de faire qch.	禁止某人做某事
le feuilleton	电视连续剧
instruire *v.t.*	教育;通知
un récepteur couleur	彩色(电视)接收机
consacré, e *a.*	奉献的,用于……的
consacrer qch à	把某物用于……
alors que ... *loc. conj.*	而……;却……
contenir *v.t.*	包含;容纳
infiniment *adv.*	无限地;极其,非常
soit *conj.*	即;就是说,等于说
un Français moyen	普通法国人
varier *v.i.*	变化;各有不同
le journal télévisé	电视新闻
sauf *prép.*	除……以外;除外
la distraction	娱乐;消遣
une émission	(广播及电视节目)播出;发射(电波等);广播节目
suivi, e *a.*	观(听)众多的;不断的
à noter que (il est à noter que ...)	要注意到……
indirectement *adv.*	间接地
Antenne 2	法国电视二台
une antenne	天线;无线电广播

FR 3 = France région	法国电视三台(负责地方节目)
il existe ...	有……
un émetteur	发射台;发射机
s'adresser à ...	对……讲话,对……播音(出);向……请教
une diffusion	广播;传播
gigantesque *a*.	巨大的,宏伟的
pénétrer *v.i*.	潜入;渗透(到)……;深入到……
un instrument	工具,仪器;手段,方法
soi *pron. pers*	自己
commodément *adv*.	舒适地;方便地
installé *a*.	安置好的;安顿下来的
un fauteuil	扶手椅;安乐椅
voire *adv*.	甚至
en plus de ... *loc. prép*.	除去……;除……之外
une taxe	税款;赋税
annuel, le *a*.	每年的
une somme	一笔钱,款项
versé, e *a*.	交付的
verser *v.t*.	交纳,支付
une acquisition	购得;获得;取得
régler *v.t*.	解决;结算;付帐
un achat à crédit	分期付款购物
prodigieux, se *a*.	非凡的,惊人的,不可思议的
un essor	发展;跃进
le fait que ...	(后加直陈式)……这件事
un langage	语言;专门用语;术语
élémentaire *a*.	基础的;初级的
la sensibilité	敏感;感觉;灵敏感
un adulte	成(年)人
un analphabète	文盲

un érudit	博学者
un intérêt	利益;利息;关心;注意
comporter *v.t.*	允许;包含
une gamme	一系列;等级
allant de ... à ...	从……到……
un magazine	(广播、电视的)固定节目
un documentaire	记录片;文献片
satisfaire *v.t.*	使……满意
un goût	口味;喜好;爱好

Chacun son goût.
各有所好。(众口难调)

NOTES

1. **Ça y est**! 糟了!

   这是法语中的一句俗语,常用于口语中。根据上下文的不同,可表达完全相反的含义。例如:成功了! 坏了! 糟了! 行了! 好了! 对了! 完了! 等等。

   Ça y est! nous l'avons eu! 好了! 我们打着它了!

   Ça y est cette fois-ci! elle marche. 这次成了! 它发动起来了。

2. Samedi, en Eurovision, **j'ai vu France-Ecosse de rugby** chez nos voisins, ...星期六,我在咱们邻居家看了欧洲电视联播节目转播的法国对苏格兰的橄榄球比赛,……

   这是一句法语体育用语中常用的省略说法。原句应为:..., j'ai vu un match de rugby entre la France et l'Ecosse, ...

3. un **Amstrad**, un **Philips** 用产品名称代替全称。全称应为:un téléviseur d'Amstrad; un téléviseur de Philips

   阿姆斯塔德和菲利浦为欧洲两大电器生产厂家;产品名称

也用厂家名称。

4. Mais un nouveau téléviseur, c'est pas **donné**. 但新电视机也不是白给的呀。

过去分词 donné 在这里作形容词，表示"很便宜"的意思。

Ça c'est **donné!** 这东西简直太便宜了！

Une nouvelle Citroën?! mais c'est pas **donné ça**! 一辆新的雪铁龙车?! 这玩艺儿可不便宜呀！

5. ... oui bien sûr la télévision est en partie privatisée, mais ... ……当然一部分电视台已经被私有化了，但是……

la privatisation de la télé (电视台私有化)是法国社会党政府自八十年代中期以来推行的一项有关电视的新政策，旨在使电视"能在私人的主动性引导下，通过竞争，实现电视的多元化"。这项政策所导致的最轰动的结果就是法国电视一台（TF 1）被布依格集团(法国最大的建筑企业)以 30 亿法郎的价格买下，成为私人董事会领导下的电视台。

6. **Alors qu**'une salle de théâtre ne peut contenir que quelques centaines de spectateurs, la télévision peut montrer une pièce jouée par les meilleurs acteurs à des millions de téléspectateurs. 一家剧院只能容纳几百名观众，而电视却能让几百万电视观众看到最优秀的演员演出的剧目。

alors que 意为"而……";"却……"，后接直陈式。但请注意它的位置；它的位置从语义上讲是和汉语相反的。请看例句：

Alors que vous dormiez encore, j'étais au travail. 你们还睡着，而我已经在工作了。

Alors que j'étais au travail, vous dormiez encore. 我还在工作，而你们已经睡着了。

7. La plupart des Français, **soit** plus de cinquante millions, ont un

téléviseur dans leur maison. 大部分法国人，也就是说五千多万法国人的家中都有一台电视机。

soit 是连词，意为“即，就是，等于说”，用来进一步说明前面提到的概念，这个概念往往是数字的。请看例句：

La production moyenne de riz atteint 1 000 livres par mou, **soit** 7 500 kilos par hectare. 水稻平均亩产 1 000 斤，即每公顷 7 500 公斤。

Il a perdu une forte somme, soit cent mille francs. 他丢(失)了一大笔钱，合 10 万法郎。

soit 的同义词是 c'est-à-dire。

8. Et en fait, les émissions culturelles sont parmi les plus suivies. 事实上，播出的文化节目是电视观众最多的节目之一。

Suivi 一词来自 suivre，但已失掉原来“跟随”的意义，而有了其它的含义。请看例句：

1) un travail suivi 连续的工作
   une correspondance suivie 不间断的通信往来
   des habitudes suivies 经常的习惯
2) un raisonnement bien suivi 很有逻辑性的推理
3) un théâtre suivi 观众很多的戏院(上座率高的戏院)
   un cours suivi 听课人众多的课(很叫座的课)

9. A noter qu'en France la télévision n'est pas complètement privatisée: ...要看到，法国的电视还没有完全地私有化：……

A noter que 是 il est à noter que 的简略说法。它是无人称句型，后面的主句谓语用直陈式。

10. Voire 是副词，它也是用来进一步说明前面所提到过的事物。

同义词为 même。它可和 même 连用，表示更强调。请看例句：

Ce sera un stage de quelques mois, voire de quelques

années. 这次实习期将长达数月，甚至数年。

Il est très économe, voire même avare. 他很节省，甚至到了吝啬的程度。

11. la taxe annuelle:

在法国购买电视机等声像电器产品时要交纳使用税。1986年，购买一台彩色电视机时须交税541法郎；黑白电视机为356法郎。以后每年还得交纳100法郎左右，为使用税。

GRAMMAIRE

1. **Le passé surcomposé**（愈复合过去时）

1）Sa formation:

愈复合过去时也可称做超复合过去时。它是由助动词的复合过去时形式加上有关动词的过去分词构成。这之中有两类情况：

（1）在以 avoir 做助动词的动词中；例如：

Quand Jean **a eu travaillé** . . .

（2）在以 être 做助动词的那一小部分不及物动词中，例如：

Quand Jean **a été arrivé**,（descendu, entré, monté, mort, né, sorti, tombé）. . .

N.B.：在以 être 做助动词时，要特别注意不要出现马虎错误。

2）Ses emplois:

（1）愈复合过去时一般跟在 quand, après que 的后面使用，特别是常常跟在 dès que, aussitôt que 的后面使用，来表示该动作先于另外一个复合过去时的动作而完成。请看例句：

Quand vous m'**avez eu quitté**, j'ai erré partout dans la ville. 您离开我之后，我便在城里四处流浪。

Dès que Claudette **a été descendue,** Robert s'est remis au travail. 克洛黛特一下楼,罗伯特便又投入了工作。

(2) 愈复合过去时与 vite, bientôt 联用,可用来表示一个很快便完成了的过去的动作,但这种用法较少见。请看例句:

On a donné au chien une assiette de soupe et il l'**a** vite **eu nettoyée**. 有人给这狗端来一盘汤,狗几下就给舔完了。

Peu après je lui ai apporté un gros pain et il l'**a** bientôt **eu avalé**. 过了一会儿,我给他拿来一个大面包,他三口两口就给吞下去了。

(3) 在现代法语中,自反代词已不再使用愈复合过去时了,但在被动态中仍可使用。请看例句:

Dès qu'il **a eu été guéri,** il s'est remis à ce travail monotone et dangeureux. 身体一复元,他便重新投身到这项既单调又危险的工作之中。

Après que les comptes **ont eu été réglés, notre tâche s'est achevée.** 账目一付清,我们的任务便完成了。

2. La concordance des temps (时态的协调) (1)

1) 在学习间接引语的时候,我们已经注意到:从句动词时态的选择要受主句动词时态的支配。

当主句动词为直陈式现在时时,从句动词的时态主要依据实际情况变化。但如果主句动词变为直陈式过去时,从句动词的时态也要作相应的变化。这种相应的变化称之为时态配合。

下面我们列举几种情况说明从句为直陈式时,主句变为过去时后,从句所应作的变化:

(1) 从句原为现在时,配合后变为未完成过去时:

A. Je crois qu'il dort.

Je **croyais** qu'il **dormait**.

J'**ai cru** qu'il **dormait**.

B. Je l'aperçois qui passe.

Je l'**ai aperçu** qui **passait**.

C. Je l'aperçois quand il passe.

Je l'**ai aperçu** quand il **passait**.

(2) 从句原为复合过去时，配合后变为愈过去时：

A. Je crois qu'il a dormi.

Je **croyais** qu'il **avait dormi**.

B. Elle demande à son mari pourquoi il a mangé du fromage.

Elle **demanda** à son mari pourquoi il **avait mangé** du fromage.

(3) 从句原为将来时，配合后变为过去将来时：

A. Je crois qu'il viendra.

Je **croyais** qu'il **viendrait**.

B. Il dit qu'il partira demain.

Il **a dit** qu'il **partirait** le lendemain.

(4) 从句原为复合过去时，配合后变为愈复合过去时：

A. Je me sens à l'aise quand j'ai dormi.

Je me **suis sentie** à l'aise quand j'**ai eu dormi**.

B. Nous quittons le quai dès que le train est parti.

Nous **avons quitté** le quai dès que le train **a été parti**.

2) 注意：当主句动词使用简单过去时的时候，如果从句动作先于主句完成，那么一般要使用**先过去时**（Le passé antérieur）而不能使用愈复合过去时。

UN PEU DE CIVILISATION FRANÇAISE

法国的电视与电视观众

电视机刚刚问世之时,法国人把其称之为“神奇的天窗”。现在它已经成为法国家庭的必备品,已经深入到法国人的日常生活之中。

1950 年,法国全国的电视机数量仅 297 台。而到 1987 年,这个数量已经猛增到 1700 多万台! 其中 1110 多万台是彩色电视机! 百分之九十五的法国家庭都有电视机,其中百分之十五的家庭拥有两台或两台以上的电视机。剩下的那百分之五没有电视机的家庭也大都是自己不愿购买电视机。

法国电视观众平均每天要用 3 小时 27 分钟来看电视,大约占他们自由支配时间的一半。

法国最忠实的电视观众首推妇女,以及已婚者、老人、无业者、学生和农村人口。看电视较少的人是男子、单身汉、年轻人、干部、高等学校毕业生和城市居民。

法国目前共有五个国家级电视台。它们是:法国电视一台(TF1)、法国电视二台(Antenne 2)、法国电视三台(France Région 3)、电视四台(Canal plus)和六台(Métropole 6)。五台(la Cinq)于 92 年关闭。

这五家电台中,除了二台和三台外,其余均为私营电视台。法国电视一台原为法国国家电视台,但 1986 年,执政的社会党政府提出要使电台“私有化,公平竞争和多元化”后,一台被私有化,成为私营电视台。法国电视四台为收费电视台,须交纳专门款项后才能收看。此台为全天播出,节目有电影、录像、体育比赛等等。六台原为电影和音乐专台,私有化后改为常规电视台,和一、二、三台相似。

现在,“画面大战”(法国人戏称各电视台之间的竞争)正在继续，到底谁能生存下去？法国电视台私营后会带来什么样的变革？这些都还是未知数。广大的法国电视观众正拭目以待。

EXERCICES ORAUX

1. Répondez aux questions suivantes:

1)

(1) Pourquoi Madame Leroy va-t-elle régler le téléviseur?

(2) Pour quelle raison Monsieur Leroy veut-il changer de poste de télévision?

(3) Madame est de son avis?

(4) Combien de chaînes les Leroy peuvent-ils encore capter?

(5) Comment Monsieur Leroy a-t-il trouvé que l'image de leur poste n'est plus bonne?

(6) Chez qui a-t-il vu un match de rugby?

(7) D'après Madame Leroy, si l'image de leur poste n'est plus bonne, à qui est la faute?

(8) Quelle est la marque (标牌) de leur poste?

(9) Qu'est-ce qu'ils comptent acheter encore?

(10) De quoi Monsieur Leroy veut-il se passer?

(11) Est-il capable de se passer de la télévision? Pourquoi?

(12) Quels sont les programmes que Monsieur Leroy aime voir à la télé chaque jour?

(13) Et Madame Leroy?

(14) Est-ce que la télé peut traiter une question à fond?

(15) Qu'est-ce qu'il souhaite faire le plus vite possible?

2)

(1) Pourquoi met-on le mot phénomène entre guillemets?

(2) Est-ce que les postes de télé sont très nombreux maintenant dans le monde entier?

(3) Savez-vous combien de postes de télévision y a-t-il dans le monde à

l'heure actuelle? Devinez un peu!

(4) En France, il y a beaucoup de récepteurs couleur, pourriez-vous en donner un chiffire?

(5) Combien d'heures un Français moyen consacre-t-il chaque année à regarder la télé?

(6) A partir de quel âge les petits Français commencent à regarder la télé? Et en Chine?

(7) D'après les chiffres, quel programme est le plus suivi à la télé en France?

(8) Quels sont les rôles de la télé en France? Et en Chine?

(9) Est-ce que la télévision est privée en France?

(10) Quelle est la raison de la diffusion gigantesque de la télé en France?

(11) Que veut dire un achat à crédit?

(12) Y a-t-il une deuxième cause pour laquelle la télé s'est vite développée en France?

(13) Quelle est la gamme de la télévision française?

(14) Combien de chaînes de télé y a-t-il en France, vous le savez?

2. Questions à développer:

1) Avez-vous un téléviseur chez vous?

2) Et à l'Université?

3) Vous aimez la télé?

4) Pourquoi?

5) Quelles sont les émissions que vous préférez?

6) La télé a-t-elle des inconvénients (不足之处)?

7) Combien de temps avez-vous consacré à la télé l'année dernière?

8) Et vos camarades, regardent-ils souvent la télé?

9) Pourquoi?

10) Si jamais un jour on décidait qu'il n'y aura plus la télé, qu'est-ce que vous en diriez?

3. Choisissez la bonne réponse:

1) "C'est pas donné" veut dire:

a. on ne peut pas donner;

b. on ne veut pas donner;

c. c'est pas bon marché;

d. c'est pas cher.

2) Monsieur Leroy veut changer de récepteur, parce que

a. l'image de ce récepteur n'est pas bonne;

b. la couleur de ce récepteur est bonne;

c. ce récepteur est souvent en panne;

d. ce récepteur perd de couleur.

3) "Distraire n'interdit pas d'instruire" veut dire:

a. la distraction (娱乐) est plus importante que l'instruction;

b. l'instruction est plus importante que la distraction;

c. la distraction et l'instruction sont aussi importantes toutes les deux;

d. la distraction est moins importante que l'instruction.

4) "Alors que" marque ici:

a. une cause;

b. une opposition;

c. un but.

5) "infiniment plus grand" signifie:

a. un peu plus grand;

b. beaucoup plus grand;

c. le plus grand.

6) "le temps consacré à la télévision" veut dire:

a. le temps employé à regarder la télé;

b. le temps employé à s'occuper de la télé;

c. le temps employé à réparer la télé.

7) "à nouveau" signifie ici:

a. plus de;

b. sur un nouveau compte;

c. encore une fois.

8) "... que n'a pas connue le cinéma et encore bien moins le théâtre, ..." veut dire:

a. le cinéma n'a pas connu cette diffusion gigantesque, et le théâtre non plus;

b. à cause de cette diffusion gigantesque, on ne va plus au cinéma, et on va moins souvent au théâtre;

c. grâce à cette diffusion gigantesque, le cinéma est plus connu que le théâtre.

9) "avoir à sortir" signifie ici:

a. vouloir sortir;

b. avoir raison de sortir;

c. avoir besoin de sortir.

10) "personne n'y pense" signifie:

a. personne ne pense à la taxe annuelle;

b. personne ne pense à l'achat à crédit;

c. personne ne pense à son récepteur.

11) "elle sait se faire comprendre de tous" signifie:

a. tout le monde sait se faire comprendre;

b. elle sait que tout le monde la comprend;

c. tout le monde peut la comprendre.

4. Exercices sur le passé surcomposé:

Quand elle est descendue, je me remets au travail.
Quand elle a été descendue, je me suis remis au travail.

1) Quand il est parti, j'ai recommencé la lecture.

2) Quand Paul et Luc sont venus, j'ai commencé à préparer le repas.

3) Quand il est parti, je le reconnais.

4) Quand elle nous a quittés, le train arrive.

5) Quand le train a disparu, l'avion de l'ennemi apparaît.

Dès que le chat a mangé du poisson, je pars en ville. Je suis parti en ville dès que le chat a eu mangé du poisson.

1) Dés que le film a fini, je la vois parmi les spectateurs.

2) Dès qu'on a sonné, le professeur entre.

3) Dès qu'ils ont pris leurs valises, je rentre.

4) Dès que Monsieur Leroy a pris un Amstrad, sa femme lui dit de prendre un autre.

5) Dès que l'autobus est parti, je descends dans le métro.

5. Exercices sur la concordance des temps:

1) Traduisez en français:

(1) 小王说他父亲明天要给他买一台新电视机。

(2) 那天我见到他的时候他正在屋里专心致志地看电视上的辩论。

(3) 当时,保尔说过他母亲几天后便会来看他的。可她没来。

(4) 昨天她们告诉我说这件衣服是她们一个月前在巴黎爱丽舍大街买的。

(5) 那天,母亲一下楼,他便给玛丽打了个电话。

(6) 他跟我说这个问题太难理解了。我跟他讲没有关系,反正还得过几天才考试呢。

(7) 那些天,我一直不相信会下雨。可后来还真下了一场雨。

(8) 全班同学都认为他明天一定会来的。

2) Mettez les phrases suivantes au passé et faites la concordance des temps:

(1) Je sais pas qu'il ne vient pas.

(2) Tout le monde pense que le professeur ne viendra plus demain.

(3) Les jeunes filles nous disent qu'elles ont acheté ces fruits à l'épicerie Saint-Martin.

(4) Dès que Catherine est descendue, son frère prend la clé et ferme la porte.

(5) Ils vont venir, je pense.

(6) Je les vois qui regardent la télé dans leur chambre.

6. Exercices sur des mots et expressions:

1) tomber en panne:

> — Mais pourquoi tu n'as pas regardé la télé?
>
> — Elle est tombée en panne.

(1) Pourquoi n'ont-ils pas pris leur voiture?

(2) Pourquoi tu n'as pas écouté l'enregistrement?

(3) Pourquoi cette machine ne marche plus?

(4) Tiens! il n'y a plus d'images sur l'écran!

(5) Alors! j'entends rien à la radio!

2) à part ...

> —Rien ne m'intéresse à la télé, sauf les reportages sportifs!
>
> — A part les reportages sportifs, rien ne t'intéresse à la télé!

(1) Je ne connais personne dans cette classe, sauf Paul.

(2) Personne n'est venu travailler, sauf Louis.

(3) Je n'ai aucun roman à vous prêter, sauf cet ancien roman de fiction (幻想小说) de Jules Verne.

(4) Elle peut faire tous les plats, sauf celui-là.

3) se passer de qch.

> — Pourriez-vous ne plus regarder la télé?
>
> — Non, pas du tout! Je ne pourrais pas m'en passer.

(1) Pourriez-vous ne plus boire?

(2) Peux-tu laisser ta voiture à la maison?

(3) Pourrait-il ne plus manger du fromage? C'est pas bon pour sa santé!

(4) Chérie, peux-tu ne plus prendre des bonbons? C'est pas bon du tout pour tes dents!

(5) Monsieur, pourriez-vous ne plus fumer vos cigarettes? Je ne pouvais plus respirer!

4) interdire à qn de faire qch.

— Il n'arrête pas de faire des bruits dans la cour!
— Ah oui! il faut lui interdire de faire des bruits!

(1) Il n' arrête pas de fumer dans notre chambre!

(2) Ces petits n'arrêtent pas de crier dans le couloir!

(3) Ce garçon n'arrête pas de nous déranger avec sa moto!

(4) Ces jeunes filles n'arrêtent pas de poser des questions ridicules (可笑的)!

(5) Ce journaliste n'arrête pas de nous déranger avec son appareil-photo.

5) il faut qch à qn.

— Avez-vous besoin d'un stylo?
— Oui, il nous faut un stylo pour écrire.

(1) Est-ce que vous avez besoin d'une voiture?

(2) Ont-ils besoin d'une machine à écrire?

(3) Est-ce que Louise a besoin d'un appartement?

(4) Auriez-vous besoin d'une femme de ménage?

(5) Auraient-elles besoin d'un récepteur couleur?

6) alors que ...

— Ils dormaient encore, mais j'étais déjà au travail.
— Alors qu'ils dormaient encore, j'étais déjà au travail.

(1) Il se lève, mais je reste encore au lit.

(2) Leurs prunes sont encore aux arbres, mais je commence déjà à récolter les miennes.

(3) Leur poste n'a plus de couleurs; mais le nôtre n'est jamais tombé en panne!

(4) Leur voiture ne peut contenir que 5 personnes, mais la mienne peut contenir 9 à la fois!

(5) Ils ont déjà appris le subjonctif, mais nous ne l'avons pas encore appris.

7) voire (+ même)

— C'est une question pas facile. — Pas facile? voire difficile!

(1) Ce stage va durer pendant 6 mois?

(2) Cet homme n'est pas petit!

(3) Ces garçons ne sont pas travailleurs!

(4) Ce récepteur est bon?

(5) Est-ce que c'est un bon instrument?

8) en plus de ...

— (ce dictionnaire) On doit encore acheter des livres? — Oui, en plus de ce dictionnaire, il faut encore acheter deux romans.

(1) (ces cigarettes) Vous voulez encore quelque chose?

(2) (cela) Qu'est-ce qu'il a trouvé encore?

(3) (cette question) Elle en a encore d'autres?

(4) (ce récepteur couleur) Vous voulez encore quelque chose?

(5) (cette somme) Il vous faut encore combien?

9) soit ...

— Combien de filles y a-t-il dans cette classe? — La plupart des étudiants de cette classe sont des filles, soit seize. — Il y en a seize, soit 80% des étudiants.

(1) Quelle est la production des postes de télévision de cette année? (1 000 000 /10% de la production mondiale)

(2) Combien de films voyez-vous par semaine? (7 /un film par jour)

(3) Combien de professeurs français avez-vous dans votre département? (5/1 pour 3 classes)

(4) Quelle est la population chinoise? (12 milliards /25% de la population mondiale)

(5) J'ai entendu dire que vous avez besoin d'un certain nombre d'émetteurs, c'est vrai? (15 /1 pour chaque département)

7. Exercices divers:

1) Remplacez les points par les locutions:

avant de	grâce à
à cause de	tantôt... tantôt...
ne ... ni ... ni	à travers
à peu près	au fond de
pour le moment	sous forme de

(1) Paul n'est pas venu ________ l'examen.

(2) ________ votre aide, j'arrive à achever ce travail à temps.

(3) Mon ami m'a écrit ________ venir à Paris.

(4) Les deux amies sont parties ________ le bois (丛林) pour cueillir des fleurs.

(5) Un bureau est installé ________ de la salle.

(6) Avant, il ________ savait ________ lire ________ écrire en français.

(7) ________ il est d'un avis, ________ il est d'un autre.

(8) La France se représente ________ d'un hexagone.

(9) Cela suffira ________, nous verrons plus tard.

(10) C'est ________ la même chose.

2) Traduisez en français:

(1) 法国的电视节目多种多样。

(2) 电视节目的语言明白易懂。

(3) 这个节目是最受广大电视观众欢迎的。

(4) 电视直播了新设备投入生产的情况。

(5) 虽然买电视机时得花掉一笔钱,还得交税。但没人在乎这一点钱。

3) Complétez les phrases suivantes avec "à cause de" ou "grâce à":

(1) C'est ________ vous que la télé est tombée en panne.

(2) ________ votre aide, il a rattrapé les leçons manquées.

(3) ________ la télévision, on peut admirer une bonne pièce de théâtre sans avoir à sortir de chez soi.

(4) Nous avons obtenu ce résultat ________ nos propres efforts.

(5) ________ votre inattenttion, vous avez fait dix fautes dans votre dictée.

(6) La production de blé a baissé (下降) cette année ________ les catastrophes naturelles.

4) Remplacez les points par un des mots suivants:

boire   se reposer   dépenser   bagage   travailler

s'arrêter   rencontrer   paresseux

(1) Nous ne pouvons pas vivre sans ________.

(2) Il est parti sans argent ni ________.

(3) Le garçon de l'hôtel monte des ________ jusqu'au troisième étage sans ________.

(4) Il est gravement malade depuis une semaine, il ne mange ni ________.

(5) Il n'est ni distrait ni ________.

(6) J'ai fait le tour de la ville sans ________ personne.

(7) Elle est économe. Elle restait des jours sans ________ un seul sou.

(8) Il est travailleur. Il travaille toute la journée sans ________.

5) Compréhension rapide:

Pour ou contre?

La télévision

Nous avons posé à des Français la question suivante: "La télévision est sans doute un produit prodigieux de notre ère, qu'est-ce que vous en pensez?"

Vous cherchez maintenant les réponses qui sont pour la télévision et celles qui sont contre.

(1) De toute façon, j'y apprends beaucoup.

(2) C'est bon, c'est bien, mais ça demande trop de temps!

(3) Il faut lire, discuter! A quoi bon rester du matin au soir devant le petit écran sans rien dire?

(4) Tout à fait! c'est une révolution! Avec la télé on peut facilement

savoir ce qui se passe à l'autre bout du monde!

(5) Je pense qu'il faut aussi essayer d'autre chose. Les gens d'aujourd'hui n'aiment pas faire des efforts. Bien sûr, ce serait un peu difficile au début, mais ça viendra!

(6) En une heure, on apprend plus de choses que pendant des mois de lecture, et c'est plus facile!

(7) Nous n'avons pas de télé. Et nous n'avons pas encore décidé.

(8) Nous ne sommes plus au 18e siècle! Il faut vivre avec son temps quoi!

(9) Mais avant, les gens allaient souvent au café ou au bal. On pouvait discuter. Maintenant chacun chez soi.

(10) Les vieux, comme nous, on a de mauvais yeux. Les livres, on peut plus les lire, mais avec la télé, c'est plus facile. On voit des gens, on voit des choses. On vit. C'est pas mal.

(11) Je voulais pas contredire. Mais, pour les enfants, vous le savez? Ils ne travaillent plus le soir, et le lendemain, ils vont à l'école avec des yeux comme ça! Les pauvres!

(12) Je ne suis pas contre! Cependant avec une société comme la nôtre, il faut être sérieux à la télé! Les violences, les assassinats, les viols, les drogues, tout ça, c'est pas petite chose!

(13) La télé, c'est moderne, c'est vivant, c'est indispensable même! Mais l'ambiance familiale, qu'est-ce qu'on en fait? Si c'était à refaire . . .

6) Sujets de conversation:

(1) Vous êtes parents de famille: vos enfants n'arrêtent pas de vous demander de leur acheter un poste de télévision. Ils veulent vous persuader, et vous le voulez aussi de votre part. Qui va réussir?

(2) Essayez de donner les bons et les mauvais côtés de la télévision.

(3) Dites ce que vous aimez et ce que vous n'aimez pas dans la gamme de télévision chinoise.

EXERCICES ECRITS

1. Remplacez les points par le pronom qui convient:

   1) Les Leroy aiment aller à la campagne. Le changement d'air ________ fait du bien.

   2) Philippe ________ a demandé de ________ parler de mes projets de vacances. Ces projets ________ intéressent. Il veut voyager avec ________.

   3) Mon frère habite à Lille, j'irai ________ voir pendant les vacances.

   4) Vos camarades ont eu du mal à finir ce travail. Vous voulez ________ aider.

   5) Fanny ________ a invités à voyager avec ________, nous ________ sommes contents.

2. Mettez les verbes des propositions principales au passé composé ou à l'imparfait et faites concorder les temps des subordonnées:

   1) Le médecin lui (dire) qu'elle (aller) mieux dans quelques jours.

   2) Léon me (écrire) qu'il (arriver) dans huit jours.

   3) Avant de partir, elles (promettre) à leurs amis qu'elles leur (écrire) le plus tôt possible.

   4) —Tu as manqué les actualités? C'est dommage! Pourquoi tu n'es pas venu plus tôt?

      —Je (ne pas savoir) que le film (commencer) à 18 h 30.

   5) Catherine me (dire) qu'elle (participer) à la compétition sportive (体育竞赛) l'année dernière.

   6) Ah! mais je (ne pas savoir) que tu (venir) avec nous ce soir!

   7) Est-ce que Monlue vous (dire) que sa mère (partir) il y a trois jours?

   8) Au début, je (avoir) des difficultés, oui, mais, je (être) sûr que je (arriver) à m'habituer à ce dur travail.

   9) Ah! c'est dommage! L'exposition vient juste de fermer. Nous (espérer)

que vous (avoir) l'occasion de la visiter.

10) Est-ce que tu (savoir) que dimanche dernier ils (aller) au Louvre?

11) Quel temps! On a pas de chance! Je (espérer) tellement qu'il (faire) beau!

12) On nous (annonce) il y a deux jours qu'on (passer) ce soir un bon film français.

3. Version:

Les trois derniers paragraphes du 2e texte.

4. Traduisez en français:

彩色电视机　国家垄断　反对派(党)　这简直是白给
无与伦比的　电视新闻　形成一种看法(观点)　禁止某人做某事
探讨一个问题　把时间用于……　甲随乙的变化而变化
要注意到　年税　分期付款购物　适合于某物　从……到……
不可思议的　基础语言　深入钻研一个问题　教育年轻一代

5. Théme:

1) 电视是一场真正的革命,它使我们的生活发生了巨大的变化。它已经深入到我们每个人的生活中。
2) 电视机数量不断增长,这说明我国人民的生活水平确实提高了。
3) 我国目前有电视机一亿台左右,其中三分之一是彩色接收机。
4) 保尔和雅克还在看电视直播,而杰克琳娜和玛丽已经工作了近三个小时。
5) 他是法国电视二台的一名忠实电视观众。除了喜欢看电视新闻,还非常喜欢这个台播放的文化节目和固定节目。每天花在看电视上的时间大约为四个小时。他的生活里不能没有电视。
6) 我的这台电视机无与伦比:图像清晰,色彩明亮,从没有出过任何故障,可以接收到所有频道的节目。但也不是不花钱的,它使我花了一大笔钱,3500 元人民币。
7) 电视适合于各种各样的人的喜好。大人,小孩,男的,女的,文盲或有知识的人都可以从中得到自己感兴趣的东西。电视转播体育比赛时，观众最多。

8）法国的电视常常反映政府的观点，但也让反对派讲话。电视上常组织面对面辩论。五年前，我在法国学习时，就曾有一次在电视上看到总统和前总理辩论。当时辩论的主题是“电视私有化”。

LECTURE

A bas la télé!

Nous avons longtemps hésité à nous payer un poste de télévision à cause de nos voisins, les Fournier. Il y a deux ans, c'était la famille la plus unie du monde. Le soir au dîner, les enfants racontaient ce qu'ils avaient fait dans la journée. Mme Fournier qui travaillait à mi-temps avait toujours quelque chose d'intéressant à dire et les remarques pleines d'humour du père faisaient la joie de tous. Tout a changé l'année dernière, quand nos voisins ont eu acheté un téléviseur qu'ils ont installé dans leur salle à manger. Personne n'accordait plus d'attention à l'excellente cuisine de Mme Fournier. Le choix des programmes est devenu le seul sujet de conversation. Jacqueline est une passionnée, une fanatique de "Monte-Carlo", son frère n'aime que la première chaîne; leur mère voudrait bien regarder de temps en temps la deuxième chaîne. Quant au père, il mange au plus vite pour aller lire son journal dans sa chambre.

Quand nous avons, à notre tour, décidé d'acheter un poste, nous étions tous d'accord pour le mettre dans le salon et non dans la salle à manger: rien ne devait détruire l'harmonie du repas familial. Résultat: la situation est pire que chez nos voisins. Tantôt c'est mon plus jeune fils qui mange froid parce qu'il veut voir la fin du western, et tantôt c'est mon fils aîné qui quitte la table au milieu du repas pour ne pas manquer le début du feuilleton. Mes enfants qui adoraient la nage et le tennis ne font presque plus de sport. Leur travail scolaire, comme leur santé, souffre du trop grand nombre d'heures consacrées à la télévision. Si mon mari décide qu'il y aura un soir sans télé, nous passons une triste soirée en face de deux enfants silencieux et inactifs qui nous regardent avec des airs de martyrs.

Si c'était à refaire ...

VOCABULAIRE

se payer	〈俗〉为自己提供了；使自己得到
Fournier	(法、姓)弗尔尼埃
uni, e *a*.	团结的
une mi-temps	(球赛的)半场
travailler à mi-temps	做半工；半日工作
une remarque	意见；评注，批语
un humour	幽默
la joie	愉快；快乐；欢乐
installer *v.t.*	放置
accorder *v.t.*	给予
accorder qch à qn.	把某物给予某人
Jacqueline	(法人名)杰克琳娜
passionné, (e) *n.et.a.*	入迷的(者)
fanatique *n.et.a.*	狂热的(者)
Monte-Carlo	蒙特卡罗(摩纳哥大公国的一个区)
	此处指电视台
quant à ...	至于……；对于……来说
au plus vite *loc. adv.*	尽快地；立刻
une harmonie	和谐

tantôt . . . tantôt . . .	时而……时而……;一会儿……一会儿
manger froid	吃冷饭
un western	(美)西部片;牛仔片
la nage	游泳;游泳术;游泳式样
le tennis	网球
scolaire	学校的
le travail scolaire	(学校留的)作业
la santé	健康;健康状况
souffrir de qch.	受……痛苦;受……损害
décider que . . .	决定……
inactif, ve *a*.	闲散的;无生气的
des airs	神态;样子;模样
un martyr	殉难者;受折磨的人;烈士
refaire *v.t*.	重新做;彻底改变

Leçon 5

Les livres et la lecture

I. Hier et aujourd'hui

Le père de M. Roux était libraire, M. Roux est libraire, son fils le sera-t-il?

Il y a trois ans, on a construit près de chez eux, sur la place Thiers, un supermarché, l'Idéal. D'abord, M. Roux était assez content: "Je ne suis pas ennemi des grandes surfaces, au contraire, je trouve que c'est une bonne chose. Ils vendent beaucoup et, grâce aux ventes considérables qu'ils réalisent, ils peuvent baisser leurs prix." Les épiciers, les boulangers, les crémiers du quartier, eux, ne s'en réjouirent pas. L'Idéal vendait de 10 à 20% moins cher qu'eux, et très vite, il connut une grande vogue: le succès lui amenait toujours de nouveaux clients. Il faisait une terrible concurrence aux petits commerçants. Par suite de la mévente, deux épiciers, un boulanger et le marchand de vin durent fermer leurs magasins.

Il y a six mois, l'Idéal s'est mis à vendre des livres de poche. M. Roux était très inquiet. "Qui achètera nos éditions de Camus,[1] de Sartre,[2] de Zola[3] à 24 F alors qu'on pourra trouver ces auteurs à 3 F presqu'en face de chez nous?[4] Bien sûr, leurs livres ne sont pas aussi beaux que les nôtres, il n'y a même aucune comparaison possible, mais enfin le prix, c'est le prix."

Cependant, Mme Roux qui achetait toujours son épicerie au

supermarché (le prix, c'est le prix!) et qui jetait chaque fois un coup d'œil aux acheteurs de livres, dit un jour à son mari:

"La situation est plus complexe que tu l'imagines. Oui, oui, crois-moi, c'est beaucoup moins simple. La concurrence entre le supermarché et les épiciers n'est pas la même qu'entre l'Idéal et nous. Leurs clients ne viendraient de toute façon pas chez nous. Ce sont des jeunes, des ouvriers, on voit bien qu'ils n'ont pas l'habitude d'acheter des livres. C'est frappant: ils ne savent pas à l'avance ce dont ils ont besoin mais ils n'oseraient pas demander des renseignements."

A la fin de l'année, M. Roux fit une constatation: sa vente n'avait pas baissé, elle avait même augmenté. Peut-être, après tout, ces livres de poche qu'on trouve partout poussent certains Français à la lecture, font augmenter le nombre d'heures qu'ils consacrent aux livres, exercent, en un mot, une bonne influence.

II. Les Français lisent-ils?

La lecture des Français est un sujet douloureux dont on parle depuis des années et des années, mais la conclusion ne varie guère: ils lisent peu.

Paresse d'esprit, échec des politiques culturelles ou concurrence des nouveaux média? La question reste posée, mais la situation n'est pas optimiste.

Et voilà le résultat d'un sondage publié le 8 mai 1986, dans le Monde:

Interrogés sur les distractions qu'ils préfèrent, les Français ont nettement mis en tête la télévision, devant la lecture et le cinéma. Si la lecture est la distraction préférée de 16% des Français, l'enquête ne précise pas de quel type de lecture il s'agit. Journaux, magazines, bandes dessinées, livres?

Parmi les distractions suivantes, quelle est celle que vous préférez?	
· Regarder la télévision	33 %
· Lire	16 %
· Aller au cinéma	12 %
· Faire du sport	11 %
· Ecouter de la musique chez soi	8 %
· Sortir au restaurant, en boîte, etc	7 %
· Aller au concert ou au théâtre	4 %
· Visiter des expositions, des musées	2 %
· Sans opinion	7 %

Il est besoin de rappeler qu'un bref article est bien différent d'un essai philosophique!

Le deuxième tableau ci-après nous permet de nous faire une idée sur le nombre des lecteurs français:

Avez-vous lu un ou plusieurs livres au cours des douze derniers mois, quel que soit le genre de livre, à l'exclusion des livres scolaires ou universitaires? Si oui, combien?	
N'a lu aucun livre	25 %
De 1 à 5	24 %
De 6 à 10	14 %
De 11 à 15	9 %
De 16 à 20	5 %
De 21 à 30	6 %
De 31 à 50	3 %
Plus de 50	4 %

A l'issue de l'année 1986, un tiers d'entre eux n'avait lu aucun livre, un tiers en avait lu quelques-uns, un tiers en avait lu beaucoup.

Après un siècle d'école gratuite et obligatoire, dans un pays où les grands écrivains sont légion, il faut le reconnaître: **les Français lisent peu.** 24% de "petits" lecteurs (1 à 5 livres dans l'année), 28% de lecteurs "moyens" (6 à 20 livres) et seulement 13% de "gros" lecteurs (20 á 50 livres et plus). Parmi ce dernier contingent, en majorité des moins de 24 ans, des femmes, des cadres moyens qui ont fait des études supérieures et qui votent plutôt à gauche.[5] 45% des lecteurs consacrent aux livres entre 2 heures et 7 heures hebdomadaires, 20% entre 7 heures et 14 heures, 13% entre 1 heure et 2 heures, 11% 14 heures et plus de 10% moins d'une heure. Les plus nombreux lisent habituellement dans leur chambre ou leur salon, avant de s'endormir ou après le déjeuner, en semaine plutôt que le week-end.

Parmi les genres des livres suivants, quels sont ceux que vous lisez de préférence?	Décembre 1986	Rappel enquête (Le Figaro et S. O. F. R. E. S. Octobre 1979)
Romans …………………………	53%	48%
Livres d'histoire, récits historiques, mémoires et souvenirs ……………	46%	45%
Romans policiers, espionnage ……	33%	31%
Livres sur la santé, la médecine …	27%	26%
Documents, politique ……………	21%	19%
Bandes dessinées …………………	21%	18%
Oeuvres de littérature classique …	18%	18%
Essais, philosophie, sciences humaines …………………………	14%	11%
Livres scientifiques ou techniques …	16%	18%
Science-fiction …………………	12%	14%
Poésie …………………………	10%	11%
Livres d'art ………………………	10%	11%
Livres religieux …………………	8%	5%
Encyclopédies …………………	14%	10%
Autres …………………………	3%	...
Le total des pourcentages est supérieur à 100, les personnes interrogées ayant pu donner plusieurs réponses.		

Qu'ils fassent ou non l'objet de l'émission de Bernard Pivot,[6] les romans demeurent le genre de livre que préfèrent les Français. Une comparaison avec des enquêtes antérieures fait d'ailleurs apparaître une très grande stabilité dans leurs goûts littéraires (cf. tableau ci-dessus).

VOCABULAIRE

Roux	(法、姓)胡
un libraire	图书销售商
Thiers	梯也尔(1870 年左右法国政府首脑)
idéal, e, aux *a*.	理想的,此处首字母大写,用于招牌
considérable *a*.	巨大的,大量的
réaliser *v.t.*	实现
un crémier	乳品商
une crèmerie	乳品店
se réjouir de qch.	对某事物感到高兴
une vogue	时髦,流行
amener qn (ou qch.) à qn.	把某人(某物)带给某人
une concurrence	竞争
par suite de ...	由于……
la mévente	生意萧条
un livre de poche	袖珍本书籍;简装书籍
la poche	兜;口袋;网袋
inquiet, inquiète *a*.	不安的,担心的
une édition	出版;版本
Camus	加缪,法国存在主义作家
Sartre	萨特,法国存在主义作家
Zola	左拉,法国十九世纪自然主义作家
une épicerie	食品杂货

jeter *v.t.*	扔,投,抛
jeter un coup d'oeil sur (à) ...	往……看一眼;对……瞥一眼
un acheteur	购物者
complexe *a.*	复杂的
avoir l'habitude de faire qch.	有做某事的习惯
frappant, e *a.*	惊人的;令人惊异的
une constatation	验证,确认,评价
après tout *loc. adv.*	总之,毕竟
pousser qn. à faire qch.	促使某人做某事
en un mot *loc. adv.*	一句话;简而言之
exercer *v.t.*	练习;考验;使用;从事
exercer une influence sur ...	产生影响
douloureux, se *a.*	痛苦的;忧伤的
une conclusion	结论
la paresse	懒惰
un esprit	思想;精神
un échec	失败
une politique	政策
les média = les mass média	宣传工具,大众传播媒介(广播、电视、报刊等)
optimiste *a.*	乐观的
pessimiste *a.*	悲观的
un résultat	结果
un sondage	检测,探测;测试
publié, e *a.*	发表的,公布的
publier qch.	发表某物,公布,刊登某事
le Monde	世界报
sortir en boîte	去夜总会
une boîte de nuit	夜总会
un concert	音乐会
une opinion	观点,意见

interrogé, e *a*.	被询问的;被问及的
interroger *v.t.*	询问;提问
nettement *adv*.	明显地;直截了当地,干脆地
mettre qch. en tête	把某事放在首位
préciser	明确,使清楚
un type	方式,类型
une bande	长条,电影胶片
une bande dessinée	连环画
il est besoin de faire qch.	应该做某事
bref, ève *a*.	简短的;短暂的
un essai	试验;随笔,论文
philosophique *a*.	哲学的;具有哲理性的
ci-après *adv*.	下面,后面
une exclusion	开除,解除;排除,排斥
à l'exclusion de ...	……除外;不包括……在内
scolaire *a*.	学校的
universitaire *a*.	大学的
une issue	出口;出路;结局
à l'issue de ...	……结束后,……完结时
l'école gratuite et obligatoire	免费义务制教育
une légion	成群,大批
reconnaître *v.t.*	承认
un lecteur	读者
un contingent	份额,定额;分遣队
une majorité	多数
en majorité	大多数,大部分
un cadre	干部;企业管理人员
voter *v.t.*	投票,表决
voter à gauche	投左派的票
hebdomadaire *a*.	每周的,一周的
habituellement *adv*.	习惯地;总是

faire l'objet de qch.	成为某事的对象
Pivot	(法,人名)比沃
demeurer *v. i.*	居住,依然是,继续是
antérieur, e *a*.	先前的;前面的
une stabilité	稳定性;稳固性
littéraire *a*.	文学的
cf. = confer, ou conférer *v. t*.	请参看;参照
un rappel	提醒;重复
le Figaro	费加罗报
S. O. F. R. E. S. = La Société française des Enquêtes par sondage	法国民意调查所
un récit	故事;记叙
historique *a*.	历史的
un mémoire	学术论文;(复数时)回忆录
un souvenir	回忆,记忆;(复数时)回忆录
un roman policier	侦探小说
un espionnage	间谍活动
la littérature	文学
classique *a*.	古典的
la philosophie	哲学
humain, e *a*,	人类的;人文的
les sciences humaines	人文科学
la science-fiction	科学幻想
la fiction	假想,虚构
la poésie	诗;诗歌
religieux, se *a*.	宗教的
une encyclopédie	百科全书
le total	总数,总和

jeter	
je jette	nous jetons
tu jettes	vous jetez
il jette	ils jettent
elle jette	elles jettent

Loin des yeux, loin du coeur.
人远情疏。(人走茶凉。)

NOTES

1. Camus (Albert): 阿尔贝·加缪

   1913年生于阿尔及利亚,1960年死于车祸。法国著名现代作家。小说有"局外人","鼠疫"等。1957年获诺贝尔文学奖。

2. Sartre (Jean-Paul): 让-保尔·萨特

   法国著名哲学家和作家(1905—1980)。存在主义的创始人。写过许多著名的小说和戏剧作品。他发表过不少哲学作品。1964年他拒绝接受诺贝尔文学奖,成为哄动一时的新闻。

3. Zola (Emile): 埃米尔·左拉

   法国十九世纪末著名作家(1840—1902)。法国自然主义学派的首创人。著作有"萌芽","娜娜"等。

4. "... alors qu'on pourra **trouver ces auteurs** à 3 F presqu'en face de chez nous?" 而差不多就在我们对面花三个法郎就能买到这些作家的书。

   1) trouver ces auteurs 是指这些人的作品,不是指人。

   2) 在本作品写作年代每本书的价格和文章中所说的相同。现在,买一本袖珍书的价格已上升到十几个法郎,而一般的精装书都要卖到几十,甚至上百法郎一本。一些工具书

(辞典等)已卖到一、二百法郎一本。

Soit 为动词 être 第三人称单数的虚拟式。这里的虚拟式是 quel que 要求的,它在句中做表语,引出让步从句;后面所使用的动词要用虚拟式。

5. Parmi ce dernier contingent, en majorité des moins de 24 ans, des femmes, des cadres moyens qui ont fait des études supérieures et qui votent plutôt à gauche. 在最后这部分人中,大多数是不满 24 岁的年轻人,妇女和中层企业管理干部,后者受过高等教育,并往往投左派的票。

1) 这是一个较长的句子,并且省略了主句动词。原句应为:"Des moins de 24 ans, des femmes, des cadres moyens qui ont fait ... sont en majorité parmi ce dernier contingent." 这种省略主要从修辞角度考虑。因为省略后的句子无论从节奏上,或是前后平衡上,还是语义突出上,都比不省略的说法精彩。如果原句不变,我们读两遍后便会感到它平淡无味,且比例失调。

2) 这种省略和改变还由于由 qui 引导的两个关系从句较长,最好放在后面。

6. **Qu**'ils **fassent** ou non l'objet de **l'émission de Bernard Pivot,** les romans demeurent le genre de livre que préfèrent les Français. 不管小说能否成为贝尔纳·比沃所主持的电视节目的主题,它们依然是法国人偏爱的书种。

1) 连词 que 在句中引出假设从句,从句谓语要使用虚拟式。fassent 是 faire 的虚拟式第三人称复数。Ils = les romans.

2) L'émission de Bernard Pivot:

这是指法国电视二台每周五晚上 21:30 分开始播出的长达 75 分钟的专题节目"Apostrophes"。这个节目由贝尔纳·比沃主持,专门讨论、介绍各种新书。该节目已创办十多年，每周五晚上都吸引不少电视观众。从客观上讲，这个节目的确起到了促进法国人阅读这样一个良好的作用。法国的作者也非常希望能在这个节目中争得一席之地，这样会大大有利于他(她)们著作的销售。

GRAMMAIRE

Le pronom relatif "dont" (关系代词"dont")：

Dont 是关系代词，代替"de + 先行词"，可以指人或物，在从句中起下列作用：

1. 作为间接宾语(也可称做从句动词的补语)：

Veuillez me passer les livres **dont** j'ai besoin.

(avoir besoin **de ces livres**)

C'est un sujet douloureux **dont** on parle depuis des années et des années.

(parler **d'un sujet**)

Voilà les enfants **dont** elle s'est occupée.

(s'occuper **des enfants**)

2. 作为名词的补语：

Elle nous conseille de voir ce film **dont** l'histoire est très émouvante.

(l'histoire **de ce film**) (被补充名词为从句主语)

Voici le professeur **dont** les élèves ont si bien réussi.

(Les élèves **du professeur**) (被补充名词为从句主语)

Voici le professeur **dont** je connais les élèves.

(les élèves **du professeur**) (被补充名词为从句直接宾语)

Voici le professeur **dont** je suis l'élève.

(l'élève **du professeur**) (被补充名词为从句表语)

3. 作为形容词的补语：

C'est une voiture **dont** je suis content.
(content **de cette voiture**)
L'enfant me montre ses travaux pratiques **dont** il paraît très fier.
(fier **de ses travaux pratiques**)

4. 作为当主语或直接宾语的数词的补语,表示整体的一部分:

1) J'ai là des livres **dont** je peux vous prêter quelques-uns.
(quelquesuns **des livres**)
Nous avons visité des musées, **dont** trois avaient été construits avant les années 50.
(trois **de ces musées**)
Voilà des hôtes étrangers **dont** une dizaine viennent d'Afrique.
(une dizaine **de ces hôtes**)

2) 当在句中 dont 表示 parmi lesquels 的意义时,动词 être 往往被省略:
Dans notre bibliothèque, on compte actuellement 350 000 livres, **dont** 200 000 en langues étrangères.
(200 000 **de ces livres**)
Voici dix journalistes, **dont** trois femmes.
(trois **de ces journalistes**)

3) Dont 引导的分句可以省略动词,这种用法是常见的:
Une dizaine d'étudiants travaillent à la bibliothèque, **dont** le chef de la classe. 有十几个学生在图书馆学习,**其中有**班长。

5. 应避免从属于以介词引导的补语。例如:
不应作: l'homme dont je compte sur l'aide
而应作: l'homme sur l'aide de qui je compte 我指望他帮忙的那个人

注意：换言之，当关系代词 dont 所补充的名词本身是间接宾语的话，那么如果指人或动物时，dont 要用 duquel 或 de qui 这一套复合关系代词替换掉；如果指物，那么 dont 要用 duquel 这一套复合关系代词替换掉。

请再看两个例句：

1）不能说：Le garçon dont je m'intéresse à l'avenir ...

而应说：Le garçon à l'avenir de qui je m'intéresse ...

2）不能说：La ville dont je me promène dans les rues ...

而应说：La ville dans les rues de laquelle je me promène...

6. dont 与 sortir, descendre 连用，用来表达 naître 或 être issu (e) de ... (出身于……)意义时，它起状语的作用：

la famille paysanne dont il sortait ... 他出身的那个农民家庭……

UN PEU DE CIVILISATION FRANÇAISE

法国的书店与图书俱乐部

法国书店一般均为私营。比较大的几个书店都位于巴黎。当然外省也有很多大书店。

法国书店都开架售书，门口设有收款台。如果顾客需要了解书店书籍的情况，值班售货员便会非常热情地向你做介绍。

在法国，图书价格昂贵。一本较厚一些的字典标价 150—200 法郎，而一套百科全书标价 6500 法郎。在塞纳河边，有不少旧书摊，但善本书价钱也不便宜。

法国有两大图书俱乐部，一是 France loisirs，另一个是 Le Grand Livre du Mois。这两个图书俱乐部的章程大致相同：只要交纳 15 法郎的入会费，便会收到俱乐部赠与的三本图书和有关的书单及账单。但每月或每季度都要购买该俱乐部推荐的一本图书。如果你能履约，俱乐部还会送给你一件小礼物或一本书做为奖励。

在 France loisirs 的书店里，只要你持有该俱乐部的证件卡，还可买到优惠价格的图书及唱片，音乐盒带，甚至还包括胶卷。这些都是推销术，但也给读者带来不少方便。比如你认为哪本书不错，只要把购书单及书款寄去，俱乐部便会把你所要的图书寄到住所。

EXERCICES ORAUX

1. Répondez aux questions suivantes d'après les textes:

1)

(1) Pourquoi au début M. Roux est-il content des grandes surfaces?

(2) Est-ce que tout le monde du quartier est aussi content que lui? Pourquoi?

(3) Où est-ce qu'on a installé ce supermarché?

(4) Pour quelle raison M. Roux devient-il inquiet par la suite?

(5) Comment Mme Roux rassure (使放心) -t-elle son mari?

(6) Pourquoi va-t-elle chaque jour au supermarché?

(7) Quelle constatation M. Roux en a-t-il à la fin de l'année?

(8) Pourquoi la vente n'a pas baissé?

(9) Est-ce que les livres de poche sont bons?

(10) D'après vous, un supermarché est-il une bonne ou une mauvaise chose pour un quartier?

(11) Vous êtes pour ou contre?

(12) Pourquoi?

2)

(1) Pourquoi dit-on que c'est un sujet douloureux quand on parle de la lecture des Français?

(2) Les Français sont-ils des gros lecteurs?

(3) Pour quelle raison ils ne lisent pas beaucoup?

(4) D'après le Monde, les Français ont mis la télé à la tête de leurs réponses, vous savez pourquoi?

(5) Combien de Français déclarent-ils qu'ils aiment lire?

(6) Est-ce suffisant?

(7) Un bref article et un essai philosophique, lequel est moins facile à lire?

(8) Quel est le pourcentage des Français qui ne lisent pas un seul livre pendant les douze derniers mois?

(9) Et celui de ceux qui lisent le plus?

(10) Est-ce que ce sont des gens pareils?

(11) Pour être un lecteur "moyen", combien de livres faut-il lire dans l'année?

(12) Que veut dire le mot "contingent" dans le texte?

(13) Qui sont parmi les "gros" lecteurs?

(14) Vous savez pourquoi l'auteur a mis la phrase "et qui votent plutôt à gauche"?

(15) Quelle habitude de la lecture la plupart des Français prennent-ils?

(16) Est-ce que les Français aiment lire en week-end? Si non, qu'est-ce qu'ils vont faire pendant ce temps?

(17) Pourriez-vous expliquer qu'est-ce que c'est que l'émission de Bernard Pivot?

(18) Quel genre de livres les Français préfèrent-ils le plus?

(19) Pourquoil il y a quand même une stabilité pour les Français dans leurs goûts littéraires?

(20) Qu'est-ce que c'est qu' un goût littéraire?

(21) Que veut dire "cf."?

(22) Si vous faites la comparaison des deux colonnes (栏目) de chiffres, pouvez-vous nous dire quelles sont les différences entre 1979 et 1986?

(23) Essayez de donner une explication à ces différences.

(24) Est-ce que vous lisez beaucoup?

(25) Si oui, quel genre de livres vous préférez?

(26) Combien d'heures hebdomadaires consacrez-vous à la lecture?

(27) Où lisez-vous?

(28) Est-ce que la lecture est une bonne chose?

(29) Si on vous demande de lire beaucoup, vous êtes pour ou contre?

(30) Est-ce qu'il y a concurrence entre les livres et les nouveaux mass média?

(31) Est-ce que les Chinois sont de "gros" lecteurs? Pourquoi?

(32) Si un jour, vous êtes privé (被剥夺) du droit de lire, qu'est-ce que vous ferez?

2. Choisissez la bonne réponse:

1) "Ils peuvent baisser leur prix" signifie:

a. Ils peuvent vendre plus cher;

b. Ils peuvent vendre moins cher;

c. Ils peuvent vendre très peu.

2) Les petits commerçants ne s'en réjouissent pas, parce que:

a. le supermarché est trop grand;

b. le supermarché est considérable;

c. le supermarché est cher;

d. le supermarché est bon marché.

3) Mme Roux va souvent au supermarché pour:

a. voir comment on y vend;

b. faire des promenades tout en jetant un coup d'oeil sur les acheteurs des livres;

c. faire les courses et jeter un coup d'oeil sur les acheteurs des livres;

d. spécialement (专门地) voir les acheteurs des livres.

4) A la fin de l'année, la vente de M. Roux n'avait pas baissé, c'est parce que:

a. M. et Mme Roux étaient bien travailleurs tous les deux;

b. Les Roux ont vendu plus cher;

c. Les grandes surfaces poussent les gens à acheter plus de livres chez les Roux;

d. Les livres de poche vendus par les grandes surfaces ont influencé la vente des Roux.

5) Les Français lisent peu parce que:

a. ils ont d'autres choses à s'occuper;

b. ils sont moins travailleurs;

c. ils sont attirés par les matchs sportifs;

d. ils sont mécontents des livres.

6) "... il faut le reconnaître: ...". Dans cette phrase, "le" signifie:

a. un siècle;

b. un pays;

c. les grands écrivains sont légion;

d. les Français lisent peu.

3. Exercices sur le relatif "dont":

1)

—Il a parlé de cette question? Elle est très intéressante, n'est-ce pas? — Oui, la question dont il a parlé est très intéressante.

(1) Tu as besoin de ces renseignements? Ils sont importants, n'est-ce pas?

(2) On discutera de ce projet? Il sera difficile à réaliser, n'est-ce pas?

(3) Ils se servent (使用) de ces machines? Elles sont fabriquées en Chine, n'est-ce pas?

(4) Elles s'occupent de ces livres? Ils sont utiles, n'est-ce pas?

(5) M. Dupont a envie de cette encyclopédie? Elle coûte cher, n'est-ce pas?

2)

Dans notre pays, il y a eu beaucoup de changements; on en est très fier. Dans notre pays, il y a eu beaucoup de changements dont on est très fier.

(1) Jacques a passé à Rome ses vacances; il en est enchanté.

(2) Pendant les vacances, nous avons fait un voyage; nous en étions très contents.

(3) Les Roux ont fait une bonne constatation; ils en étaient très satisfaits.

(4) Ils ont fait un projet d'autoroute; ils en sont bien fiers.

(5) Les petits commerçants ont dû quitter ce quartier; ils en étaient bien fiers!

3)

Je relis ce roman; la fin est si émouvante. Je relis ce roman dont la fin est si émouvante.

(1) Je reprends ce livre; la grammaire est extrêmement difficile.

(2) Il nous a fait voir cet appartement; la cuisine est très grande.

(3) Nous avons rencontré votre amie; son mari passe tout le temps à regarder la télé.

(4) J'ai vu hier à la télé un de vos anciens collègues; j'ai oublié son nom.

(5) C'est la Tour Eiffel; vous avez déjà vu pas mal de photos de ce monument.

4. Exercices sur des mots et expressions:

1) ne ... pas ... au contraire ...

— Vous êtes contre l'ouverture des grandes surfaces? — Je ne suis pas ennemi des grandes surfaces, au contraire, je trouve que c'est une bonne chose!

(1) Vous êtes pour la télé?

(2) Vous n'aimez pas les livres de poche?

(3) Ils sont contents de la pollution (污染)?

(4) Tu ne fais pas confiance à ton professeur?

(5) Vous êtes contre la construction d'une nouvelle librairie?

2) faire qch. à ...

la concurrence;
Les grandes surfaces font une concurrence terrible aux petits commerçants.

(1) concurrence;

(2) plaisir;

(3) confiance;

(4) peur;

(5) grâce (宽恕);

(6) attention;

(7) du bien.

3) par suite de ...

La rivière se trouve grossie (上涨) à cause des pluies.
Par suite des pluies, la rivière se trouve grossie.

(1) Il est blessé à cause d'un accident.

(2) Nous étions obligés de rester à la maison à cause d'une panne de notre voiture.

(3) La production du blé a baissé cette année à cause des catastrophes naturelles.

(4) Les autoroutes sont bloquées (被封锁的) à cause des neiges.

4) de toute façon

Les livres de poche sont bien beaux!
Oui, mais, de toute façon, je n'en achèterai pas!

(1) Ces librairies sont bien grandes!

(2) Ces livres sont vraiment intéressants à lire!

(3) Les Français lisent-ils?

(4) Est-ce que cet essai philosophique est facile?

(5) Il faut rappeler M. Clavier, je pense.

5) jeter un coup d'oeil (sur, dans, à ...)

— C'est pas possible! Mon téléviseur tombe encore en panne! — Attends un instant. Je vais jeter un coup d'oeil sur ton téléviseur tout à l'heure.

(1) C'est pas vrai! Il n'y a plus personne dans la chambre!

(2) C'est frappant! Il n'a fait aucune faute dans la dictée cette fois-ci!

(3) Je ne peux pas croire mes yeux! Tout a changé en un rien de temps (一瞬间)!

(4) Tiens! la bande dessinée n'est plus là!

(5) En un mot, je ne peux pas le faire!

6) il est besoin de faire qch.

Il faut y jeter un coup d'oeil avant de le donner au directeur. Il est besoin de jeter un coup d'oeil sur cela avant de le donner au directeur.

(1) Il faut refaire cela sans attendre!

(2) Il faut mettre les questions en tête!

(3) Il faut publier le résultat du sondage!

(4) Il faut lui téléphoner avant de sortir en boîte!

(5) Il faut faire l'école gratuite et obligatoire dans tous les pays du tiers monde (第三世界)。

7) à l'issue de ......

A la fin de cette réunion, il a précisé nettement qu'il est besoin d'exercer une bonne influence sur la jeune génération. A l'issue de cette réunion, ...

(1) A la fin de l'année 1992, ...

(2) A la fin de cette discussion ...

(3) A la fin de ce "face à face," les deux ...

(4) A la fin de cette opération ...

8) faire l'objet de ....

Les hôtes ont été bien accueillis. Les hôtes ont fait l'objet d'un bon accueil.

(1) Ces problèmes ont été discutés.

(2) Des livres ont été présentés lors de l'émission de B. Pivot.

(3) Le transport sera révisé par le Ministère des transports publics.

(4) Ces jeunes gens seront interrogés par la police. (un interrogatoire: 讯问,审问)

5. Exercices divers:

1) Remplacez le nom d'action par un verbe:

(1) l'utilisation des outils de travail

(2) l'émission d'une gamme

(3) la lecture des récits historiques

(4) la construction d'un magasin

(5) la vente des produits agricoles

(6) l'achat annuel des mirabelles lorraines

2) Dites le sens du mot "bref" et traduisez en chinois:

(1) Un **bref** épisode

(2) une **brève** rencontre

(3) Soyez **bref**!

(4) répondre d'un ton **bref**

3) Traduisez en français:

瞧一眼　　侦探小说　　宗教书籍　　诗歌　　百科全书

科学幻想　回忆录　　艺术书籍　　文学爱好

有做某事的习惯　　问题比你想象的复杂得多

问题比你想象的要简单得多

4) Complétez les phrases suivantes par un de ces deux mots:

en avance / à l'avance

(1) Vous êtes arrivés ________. Attendez un peu.

(2) Les filles ont fini leurs devoirs ________.

(3) Comme nous avions prévu les problèmes ________, il n'y a pas eu beaucoup de difficultés.

(4) Pendant l'examen, il est sorti ________, car il avait bien préparé.

(5) Les billets, je peux vous les donner ________, ce serait plus commode comme ça.

5) Reliez les deux propostions avec le pronom relatif "dont":

(1) L'enfant me rend l'Etranger (加缪所著:"局外人"), il a appris par coeur quelques scènes de ce roman.

(2) J'ai besoin de ce dictionnaire. Passez-le -moi!

(3) Il a fait un devoir sérieux, le professeur a été très satisfait de son devoir.

(4) Elle a téléphoné à son frère, elle voulait emprunter le vélo de son frère.

(5) Il est question d'un nouveau progrès, le chef de classe va nous en parler.

6) Remplacez les points par un pronom relatif convenable:

(1) Nous sommes entrés dans la salle ________ était bien propre.

(2) Ils traversent la Suisse ________ ils ont déjà connue.

(3) C'est un moment ________ tu dois profiter.

(4) J'habite la maison ________ vous aimez la cuisine.

(5) J'habite la maison ________ vous aimez.

(6) Ce sont des fruits ________ viennent avant la saison.

(7) Prends toutes les affaires ________ tu as besoin.

(8) Je ne vois pas le jeune homme ________ doit nous accueillir à l'aéroport.

(9) Nous sommes partis au moment ________ il a commencé à pleuvoir.

(10) J'ai envoyé une lettre à mon ami ________ fait ses études en France.

7) Faites un petit exposé:

(1) Est-ce que vous aimez lire?

(2) Quel genre de livres préférez-vous?

(3) Pourquoi?

8) Jouez au vendeur:

Vous êtes libraire, un(e) client(e) entre dans votre librairie. Il (elle) a l'air de s'intéresser à un de vos bouquins (俗语:书籍). Vous allez lui donner des renseignements nécessaires et le (la) pousser à en acheter un ou deux, voire trois même!

Si oui, bravo!

9) Compréhension rapide: pour ou contre?

Voici la question pour les gens qui vont répondre: "La lecture est très importante pour la vie. Qu'est-ce que vous en pensez?"

(1) Je ne suis pas ennemi de la lecture, au contraire, je trouve que c'est une chose pas mal.

(2) Sans aucun doute! c'est un peu comme la télé, on peut pas s'en passer!

(3) Oui, oui, je suis complètement d'accord là-dessus. Mais il ne faut pas oublier qu'un bouquin vaut 60 à 100 F. C'est pas donné ça!

(4) Vous croyez que j'ai encore du temps à me mettre paisiblement devant une table, avec tous ces boulots?

(5) C'est trop dire! Avec la télé, on peut tout savoir!

(6) Les vieux comme moi, on a de mauvais yeux. Les lettres nous fatiguent, surtout les livres de poche qui sont écrits petit.

(7) Sartre, Camus, c'est pas facile. En vacances, peut-être, mais après le travail, si j'ouvre un livre, moi, je m'endors tout de suite!

(8) La lecture, c'est plus difficile, c'est vrai. Mais c'est plus intéressant aussi! Aujourd'hui, les gens sont moins travailleurs.

(9) Oui, quand j'étais gosse (孩子), je lisais un livre de bibliothèque par semaine. Ça m'a beaucoup aidé dans la vie après.

(10) Tout ce que tu viens de dire est très beau! Je ne suis point contre. Mais il faut du temps pour la lecture!

10) Conjuguez les verbes suivants à tous les temps déjà appris:

jeter   se réjouir   amener

EXERCICES ECRITS

1. Remplacez les points par un pronom relatif convenable:

   1) Je suis en train de lire un roman ________ je trouve très intéressant.
   2) Nous sommes arrivés dans la rue ________ Lucien avait garé la voiture.
   3) Il y a au premier étage de ce bâtiment une salle ________ me paraît immense (巨大的).
   4) C'est une région ________ l'on cultive beaucoup de tabac.
   5) Je n'ai pas encore très bien compris ce ________ vous avez dit.
   6) Il faudrait lui dire au moins ce ________ nous avons besoin.
   7) Après Paul est entrée Marie ________ je n'ai pas reconnue tout de suite!
   8) Dimanche est le jour ________ l'école est fermée.
   9) Il a perdu le sac ________ son père lui avait donné l'année dernière.
   10) Quel est le nom du garçon ________ parle avec toi?

2. Indiquez la fonction de "dont" et son antécédent:

   1) On leur avait donné les livres dont ils avaient besoin.
   2) Son frère connaît bien l'Espagne dont il a visité toutes les provinces.
   3) La maladie dont je souffrais a disparu.
   4) C'est un nouveau camarade dont j'ai oublié le nom.
   5) Cette bibliothèque est pleine de livres dont quelques-uns sont en français.

3. Mettez les verbes entre parenthèses aux temps convenables:

   Pierre Curie (naître) à Paris en 1859 dans la famille d'un médecin. Son père (être) un homme savant.

   Pierre Curie ne (faire) jamais ses études à l'école; sa mère, son père et son frère lui (donner) des leçons à la maison. Il (aimer) beaucoup la nature: il (faire) souvent des promenades aux environs de Paris. Il (admirer) la beauté des bois, des champs, des rivières, il (étudier) la vie des animaux et des plantes (植物), ainsi il (commencer) à aimer les sciences. A 16 ans, il (entrer) à l'Université. Plus tard, il (devenir) un célèbre savant. Il (travailler) comme professeur à l'Ecole de Physique à Paris.

Pierre Curie et sa femme Marie (recevoir) le prix Nobel (诺贝尔奖) pour leur grande découverte: ils (trouver) un nouvel élément chimique radioactif (放射性元素)。

Le grand savant français, Pierre Curie (mourir) en 1906.

Dans des villes de France beaucoup de rues (porter) le nom de Curie.

4. Version:

1) (à l'écrit) Les deux derniers paragraphes du premier texte.

2) (à l'oral) Depuis le début à "qui votent plutôt à gauche".

5. Traduisez en français:

实施(施加)影响　无论如何　简而言之　袖珍本书籍　降价
和某人竞争　对某事感到高兴　…除外　促使某人做某事
连环画　应该做某事　新闻媒介　乐观的观点　投左派的票
成为某物的对象　请参看　科学幻想小说　人走茶凉

Thème:

1) 在法国,大的超级市场和小商贩之间竞争很激烈。大商店往往采用压低降格的办法来吸引顾客。

2) 我们得让保尔放下心来,这个问题并不难解决。

3) 这就是你需要的那些书。这些书都是中文的,其中有两本是法文的。

4) 读书依然是许多人的一大文学爱好。他们平均每天要花一个到两个小时来读书。

5) 法国人直截了当地把看电视放在业余娱乐的第一位。

6) 法妮思想懒惰,半年来一本书都不读。只知道玩或看电视。根据法国民意调查所发表的一项调查结果,像法妮这样不看书的人大约占被询问人数的 25%,这是十分令人惊讶的!

7) 读者人数不但没有增加,反而下降了 5%。

8) 在把作业交给老师之前,自己应该先看一遍。

9) 袖珍本图书问世以来,很受欢迎。这种书不仅便宜,而是往往比较新,而且内容也很广泛。

LECTURE

Un cadeau d'anniversaire

Il est cinq heures de l'après-midi. Un certain monsieur entre dans la librairie de M. Duvin.

— Bonjour, Monsieur.

— Bonjour.

— Vous désirez?

— Je vais d'abord voir, c'est pas encore décidé!

— Faites donc. A votre service. Je vous en prie.

(un moment plus tard)

— Vous avez choisi?

— Oui, ... pas tout à fait.

— Quel genre voulez-vous? Mémoires? Roman-policier? un livre scolaire? ou plutôt ...

— Non, non, c'est pour l'anniversaire d'un ami. Il adore les livres.

— Que fait-il? puis-je vous le demander?

— Oui, bien sûr. Il est cadre, dans une grande entreprise d'automobiles. Il lit un peu de tout. Vous savez, n'importe quoi.

— Ah oui ... si c'est comme ça, croyez-moi, le mieux je pense, est de lui offrir un livre classique cartonné. Comme celui-ci. Oui, c'est un peu plus cher, mais ce sera beaucoup plus présentable! N'est-ce pas, monsieur?

— Oui, oui, c'est parfait. Voilà, je crois que je vais prendre ça. Mais lequel enfin? Pourriez-vous encore m'aider un peu?

— Bien sûr, monsieur. Je vous propose de prendre donc celui-là: Vingt mille lieues sous les mers de Jules Verne.

— Ah! c'est original!

— Je vous le montre?

— Oui, si ça ne vous dérange pas.

— Avec plaisir.

— Vous êtes très aimable.

— A votre service.

— C'est combien?

— Cent cinquante francs. Si vous voulez bien passer à la caisse. Je fais un paquet?

— Oui, s'il vous plaît.

(Après le paiement, ce monsieur revient prendre son bouquin)

— Voici votre paquet. Bonne soirée!

— Merci. Vous aussi! A la prochaine!

VOCABULAIRE

prendre son temps	不着急,不着慌
un anniversaire	生日
cartonné, e *a*.	精装的
une lieue	(法国)古里(约合现在 4 公里)
Jules Verne	儒勒·凡尔纳,法国著名科幻小说家
original, e, aux *a*.	别出心裁的;新颖的;奇异的
un paquet	包装
le paiement	付款
à la prochaine	下次再见
"Vingt mille lieues sous les mers"	《海底两万里》

Leçon 6

Le français et les Français

I. Sur la langue française

M. Lebel: — Eh bien, John, comment vont vos études de français?

John: — J'ai quelques difficultés avec les temps des verbes. Ce sont ceux du passé, surtout, que je ne saisis pas très bien: plus-que-parfait, passé antérieur, passé simple, passé composé, passé surcomposé ...

M. Lebel: — Oui, la langue française offre une riche gamme de formes.

Karl: — Tu te fais de la bile pour pas grand-chose! Jamais tu n'emploieras le passé simple ni le passé antérieur dans la conversation.

John: — Mais je les lis très souvent dans les journaux et même il m'arrive de les entendre à la télévision. Et puis, comment faire la différence entre le passé antérieur et le plus-que-parfait, pour exprimer l'antériorité? Tenez, je lis dans "**Les Célibataires**" de Montherlant: "Sitôt qu'il **avait entendu** la porte de la maison se refermer, il descendait les deux étages." Ou encore:

"Simone de Bauret alla vivre en Bretagne auprès d'une vieille mais riche cousine qui **l'avait prise** en affection." Mais ailleurs:

"Quand son neveu **eut monté** quelques marches, il monta derrière lui."

M. Lebel: — Vous trouverez sûrement dans votre grammaire l'explication de ces cas. Il vous suffit, en attendant, de savoir qu'avec un verbe principal à l'imparfait, le verbe subordonné est généralement au plus-que-parfait: il s'agit alors de faits qui se répètent. Mais si le verbe principal exprime un passé isolé, on emploie le plus-que parfait après **qui** ou **parce que** et le passé antérieur après **quand, dès que**.

Karl: — Ah! ces Français, quels grammairiens!

II. Vous ressembliez à la France

(Un officier français combattant dans la Résistance a été surpris, blessé et capturé par les troupes allemandes avançant dans le centre de la France.[1] On l'a emmené dans l'hôtel d'une petite ville occupée par les Allemands. Etendu sur le sol; il est gardé par un soldat à la tête d'oiseau qu'il appelle "mon moineau". C'est l'aube. Il écoute les voix se croiser dans l'escalier. Les soldats s'apprêtent au départ.)

— Matâme![2] Vous avez du beurre?

— Non!

— Vous avez du chocolat?

— Non!

— Matâme! Vous avez du pain?

— Avec des tickets! [3]

On ne demandait plus rien. Sans doute la patronne avait-elle quitté sa caisse[4]. Un temps[5]. Des bottes montaient, avec un tintement de gamelles. Puis, des étages supérieurs, vint une rumeur bizarre qui augmenta en s'approchant: celle des enfants lorsqu'on découvre devant eux l'arbre de Noël. Les demi-persiennes s'écartèrent, [6] poussées par un plateau sur lequel étaient posés un bol de café au lait qui fumait, et de grosses tranches de pain blanc beurrées. Derrière lui, la patronne. Ses cheveux blancs étaient soigneusement coiffés; elle avait mis une robe noire, comme pour aller à la messe, mais portait un tablier blanc parce qu'elle venait de la cuisine. Elle regardait les carreaux ensanglantés (mes blessures avaient saigné, cette nuit), vint vers moi, s'agenouilla: une jambe, puis l'autre. Il n'est pas facile à une femme âgée de s'agenouiller en portant un plateau. Elle le posa sur ma poitrine, se releva, alla aux demi-persiennes, se retourna—deux grandes taches rouges sur le tablier blanc, à la place des genoux — et dit, du ton dont elle disait sans doute souvent, [7] quarante ans plus tôt: "Vous allez me faire le plaisir de ne pas chiper les tartines de vos frères!" mais avec quelque chose d'imperceptiblement solennel! [8]— C'est pour l'officier français blessé, et remonta, dans le bruit des bottes qui s'écartaient devant elle.

Mon moineau me regardait, le bec ouvert. Arracher des tartines à un blessé? Ridicule! mais tout cela était provocant!

— Partageons, lui dis-je.

Il se leva, sortit. Il revint avec un verre, et prit une de mes tartines. Dès qu'il l'eut posée sur le bureau, il prit le bol pour verser la moitié du café au lait dans le verre. Il se brûla. Il posa le verre sur le bureau, reprit le bol dans son mouchoir, et versa, en calculant avec soin. Retour du bol. Sur les carreaux blancs, il y avait maintenant de grandes semelles de sang vers le bureau, et des petites.

Vers huit heures, nous partîmes. La patronne était revenue.

— Je vous remercie, Madame. Vous étiez très bien tout à l'heure: vous ressembliez à la France.

Elle cessa d'écrire. Son visage resta immobile, et son regard me suivit jusqu'au moment où la porte de l'hôtel se referma.

VOCABULAIRE

saisir *v.t.*	抓住;掌握
une forme	形式;形态
la bile	胆汁;(转)恼怒;烦恼
se faire de la bile	忧虑;焦急不安
il arrive à qn de faire qch.	某人有时会做某事
exprimer *v.t.*	表达,表述
une antériorité	(时间上的)在前;先前
un (une) célibataire	独身者
Les Célibataires	"独身者们"(书名)
Montherlant	蒙特尔朗(人名)
sitôt que ...	一……就……(后接直陈式)
se refermer *v. pr.*	(开后)再关闭;再合上
Simone	西蒙娜(女姓名)
Bauret	博雷(人名)
la Bretagne	布列塔尼(法国西部)
auprès de ...	在…旁边
un neveu	侄子;外甥
sûrement *adv.*	肯定地
un cas	情况;场合

en attendant	在此期间;暂且
il suffit à qn de faire qch.	某人只要做某事就可以了(足够了)
subordonné, e *a*.	从属的,隶属的;服从的
généralement *adv*.	一般地;通常地
se répéter *v. pr*.	重复,重复出现;再发生
un fait	事实
isolé, e *a*.	单独的;孤独的;孤立的
grammairien, ne	语法学家
ressembler à ... *v. t. ind*.	和……相像;和……相似
un officier	军官
combattre *v. i*.	战斗
la Résistance	(二次大战期间)法国抵抗运动
surprendre *v. t*.	撞见,突然发现;当场捉住;突然袭击
blesser *v. t*.	使受伤
capturer *v. t*.	逮住;捕获
les troupes *n. f. pl*.	军队;部队
avancer *v. i*.	前进;(军事)进攻,进军
étendu, e *a*.	展开的;平躺着的;广阔的
le sol	地上;地面;土地;土壤
gardé, e (p.p. de garder)	被看守的;被看管的
un soldat	士兵
un oiseau	(小)鸟
appeler qn. X	把某人称做 X
un moineau	麻雀
une aube	拂晓;黎明
se croiser *v. pr*.	遭遇;相互交叉;交杂在一起
s'apprêter à qch. (s'apprêter à faire qch.)	准备做某事
un ticket	票证;券;定量配给券
des bottes *n. f. pl*.	长统皮靴

un tintement	钟声;铃声;叮当声
une gamelle	军用饭盒
une rumeur	嘈杂声;起哄声
bizarre *a*.	奇怪的
s'approcher de ...	走近……;靠近
lorsque *conj*.	(元音前省音,变为 lorsqu') 当……
un arbre de Noël	圣诞树
les demi-persiennes	百叶窗式半截门
la persienne	百叶窗
s'écarter *v. pr*.	分开;散开
un plateau	托盘
posé, e *a*.	放置的
un bol	(一)碗
fumer *v.i*.	冒气(烟)
une tranche	(切下的)薄片
beurré, e *a*.	抹了黄油的
la patronne	女老板;女店主;女主人
soigneusement *adv*.	细心地;认真地
coiffé, e *a*.	被梳理的;头发梳好的
la messe	弥撒
un tablier	围裙;工作罩衫
un carreau	小方块;方块砖;方砖地;方玻璃
ensanglanté, e *a*.	染上血迹的;血染的
une blessure	伤口
saigner *v.i*.	流血;失血
cette nuit	昨天夜里
s'agenouiller *v.pr*.	跪下(来)
se relever *v.pr*.	重新站起身来
se retourner *v.pr*.	转过身去
une tache	斑点;污点;渍,迹
à la place de ...	在……的地方;在……的位置(上)

un genou	膝盖
un ton	语气;口气
chiper *v.t.*	(俗)偷窃
une tartine	(涂有黄油、果酱等的)面包片
imperceptiblement *adv.*	不易察觉地;极细微地
solennel, le *a.*	庄严的
le bruit	声响;响声
un bec	啄,鸟嘴;(俗)(人的)嘴
arracher qch. à qn	向某人夺取某物
ridicule *a.*	可笑的;令人嘲笑的
provocant, e *a.*	挑衅的;挑逗的,撩人的
partager *v.t.*	分;划分;分享,分担
un verre	玻璃杯
se brûler *v.pr.*	烧痛自己;烫痛自己
un mouchoir	手帕
calculer *v.i. et v.t.*	计算;算计
le soin	关心,细心,注意
un retour	返回;折回;回复
une semelle	鞋底;(课文中指脚印)
immobile *a.*	不动的;静止的
un regard	目光
jusqu'au moment où ...	一直到……(后用直陈式)

combattre	
je combats	nous combattons
tu combats	vous combattez
il combat	ils combattent
elle combat	elles combattent

partager	
je partage	nous partageons
tu partages	vous partagez
il partage	ils partagent
elle partage	elles partagent

Qui peut le plus peut le moins. 难事都能做,容易的事更不在话下。

C'est en forgeant qu'on devient forgeron. 熟能生巧。

NOTES

1. Un officier français **combattant** dans la Résistance a été surpris, blessé et capturé par les troupes allemandes **avançant** dans le centre de la France. 一位战斗在抵抗运动中的法国军官与在法国中部地区进军的德国部队突然遭遇后受了伤,并被俘。

   Combattant 和 avançant 都是现在分词。它们在句中分别用来补充说明各自的主语。相当于 qui combattait ... 和 qui avançaient ...。

   现在分词的语法作用很多,最常见的是用在笔语中,以避免繁复的以 qui 引导的关系从句。

2. Matâme! 原词应为 madame。这是作者模仿德国人说法语的发音。

3. **Avec des tickets**! 有要配给券的(面包)!

   1) 这是一句省略语。德国士兵出发前向旅店的老板娘要这要那。但老板娘十分厌恶他们,只说了两个"non",和这一句。全句应为:

      "Oui, j'ai du pain. Mais c'est du pain qu'on a acheté **avec des tickets!**"

   2) 战争期间,由于食品供应紧张,许多食品都要凭配给券购买。

4. Sans doute la patronne **avait-elle quitté sa caisse**. 老板娘大概已经离开了柜台。

1）la caisse 指旅馆中办理客人登记及收款的柜台。

2）如果句子由一个副词开始，或是由一个表示限定或对立的副词短语开始，那么句中的主语往往采用倒词序。这类副词或副词短语有：

à peine，ainsi，aussi，au moins，difficilement，du moins，(et) encore，en vain，vainement，rarement，peut-être，aussi bien，sans doute 等。

请看例句：

A peine **est-il** hors de son lit，on frappe à la porte. 他刚刚起床，就有人敲门。

Ainsi **a-t-il fini** les devoirs qu'on lui avait demandés. 他就这样做完了让他做的作业。

3）如果主语不是人称代词，也不是 ce 或 on，它要放在动词前面，动词后再加上一个重复该主语的人称代词：

A peine **le soleil** était-**il** levé，on s'est mis à la route. 太阳刚刚升起，我们就上了路。

Sans doute **cela** est-**il** nécessaire. 这大概是必要的。

5. Un temps. 一阵沉寂。

un temps 在这里等于 un moment de silence 或 un court silence.

6. Les demi-persiennes s'écartèrent，... 半截百叶吊门打开了，……

这种形式的吊门常见于老式建筑中。门扇为百叶窗形式，左右各一扇，门扇高度大约为大半个人高，安装高度距地约 50 公分左右。

7. ... et dit，**du ton** dont elle disait sans doute souvent，quarante ans plus tôt：...

……然后，用她大概四十年前常用的（讲话）口吻说道：……

dire qch d'un ton + adj 是指"以什么样的口吻(语气)讲话"。请看例句

Il le dit **d'un ton ferme**. 他用坚定的口吻说到这件事。

Elle l'avait dit **d'un ton doux** (froid). 她用温和(冷淡)的口吻说到这件事。

8. ... mais avec **quelque chose d'imperceptiblement solennel**! ……但带着一种不易察觉的庄严感!

1) quelque chose 在此处应理解为感觉。

2) 法语中泛指代词(pron. indéf. 如 aucun, grand-chose, quelque chose, rien, personne, quelqu'un 等)后要加形容词时,必须在两者中间加介词 de。

请看例子:

Il n'y en a aucun **de bon**.

Il n'y a personne **de blessé**.

Pas grand-chose **de bon**.

quelque chose **d'autre**;

quelqu'un **de bien informé**;

rien **de nouveau**.

GRAMMAIRE

1. **Le passé antérieur** (先过去时)

1) Sa formation:

先过去时的构成是由助动词 avoir 或 être 的简单过去时形式加上有关动词的过去分词。请注意助动词为 être 时主语与过去分词的配合。

2) Ses emplois:

从原则上讲,先过去时只和简单过去时配合使用。在

从句中与 quand, après que, dès que, aussitôt, sitôt que, lorsque, à peine que 等一起使用,用来表达一个发生于另一过去动作以前的动作。从时间上讲,这一动作与另一个过去动作之间距离很接近。请看例句:

Quand son neveu **eut monté** quelques marches, il monta derrière lui. 他侄子刚上了几层台阶,他便跟在后面上了楼。

Dès qu'il l'**eut posée** sur le bureau, il prit le bol pour verser la moitié du café au lait dans le verre. 他把那片面包一放到写字台上,便拿起碗来准备把一半牛奶咖啡倒进玻璃杯。

A peine **se fut-il levé,** qu'on sonna à la porte. 他刚刚起床,就有人按响了门铃。

3) 先过去时与愈过去时及愈复合过去时的区别:

(1) 先过去时仅局限于法语笔语,常见于小说,报刊等笔语中。

(2) 从表达范畴看,先过去时与愈复合过去时十分相近。只是前者为"简单过去时 + 先过去时",而后者为"复合过去时 + 愈复合过去时"。请看例句:

Dès que Louis XIV **eut rendu** le dernier soupir, la cour **se sentit** plus libre. 路易十四刚咽下最后一口气,整个宫廷就觉得自由些了。

Dès que Louis XIV **a eu rendu** le dernier soupir, la cour **s'est sentie** plus libre. 路易十四刚咽下最后一口气,整个宫廷就觉得自由些了。

从译文上很难看出上面两个例句彼此间有何差别。唯一能说明的,就是简单过去时的使用使人们感觉这是一件完全孤立的历史事件。而使用复合过去时使读者感受到它的动作和现在并没有完全隔绝开，对现在还有某种影响。

(3) 先过去时和愈过去时都可用来表达一个发生于另一个过去动作以前的动作。但先过去时所表示的动作和另一个过去的动作衔接很紧；而愈过去时和另一个过去动作之间的衔接则较宽，有时甚至可以不确定时间。

(4) 先过去时的动作是一次性的，而愈过去时的动作往往是持续、重复或习惯性的。

(5) 先过去时只限于和简单过去时配合。而愈过去时配合范围较广，可和复合过去时，简单过去时，未完成过去时等一起使用。

(6) 先过去时的使用往往要求有时间状语的限定或配合，愈过去时的使用则不受这些因素的限制。

2. **Le gérondif** (副动词)

副动词是动词的副词形式，用作主句动词的状语。它发生的时间和主句动词相一致。

1) Sa formation：

副动词的构成是介词 en 加上动词的现在分词。

而现在分词的构成是由动词的直陈式现在时第一人称复数去掉词尾 -ons，加上词尾 -ant。

动词	直陈式现在时 第一人称复数	现在分词	副动词
travailler	travaillons	travaillant	en travaillant
finir	finissons	finissant	en finissant
dire	disons	disant	en disant

2) Ses particularités：

(1) 副动词无性、数变化。

(2) 副动词为主动态,其施动者为主句动词的主语。

Il est tombé **en courant**.（en courant 的主语就是 tombé 的主语）

(3) 副动词动作发生的时间与主句动词相一致,即可表示现在,过去或将来。

Il est tombé **en courant.**（过去）

Il tombe **en courant.**（现在）

Il tombera **en courant.**（将来）

(4) 副动词与变位动词一样,也可有宾语、状语等等。

Elle s'agenouilla en portant **un plateau**.（宾语）

En courant **vite,** il est tombé par terre.（状语）

(5) 在一些已成为谚语,成语或固定表达方式的句子中,副动词的主语往往和主句动词的主语不同。

L'appétit vient **en mangeant**. 越有越想有。

Ce chemin est plus court **en passant** par la forêt. 如果穿过森林这条路近得多。

以上各句的副动词主语和主句动词的主语不同,相当于泛指代词 on.

3) Ses emplois:

副动词具有状语从句的功能,在不同的情况下,它可以表达:

(1) 时间(同时性):

En arrivant, je l'avais déjà remarqué. 那时一到达那儿,我就已经注意到了这一点。

La patronne la lui donne **en souriant**. 女主人微笑着把它交给他。

(2) 原因:

Il est tombé **en courant** vite. 他跑得快,跌倒了。

En fumant trop de cigarettes, il est tombé malade. 他吸烟过多,病倒了。

(3) 条件或假设:

En faisant de nouveaux efforts, vous réussirez. 如果您能做出新的努力,就一定会成功。(假设)

C'est **en forgeant** qu'on devient forgeron. 打铁才能成铁匠。(熟能生巧)(条件)

(4) 方式、方法:

Ils viennent ici **en courant**. 他们是跑着来这里的。(方式)

La rumeur bizarre augmenta **en s'approchant**. 这奇怪的嘈杂声越来越近,也越来越大。(方式)

(5) 副动词前可以加上副词 tout, 只限于表示时间的同时性,或让步、对立,以使主句动词和副动词更紧密地连结起来。

Elle lit des journaux **tout en mangeant**. 她一边读着报还一边吃着饭。

Il écrit **tout en regardant** ailleurs. 他一边写还一边看着别处。

UN PEU DE CIVILISATION FRANÇAISE

法兰西学院——法语语言的最高权威

创建法兰西学院 (l'Académie française) 的最早构想是由一个名叫巴依夫 (Baïf) 的人在十六世纪提出来的。他提议把当时的“思想精英”汇集到一起。学院这一名字来源于希腊雅典的一个花园,柏拉图曾在这个花园中为雅典青年中的佼佼者们授课。在红衣大主教黎塞留的积极倡议下,学院于 1634 年 3 月 20 日正式成立。

现在的法兰西学院共有成员四十名。

学院的主要工作有以下两项：

1）编纂《法语辞典》。从 17 世纪至今，共出版过 8 种版本，出版时间分别为 1694, 1718, 1740, 1762, 1795, 1835, 1878 和 1935 年。新版辞典的出版恐怕得等到 2100 年左右了。为编纂这本辞典，每星期四下午 3：30—4：30 都要在学院举行一次讨论会。

2）颁发一些道德及文学奖。其中仅有一项较有影响："法兰西学院小说大奖"。时间大约在每年 11 月中旬，金额为 3 万法郎。

EXERCICES ORAUX

1. Répondez aux questions suivantes d'après le premier texte:

1) D'après vous, entre qui se déroule (进行；展开) cette conversation? Sont-ils Français ou étrangers?

2) Qui est Monsieur Lebel?

3) Quelles sont les difficultés de John?

4) Que signifie le mot "saisir"?

5) Est-ce que les temps du passé de la langue française sont difficiles à maîtriser?

6) Pour quelle raison Karl se moque (嘲讽) de John en disant qu'il se fait de la bile pour pas grand-chose?

7) Est-ce que les deux temps du passé mentionnés (被述及的) sont des temps morts?

8) Pourriez-vous déjà faire la différence entre le passé antérieur et le plus-que-parfait?

9) D'après monsieur Lebel, quel temps faut-il mettre pour le verbe subordonné quand le verbe principal est à l'imparfait?

10) Si le verbe principal exprime un passé isolé, quel temps faut-il alors pour le verbe subordonné?

11) Pourquoi Karl dit que les Français sont des grammairiens?

12) Qu'est-ce que vous en pensez de ce qu'il dit?

2. Répondez aux questions suivantes d'après le deuxième texte:

1) Qui a été blessé et capturé?
2) Qui l'a capturé?
3) Où a-t-il été capturé?
4) Où est-ce qu'on l'a emmené ensuite?
5) Etait-il tout seul dans la chambre?
6) Comment appelait-il le soldat allemand qui le gardait?
7) A quel moment précis est passée madame la patronne qui a répondu "non" aux demandes des Allemands?
9) Savez-vous pourquoi distribuait-on les "tickets" pendant la guerre?
10) Pourquoi il y avait un moment de silence après le départ de la patronne?
11) Quelle est la raison pour laquelle il y avait une rumeur aux étages supérieurs?
12) Qu'est-ce qu'on a posé sur le plateau de madame la patronne?
13) Pourquoi madame la patronne s'est-elle soigneusement coiffée et mettait une belle robe noire?
14) Comment savez-vous que la patronne venait de la cuisine?
15) La patronne avait-elle remarqué le sang de l'officier français?
16) Est-ce qu'il est facile à une dame âgée de s'agenouiller en portant un plateau?
17) Et pourquoi madame la patronne l'a-t-elle fait quand même?
18) A qui a-t-elle dit qu'il ne fallait pas chiper les tartines?
19) Qui est-ce qu'elle a désigné (指明) quand elle a dit "vos frères"?
20) Est-ce que vous sentez qu'il y a quelque chose de solennel dans la phrase de madame la patronne?
21) Pourquoi le moineau regardait-il l'officier français en ouvrant "le bec"?
22) Que signifie le mot "ridicule" ici?
23) Est-ce que le "moineau" a accepté de partager le petit déjeuner avec son prisonnier (俘虏)?

24) Qu'est-ce qu'il a fait pour manger?

25) Avant leur départ, est-ce que madame la patronne était revenue?

26) Pourquoi madame la patronne a suivi de ses yeux l'officier français jusqu'au moment où la porte de l'hôtel s'est fermée?

27) Qu'est-ce que vous entendez de la phrase suivante: "Vous ressembliez à la France"?

28) Est-ce que c'est une histoire émouvante? Pourquoi?

3. Trouvez la bonne réponse:

1) "tu te fais de la bile" veut dire:

a. tu te mets en colère;

b. tu n'es pas content;

c. tu te fatigues;

d. tu t'impatientes (烦躁不安).

2) "prendre qn en affection" signifie:

a. tomber amoureux (爱上某人) de qn;

b. aimer qn;

c. s'occuper de qn;

d. adorer qn.

3) "une rumeur" veut dire:

a. un chant;

b. un coup;

c. un bruit;

d. un cri.

4) Dans la phrase "celle des enfants lorsqu'on découvre devant eux l'arbre de Noël," "on" veut dire:

a. les Allemands;

b. l'officier français et le gardien allemand;

c. ceux qui habitaient dans cet hôtel;

d. des enfants.

5) "cette nuit" signifie:

a. la nuit qu'on vient de passer;

b. la nuit qu'on va passer;

c. la nuit qu'on aura passée;

d. la nuit qu'on avait passée.

6) "mais tout cela était provocant" exprime que:

a. ce que faisaient les enfants était provocant;

b. ce que disait l'officier français était provocant;

c. ce que disait la patronne était provocant;

d. ce que disaient les enfants était provocant.

7) "Sur les carreaux blancs, il y avait maintenant de grandes semelles de sang vers le bureau, et des petites." Dans cette phrase, les petites semelles de sang sont celles de:

a. le gardien allemand;

b. l'officier français;

c. la patronne;

d. des enfants.

8) "immobile" signifie:

a. ému;

b. triste;

c. figé (被冻结的);

d. heureux.

4. Essayez de retrouver tous les pronoms indéfinis "on" du deuxième texte et tâchez de (尽量做) trouver un nom pour remplacer chaque "on".

5. Exercices de réemploi:

1) sur le passé antérieur:

(1) Transformez les phrases suivantes:

Aussitôt qu'il a eu mis la tartine sur le bureau, il a pris le bol pour verser du café dans le verre. Aussitôt qu'il eut mis la tartine sur le bureau, il prit le bol pour verser du café dans le verre.

a. Sitôt qu'ils ont eu décidé, les employés du supermarché sont partis.

b. Dès que nous avons eu fait cela, on nous a porté la lettre du directeur.

c. Je lui ai téléphoné dès que j'ai eu reçu sa lettre.

d. Aussitôt qu'elle a été rentrée à la maison, elle s'est mise à faire la lessive.

(2) Mettez les phrases suivantes à un temps du passé:

Aussitôt qu'ils auront payé, ils partiront à Paris.
Aussitôt qu'ils eurent payé, ils partirent à Paris.

a. Les voyageurs prendront l'avion pour gagner Lille dès qu'ils se seront reposés.

b. Quand il aura fait ses courses, il paiera à la caisse.

c. A peine aura-t-il bu son thé qu'il ira à son travail.

d. Sitôt qu'il aura demandé le numéro de téléphone de Madame Thiers, il lui passera un coup de fil (打个电话).

e. Lorsqu'elle aura écrit cette lettre, elle demandera à son amie de l'envoyer.

2) sur le gérondif:

(1) Répondez avec le gérondif:

Comment madame la patronne est-elle entrée? (porter un plateau)
Elle est entrée dans la chambre en portant un plateau.

a. Comment sont-ils venus? (prendre le métro)

b. Comment faites-vous ce travail? (manger)

c. Comment est-il malade? (fumer trop)

d. Comment font-elles leur chambre? (bavarder)

e. Comment sont-ils partis? (prendre un taxi)

(2) Reliez les deux phrases avec le gérondif:

Il est parti pour les Etats-Unis; il prend un avion d'Air France.
Il est parti aux Etats-Unis en prenant un avion d'Air France.

a. Elle écrivait une lettre; elle écoutait de la musique classique.

b. Nous avions commencé à faire des tours dans la ville; nous prenions des fusils (步枪).

c. Nous avons allumé (点亮) la lampe (灯); nous avons appuyé sur ce bouton (按钮).

d. Ce bruit augmentait; ce bruit s'approchait.

e. Les troupes allemandes ont capturé cet officier français; elles avançaient dans le centre de la France.

f. Cette jeune fille apercevait son professeur; elle achetait des livres dans une librairie.

6. Exercices sur des mots et expressions:

1) se faire de la bile pour ...

Il paraît que Monique est impatiente pour ses notes?
Oui, elle se fait de la bile pour ses notes.

(1) Il paraît que le professeur est impatient pour l'absence de Paul?

(2) Est-ce que vous êtes impatients pour le retard de Pascal?

(3) Il me semble que les étudiants sont impatients pour ce film.

(4) Les soldats allemands sont un peu impatients pour leur petit déjeuner, paraît-il?

2) il arrive à qn de faire qch.

Est-ce que vous faisiez souvent du sport quand vous étiez étudiant comme nous?
Oui, de temps en temps il m'arrivait de faire un peu de sport à l'époque.

(1) Est-ce que vous consacrez souvent votre temps à la lecture des journaux français?

(2) Est-ce que les professeurs font aussi les courses eux-mêmes au marché libre (自由市场)?

(3) Les soldats allemands arrachèrent-ils souvent la nourriture à leurs

prisonniers pendant la Guerre?

(4) Est-ce que sa vieille cousine peut la prendre en affection?

(5) Est-ce que les grammairiens font aussi des fautes de grammaire quelquefois?

3) auprès de . . .

Avec qui vit-elle maintenant? avec sa mère? Je ne sais pas. Mais avant, elle a toujours vécu auprès de sa mère.

(1) Avec qui travaille-t-il maintenant? avec son directeur?

(2) Avec qui combattait-il? avec son chef?

(3) Avec qui mangent-ils maintenant? avec leurs parents?

(4) Auprès de qui servent-ils d'interprètes (翻译) maintenant?

(5) Auprès de qui sert-il de guide (向导) maintenant?

4) il suffit à qn de faire qch.

Nous avons déjà préparé tout le texte, monsieur le professeur. C'est suffisant? (Ça suffit?) Oui, bien sûr. Il vous suffit de préparer un texte. (ou: il vous suffit de ne préparer qu'un texte.)

(1) Nous avons déjà fait notre chambre. Ça suffit?

(2) Ils ont dèjà pris une dizaine de tartines! Ça suffit?

(3) J'ai déjà acheté une dizaine de dictionnaires! Ça suffit?

(4) Marie a déjà réservé trois places dans le TGV., ça suffit?

(5) Je lui ai déjà porté son petit déjeuner, ça suffit?

5) ressembler à . . .

Dis donc! cette jeune fille a le même visage que sa mère! Oui, c'est vrai. Elle ressemble beaucoup à sa mère.

(1) Dites! ce garçon a le même visage que son père!

(2) Dis donc! tu as le même visage que moi!

(3) Dis donc! elle a un visage tout à fait chinois!

(4) C'est pas vrai! elle a presque le même visage que Michelle Dupont!

6) s'apprêter à qch.

Ils vont partir?
Oui, ils s'apprêtent au départ.

(1) Il va partir?

(2) Les filles vont partir tout de suite?

(3) Nous arrivons tout de suite?

(4) Vous allez partir en vacances?

7) il n'est pas facile à qn de faire qch.

Se lever si tôt n'est pas facile pour tous!
Non! il n'est pas facile à tout le monde de se lever si tôt!

(1) Partir si tôt n'est pas facile pour nous.

(2) Manger si tard tous les jours n'est pas facile pour vous.

(3) Faire tant de devoirs en une seule journée? C'est pas facile!

(4) Courir si vite n'est pas facile pour les personnes âgées.

8) jusqu'au moment où ...

Jusqu'à quand vous avez travaillé hier soir?
Nous avons travaillé jusqu'au moment de la levée du jour (天亮)。

(1) Jusqu'à quand vous avez dansé hier soir?

(2) Jusqu'à quand ont-ils bavardé chez eux?

(3) Jusqu'à quand les troupes allemandes se sont-elles reposées?

(4) Jusqu'à quand les étudiants vont-ils apprendre la grammaire française?

(5) Jusqu'à quand nous devons encore suivre vos cours de philosophie, monsieur?

7. Exercices divers:

1) Conjuguez les phrases suivantes au passé antérieur de l'indicatif:

(1) finir bientôt mes devoirs

(2) prendre vite sa décision

(3) disparaître en un rien de temps

(4) comprendre rapidement le problème

(5) faire la chambre en quelques minutes

2) Donnez le contraire (l'antonyme 反义词) des mots suivants:

vendeur —	heureusement —
tôt —	généralement —
rapidement —	un officier —
auprès de —	une célibataire —
l'entrée —	remonter —

3) Donnez les mots de la même famille:

exemple:	verbe	nom	adj	adv
	vendre	vendeur	vendu	...
	généraliser			
		rapide		
				soigneusement

4) Lisez et justifiez votre prononciation:

(1) dix et six:

Il est dix heures dix; à onze heures moins dix minutes, je m'en vais.

Il est six heures six, à sept heures moins six minutes je m'en vais.

(2) cinq et huit:

J'ai cinq enfants; lui, il a huit enfants.

J'ai cinq fils; lui, il a huit fils.

Des filles, j'en ai cinq et lui, huit.

Il est cinq heures cinq; mon train part à cinq heures dix, j'ai encore cinq minutes à attendre.

Il est huit heures huit; son train part à huit heures seize, il a encore huit minutes à attendre.

(3) neuf:

Dans cette classe, il y a dix-neuf élèves de neuf ans qui arrivent tous les matins à neuf heures.

Dans cette autre classe, il y a dix-neuf autres enfants; ils portent dix-neuf livres et dix-neuf ardoises (小学生写字用的石板).

5) Remplacez le verbe **faire** par un autre verbe plus précis:

(1) Nous avons *fait* l'Espagne en trois semaines.

(2) —Qu'est-ce qu'il *fait*?

—Des mathématiques.

(3) C'est une voiture rapide: elle *fait* du cent cinquante!

(4) Il se *fait* dans les six mille francs par mois.

(5) La salle de séjour *fait* six mètres sur cinq.

(6) "Vous *ferez* l'escalier ... et *faites* aussi la vaisselle".

6) "A la gare du Nord". Complétez ce dialogue:

Le voyageur: — Une première pour Lille ...

L'employé: — ...

Le voyageur: — Le rapide de 7.30 heures.

L'employé: — ...

Le voyageur: — Non, aller seulement.

L'employé: — ...

Le voyageur: — Pardon, vous dites bien 155 F? Ah! je n'ai qu'un billet de 200 francs.

L'employé: — ...

Lo voyageur: — Merci. Vous êtes bien aimable.

7) Complétez avec "même":

Elle habite dans ________ ville que moi, dans ________ immeuble que moi, ________ étage que moi. Et ________ dans ________ appartement que moi. Elle est née ________ jour que moi et elle a ________ parents que moi. Qui est-ce?

8) Donnez un complément convenable aux noms collectifs suivants:

une douzaine — 　　　une compagnie —

une équipe — 　　　un groupe —

une foule —

9) Compréhension rapide — Pour ou contre?

La langue française

Plusieurs pays parlent le français et ceux qui apprennent le français, langue étrangère, sont de plus en plus nombreux. Pourtant, le français recule devant l'anglais. Pourquoi? Nous avons demandé leur avis à des Français, à des francophones (讲法语的人) et à des étrangers qui ne parlent pas notre langue. Voici leurs réponses. Dites, après chacune des réponses ci-dessous, si celle-ci vous paraît être pour ou contre la langue française.

1. C'est une belle langue du monde. J'aime réciter des poèmes de Victor Hugo. Ça chante comme la musique.
2. On dit que les Français sont logiques (有逻辑的). On ne le dirait pas. Leur grammaire est compliquée, l'orthographe (拼写) impossible, et chaque règle a au moins dix exceptions (例外). Je ne parle pas des verbes irréguliers (不规则的) qui sont plus nombreux que les verbes réguliers!
3. C'est une langue précise, exacte, juste comme une science. Ceux qui aiment la vérité aiment le français.
4. Pourquoi apprendre le français puisque tout le monde apprend l'anglais? On n'apprend pas une langue pour le plaisir mais pour voyager, rencontrer des gens, échanger (交换意见).
5. La langue de Molière (莫里哀) et de Rousseau (卢梭) est la langue de la pensée, de la liberté.
6. C'est ma langue alors je ne peux rien vous dire.
7. J'ai appris le français, mais mon fils apprend l'anglais, et mon petit fils apprendra peut-être le russe (俄语) ou le chinois. C'est une question de force (力量).
8. C'est la langue de diplomatie (外交), mais pas celle du commerce. C'est la langue de la littérature, mais pas celle de la technologie. Nous vivons dans un monde où l'argent et l'efficacité (效率) sont les maîtres. La culture, la politesse, la beauté, personne ne s'y intéresse.
9. Je le parle mal mais j'aime le lire. Chaque phrase est comme un paysage: chaque subjonctif, chaque temps du passé est un mystère (秘密) qu'il faut regarder longtemps avant de la comprendre ou de l'admirer.

10. Toutes les langues sont pareilles. Si je dis "zut" en anglais ou en chinois ce sera toujours "zut". Mais le Français est chauvin（沙文主义的）et croit que sa langue, sa femme, sa ville est la plus belle du monde. Gros naïf!（天真汉）Mais s'il a le malheur d'aller à l'étranger, il découvre la vérité.

EXERCICES ECRITS

1. Mettez les verbes entre parenthèses aux temps du passé:

   1) En cinq minutes, il (recopier 重抄) le texte et (partir).

   2) A peine le travail (se terminer 结束) que je (se mettre) à lire.

   3) Quand le professeur (entrer), toute la classe (devenir) silencieuse.

   4) Les parents (quitter) la chambre lorsque les enfants (s'endormir).

   5) Aussitôt qu'on (sonner), les étudiants (se précipiter) dans la cour.

   6) A peine il (finir) ses devoirs, que la cloche (sonner).

2. Complétez avec les pronoms convenables:

   1) Le roman ________ il manque des pages est le mien.

   2) Les livres du libraire ________ est très sympathique, ne sont pas aussi chers que vous le dites. D'ailleurs ________ d'entre eux avez-vous acheté?

   3) Le professeur ________ tu m'as souvent parlé vient de partir pour la France.

   4) La maison ________ vous sortez a été construite pendant les années 60.

   5) Les questions ________ vous m'avez dites ne sont pas encore prêtes sur le papier.

   6) Ce sont des questions ________ je n'avais pas pensé.

   7) Comment savez-vous ________ cette lettre vient de vos parents?

   8) Ces deux films sont tous très bien, alors ________ il nous faut choisir?

3. Mettez "ni" ou "n'y"? Choisissez la forme qui convient:

   ________ lui ________ moi ne connaissons le Midi de la France; nous

________ sommes jamais allés. Je ________ arriverai jamais! Je ne peux ________ avancer ________ reculer (后退)! Je ________ peux rien, je ne suis ________ assez grand ________ assez fort. C'est dangereux! ________ allez pas!

4. Remplacez les points par "dans, avant, après, plus tôt, plus tard, à, en, par":

1) — Alors, vous avez vu Pierre hier ________ 8 heures; comment va-t-il?

— Il n'est pas venu. Une heure ________ notre rendez-vous, il m'a téléphoné qu'il ne pourrait pas venir.

2) Ce matin, ________ 8 heures, Jean est rentré de son voyage. Une heure ________ la patronne est venue lui demander de payer sa chambre.

3) — Vous partez ________ voyage?

— Oui, je vais ________ Italie.

— Vous y resterez longtemps?

— Non, je reviendrai ________ dix jours.

4) — Vous êtes venu ________ Marseille ________ le train?

— Non, j'ai pris l'avion.

5) Le train part ________ 10 heures et ils sont arrivés ________ la gare une heure et demie ________. Ils sont ________ avance.

6) Elle n'est point rapide. Elle s'habille tous les matins ________ une demi-heure.

5. Version:

Traduisez en chinois les quatre derniers paragraphes.

6. Traduisez en français:

一系列丰富的形式　焦急不安　孤立的事实　和……相像

准备做某事　走近某物　交叉在一起　把某人称做A先生

挑衅的口吻　昨天夜里　抹了黄油的面包片　不易察觉地

向某人夺取某物　精心地盘算

7. Thème:

1) 法语的语法规则十分复杂;但它同时也提供了一系列丰富的形式,使我们能够准确地表达思想。

2) 对上了年纪的人来说,上下楼(梯)不是件容易的事。

3) 熟能生巧。只要我们每天认真地学习并做练习,法语水平肯定能提高。

4) 他刚把小说放进书包里,保尔和皮埃尔就进来了。

5) 杰克琳娜病了,医生让她卧床休息。她妈妈每天早上都用托盘给她端去一杯热气腾腾的牛奶和抹好黄油的面包片。用温和的口吻对她说:"杰克琳娜,你不想吃点儿东西吗?"

6) 我们把罗伯特称做"马大哈"(l'étourdi)。他上课的时候总是心不在焉。边听老师讲课边瞧着外面。谁也不知道他在想些什么。老师上课常会提问题让他回答。可每次老师提完问题,他便会笑眯眯地对老师说:"对不起,先生,我没听清楚。您可以再重复一遍吗?"这时,老师便会走近他,用严肃的口吻对他说:"罗伯特!上课应当专心!下次要注意啦!"下一次?其实,我们心里都明白,下一次这一切还会重演的!

LECTURE

L'enfant prodige

Lorsque ma mère allait au marché, elle me laissait au passage dans la classe de mon père, qui apprenait à lire à des gamins de six ou sept ans. Je restais assis, bien sage, au premier rang et j'admirais la toute-puissance paternelle. Il tenait à la main une baguette de bambou: elle lui servait à montrer les lettres et les mots qu'il écrivait au tableau noir, et quelquefois à frapper sur les doigts d'un cancre inattentif.

Un beau matin, ma mère me déposa à ma place, et sortit sans mot dire, pendant que mon père écrivait magnifiquement sur le tableau: "La maman a puni son petit garçon qui n'était pas sage."

Tandis qu'il arrondissait un admirable point final, je criai:

“Non! ce n’est pas vrai!”

Mon père se retourna soudain, me regarda stupéfait, et s’écria: “Qu’est-ce que tu dis?”

— Maman ne m’a pas puni! Tu n’as pas bien écrit!

Il s’avança vers moi:

— Qui t’a dit qu’on t’avait puni?

— C’est écrit.

La surprise lui coupa la parole un moment.

— Voyons, voyons, dit-il enfin, est-ce que tu sais lire?

— Oui.

— Voyons, voyons . . . répétait-il.

Il dirigea la pointe du bambou vers le tableau noir.

— Eh bien, lis.

Je lus la phrase à haute voix.

Alors, il alla prendre un abécédaire, et je lus sans difficulté plusieurs pages . . .

Je crois qu’il eut ce jour-là la plus grande joie, la plus grande fierté de sa vie.

Lorsque ma mère survint, elle me trouva au milieu de quatre instituteurs, qui avaient renvoyé leurs élèves dans la cour de récréation, et qui m’entendaient déchiffrer lentement l’histoire du Petit Poucet . . . Mais au lieu d’admirer cet exploit, elle pâlit, déposa ses paquets par terre, referma le livre, et m’emporta dans ses bras, en disant: “Mon Dieu! Mon Dieu! . . .”

Sur la porte de la classe, il y avait la concierge qui était une vieille femme corse: elle faisait des signes de croix. J’ai su plus tard que c’était elle qui était allée chercher ma mère, en l’assurant que “ces messieurs” allaient me faire “éclater le cerveau”.

A table, mon père affirma qu'il s'agissait de superstitions ridicules, que je n'avais fourni aucun effort, que j'avais appris à lire comme un perroquet apprend à parler, et qu'il ne s'en était même pas aperçu. Ma mère ne fut pas convaincue, et de temps à autre elle posait sa main fraîche sur mon front et me demandait: "Tu n'as pas mal à la tête?"

Non, je n'avais pas mal à la tête, mais jusqu'à l'âge de six ans, il ne me fut plus permis d'entrer dans une classe, ni d'ouvrir un livre, par crainte d'une explosion cérébrale. Elle ne fut rassurée que deux ans plus tard, à la fin de mon premier trimestre scolaire: quand mon institutrice lui déclara que j'étais doué d'une mémoire surprenante, mais que ma maturité d'esprit était celle d'un enfant au berceau.

Marcel Pagnol: **La gloire de mon père**

VOCABULAIRE

tricoter *v.t.*	打毛衣
être au courant de: connaître	了解情况
éviter *v.t.*	避免
un prodige	奇迹;奇才
un enfant prodige	神童
un passage: action de passer; lieu où l'on passe	通过;通道
gamin, e *n.*: garçon, fille jeune et espiègle	顽童;小淘气
un rang	排;行
la puissance: grande force	权力,威力
la toute-puissance	至高无上的权力
paternel, le a.	父亲的

servir à *v. t. ind.*	用于,用作
une lettre	字母
un doigt	手指
un cancre: fam. élève paresseux	(俗)懒学生
déposer *v. t.*: mettre dans un endroit	放下,存放,寄放
magnifiquement *adv.*: très bien	卓越地,出色地
punir *v. t.*	惩罚
tandis que *loc. conj.*	当……的时候;而,然而
arrondir *v. t.*: rendre rond	使成圆形
admirable *a.*: qui est digne d'être admiré	令人赞美的,奇妙的
un point	点;句号
final, e, als *a.*: qui se trouve à la fin de qch.	最终的
soudain *adv.*	立刻,突然
stupéfait *a.*	惊得发呆的
s'écrier *v. pr.*: dire d'une voix forte, en criant	大声说,喊叫
s'avancer *v. pr.*: faire des pas en avant	走向前
une parole: mot que l'on dit; le fait de parler	话;发言
diriger *v. t.*: faire aller vers un lieu	指向,引向
une pointe	顶端,尖端
un abécédaire: (de ABCD) livre pour apprendre l'alphabet	识字读本
une page	(书)页,面
la fierté	骄傲
survenir *v. t.*: arriver soudainement	突如其来,突然出现
instituteur, trice *n.*	小学教师

renvoyer *v.t.* faire retourner ou partir	送回;辞退
la récréation: temps entre les classes où les élèves s'amusent	课间休息
déchiffrer *v.t.*: parvenir à lire, à comprendre	辨认
lentement *adv.*	慢慢地
un exploit	功勋,辉煌的成就
pâlir *v.i.*: devenir blanc	脸色发白
refermer *v.t.*: fermer ce qu'on avait ouvert	再关上
la Corse	科西嘉岛
corse *a. et n.*: de Corse	科西嘉岛的(人)
un signe	标记,信号;手势
une croix	十字形;十字架
éclater *v.i.*	爆裂;爆炸
un cerveau	大脑
affirmer *v.t.*	断言,确认
la superstition	迷信
fournir *v.t.*: donner ou vendre à qn ce qui lui est nécessaire	提供
un perroquet	鹦鹉
s'apercevoir (de) *v.pr.*: se rendre compte	意识到,发觉
convaincre *v.t.*	说服,使信服
de temps à autre *loc.adv.*: de temps en temps	有时,时时
la crainte	害怕,恐惧
par crainte de ...	恐怕……
une explosion: le fait d'éclater	爆炸

cérébral *a*.: qui appartient au cerveau	大脑的
un trimestre: trois mois	季度
doué *a*.	有天赋的
une mémoire	记忆
la maturité	成熟
un berceau: lit d'un tout petit enfant; enfance	摇篮;婴儿时期
la gloire	光荣

Leçon 7

Le travail des Français

I. Deux "saisonniers"

Ce sont les deux dos les plus bronzés de cette plage. Forcément: ces deux-là sont au soleil du matin au soir depuis le 15 juin. Ils n'ont pas de mérite, pensent les vacanciers ordinaires. Le premier, Patrick, fabrique ses pizzas du chef dans une cabane de bois blanc et à toute heure les estivants secs ou mouillés viennent s'accouder au bar pour les déguster. "Je suis, si vous voulez, un restaurateur en plein vent." Le second, Pierre, dans la Méditerranée jusqu'aux genoux, apprend à nager aux enfants. Il leur met une ceinture de flotteurs autour du ventre et il marche à côté de leurs têtes, vingt pas sur la droite, vingt pas sur la gauche, criant ses conseils et mimant à deux bras allongés les larges mouvements de la brasse. Celui-là est maître-nageur-sauveteur diplômé d'Etat. Mais tous les deux sont des "saisonniers". Vingt-quatre ans chacun.

"Patrick, la saison ici va durer combien de temps?

— J'ai fait ma première pizza le 15 juin, je ferai la dernière vers le 15 septembre.

— Et après?

— Après, rien de spécial jusque vers le 15 décembre. A ce moment-là, normalement, je me retrouve dans un hôtel de sports d'hiver.

— Quel hôtel?

— Aucune idée. Je m'occuperai de ça cet automne. Je regarderai les annonces dans les journaux de l'hôtellerie et j'enverrai ma candidature et mon curriculum vitae à une vingtaine d'établissements. Ensuite, je trierai les réponses. C'est ce que j'ai fait l'année dernière avant de choisir un trois étoiles à Flaine. J'y suis resté toute la saison,[1] de Noël à Pâques.[2]

—Vous sortez d'une école hôtelière?

—Pas du tout. Je suis fils d'agriculteurs et je me suis arrêté en terminale.[3] Vous voyez, ça n'a pas de rapport.

—Mais comment devient-on chef de rang?

—Sur le tas. On apprend sur place. Au début, il y a quatre ans, j'ai eu une occasion, maintenant j'ai plusieurs références. J'ai même fait une saison de barman dans un "quatre étoiles".

—Entre les saisons, vous êtes inscrit au chômage?

—Moi, oui. J'ai plusieurs millions de côté en caisse d'épargne.[4] Anciens, évidemment. Mais c'est parce que je suis comme ça. Il y en a qui claquent tout d'une saison à l'autre. L'année dernière, j'ai gagné 60 000 F sur sept mois, fixe et pourboires. Et, à la montagne, je suis entièrement nourri, logé et blanchi, sans compter les avantages en nature. Je mets presque tout de côté.

—Et les pizzas, ça marche?

—Je partage les bénéfices à 50 % avec le concessionnaire de la plage, qui me prête la baraque et les éléments de cuisson. On fera nos comptes le 15 septembre. Mais ça a l'air d'aller.

—Et vous, Pierre, c'est la même vie que Patrick?

—Non, puisque je suis maître-nageur. Mais enfin, oui comme saisonnier. L'hiver dernier, j'étais chef de bassin à la piscine de Flaine et, maintenant, je donne des leçons de natation et de wind-surf.

—On manque de maîtres-nageurs?

—L'été, oui, sur les concessions de plages. L'hiver moins.

—Et après la saison?

—En octobre, je ferai le tour de la Corse sur un bateau avec des amis. En novembre, je serai à Paris pour voir ma famille et , vers le 15 décembre, je crois que je retournerai à Flaine.

—Qu'est-ce que c'est, finalement, un saisonnier?

—C'est quelqu'un qui ne ménage pas sa peine. On est beaucoup plus disponible que les autres, au point de vue temps.[5]

—Et plus tard, tous les deux,[6] quand vous aurez quarante ou cinquante ans?

—Oh! dit Patrick, on n'y pense pas. Enfin, moi, je me verrais bien ouvrir un commerce, un petit restaurant, un petit hôtel.

—Moi, gestionnaire de piscine sans doute ou de patinoire.

—En tout cas, le bureau[7] n'est pas pour vous?

—Hou, non!"

Olivier Renaudin, **Le Monde.**

Le 19 août 1979.

II. Qui travaille en France?

La France comptait, en 1985, 23, 7 millions d'actifs, soit 43% de la population totale.

Si l'on considère l'évolution de la population active depuis le début de ce siècle, on constate qu'entre 1900 et 1975, sa proportion par rapport à l'ensemble des Français a baissé de 10%. Cette diminution s'explique par divers facteurs démographiques: allongement de la scolarité qui retarde l'entrée des jeunes dans la vie active, abaissement de l'âge de la retraite et augmentation de la durée de vie.

En revanche, depuis 1975, le pourcentage d'actifs remonte légèrement (de 41,9% à 43%), tout en restant fort éloigné des 52% de 1921. Cette remontée est due essentiellement à l'arrivée, sur le marché du travail, des générations de l'après-guerre et de nombreux travailleurs immigrés, mais surtout à l'accroissement du travail féminin (10,1 millions de femmes travaillant, soit 42,6% de la population active). Plus de 45% des femmes de 16 ans et plus exercent une activité professionnelle (contre 35% en 1954).

L'économie française est traditionnellement divisée en trois secteurs: primaire (l'agriculture), secondaire (l'industrie), tertiaire (les services). Chacun de ces secteurs correspond à une grande période, à un "âge" de l'économie. Après l'âge de l'agriculture et celui de l'industrie, la France vit actuellement le "troisième âge", celui des services, dans lesquels travaillent près de 60% des actifs. Cette évolution a profondément modifié la nature des métiers et des emplois exercés par les Français.

Au total, le secteur tertiaire a créé 1 500 000 emplois entre 1974 et 1985. Autre caractéristique de ce "troisième âge" de l'économie, la disparition en 20 ans de 2 millions d'emplois de commerçants. Phénomène dû essentiellement à la création et au développement des "grandes surfaces" (super, puis hypermarchés). Le premier hypermarché a été ouvert en 1963 dans la région parisienne, on en compte aujourd'hui plus de 500.

VOCABULAIRE

un saisonnier	季节性工人
bronzé *a*.	青铜色的;晒黑的

une plage	海滩,海滨
forcément *adv*.	必然地;不可避免地
être au soleil	在太阳下;顶着太阳(曝晒)
un mérite	优点,才能;本事
un vacancier	男度假者
une vacancière	女度假者
une pizza [pidza]	意大利馅饼,比萨饼
fabriquer *v.t*	制造;制作
un chef	烹饪高手,厨师领班
pizza du chef	高手厨师制作的意大利馅饼
une cabane	简陋的小屋,窝棚
à toute heure *loc.adv*.	任何时候;随时
un estivant (e)	避暑者
mouillé *a*.	湿的,潮湿的
s'accouder *v.pr*.	把臂肘支在……上
un bar	酒吧间;酒吧间柜台
déguster *v.t*.	品味,品尝;津津有味地吃喝
un restaurateur; une restauratrice	饭店老板
en plein vent	露天的
une ceinture	腰带
un flotteur	浮物;浮筒;浮标
crier ses conseils	大声地喊着他的建议
mimer *v.t.et i*.	以动作表达;模仿
allongé, e *a*.	延长的;伸长的
un mouvement	(物体的)运动,移动
la brasse	蛙泳
un nageur, une nageuse	游泳者
un sauveteur	救生者,援救者
un maître-nageur-sauveteur	游泳教练兼救生员
diplômé *a.et n*.	有文凭的(人)
normalement *adv*.	正常地,通常

une annonce	广告;通告
l'hôtellerie *n.f.*	旅馆业
une candidature	候选人资格
un établissement	机构,设施
trier *v.t.*	挑选;筛选
Flaine	弗兰内(法国东阿尔卑斯山区冬季运动站)
les Pâques	(耶稣)复活节
hôtelier, ère *a.*	旅馆业的
la terminale	(中学的)最后一年;毕业班
le rapport	关系;联系
un chef de rang	高级厨师
un tas	堆,垛;工地
sur le tas	在工作现场;正在工作
sur place	原地;就地;现场
une référence	参考;用于复数时指关于品行,能力的证明(书);介绍(信)
un barman (des barmen ou barmans)	酒吧间男侍者
une étoile	星星
inscrire *v.t.*	登记;注册;记入
le chômage	失业
l'argent de côté	存起来的钱
l'épargne *n.f.*	储蓄;节俭
la caisse d'épargne	储蓄银行
évidemment *adv.*	显然地;当然地
claquer *v.t.*	挥霍,花光
fixe *n. et a.*	固定的(工资)
un pourboire	小费
nourrir *v.t.*	喂养;供给食物
blanchir *v.t.*	使变白;洗(衣物)
un avantage	利益;好处

en nature	以实物(与货币相对而言)
des avantages en nature	实物报酬
mettre qch de côté	把某物储存起来
un bénéfice	利润;好处
un concessionnaire	让受人;特许权享有者
une baraque	(临时性)木板房;木棚
un élément	元件;构件;成分;因素
la cuisson	烧,煮
les éléments de cuisson	烹调用具
un bassin	水池;池塘
faire les comptes	算账;结账
ça a l'air d'aller	这看上去还行;这可能还成
le wind-surf (windsoeurf)	(英)冲浪运动
la concession	(政府对开票,经营,土地使用等的)特许;特许权;特许经营地
ménager *v.t.*	爱惜,不滥用
une peine	劳苦;辛劳;辛苦
disponible *a.*	可自由处理的;不受约束的,无拘束的
au point de vue de ...	从……上来看
se voir faire qch.	认为(感到)自己能做某事
une commerce	商业;商店
gestionnaire *a. et n.*	负责管理的(人)
un patinoire	滑冰场
Olivier Renaudin	奥利维埃·雷诺丹(人名)
les actifs	就业人口
total, e *a.*	全部的
considérer *v.t.*	细看;考虑,细想
la population active	(一个国家的)就业人口
une proportion	比例;比率
par rapport à ...	和……相比

une diminution	减少
s'expliquer *v. pr.*	被解释,被说明;(某人:)说明理由
divers, e *a.*	不同的,各种各样的
un facteur	因素
démographique *a.*	人口统计学的;人口的
un allongement	延长
la scolarité	修业年限,学习期限
retarder *v. t.*	推迟,延迟;耽搁
un abaissement	降低
la durée de vie	寿命
en revanche *loc. adv.*	作为报答;相反地
légèrement *adv.*	轻微地
éloigné, e *a.*	遥远的;离得远的,差得远的
une remontée	重新上升;回升
dû, due: participe passé de"devoir"	(请注意该分词的阴性形式)
essentiellement *adv.*	基本地;主要地
le marché du travail	劳务市场
l'après-guerre *n. m.*	战后
immigré, e *a.*	移民的
un accroissement	增加;递增
traditionnellement *adv.*	传统地;历来地
un secteur	部门
tertiaire *a.*	第三的;第三级的;第三位的
correspondre à ... *v. t. ind.*	和……相符;与…对应
profondément *adv.*	深深地
modifier *v. t.*	改变;修改;更改
la nature	性质,本质;种类
au total *loc. adv.*	总计
une caractéristique	特点,特征,特性
la disparition	消失;消亡
un phénomène	现象

la création 创建;创立

> Il ne faut pas manger son blé en herbe.
> 不可寅吃卯粮。

NOTES

1. J'y suis resté toute **la saison**. 整个冬季运动季节我都呆在那儿。

   la saison 在此不指一年的四季,而指一年中的某一特定时期。例如:

   la saison des pluies 雨季

   la saison des récoltes 收获季节

   la saison de la pêche 钓鱼季节

   本文中稍后部分的 J'ai même fait **une saison** de barman (我甚至曾做过一季的酒吧侍者)也属这一种情况。

2. les Pâques 耶稣复活节

   在信奉基督教的西方国家中,这是一大宗教节日。复活节的日期不按公历历法确定,而是每年春分月圆后的第一个星期日为复活节。相传耶稣遇难后第三日复活。这一节日就是为纪念这一天而确定的。

3. ... et je me suis arrêté **en terminale**. ……我上到中学最后一年便辍学了。

   法国的中小学学制和我国的略有不同。小学为五年(11,10,9,8,和 7 年级),中学为 7 年。初中 4 年(6 年级,5 年级,4 年级和 3 年级);高中 3 年(2 年级,1 年级和毕业班——也叫做最后一年)。

4. J'ai **plusieurs millions** de côté en caisse d'épargne. Anciens, évidemment. 我在储蓄所中存了几百万。当然是旧法郎。

   1959 年法国进行币制改革:1 新法郎 = 100 旧法郎。但法国人中有的积习难除,往往仍以习惯了的旧法郎计算。这里所说的几百万法郎相当于几万新法郎。

5. On est beaucoup plus disponible que les autres, au point de **vue temps.** 从时间的角度看，季节性工人比其他人所受的约束要少得多。

在某些表达方式中，日常口语常省略引导名词补语的介词。上面的这个句子原样应为：au point de vue du temps.
再请看：

la question (de la) santé 健康问题

(Du) Côté (du) succès, on est plutôt déçu. 谈到成就，未免令人失望。

Au point de vue (de la) santé, ça va. 从健康角度看还可以。

这种表达方式比较简便，但不宜滥用。如果要求严格一些，仍以恢复介词为宜。

6. Et plus tard, **tous les deux**, quand vous aurez quarante ou cinquante ans? 那么以后，你们二位到40或50岁时干什么呢？

1) tous les deux (或 tous deux) 这种结构形式只能用于两个，三个和四个。超过四这个基数时，就不能再使用 tous 或 toutes 加基数词这种结构了。

2) 该结构在作直接宾语时，必须和代词同时使用：Je les ai vus **tous les deux.**

7. En tout cas, **le bureau** n'est pas pour vous? 不管怎么说，办公室的工作您是不会干的吧？

Le bureau 原义为"办公室"，在此引申为"办公室的工作"。

GRAMMAIRE

1. **Le participe présent** (现在分词)

1) Sa formation:

现在分词的构成：去掉直陈式现在时第一人称复数的

词尾-ons 另加 -ant. 请看下列三组动词：

laver：nous lavons—lavant

finir：nous finissons—finissant

faire：nous faisons—faisant

现在分词构成中有三个特殊情况：

avoir：nous avons—ayant

être：nous sommes—étant

savoir：nous savons—sachant

2) Ses particularités：

(1) 现在分词无人称、性、数的变化。

(2) 现在分词具有动词的性质，通常表示主动的动作，可以有宾语、状语等附属成分。

(3) 现在分词一般用来修饰名词或代词。

(4) 现在分词动作发生的时间与主句动词相一致。

(5) 现在分词多用于笔语，口语中绝少见到。在口语中应尽量避免使用。

3) Ses emplois：

(1) 现在分词用作定语，紧接在被修饰成分后面，不用逗号分开，相当于以 qui 引导的限定性关系从句。请看例句：

Les touristes étrangers cherchent à trouver un guide **connaissant** à la fois le français et l'anglais. (connaissant = qui connaisse 虚拟式)

On y voyait des stagiaires **lisant** des documents et des plans. (lisant = qui lisaient)

(2) 现在分词和被修饰成分(一般是句中的主语)分开，用作同位语。例如：

Il marche à côté de leurs têtes . . . **criant** et **mimant** à deux bras allongés les larges mouvements de la brasse.

Portant un grand plateau, elle entra dans la chambre où l'officier français fut fermé.

(3) 同位现在分词有时相当于一个表示原因、时间等的状语从句。请看例句：

Voyant (= Comme elle voit) que tout le monde est déjà assis, elle va vite à sa place.

Ayant (= Comme il a) mal à la tête, il décide de rester au lit.

(4) 现在分词用来表示和主句动词同时发生的动作时，往往相当于并列句：

Tenant un gros bâton (棍、棒) à la main, **Didier** avança lentement dans le noir.

(= Didier tint un bâton à la main et avança...)

Avançant dans le centre de la France, **les troupes** allemandes ont capturé un officier français.

(= les troupes allemandes ont avancé et ont capturé un officier français.)

注意 1. 和被修饰成分分开使用的现在分词在句中的位置并不是固定的。请看例句：

Ne **sachant** où aller, les troupes s'arrêtèrent.

Les troupes, ne **sachant** où aller, s'arrêtèrent.

Les troupes s'arrêtèrent, ne **sachant** où aller.

2. 有些现在分词已转化为形容词，应作性、数变化，不能再有宾语或状语。这类形容词也称之为动形容词。请看例子：

des films **émouvants** 感人的影片

une revue **intéressante** 有趣的杂志

la majorité **écrasante** 压倒多数

une situation **inquiétante** 令人不安的情况

Marie, **souriante,** nous montre son enfant. 玛丽微笑着把孩子让我们看。

2. **La proposition à terme unique** (单部句)

由一个句子成分构成的句子叫单部句。往往由名词或代词构成:

Ce sont des touristes qui viennent de France. **Tous.** 他们是从法国来的游客。无一例外。

—Qu'est-ce qui le fait partir si tôt? 什么事使得他走的如此早?

—**Le désir** de revoir le plus tôt possible ses parents. 希望尽快重见他父母。

Défense de fumer! 禁止吸烟!

Quel **monde**! 这么多人呀!

UN PEU DE CIVILISATION FRANÇAISE

法国人与他们的职业

根据法国 80 年代末发表的有关法国人及其所从事的职业的统计结果看,法国人的社会职业分布如下:

大约 6.3%的人从事农业生产,而 1968 年时从事农业生产的人大约占劳动人口的 11.5%。这一数字还有逐渐减少的趋势。

手工业者、商人以及企业主占劳动人口的 7.8%。30 年前约为 10.7%。

干部、教授、科技研究人员、信息部门人员、演员、商业管理人员、工程师以及自由职业者(包括医生等)占劳动人口的 8%,比 60 年代增加了 3%。

中层干部、技术员、工头、教职员、神职人员等约占劳动人口的 17%,比 30 年前增加了近 7%。

职员(包括服务行业人员)占劳动人口的27%。60年代时这一数字为21.2%。

工人(包括农业工人)占劳动人口的33%,而30年前为36.6%。

趋势是,在办公室工作的人越来越多,而在生产第一线的人逐渐在减少。

EXERCICES ORAUX

1. Répondez aux questions suivantes d'après le premier texte:

1) Pourquoi les vacanciers ordinaires disent-ils “ils n'ont pas de mérite” en parlant de Patrick et Pierre?

2) Comment Patrick gagne-t-il sa vie?

3) Pourquoi dit-il qu'il est “restaurateur en plein vent”?

4) Et Pierre? Comment passe-t-il l'été?

5) Y a-t-il des points communs entre les métiers de Patrick et de Pierre?

6) Qu'est-ce qu'un “saisonnier”?

7) Connaissez-vous d'autres sortes de “saisonniers”?

8) Quand Patrick dit: “Vous voyez, ça n'a pas de rapport”, que veut-il dire?

9) Patrick a-t-il reçu une formation professionnelle?

10) Que veut dire la phrase “Mais c'est parce que je suis comme ça”? Comment est-il, d'après lui?

11) Comment fonctionne l'affaire commerciale de Patrick?

12) Pierre organise-t-il sa vie de la même façon que Patrick? (organiser sa vie: 安排生活)

13) Quelles sont les difficultés du travail de saisonnier?

14) Pourquoi Patrick et Pierre ont-ils choisi ce mode de vie?

15) Comment envisagent-ils leur avenir? La vie de bureau les tente-t-elle? (tenter: 吸引)

16) Que pensez-vous du travail saisonnier? Pensez-vous que ce soit une façon de vivre durablement (持久地)?

17) En France, chaque année, beaucoup de jeunes travaillent pendant l'été pour pouvoir se payer leurs vacances ou même une partie de leurs frais d'études (学习费用). Qu'en pensez-vous?

18) Peut-on envisager un tel phénomène transporté (转移;搬运) en Chine? Est-ce possible? Souhaitable? Pourquoi?

19) Est-il utile de connaître plusieurs expériences de travail avant d'occuper un emploi?

20) Quels sont les métiers qui vous tenteraient pour un été, une "saison"?

2. Questionnaire sur le deuxième texte:

1) Quel est le nombre total des actifs de la France en 1985?

2) Pourquoi la population active a-t-elle baissé de 10% entre 1900 et 1975 en France?

3) Pour quelles raisons, depuis 1975, le pourcentage d'actifs français remonte-t-il un peu?

4) Qu'est-ce qu'un travailleur immigré?

5) Quel est le pourcentage des femmes dans la population active?

6) Par quoi s'explique ce phénomène: il y a plus de femmes qui travaillent aujourd'hui en France?

7) Comment l'économie française est-elle traditionnellement divisée?

8) Que veut dire l'expression "troisième âge"?

9) Combien de personnes travaillent-elles dans le secteur tertiaire?

10) Pourquoi l'auteur dit-il que cette évolution a "profondément modifié la nature des métiers et des emplois exercés par les Français"?

11) Pourquoi y a-t-il eu la disparition de 2 millions de commerçants depuis les années 60?

12) Quand est né le premier hypermarché en France?

13) Vous aimez les "grandes surfaces"? Pourquoi?

3. Choisissez la bonne réponse:

1) Ces deux-là sont au soleil du matin au soir parce que:

a. ils n'ont pas de mérite;

b. ils ont des mérites;

c. ils doivent vivre;

d. ils aiment le soleil et la plage.

2) "les estivants secs" veut dire:

a. ceux qui ne sont pas polis;

b. ceux qui n'ont pas mangé;

c. ceux qui n'ont pas nagé;

d. ceux qui ont fait la natation.

3) "un restaurateur en plein vent" signifie:

a. un restaurateur pressé comme un coup de vent;

b. un restaurateur disponible;

c. un restaurateur au soleil;

d. un restaurateur en plein ciel.

4) "la population active" veut dire:

a. ceux qui ont l'âge de travailler;

b. ceux qui peuvent travailler;

c. ceux qui travaillent;

d. ceux qui vont travailler.

5) Depuis 1975, le pourcentage d'actifs en France a connu une légère remontée, c'est surtout grâce à:

a. l'arrivée des générations de l'après-guerre;

b. l'arrivée des travailleurs immigrés;

c. l'arrivée de plus de femmes;

d. l'arrivée des retraités.

6) D'après le texte, la France vit maintenant:

a. du secteur primaire;

b. du secteur secondaire;

c. du secteur tertiaire.

7) D'après le texte:

a. 43% de la population totale travaillent dans les services;

b. plus de 45 % des femmes travaillent dans les services;

c. 1 500 000 personnes travaillent dans le secteur tertiaire en France;

d. environ 60 % de la population active exerce un métier dans le secteur tertiaire.

4. Exercices de réemploi sur le participe présent:

1)

Les touristes ont vu un groupe d'artistes qui dansaient et qui chantaient dans la rue. Les touristes ont vu un groupe d'artistes dansant et chantant dans la rue.

(1) Voici un très bon dictionnaire pour les étudiants qui apprennent le français.

(2) La direction (校方) de l'Université a organisé un bal pour les amis étrangers qui viennent des quatre coins du monde (来自世界各地).

(3) Les soldats qui n'avaient pas de tickets n'ont rien mangé.

(4) La concierge a été obligée d'ouvrir la porte de la rue à un locataire sans sa clé.

(5) Les femmes qui travaillaient à la chaîne ne pouvaient pas rentrer chez elles avant 7 heure du soir.

(6) Patrick, qui est entièrement nourri, logé et blanchi à la montagne, met presque tout de côté.

2)

Il parlait couramment le français. Il pourra aider ce monsieur dans sa traduction. Parlant couramment le français, il pourra l'aider dans sa traduction.

(1) Il sait où elle habite. Il ira la voir.

(2) Les filles n'avaient pas de billets. Elles n'ont pas pu entrer dans la salle de cinéma.

(3) Catherine Morin habitait toute seule. Elle pouvait travailler du matin

au soir tranquillement.

(4) Les enfants avaient beaucoup de devoirs à faire hier soir. Ils n'ont pas pu regarder le feuilleton (电视连续节目) à la télé.

(5) Ce jeune homme apprend la langue française depuis bientôt deux ans. Il parle assez bien le français actuellement.

(6) Colette a mis tout de côté. Elle avait des millions de côté en caisse d'épargne. Anciens, évidemment.

5. Exercices sur des mots et des expressions:

1) forcément

Ce sont les deux dos les plus bronzés de la plage. Forcément: ces deux-là sont au soleil du matin au soir.

(1) Il a de très mauvaises notes cette fois-ci!

(2) Ils n'ont même pas un sou maintenant.

(3) Les parents commencent à s'inquiéter.

(4) Où sont mes clés? je ne les trouve plus.

(5) Il n'a pas pu répondre aux questions du professeur.

2) sans compter

Je suis entièrement nourri, logé et blanchi, et je ne compte pas les avantages en nature. Je suis entièrement nourri, logé et blanchi, sans compter les avantages en nature.

(1) D'après ce que je sais, il faut au moins 3 000 F pour l'acheter, et je ne compte pas la taxe.

(2) L'addition (账单) est de 200 F, pourboire non compris.

(3) Cette nouvelle Peugeot est à 50 000 F, et je ne compte pas les frais d'envoi.

(4) Vous devez au moins prévoir 5 heures en route pour y arriver avec en

plus le déjeuner qu'on doit prendre à mi-chemin (半路上).

(5) Ils habitent un trois pièces, non compris la cuisine.

3) ça a l'air de ...

Les pizzas se vendent particulièrement bien cette année. On dirait que ça va. En effet, les pizzas se vendent très bien. Ça a l'air d'aller.

(1) Le maître-nageur sait comment faire avec les enfants. On dirait que ça lui plaît.

(2) Je viens de régler la télé. On dirait qu' elle marche bien maintenant.

(3) Patrick a plusieurs références cette année. On dirait que ça va.

(4) Tiens! les trois premières réponses qu'il a données sont exactes! On dirait qu'il commence bien.

(5) La patronne a beurré toutes les tranches de pain. On dirait que ça sent très bon.

4) au (du) point de vue + nom (ou adj.)

on doit être beaucoup plus disponible que dans les métiers en ce qui concerne (涉及到) le temps. Au point de vue temps, on doit être beaucoup plus disponible que dans les autres métiers.

(1) Cette voiture n'est pas mal, mais en ce qui concerne la consommation d'essence (汽油消耗), c'est un trou (窟窿)!

(2) Son travail le passionne, mais en ce qui concerne sa santé, il a quelques problèmes.

(3) Le loyer de notre trois pièces est trop cher, mais sur le plan du confort, il présente pas mal d'avantages.

(4) Cet article passionne beaucoup de gens, mais il n'a aucune valeur sur le plan scientifique.

(5) Le métier de barman n'est pas drôle du tout, mais sur le plan financier, il est intéressant.

5) en tout cas

Plus tard, vous travaillerez dans un bureau? Sans doute dans le même secteur, en tout cas, pas dans un bureau.

(1) Tu penses, plus tard, travailler comme guide ou interprète?

(2) Après la saison, Pierre pense-t-il aller faire un tour avec son voilier (帆船) ou bien restera-t-il dans le pays?

(3) Vous voulez faire vos études en France ou en Grande-Bretagne?

(4) Si on vous demande de choisir une troisième langue étrangère à apprendre, ce serait l'allemand ou le japonais?

(5) Vous y allez comment? en vélo ou à moto?

6) par rapport à . . .

En comparaison avec les autres métiers, quels sont les avantages de celui des saisonniers? Alors, premièrement, les saisonniers sont beaucoup plus disponibles par rapport aux autres métiers.

(1) Quelles sont les difficultés de la langue française en comparaison avec l'anglais?

(2) En comparaison avec le Soleil, comment est la Terre?

(3) En comparaison avec la Chine, comment est la France?

(4) Quels sont les avantages des vélos, en comparaison avec les automobiles?

(5) En comparaison avec les téléviseurs noirs et blancs, quels sont les avantages des téléviseurs couleur?

6. Exercices divers:

1) Traduisez en français en utilisant le participe présent:

(1) 他瞥了一眼那位穿着咖啡色上衣的先生，然后就走了。
(2) 走进房间时，她手里端着一个大托盘。上面放着水果、点心和饮料。
(3) 莫兰先生不知道剧场在何处，就给他的朋友打了个电话。
(4) 居民们看见许多卡车正向城市方向驶去。
(5) 因为不能再等了，帕特里克便给她留了张便条，下楼去了。
(6) 来自世界各地的朋友们将在这里呆 20 天。

2) Mettez au participe présent les verbes entre parenthèses:

(1) Les ouvriers, (venir) de tous les coins de la ville, avançaient avec des drapeaux rouges (红旗).
(2) Elle a reçu une lettre de son mari lui (annoncer) sa venue pour le Nouvel An.
(3) (Voir) que tout le monde était là, il s'est levé et a commencé à parler.
(4) La fille, (trembler 颤抖) de peur, ne pouvait plus parler.
(5) (Prendre) son manteau sur la chaise et (se lever), le docteur prend congé (告辞) de la patronne.
(6) Ces touristes veulent trouver un interprète (parler) à la fois l'espagnol et l'italien.
(7) Les professeurs, (avoir) toujours beaucoup de travail, ne sont jamais couchés avant minuit.
(8) (Ne voir) personne autour, il n'a pas osé avancer d'un seul pas.

3) Essayez de définir le sens du verbe "apprendre" d'après les exemples suivants:

(1) **Nous avons appris** que vous aviez passé vos examens d'une façon remarquable (杰出的)!
(2) Monique **nous apprendra** une bonne nouvelle.
(3) Il nous **a appris** une chanson française.
(4) Nos amis sont en train d'**apprendre** le français.
(5) Elle **apprend** à écrire.
(6) Vous devez **apprendre** par coeur les règles de la grammaire.

(7) Rien ne **s'apprend** sans attention et sans effort.

(8) Le professeur nous **a appris** à bien prononcer les mots français.

4) Remplacez les blancs par le verbe "fabriquer" et indiquez-en le sens:

(1) Qu'est-ce qu'il ________? Ça fait une heure que je l'attends.

(2) C'est moi-même qui ________ cette radio.

(3) Elle a raison de ne pas le croire: il passe son temps à ________ des histoires.

(4) Ce sont les Chinois qui ________ cette machine.

5) Employez le mot "mérite" dans les phrases suivantes et indiquez-en le sens:

(1) Il n'a sans doute pas très bien fait de te parler de ce ton; mais au moins il a eu le ________ de la franchise (直率;直爽).

(2) C'est pas nous qu'il faut remercier mais lui seul: tout le ________ de cette action lui revient.

(3) Aujourd'hui, les gens de ________ ne manquent pas.

(4) Il a fait une bêtise mais il a quand même eu le ________ de reconnaître ses torts.

6) Remplacez les compléments de nom par des adjectifs:

Exemple: une école d'hôtellerie

—une école hôtelière

(1) le bureau de la Poste de la région

(2) le journal de l'école

(3) la vie à l'Université

(4) le problème des finances

(5) la situation de l'économie

(6) l'esprit de la tradition

7) Remplacez les points par les mots suivants:

terminale, terminer, terme, terminus, terminaison, interminable, interminablement, exterminer:

(1) Il n'arrête pas de regarder sa montre (看手表): les heures d'attente lui paraissent ________.

(2) Ces voyageurs vont descendre au ________.

(3) Marc est en première et sa soeur en ________.

(4) Ainsi est ________ cette histoire.

(5) Il faut mettre un ________ à cette inutile discussion.

(6) Tous les mots à la ________ "tion" sont féminins sauf bastion.

(7) Il a acheté un poison (毒药) pour ________ les rats (耗子).

(8) Il parle ________ ; personne ne l'écoute.

8) Compréhension rapide — Pour ou contre:

Le téléphone

Beaucoup de gens ont le téléphone. Est-ce bien? Les P. T. T. ont fait une enquête. Voilà les résultats.

(1) C'est bien pratique, c'est plus rapide, et on a la réponse tout de suite.

(2) Moi, j'aime bien entendre la voix de ceux que j'aime.

(3) Cela ne remplace pas les lettres. Dans une lettre, on peut réfléchir, on peut changer des mots, on a le temps d'imaginer les amis, les parents.

(4) Moi, je n'aime pas écrire. La feuille blanche, c'est terrible.

(5) Le problème, c'est que ça coûte cher.

(6) Quand je téléphone, il n'y a jamais personne. Le téléphone, c'est bien pour les gens qui ne font rien, ou alors ceux qui ont une secrétaire.

(7) On ne s'entend pas. Il y a toujours des bruits bizarres. A peine ai-je obtenu la ligne, que je ne sais plus ce que je voulais dire.

(8) Maintenant avec le téléphone, les gens ne se voient plus. Avant, on s'invitait, on discutait, on s'amusait, on avait le temps. Mais aujourd'hui?

(9) Moi, je n'aime pas ça. Je crois toujours que quelqu'un écoute. Ça me gêne.

(10) Le téléphone est toujours occupé. Et on est là, on attend, on attend. C'est quelquefois plus rapide d'y aller soi-même en voiture.

(11) J'aime bien regarder une enveloppe, m'asseoir, ouvrir la lettre tranquillement, la lire et la relire. Le téléphone, c'est froid, c'est sec.

(12) Les lettres vont vite maintenant, je le sais bien. Mais quand on est

très pressé, quand on doit faire quelque chose d'urgent...

EXERCICES ECRITS

1. Refaites les phrases suivantes en employant un participe présent:

   1) Comme il ne retrouvait pas son dictionnaire, Paul a été obligé d'aller demander au professeur.

   2) Comme il ne faisait jamais attention à ce que disait monsieur le professeur, il ne pouvait jamais répondre à ses questions.

   3) La jeune fille qui vient de la ville n'arrête pas de nous dire les commodités (方便之处) de la vie urbaine (城市生活).

   4) Nous avons rencontré monsieur Dupont qui revenait de France.

   5) Patrick travaillait tous les jours à l'Université et il ne lui restait plus de temps pour faire autre chose.

2. Trouvez les synonymes (同义词) des mots soulignés:

   1) Patrick et Pierre ont le dos tout **bronzé** par le soleil, parce qu'ils passent leurs journées sur la plage.

   2) Aussi, les vacanciers **ordinaires trouvaient** qu'ils n'avaient pas beaucoup de mérite à cela.

   3) A Paris, dans les grands hôtels et grands magasins, il n'est pas rare de voir des riches **claquer** leur fortune.

   4) L'hiver **dernier**, il faisait particulièrement froid à Paris.

   5) Pour être "saisonnier", on doit avoir beaucoup de temps **disponible**.

3. Mettez les verbes entre parenthèses au mode et au temps convenables:

Dimanche dernier, Catherine, (avoir) exactement dix ans, (célébrer) son anniversaire. M. et Mme Thibault (inviter) l'oncle, la tante et les cousins de Catherine. Ce (être) Madame Thibault qui (préparer) la table: le gâteau au milieu, les assiettes, les verres et les couverts. Il y (avoir) aussi une bouteille de champagne (一瓶香槟酒), mais (ne pas savoir) quand les invités (venir), elle la (laisser) dans le réfrigérateur (电冰箱). La salle à manger (être) bien décorée (装饰). Catherine (être) heureuse, elle (demander) à allumer les bougies (蜡烛), mais ce (être) trop tôt: les invités (ne pas être) encore là. Quand on (sonner), Catherine (aller) ouvrir la porte, son oncle et sa tante (entrer) d'abord, puis ses cousins. Ils (donner) un cadeau à Catherine. Mme Thibault (placer) les invités, et Catherine (allumer) les bougies. Enfin, Lucie (arriver). Elle (être) en retard, comme d'habitude! Les invités (crier): "Bravo! Bon anniversaire! Heureux anniversaire, Catherine!"

4. Version:

Actuellement, il est moniteur de ski (滑雪). En 1956, il habitait dans l'étable (牲口棚) et il fallait casser la glace pour faire la lessive. 18 ans plus tard, le tourisme (旅游) lui a "donné" une auto, un tracteur, une machine à laver.

"Les vacanciers nous apportent beaucoup et pas que de l'argent. Ça nous sort de chez nous. Ça nous ouvre l'esprit mieux que la télévision. Nous nous faisons des amis parmi eux: ils nous aident à faire des foins et en retour, nous les promenons dans les montagnes. Je suis un petit patron et mieux vaut être petit patron que grand domestique (仆人). Pas vrai?"

5. Traduisez en français:

露天的　随时品尝　顶着太阳　教(授)某人做某事
边干边学　登记失业　实物报酬　把某物存起来
烹调用具　认为自己能做某事　和……相比　相反地
就业人口　和……相符　A被分为三部分　寿命

6. Thème:

1) 一方面,人的寿命延长了,而相反,劳动(就业)人口的数量却减少了。
2) 这个从乡下来的小伙子毫不惜力,每天从早到晚干活,很快就挣了一笔钱(une somme),存到了储蓄所里。
3) 我们国家的经济从传统上就一直分为两大部门:工业和农业。但随着改革开放(la réforme économique et l'ouverture)我国的第三产业也迅速发展起来。这是和我国的经济现状相符的。

4) 这种回升主要是由于妇女大批地参加工作。

5) 法国每年夏天都有不少年轻人为挣钱而干活。

我们遇到了一位大学生,22 岁,在一条高速公路上当加油员(pompiste).

——钱挣得多吗?

——我还混得不错。(s'en sortir bien)

——在旺季找个加油员的位子还算容易吧?(en saison)

——不,找这活儿的人挺多的。(c'est très recherché)

这位大学生准备带着挣来的钱,九月份去中国转一圈。

LECTURE

La joie vient du travail

L'homme n'est heureux que de jouir du fruit de son travail. Tous les métiers sont bons si on les connaît bien. Mais bien connaître un métier, cela demande un effort constant et souvent pénible.

Cependant, au lieu de rester à ne rien faire, l'homme aime agir et lutter. Ainsi ceux qui disent que l'homme cherche toujours le plaisir et fuit la peine ne disent pas la vérité. Le sportif s'entraîne en vue de réussir.

Mais bientôt, par le progrès et la difficulté vaincue, son coeur est inondé d'une joie inexprimable. Et c'est ce que le paresseux ne peut pas du tout imaginer.

VOCABULAIRE

jouir de qch.	享受某物
constant, e *a*.	坚定的;稳定的
lutter *v.i.*	斗争
pénible *a*.	辛苦的;艰难的

le plaisir	乐趣
fuir *v.i. et v.t.*	逃;逃避
s'entraîner *v.pr.*	训练
en vue de ...	为了……
vaincu, e (p.p. de vaincre)	战胜
inondé (e) de ...	充满了……的
inexprimable *a.*	无法表达的
un paresseux	懒汉

Leçon 8

I. Propos sur la littérature et sur l'art

(Dialogue entre un père de 55 ans et son fils de 25 ans)

Le père: Tu as lu le dernier roman de Françoise Sagan?[1]

Le fils: Tu plaisantes! Tu ne voudrais pas non plus que je connaisse le dernier Goncourt ou le dernier Fémina?[2] La littérature de papa, c'est fini. Je veux dire: la littérature de consommation.

Le père: Tu sais que Proust[3] et Malraux[4] ont eu le prix Goncourt?

Le fils: Oui, mais il y a longtemps. Aujourd'hui, personne ne peut plus lire un roman d'amour. Des histoires de ce genre, on va les voir au cinéma ou on les regarde à la télévision. C'est l'affaire des mass média. Quand je prends un bouquin, je souhaite qu'il m'apprenne quelque chose, non qu'il me distraie.

Le père: Qu'est-ce que tu lis, toi?

Le fils: Des livres de sociologie, d'histoire, d'économie, de linguistique. Je t'en passerai si tu veux.

Le père: J'ai bien peur qu'ils ne soient écrits en jargon[5] et que je n'y comprenne rien. Excuse-moi, mais je reste fidèle à un vieux principe: ce qui n'est pas clair n'est pas français.

Le fils: Tu me fais penser aux gens qui vont écouter un concert de musique contemporaine et qui se plaignent en sortant d'avoir eu les oreilles déchirées. Que les compositeurs d'aujourd'hui n'aient pas envie de recommencer les symphonies de Beethoven ou de Schumann, c'est bien naturel, n'est-ce pas? Alors, ils cherchent: Stockhausen, Xenakis, Boulez[6] sont des chercheurs.

Le père: Oh! ça, ils cherchent! . . . Mais que trouvent-ils?

Le fils: Et après? Ce qui compte, aujourd'hui, en musique comme en peinture, c'est qu'on fasse place à l'imagination, à la créativité.

II. Invitation au voyage

Cher ami,

Nous t'invitons à faire un voyage en France. Un voyage? Vous vous moquez de moi! diras-tu. Pas un vrai voyage, bien sûr, mais en prenant connaissance des pages qui vont suivre, tu pourras te transporter en esprit dans cet illustre pays dont on dit tant de bien (et très souvent, tant de mal). Tu prendras part à la vie en France en étudiant des articles et des récits écrits par des Français, pour les Français, sur les Français. Tu n'apprendras pas tout, mais tu découvriras en partie ce qui les intéresse, leur attitude devant les grands et les petits problèmes, leur comportement . . . même les histoires qui les font rire. tantôt tu trouveras que les Français ne diffèrent guère des autres peuples et que l'homme est essentiellement le même, quel que soit le climat sous lequel il habite, tantôt, au contraire, certains aspects te sembleront " exotiques ", amusants, choquants même. Mais tu seras tolérant, c'est promis? Pas de jugement précoce surtout.

Quand tu auras refermé le livre à la fin de l'année scolaire, tu auras certainement une idée différente de la France. Souhaitons que cette idée soit plus juste. Et, chose non moins importante,[7] tu auras appris à manier la langue française avec plus de sûreté et de précision. Bref, tu seras presque un expert! Mais sais-tu qu'il faut des années pour qu'on devienne un véritable expert? Continue donc de rester en contact avec la civilisation et la culture françaises: tu cultiveras ton esprit en même temps. Mieux encore, viens en France si tu le peux: une fois ici, tu verras que notre livre t'aura été utile. En tout cas, c'est ce que nous espérons.

Et maintenant, que ton voyage soit imaginaire ou réel, embarque-toi. Nous jurons que tu ne le regretteras pas.

Les auteurs

D'après "LIRE, PARLER ET ECRIRE"

VOCABULAIRE

un propos	话,谈话
le Goncourt	龚古尔文学奖
le Fémina	妇女文学奖
la consommation	消费
Proust	普鲁斯特(法国文学家)
Malraux	马尔罗(法国文学家)
un bouquin	旧书;书
non (pas) que ...	并不是为了……
la sociologie	社会学
la linguistique	语言学
un jargon	行话;不规范的语言
contemporain, e *a.*	现代的
se plaindre de ... *v. pr.*	抱怨……
déchirer *v. t.*	撕裂;撕碎

un compositeur	作曲家;作曲者
une envie	希望,渴望
une symphonie	交响乐;交响曲
Beethoven	贝多芬
Schumann	舒曼
compter *v. i.*	算得上,具有重要性
ce qui compte	重要的是
faire place à...	让位于……
l'imagination *f.*	想像
la créativité	创造性
se moquer de qn.	嘲笑某人;拿某人开玩笑
prendre connaissance de qch.	认识某物;获得有关某物的知识
se transporter	想像自己置身于;设想自己生活在
en esprit *loc. prép.*	想象中
illustre *a.*	著名的;盛名的;闻名遐迩的
tant de .. *loc. adv.*	如此之多地;那么多地
prendre part à qch.	参加,从事;分担,分享
en partie *loc. adv.*	部分地
une attitude	态度
un comportement	行为;举止
tantôt ... tantôt ...	时而……时而……;一会儿……一会儿……
différer *v. i.*	不同,不一样,有差别
quel que... (verbe au subjonctif)	不管……;不论……,(后面谓语用虚拟式)
exotique *a.*	异国的,异国情调的
choquant, e *a.*	激起反感的,令人不快的
tolérant, e *a.*	宽容的,大度的
C'est promis.	就这么说定了,说好了。
un jugement	判断,评价,见解
précoce *a.*	早熟的,过早的

refermer *v.t.*	再关上;重新合上
une année scolaire	一学年
manier *v.t.*	使用,运用
la sûreté	准确;稳当;确信
la précision	精确;简洁;正确
bref adv.	简言之;总之
un expert	专家;行家;能手
pour que ... (verbe au subjonctif)	为了……(后面谓语要用虚拟式)
véritable *a.*	真正的
rester en contact avec qn (ou qch).	和某人(或某事)保持接触
imaginaire *a.*	假想的;虚构的
réel, le *a.*	真实的;确实的
s'embarquer *v.pr.*	上船;(引)上火车;启程,(转)卷入,投入
jurer *v.t. et v.i.*	保证;发誓;肯定
regretter *v.t.*	懊悔;感到遗憾;抱歉

> Promettre et tenir font deux.
> 答应和做到是两回事。
> Il ne faut jurer de rien.
> 凡事不能说得太绝。

NOTES

1. le dernier roman de **Françoise Sagan**:

   Françoise Sagan 是法国著名当代女作家。生于 1935 年。她于 1954 年发表成名作“忧伤,你好”(Bonjour tristesse),此后又发表了一系列风格相同的小说。其作品既表现出一种忧伤,亦展现出一种温柔;既有天真的一面,亦有复杂的一面。在小说创作中独树一帜,很受当时法国读者的欢迎。她不仅发表小说,在戏剧创作上亦有不少作品。

2. le Goncourt et le Fémina：龚古尔文学奖和妇女文学奖，这是法国文学界中最有影响的两项大奖。

1) 龚古尔文学奖是埃德蒙·龚古尔在遗嘱中指定创立的。目的是为了纪念他的哥哥儒勒·龚古尔。龚古尔文学奖委员会成立于1903年12月21日。这项大奖于每年的11月末在巴黎的特鲁旺(Drouant)饭店由评审团公布。评审团共有九位成员。奖金为50法郎，但刚开始时为5 000金法郎。

这项文学奖原应颁予当年度的一本散文作品，但实际上每次都授予一部小说。另一点就是它原应颁给年轻作者，但有数次授给了中、老年作者。这是创办人当年始料不及的。

2) 妇女文学奖成立于1904年，是由当年的"幸福生活"杂志22位女合伙人发起创立的。该奖创立后，杂志也更名为"妇女"。该奖的奖金额为5 000法郎。它的评审团由11位妇女组成，外带一名男性秘书长。它的宗旨是鼓励妇女积极参加文学创作，使从事文学创作的妇女之间的相互联系更紧密。它的颁奖时间是每年11月的最后一个星期一。

3. Proust (Marcel)：马赛尔·普鲁斯特 (1871—1922)

法国19世纪末，20世纪初的著名作家。其代表作"追忆似水年华"(A la Recherche du temps perdu) 开创了现代散文的新篇章。他一生中写过许多作品，其中不少是他去世后才发表的。

4. Malraux (André)：安德烈·马尔罗(1910—1976)

法国超现实主义作家。一生多产。其成名之作为"人类的命运"(La condition humaine)，获1933年龚古尔文学奖。

马尔罗也是一位政治活动家。他在1959—1969年之间一直担任戴高乐政府的文化部长。

5. “J’ai bien peur qu’ils **ne** soient écrits en jargon et que je n’y comprenne rien.” “我十分担心这些书都是用不规范的语言写成的,我根本看不懂。”Ne 在句中为赘词,没有确切的否定意义。在表示恐惧,阻止等意义的动词,如 craindre, avoir peur, éviter, empêcher 后面,从句的主句如果为肯定形式或否定式的疑问形式,谓语前应加上赘词 ne。请看例句:

   1) Je crains qu’il **ne** pleuve. 我怕天要下雨。

   2) J’ai peur que mes lunettes **ne** tombent. 我担心(我的)眼镜会掉下来。

   3) Ne craignez-vous pas qu’il **ne** se fâche? 您就不怕他生气吗?

6. Stockhausen, Xenakis, Boulez:

   卡尔海因茨·斯托克豪森是德国当代著名作曲家。他和法国作曲家布雷一起开创了欧洲现代音乐的新时代。

   亚尼·克塞那吉斯是希腊血统的法国当代作曲家,法国现代音乐名家之一。其作品极其丰富,并著有理论专著。

   皮埃尔·布雷是法国当代乐坛的著名作曲家和指挥家。他和斯托克豪森一道为欧洲现代音乐的崛起作出了巨大的贡献。现已 65 岁的布雷还在巴黎蓬皮杜中心从事音乐工作,在法国音乐界起着重要的作用。

7. Et, chose non moins importante, ... 还有一件重要的事情……

   欧洲语言中经常采用“否定之否定”的表达方式。这种表达方式常见于书面用语,或是比较善于辞令的人口中,在文章中或讲话中能起到良好的修辞作用。请看例句:

   1) Et d’après moi, ce n’est pas l’homme le moins grand de notre soirée. 依我看,他还不是我们晚会上个子最矮的人。

   2) Il n’avait pas du tout l’intention de vous contredire. 他根本

没有和您唱反调的意思。

GRAMMAIRE

Le subjonctif présent（虚拟式现在时）

1．Sa formation：

法语谓语的虚拟式现在时的构成分为两部分：

1）第一、二、三人称单数和第三人称复数由直陈式现在时第三人称复数去掉-ent，加上-e，-es，-e，-ent 构成。

2）第一、二人称复数则由直陈式现在时第一人称复数去掉-ons，加上-ions，-iez 构成。

parler	finir	entendre
que je parle	que je finisse	que j'entende
que tu parles	que tu finisses	que tu entendes
qu'il parle	qu'il finisse	qu'il entende
qu'elle parle	qu'elle finisse	qu'elle entende
que nous parlions	que nous finissions	que nous entendions
que vous parliez	que vous finissiez	que vous entendiez
qu'ils parlent	qu'ils finissent	qu'ils entendent
qu'elles parlent	qu'elles finissent	qu'elles entendent

2．Cas particuliers：

下列动词的虚拟式现在时形式是不规则的：

avoir		être	
que j'aie	que nous ayons	que je sois	que nous soyons
que tu aies	que vous ayez	que tu sois	que vous soyez
qu'il ait	qu'ils aient	qu'il soit	qu'ils soient
qu'elle ait	qu'elles aient	qu'elle soit	qu'elles soient

falloir	pleuvoir
qu'il faille	qu'il pleuve

aller	faire	savoir
que j'aille que tu ailles qu'il aille qu'elle aille que nous allions que vous alliez qu'ils aillent qu'elles aillent	que je fasse que tu fasses qu'il fasse qu'elle fasse que nous fassions que vous fassiez qu'ils fassent qu'elles fassent	que je sache que tu saches qu'il sache qu'elle sache que nous sachions que vous sachiez qu'ils sachent qu'elles sachent
pouvoir	**valoir**	**vouloir**
que je puisse que tu puisses qu'il puisse qu'elle puisse que nous puissions que vous puissiez qu'ils puissent qu'elles puissent	que je vaille que tu vailles qu'il vaille qu'elle vaille que nous valions que vous valiez qu'ils vaillent qu'elles vaillent	que je veuille que tu veuilles qu'il veuille qu'elle veuille que nous voulions que vous vouliez qu'ils veuillent qu'elles veuillent

3. Ses emplois:

虚拟式是假设的语式。通常用来表达主观上存在,而客观实际上未必存在的事情。但相当一部分虚拟式被用来表达主观愿望,而事情尚未实现。这时,虚拟语态的使用,往往用来强调主观上的态度,如感情、判断、祈使等等。这是虚拟式与直陈式两者之间最根本的差别。

就时间概念而言,虚拟式现在时可用来表达现在(完成,未完成),或是将来(完成,未完成)的动作。

1) 用在独立句中:

(1) 用来表示命令、禁止、愿望或假设等，但只用于第三人称：

Qu'il **vienne**!

Oh! Dieu! Qu'il **guérisse** vite!

Qu'ils ne **fument** pas dans la salle!

Qu'il m'**écrive**, et je lui répondrai.

(2) 用来表示惊讶或愤慨：

Quoi?! que je **fasse** cela?! c'est impossible!

Comment? que nous **partions**?! c'est fou!

2) 用于补语从句中：

虚拟式经常用于以连词 que 引导的补语从句中。请看下列几种情况。

(1) 主句谓语表示请求、命令、愿望、爱好、禁止等概念时，从句动词使用虚拟式。这些动词有：

aimer	demander
aimer mieux	prier
avoir envie	ordonner
préférer	exiger
désirer	commander
souhaiter	interdire
vouloir	refuser
...	...

Tu ne **voudrais** pas que je **connaisse** le dernier Goncourt?

Je **souhaite** que ce livre m'**apprenne** quelque chose.

L'agent de police **interdit** qu'on **stationne** devant l'entrée du parc.

注意：Espérer 用于肯定叙述句时，补语从句的动词用直陈式：Nous espérons qu'il viendra demain.

(2) 主句谓语表示快乐、悲哀、悲伤、愤怒、惊讶、害怕等情感概念时，从句动词要使用虚拟式。这些动词如：

être fier	se réjouir
être triste	craindre
être content	regretter
être heureux	avoir peur
être désolé	s'étonner
être étonné	être furieux
être fâché	être triste
. . .	. . .

Elle est heureuse que tu **viennes.**

Je me réjouis vraiment que vous **soyez** en bonne santé.

Nous sommes bien tristes que Catherine **tombe** malade à ce moment-là.

注意：主句的谓语表示"害怕"或"担心"时，名词性从句的谓语前往往要加上赘词"ne"。(请参见本课注释 5) 但主句如果是肯定疑问句或否定句，从句谓语前不加"ne"。请看例句：

Je ne crains pas qu'il **pleuve.**

Craignez-vous qu'il **se fâche**?

(3) 主句谓语表示怀疑、否认、失望、不知等情感概念时，从句中的动词也要使用虚拟式。这类动词有：

douter, nier, démentir, désespérer, ignorer . . .

例如：

Je doute qu'il **puisse** venir ici à temps.

Nous ignorons que le professeur **soit** absent cet après-midi.

实际上,第 3 类情况和第 2 类情况很相似,二者的从句动词用虚拟式都是因为主句谓语使用了表示情感的动词。

(4) 主句谓语表示判断时(如对某事是否赞同,认为是好是坏,应该不应该等等情况下),从句动词亦使用虚拟语式。

在这类例子中,又可分为两种情况:一种是主句为动词短语;一种是主句为无人称动词,以后者数量为多。例如:

trouver bon	il est facile
trouver injuste	il est juste
trouver juste	il est naturel
trouver mauvais	il est nécessaire
valoir	il est temps
il faut	il est urgent
il importe	il est utile
il vaut mieux	il est indispensable
il est bon	
il est important	il se peut
c'est beaucoup	c'est assez
il est possible	il est impossible
...	...

Il trouve bon qu'on **fasse** place à l'imagination.

Il faut absolument que vous **veniez.**

Il vaut mieux que tout le monde le **sache.**

Je pense qu'il est temps que tu **partes** à la gare.

Il est naturel que les compositeurs n'**aient** pas envie de recommencer Beethoven.

注意:一些无人称词组,例如 il est clair que, il est certain

que 等等,是用来陈述事实的,因此能算作判断,后接从句动词应当使用直陈式。

(5) 最后有一类情况较难判断,就是当主句动词是否定形式或是疑问形式时,从句动词往往有可能要使用虚拟语态。试举例说明:

a) Je crois qu'il vient. —Je ne crois pas qu'il vienne.(时间是现在)

Je crois qu'il viendra.— Je ne crois pas qu'il vienne (ou: qu'il viendra).(时间是将来)

Je crois qu'il viendrait, si... — Je ne crois pas qu'il vienne (ou: qu'il viendrait), si ...(假设)

b) Crois-tu qu'il vient? ou: Crois-tu qu'il vienne?(时间是现在)

Crois-tu qu'il viendra? ou: Crois-tu qu'il vienne?(时间是将来)

Crois-tu qu'il viendrait, si... ou: Crois-tu qu'il vienne, si …(假设)

不难看出:在时间为现在的情况下,主句为否定形式时,从句往往采用虚拟式。而在其它情况下,虚拟式的采用与否就完全凭讲话者自己的喜好了。但应说明一点,使用虚拟式能使句子显得比较委婉。

3) 从句中虚拟式的使用有时是某些连词或连词短语所要求的。这类连词有:

pour que	à condition que
pourvu que	jusqu'à ce que
avant que	quel que (注意性数变化)
afin que	quoique
bien que	

malgré que	soit que
sans que	plutôt que
où que	qui que
...	...

Il arrive avant que le train ne **parte**.

Elle y participe malgré qu'elle **soit** malade.

Soit qu'il pleuve, **soit** qu'il neige, je partirai.

Nous sortirons à condition que le temps le **permette**. (pourvu que le temps le **permette**)

Qui que vous **soyez**, n'oubliez pas nos disciplines!

UN PEU DE CIVILISATION FRANÇAISE

法兰西喜剧院

(La Comédie Française)

法兰西喜剧院成立至今整整310年了。该院是1680年8月根据路易十四的手令由莫里哀创办的盖内戈剧团和布尔戈涅剧团合并成立的。

300年来,喜剧院饱经沧桑,在法国戏剧史上写下了不朽的篇章,使喜剧成了法国最具代表性的戏剧之一。

喜剧院座落在巴黎王宫广场西南角,原址是1641年红衣主教黎塞留建造的大剧院。剧场有双重门面,兼有路易十四和拿破仑第三两个时代的风格。剧院几经改建、装修,照明、通风、供暖设备完全现代化,有演出大厅、道具工场、图书馆、博物馆,是巴黎最豪华的演出厅之一。金边樱红色大地毯,贴面隔音墙壁,华贵的紫天鹅绒天幕,众多的水晶吊灯和多枝烛台使大厅明亮、庄重而又华丽。场内设有各种包厢和廊座,舞台为自动可调节舞台。

剧院收藏着各个历史时期的一万四千套服装,六千多个发套,还有图书、手稿、剧作家全集、戏剧评论、演员回忆录及外国戏剧作品5万余册。剧院文物丰富,最为珍贵的是莫里哀晚年在《没病装病》一剧中使用的一张黑色皮椅子。当年莫里哀登台演出就坐在这张椅子上,因突然发病而与世长辞。这张椅子也就成了一代大师鞠躬尽瘁,献身艺术的见证。

剧院的传统保留节目有《伪君子》、《悭吝人》、《小绅士》等,现在也大量上演当代剧作。

EXERCICES ORAUX

1. Répondez aux questions suivantes d'après le texte 1:

1) Entre qui se déroule cette conversation?

2) Sont-ils de même avis?

3) Qu'est-ce que vous savez sur Françoise Sagan?

4) Pourriez-vous nous expliquer ce que c'est que le Goncourt et le Fémina?

5) Qu'est-ce que le fils veut dire par "la littérature de papa, c'est fini"?

6) Et "la littérature de consommation"?

7) Que signifie le prix Goncourt pour les Français, surtout les Français âgés?

8) Si le fils n'aime plus lire "les romans d'amour", que préfère-t-il lire maintenant?

9) Et qu'est-ce qu'il espère de ses "livres favoris"?

10) Qu'entend-on par "mass média"?

11) Quel est le rôle des mass média?

12) Pour quelle raison le fils dit que "c'est l'affaire des mass média"?

13) Quels sont les livres que lit le fils de Monsieur?

14) Et pour quelle raison le père ne souhaite-t-il pas de lire les livres de son fils?

15) Quel est le principe auquel reste toujours fidèle monsieur le père?

16) Pour quelles raisons les compositeurs d'aujourd'hui ne veulent plus recommencer les symphonies classiques?

17) Est-ce que les compositeurs contemporains ont trouvé quelque chose d'important pour la musique contemporaine?

2. Répondez aux questions suivantes d'après le texte 2:

1) Qui vous invite au voyage?

2) De quel voyage s'agit-il? Est-ce un vrai voyage?

3) Que pourriez-vous apprendre dans le livre que proposent les auteurs?

4) Est-il important qu'on aille en France si l'on apprend la langue française?

5) Si vous le pouvez un jour, que feriez-vous?

6) Pouviez-vous deviner, après avoir lu ce petit propos, quel genre de livre est-ce?

3. Questions à développer:

1) Quel genre de livres lisez-vous le plus souvent?

2) Pour quelles raisons vous les lisez?

3) Est-ce que vous aimez la musique? Si oui, quel type de musique aimez-vous?

4) Vous aimez la musique moderne?

5) Dans la création artistique, qu'est-ce qui est le plus important pour les auteurs? la créativité? l'imagination? l'amour? l'argent?

4. Conjuguez au subjonctif les verbes suivants:

avoir	être	savoir	penser	sauter
dire	pouvoir	dormir	venir	finir

5. Jeu de conjugaison:

Le professeur donne le premier verbe du premier groupe, il désigne un étudiant de faire la conjugaison du verbe au subjonctif; après quoi, cet étudiant donne un 2e verbe du premier groupe et il désigne un autre étudiant de faire la conjugaison au subjonctif; et ainsi de suite.

Le professeur peut arrêter le jeu au moment où il pense que ça suffit pour les verbes du premier groupe pour commencer les verbes du deuxième groupe. Et de même pour les verbes du troisième groupe.

6. Exercices de structures:

A partir de l'exemple construisez des phrases avec les idées ou les éléments donnés:

1)

venir
Viens! Qu'elle vienne!
Venez! Qu'elles viennent!

(1) partir (2) sortir (3) se réveiller (4) sauter

(5) s'en aller (6) se reposer

2)

écrire / répondre
Ecris-moi et je te répondrai.
Qu'il m'écrive et je lui répondrai.

(1) attendre / rejoindre

(2) inviter / venir

(3) le demander / recevoir

(4) dire / faire

(5) poser la question / expliquer

(6) le prêter / le rendre

3)

souhaiter: m'apprendre quelque chose / me distraire
Je souhaite qu'on m'apprenne quelque chose, non qu'on me distraie.

(1) vouloir: faire place à l'imagination / l'étouffer (使窒息)

(2) demander: observer le silence / faire des bruits

(3) désirer: donner une tâche pacifique aux satellites / les utiliser à des fins militaires (军事目的)

4) avoir envie: préparer un repas européen / faire la cuisine chinoise

5) souhaiter: sortir faire quelque chose / rester ici sans rien faire

6) aimer mieux: me poser toutes les questions / rester muet

4)

Tu peux bien réussir l'examen, elle en est bien contente.
Elle est bien contente que tu puisses bien réussir l'examen.

(1) Tu veux bien venir, nous en sommes très heureux.

(2) Tu ne sais pas conduire, ils en sont étonnés.

(3) Nous participons au meeting, ils en sont fâchés.

(4) Il va à un concert, sa mère en est surprise.

(5) Pierre va en Chine, son amie s'en réjouit.

(6) Nicolas guérit vite, ses collègues s'en étonnent.

5)

Cela est écrit en jargon.
J'ai bien peur que cela ne soit écrit en jargon et que je n'y comprenne rien.

(1) Ils sont mécontents.

(2) Ils ont les oreilles déchirées par cette musique.

(3) Il reste seul à la maison.

(4) Ces enfants ont des idées précoces.

(5) Cette fille demande la liberté.

6)

Les compositeurs ne veulent pas recommencer les symphonies classiques: c'est naturel.
Il est naturel que les compositeurs ne veuillent pas recommencer les symphonies classiques.

(1) On ne veut plus lire les romans d'amour; c'est dommage.

(2) On va au cinéma voir les Westerns américains; c'est juste.

(3) La mission de l'art est de donner aux gens un repos de l'esprit; c'est bon.

(4) Il faut des disciplines (纪律) dans la classe; c'est indispensable.

(5) Vous allez en France sans apprendre le français? c'est impossible!

(6) Nous apprenons la grammaire pour bien connaître le français; c'est ce qu'il faut!

7)

pouvoir créer, faire place à l'imagination
Ce qui compte, c'est qu'on puisse créer, qu'on fasse place à l'imagination.

(1) vivre libre, s'exprimer librement

(2) se tenir au courant, être informé

(3) savoir respecter les autres, tout le monde le fait

(4) connaître la difficulté, ne pas en avoir peur

(5) pouvoir réfléchir, résoudre les problèmes par nous-mêmes

(6) vouloir le refaire, le refaire bien

7. Répondez aux questions suivantes selon les idées données:

1)

Pourquoi est-ce que vous lui téléphonez?
venir me prendre
Je lui téléphone pour qu'il vienne me prendre.

(1) aller voir sa mère à l'hôpital

(2) partir pour la province du Shandong

(3) aller réserver les billets de T.G.V. de ce soir

(4) m'expliquer tout cela

(5) savoir ce qui se passe chez nous

(6) nous dire ce qu'il a fait hier soir

2)

Qui va écrire cet article? toi ou moi?
Toi.
Il vaut mieux que tu l'écrives toi-même.

(1) Qui va répondre à ces questions? elle ou lui?

(2) Qui va au concert de musique contemporaine? vous ou moi?

(3) Qui va réparer la voiture? lui ou moi?

(4) Qui vient me prendre ce soir pour aller au cinéma? eux ou elles?

(5) Qui s'occupe de cette affaire? toi ou moi?

(6) Qui va sortir ces lourdes caisses? lui ou toi?

3)

Est-ce que vous désirez organiser une soirée? Oui, nous désirons qu'une soirée soit organisée.

(1) Marie désire réorganiser (重新组织) son plan d'études, n'est-ce pas?

(2) Est-ce que vous désirez refaire vos devoirs?

(3) Il paraît que Monique désire améliorer un peu sa vie?

(4) Est-ce que vous désirez terminer ces travaux?

(5) Est-ce que les compositeurs de la musique contemporaine désirent modifier cette partie?

(6) Vous désirez reconstruire cette maison?

4)

Est-ce que tu crois que les étudiants de Ière année peuvent organiser une soirée de français? Oui, il est possible qu'ils organisent une soirée de français.

(1) Est-ce que vous croyez que Li Ming va partir pour la France?

(2) Crois-tu que les camarades de notre classe sont tous malades?

(3) Est-ce que vous croyez que les jeunes filles peuvent faire ce lourd travail toutes seules?

(4) Crois-tu que les chauffeurs vont faire grève aujourd'hui?

(5) Est-ce que vous croyez que monsieur le président de la République (共和国总统) va venir participer à cette réunion?

8. Exercices sur des mots et expressions:

1) Passer qch. à qn.

—Peux-tu me donner le Monde d'aujourd'hui?
—Oui, bien sûr. Je te le passe tout de suite.

(1) Pourrais-tu me prêter votre dictionnaire?

(2) Est-ce que vous pouvez me donner ce roman?

(3) Pourrais-tu lui donner la clé de la classe?

(4) Pourrais-tu nous donner la liste des gens qui vont partir demain?

2) se plaindre de ...

—Il paraît que Nicole n'est pas contente de son appartement?
—Oui, elle n'arrête pas de se plaindre des bruits.

(1) Il paraît que Pascal n'est pas satisfait du résultat de l'examen?

(2) Il paraît que ces jeunes filles ne sont pas ravies de leur chambre?

(3) Il paraît que les professeurs ne sont pas très contents de leur emploi du temps?

(4) Il paraît que les touristes étrangers ne sont pas satisfaits du programme que nous leur avons établi?

3) prendre part à qch.

—Vous venez aussi à notre discussion?
—Oui, j'y prends part.

(1) Ils veulent faire cette promenade avec nous?

(2) Veux-tu essayer cette nouvelle partie de musique avec nous ce soir?

(3) Nous allons à la pêche la semaine prochaine, tu viens?

(4) Les ouvriers vont faire grève demain. Et les ouvrières?

4) tantôt ... tantôt ...

—Que pense le directeur de cela?
—Tantôt il veut le vendre, tantôt il veut le garder.

(1) Comment est le temps d'aujourd'hui?

(2) Comment est sa situation?

(3) Qu'est-ce qu'il a dit de cela?

(4) Quelle est votre décision pour cette affaire?

(5) Il vient ou il ne vient pas? Qu'il décide vite!

5) quel que ...

—Vous sortirez quand même malgré ce temps-là?
—Oui, quel que soit le temps, nous sortirons.

(1) Vous déménagez malgré ces conforts?

(2) Il veut y habiter malgré ce chauffage insuffisant?

(3) Vous faites encore ce travail malgré toutes ces difficultés?

(4) Elle va au concert malgré cette pluie?

(5) Le président y va malgré la situation tendue de ce pays?

9. Exercices divers:

1) Traduisez les phrases suivantes en français:

(1) 让他干这活儿?! 这不可能!

(2) 你最好去看看大夫。

(3) 下这么大的雨,你们不能出去。

(4) 尽管我们很累,我们仍坚持把作业做完。

(5) 无论天气如何,明天我们必须走。

(6) 要让每个人都知道:我们是在为祖国学习。

(7) 你们不可能用一天的时间完成这项工作。

(8) 我更喜欢让你们星期六晚上到这里来。

2) Donnez le contraire des mots soulignés suivants:

(1) C'est un personnage **sympathique**.

(2) L'homme que je connais est très **orgueilleux** (骄傲的).

(3) Ce qu'il a dit est vraiment **choquant**!

(4) Voulez-vous nous **ouvrir** la porte, s'il vous plaît?

(5) C'est une histoire tout à fait **imaginée**!

(6) J'aime beaucoup la musique **contemporaine**.

3) Trouvez les mots de la même famille des verbes suivants.

ex: chanter — chanteur — chanson

(1) danser (2) penser (3) visiter (4) promener

(5) consommer (6) compter (7) imaginer (8) juger

4) Complétez les phrases suivantes avec "tout à l'heure, tout à coup, tout de suite":

(1) La ligne est occupée, je rappellerai ________.

(2) La mer était calme; ________, un vent violent s'est levé et nous sommes rentrés au port.

(3) Attendez un instant! Une vendeuse va s'occuper de vous ________.

(4) J'ai appelé Martine ________, mais elle n'était pas là.

5) **pendant** ou **pour**?

(1) Attends-moi, s'il te plaît, j'en ai ________ 5 minutes.

(2) Je t'ai attendu ________ plus de deux heures.

(3) Ils sont partis en vacances ________ trois semaines et ils doivent rentrer à la fin du mois.

(4) Le médecin m'a dit de prendre un comprimé (药片) par jour ________ trois semaines.

(5) Ma soeur et son mari sont à Paris ________ quelques jours; ensuite ils iront sur la Côte d'Azur (蓝色海岸).

(6) La chaudière (锅炉) est tombée en panne, et nous sommes restés sans chauffage ________ trois jours.

6) Dites ce que **le subjonctif** exprime dans chacune des phrases suivantes (subjonctif indépendant):

(1) Gardes, qu'on **obéisse** aux ordres de ma mère!

(2) Que chacun **ait** le repos!

(3) Moi, héron (鸢), que je **fasse** une si pauvre chère!

(4) Dieu vous **bénisse** (祝福)!

7) Justifiez l'emploi du subjonctif dans la proposition subordonnée:

(1) Il importe que chacun **fasse** son devoir.

(2) Il est impossible que vous **accomplissiez** de grandes choses si vous n'avez pas d'idéal.

(3) Est-il certain que la fortune (财富) **fasse** le bonheur?

(4) Il n'est pas sûr que nous **disions** des choses solides, quand nous voulons en dire d'extraordinaire.

(5) Croyez-vous qu'on **puisse** être toujours juste?

(6) Obéis, si tu veux qu'on t'**obéisse** un jour.

8) Sujet de dialogue:

(1) Vous invitez votre voisin à suivre un concert de la musique moderne. Votre voisin n'est pas du tout enthousiasmé par la musique moderne. Vous essayez de la (le) persuader d'y aller.

(2) L'occasion se présente pour vous d'aller faire vos études en France; mais vous devez passer d'abord un test; pendant lequel, on vous pose la question suivante: pourquoi vous voulez faire vos études en France? Comment vous y répondrez?

9) Compréhension rapide: pour ou contre?

Depuis des années et des années, d'importants changements ont été réalisés dans le domaine des arts et de la littérature. Comment réagissent les Français devant tous ces changements?

(1) Ce n'est plus de la musique. Ce sont des cris, des cris aigus!

(2) C'est un peu bizarre, oui. Mais le changement, c'est le changement. Il faut qu'ils cherchent, n'est-ce pas?

(3) Oui, c'est nouveau, ça! Il faut que ça soit renouvelé. Je trouve ça extraordinaire.

(4) Oui, cela ne pouvait plus durer. Moi, j'étais élevé dans les musiques classiques. C'était si beau. Mais la modernité, c'est pas toujours valable pour n'importe quoi!

(5) Regardez la jeunesse d'aujourd'hui! Rock, disco, et encore toutes ces musiques dont je ne sais pas le nom, tout ça les fait fous! Ils dansent, ils chantent et ils ne font plus rien d'autre!

(6) Rock (摇摆舞曲), disco, tout ça, c'est un peu comme les couleurs de la vie courante! Il faut que la vie soit multicolore, non?

(7) Que les jeunes dansent ou chantent, je ne suis pas contre. Mais chaque fois que j'entends de la musique moderne, j'ai l'impression d'avoir les oreilles déchirées!

(8) On a changé le nom! "la musique contemporaine", c'est assez jolie! mais on n'a pas changé le contenu. C'est encore des trucs que je ne comprends pas du tout!

(9) Avec de la musique, qu'elle soit moderne ou classique, les enfants sont contents. Donc, c'est admissible (可接受的) pour eux. Ce sont des choses que nous n'en savions pas à leur âge. C'est du progrès, je pense.

(10) Des compositeurs ne sont pas capables. Ils font des pêle-mêle (大杂烩) et ils appellent ça "de la musique"!

EXERCICES ECRITS

1. Mettez les infinitifs au temps et au mode convenables:

   1) Il faut que tous les garçons (arriver) à temps.

   2) Il est impossible que le président de la République (venir) à la fête de notre village.

   3) Il est naturel que les ouvriers (ne pas vouloir) venir ici. C'est trop loin de la ville.

4) J'espère que vous (faire) des progrès le semestre prochain dans vos études.

5) Nous doutons que le professeur ne (tomber) malade.

6) Je vous prie de venir ici plus tôt pour que les étudiants (pouvoir) discuter un peu avec vous.

7) Nous ne croyons pas que monsieur le directeur (refuser) de nous accorder cette faveur.

8) Je souhaite de tout mon coeur que Paul (trouver) un logement idéal.

2. **Dans** ou **en**?

1) ________ combien de temps serons-nous en vacances?

2) Il a fait l'aller et retour ________ quarante-huit heures.

3) Sur la porte du magasin, il y avait une petite pancarte (布告、标语牌) qui disait: "Je reviens ________ cinq minutes".

4) Elle a composé cette symphonie ________ quinze jours.

3. Mettez le verbe entre parenthèses au mode et au temps convenables:

1) Je crois qu'elle (avoir) raison.

2) Je croyais qu'elle (avoir) raison.

3) Je pense qu'il (être) un peu tard pour téléphoner à ta grand-mère.

4) Je pensais qu'il (être) un peu tard pour téléphoner à ta grand-mère.

5) Geneviève affirme qu'elle ne (recevoir) pas votre lettre.

6) Geneviève a affirmé qu'elle ne (recevoir) pas votre lettre.

7) Le professeur dit qu'il (rendre) les copies dans huit jours.

8) Le professeur a dit qu'il (rendre) les copies dans huit jours.

4. Même exercice:

1) Tous les parents souhaitent que leurs enfants (réussir) dans la vie.

2) J'aimerais que tu me (rendre) ma machine à écrire; j'en aurai besoin ce week-end.

3) J'ai écrit à Bernard il y a quinze jours; je m'étonne qu'il ne me (répondre)

pas encore.

4) Mon père veut que je (faire) du droit (法律); mais moi, je préfère l'histoire.

5) J'ai peur que tu ne (prendre) froid.

6) Le professeur doute que cet étudiant (faire) tout seul son devoir.

7) Patrick aurait besoin que vous lui (donner) quelques conseils.

8) J'attendrai qu'il y (avoir) moin de monde pour aller écouter ce concert de la musique moderne.

9) Les agriculteurs craignent que le gel du mois prochain (ne) (abîmer 损害) les arbres fruitiers.

10) Cet acteur célèbre refuse toujours que la presse (parler) de sa vie privée.

5. Reliez les phrases suivantes:

Ex: Tu te mets en colère; cela ne sert à rien.

Cela ne sert à rien que tu te mettes en colère.

1) La population du centre de Paris diminue ces dernières années; c'est exact.

2) Tu ne trouves pas ce livre à la bibliothèque; cela m'étonne.

3) Laurent a très mal aux oreilles; cela m'inquiète.

4) J'ai fait une erreur; c'est bien possible.

5) A Paris les voitures stationnent souvent n'importe où; c'est vrai.

6) Tu ne peux pas voir "Le Malade imaginaire" à la Comédie Française; quel dommage!

7) Ils ne sont pas encore arrivés; c'est bizarre.

8) Fermez vos volets (百叶窗)! Cela vaut mieux. Il va bientôt pleuvoir.

6. Complétez les phrases suivantes:

1) ________ qu'il reçoive cette lettre rapidement.

2) ________ qu'il fasse si chaud au mois de mai.

3) ________ que tu te fasses soigner.

4) ________ que vous n'aimiez pas ce roman; moi, je le trouve passionnant.

5) ________ que les hommes aillent un jour sur la planète Mars (火星).

6) ________ que vous payiez un loyer si élevé pour une chambre d'étudiants.

7. Version:

Les quatre premiers paragraphes du premier texte.

8. Traduisez en français:

保持平静　　使某人开心　　耳朵都被震聋了　　热望做某事
古典交响乐　　把某物交给某人　　语言学行话　　嘲笑某人
获得有关社会学的知识　　如此之多地　　想像自己置身于法国
令人不快的语言　　过早的判断　　无论如何

9. Thème:

1) 无论天气如何,杜邦一家都要去巴黎走一趟。
2) 你们最好学一些有关语言学的知识,今后会有用的。
3) 我保证你们在这里能学好法语,只要你们用功。
4) 我上个月给法国朋友写了好几封信。但我奇怪他们怎么还没有回信?可能法国邮政工人又罢工了。
5) 小王一直和老师保持着接触。他每个月都给老师写封信,向老师介绍他的生活和工作。
6) 雅克又病倒了。身体一直没有恢复。病情时好时坏。我们都很为他担心。
7) 尽管老师十分宽容,我们也不能放过我们作业中所犯的每一个错误。
8) 这些都无关紧要!要紧的是我们已经能够借助字典进行阅读了。
9) 要想成为一个真正的法语专家,就需要我们认真刻苦。还需经过多年的学习,才能够准确地、自信地使用法语。
10) 虚拟式是法语中一个十分重要的时态。尽管这个时态十分复杂,不容易掌握,但我们有信心掌握它。

LECTURE

Le riche et le pauvre

Giton a le teint frais, le visage plein et les joues pendantes, l'oeil fixe et assuré, les épaules larges, l'estomac haut, la démarche ferme et délibérée. Il parle avec confiance; il fait répéter celui qui l'entretient, et il ne goûte que médiocrement tout ce qu'il lui dit. Il déploie un ample mouchoir et se mouche avec grand bruit; il crache fort loin, et éternue fort haut. Il dort le jour, il dort la nuit, et profondément; il ronfle en compagnie. Il occupe à table et à la promenade plus de place qu'un autre. Il tient le milieu en se promenant avec ses égaux; il s'arrête, et l'on s'arrête, il continue de marcher et l'on marche: tous se règlent sur lui. Il interrompt, il redresse ceux qui ont la parole; on ne l'interrompt pas, on l'écoute aussi longtemps qu'il veut parler: on est de son avis, on croit les nouvelles qu'il débite. S'il s'assied, vous le voyez s'enfoncer dans un fauteuil: croiser les jambes l'une sur l'autre, froncer le sourcil, abaisser son chapeau sur ses yeux pour ne voir personne, ou le relever ensuite, et découvrir son front par fierté, ou par audace. Il est enjoué, grand rieur, impatient, présomptueux, coléreux, libertin, politique, mystérieux sur les affaires de temps; il se croit des talents et de l'esprit. Il est riche.

Phédon a les yeux creux, le teint échauffé, le corps sec et le visage maigre: il dort peu et d'un sommeil fort léger; il est abstrait, rêveur, et il a, avec de l'esprit, l'air d'un stupide; il oublie de dire ce qu'il sait, ou de parler d'événements qui lui sont connus; et, s'il le fait quelquefois, il s'en tire mal, il croit peser à ceux à qui il parle, il conte brièvement, mais froidement; il ne se fait pas écouter, il ne fait point rire. Il applaudit, il sourit à ce que les autres lui disent; il est de leur avis; il court, il vole pour leur rendre de petits services. Il est complaisant, flatteur, empressé; il est mystérieux sur ses affaires, quelquefois menteur; il est superstitieux, scrupuleux, timide. Il marche doucement et légèrement, il semble craindre de fouler la terre; il marche les yeux baissés, et il n'ose les lever sur ceux qui passent. Il n'est jamais du nombre de ceux qui forment un cercle pour discourir; il se met derrière celui qui parle, recueille furtivement ce qui se dit, et il se retire si on les regarde.

Il n'ouvre la bouche que pour répondre; il tousse; il se mouche sous son chapeau; il crache presque sur soi, et il attend qu'il soit seul pour éternuer, ou, si cela lui arrive, c'est à l'insu de la compagnie: il n'en coûte à personne ni salut ni compliment. Il est pauvre.

Jean de la Bruyère

"LES CARACTERES"

VOCABULAIRE

Giton	吉东(虚构的人名)
le teint frais	面色红润
pendant, e *a*.	悬垂的;拉着的
assuré *a*.	肯定的;自信的,坚定的
un estomac haut	胃口极好
une démarche	步态;举止
délibéré, e *a*.	有把握的;从容的
la confiance	信任;自信
entretenir *v.t*.	谈话,交谈
médiocrement *adv*.	一般地;不太……地
déployer *v.t*.	展开;打开;摊开
ample *adj*.	宽大的
se moucher *v.pr*.	擤鼻涕
cracher *v.i*.	吐痰
éternuer *v.i*.	打喷嚏
ronfler en compagnie	同时打呼噜
se régler *v.pr*.	得到解决

interrompre qn.	打断某人讲话
redresser *v. i.*	改正,纠正
débiter *v. t.*	滔滔不绝地讲;散布
s'enfoncer *v. pr.*	陷入;沉入
croiser *v. t.*	交叉
froncer *v. t.*	皱
le sourcil	眉毛
abaisser *v. t.*	放下;降低
la fierté	骄傲;自豪
une audace	大胆;厚颜
enjoué *a.*	活泼;诙谐的
rieur, se *a.*	爱笑的;爱开玩笑的
présomptueux, se *a.*	自高自大的;狂傲的
libertin, e *a.*	放荡的;放纵的
un talent	才华;才能
se croire des talents et de l'esprit	自认为有才又聪明
Phédon	菲东(虚构的人名)
creux, se *a.*	凹的;空洞的
le teint échauffé	激动的面孔
le corps sec	干瘪的身体;消瘦的身材
maigre *a.*	瘦的
un sommeil léger	睡觉很轻
abstrait, e *a.*	抽象的
rêveur, se *a.*	爱幻想的
un stupide	傻瓜;笨蛋
s'en tirer (bien ou mal) v. pr.	脱身;摆脱……境况
peser à qn.	使人不悦;使……不快
conter *v. i.*	讲述;叙述
brièvement *adv.*	简短的
froidement *adv.*	冷淡地;冷漠地
voler *v. i.*	飞翔

complaisant, e *a*.	殷勤的;百依百顺的
flatteur, se *a*.	拍马屁的;吹捧的
empressé, e *a*.	殷勤的;热情的
un menteur	说谎者;撒谎者
superstitieux, se *a*.	讲迷信的
scrupuleux, se *a*.	小心谨慎的;多顾虑的
fouler *v.t.*	压、挤
discourir *v.i.*	高谈阔论;夸夸其谈
recueillir *v.t.*	采集;收集
furtivement *adv*.	偷偷摸摸地;悄悄地
se retirer *v.pr*.	退出;退下;隐退
un insu	不知道
à l'insu de ...	不为…所知

Leçon 9

I. Le jardin de repos[1]

(L'auteur est revenu dans son pays natal sous les bombardements des Japonais. Il rencontre un vieil ami en pleine[2] rue...)

L'homme qui se tenait devant moi, était un vieil ami. Je détaille ses sourcils bien fournis, son front dégagé, son nez aquilin, sa lèvre supérieure proéminente et son visage allongé. Il a très peu changé, seulement un peu engraissé[3], et son teint est moins coloré. Il presse dans sa grande main ma petite patte maigre.

"J'ai appris, dis-je, que tu avais acquis la propriété des Yang, mais je ne savais si tu résidais ou non en ville.[4] Je t'imaginais installé à la campagne à l'abri des bombardements aériens.[5] J'ai craint aussi que ton portier ne me refoule, vois comme je suis mis![6] dis-je avec une certaine gêne.

—Bon, bon, ne te moque pas de moi. En effet, l'année dernière après ce grand bombardement, je suis parti habiter quelques mois à la campagne puis je suis revenu. Et toi, où loges-tu? Montre-moi l'endroit pour qu'ensuite je puisse le retrouver facilement, me demanda-t-il.

—A l'hôtel International.

—Et quand es-tu arrivé?

—Cela doit faire une dizaine de jours.

—Et tu t'es installé là tout de suite. De retour au pays depuis plus de dix jours, tu loges encore à l'hôtel. C'est incroyable! Ne te reste-t-il pas quelque parent fortuné? Ton oncle, qui avait de l'argent, s'est encore enrichi dans le négoce et, année après année, il a acheté de la terre. Pourquoi n'es-tu pas allé le voir?" questionna-t-il en lâchant ma main. Il parlait si fort qu'il semblait vouloir prendre les passants à témoin.[7]

"Pas si fort, pas si fort, dis-je, tu sais bien que depuis longtemps nous avons cessé toute fréquentation.

—Mais aujourd'hui, c'est différent. Tu as écrit des livres, tu es célèbre, s'écria-t-il avant que j'aie terminé, et même moi, je t'envie!

—Ne me raille pas. Mes revenus d'une année ne me permettent pas l'achat d'un costume occidental convenable, aussi, comment mes riches parents pourraient-ils me manifester quelque considération? Ne craindraient-ils pas plutôt que je leur fasse perdre la face? Ah, et toi-même, Yao, as-tu terminé ta grande oeuvre?"

Yao se troubla, puis éclata de rire. "Quelle excellente mémoire! De retour ici, j'y ai travaillé pendant deux ans. J'ai gâché plus d'un millier de pages sans réussir à aligner plus de vingt mille mots. Je n'ai aucun talent. Ensuite, j'ai pensé traduire un ouvrage français, mais là aussi, j'ai échoué. Je m'étais attaqué à un roman de Victor Hugo, et j'ai été incapable de rendre l'élégance de son style. Ma traduction était si catastrophique que je n'y comprenais plus rien moi-même. Après deux chapitres de Quatre-vingt-treize, j'ai laissé tomber, comprenant que j'avais perdu mon temps à la faculté des lettres. A partir de là, je renonçais à mes projets. Mais assez bavardé, conduis-moi à ton hôtel, l'International n'est-ce pas? Je m'étonne de ne pas le connaître."

Je ne pus m'empêcher de rire et d'ajouter: "Des dénominations grandioses recouvrent souvent une réalité modeste. C'est tout près. Allons-y!"

—Comment, quelle drôle de philosophie![8] dit-il avec un rire joyeux, bon, allons le repérer.

D'après Pa Jin: "**Le jardin de repos**"

II. Un charmant métier

L'ennuyeux, dans ce charmant métier..., c'est qu'au bout de dix-huit ans, ce qui est mon cas, on a dû supporter, littéralement, tous les commentaires possibles et imaginables. Par exemple, moi, j'ai toujours eu droit à des dames réjouies ou à de fermes jeunes gens qui me disaient qu'ils avaient beaucoup aimé: a) Bonjour Tristesse et, b) dans mon théâtre, Château en Suède.[9] C'est légèrement déprimant pour un auteur, même si l'intention est bonne, car on a le sentiment d'avoir eu deux beaux enfants, bien sains, qui ont fait leur chemin dans la vie, et, ensuite, une file de petits canards boiteux qui, eux, ont moins plu, les pauvres...

Cette catégorie de lecteurs est la plus fréquente. Après, il y a ceux qui ont "vu": "J'avais beaucoup aimé, comme tout le monde, Bonjour Tristesse, mais je dois vous dire que mon grand faible, c'est Aimez-vous Brahms? Ah là là, Ingrid Bergmann, qu'est-ce qu'elle était bien là-dedans!"

Troisième catégorie, plus raffinée: "Vous savez, techniquement, la pièce était mal montée." (Là, je baisse les yeux de honte parce que c'est moi qui l'ai montée.)...

Quatrième catégorie, encore plus spécialisée et donc encore plus à contre-courant: "Moi, je vais vous dire, le seul livre que j'aie aimé de vous (sous-entendu: le reste, je l'aurais volontiers jeté dans la corbeille à papier), [10] le seul qui dit quelque chose de violent, d'obsessionnel, c'est Les Merveilleux Nuages."

On adopte ainsi un comportement tout à fait étrange, à la fois de mère-poule prête à défendre ses petits quand le reproche est trop gros, et de consentement résigné—tout dépent des jours, et de la tête de l'interlocuteur—mais qui peut vous amener à sauter à n'importe quelle gorge en pensant: "Pauvre imbécile, mon meilleur livre, c'est ça!"..., ou bien, au contraire: "Mon pauvre ami, [11] comme vous avez raison, tout cela ne vaut pas pipette!"

Françoise SAGAN

"**Des bleux à l'âme**"

TABLEAU DE CONJUGAISON

	acquérir	
présent:	j'acquiers tu acquiers il acquiert elle acquiert	nous acquérons vous acquérez ils acquièrent elles acquièrent
passé:	j'ai acquis tu as acquis il a acquis elle a acquis	nous avons acquis vous avez acquis ils ont acquis elles ont acquis
futur:	j'acquerrai tu acquerras il acquerra elle acquerra	nous acquerrons vous acquerrez ils acquerront elles acquerront
subjonctif:	que j'acquière que tu acquières qu'il acquière qu'elle acquière	que nous acquérions que vous acquériez qu'ils acquièrent qu'elles acquièrent
participe:	(présent) acquérant;	(passé) acquis, e

VOCABULAIRE

natal, s *a*.	出生的;故乡的
un bombardement	轰炸;炮击
se tenir *v. pr*.	站在;保持,维持
détailler *v. t*.	详细观察
un sourcil	眉毛
fourni, e *a*.	浓密的
un front dégagé	宽阔的前额
proéminent, e *a*.	前凸的;隆起的
engraisser *v. i*.	发胖
un teint	脸色;面色
coloré, e *a*.	(肤色)红润的
presser *v. t*.	挤、压、拥、握…
une patte	爪子,(俗)手
acquérir *v. t*.	获得
une propriété	房地产;带花园的住宅
résider *v. i*.	居住
à l'abri de ... *loc. prép*.	躲避……;隐藏在……
aérien, ne *a*.	空中的
un portier	看门人;传达
refouler *v. t*.	驱逐;轰走
mis, e *a*.	穿戴
une gêne	局促不安;拘束
loger *v. t. ind*.	居住,住宿,安顿
de retour	回到;一回到……
fortuné *a*.	幸运的;有钱的
s'enrichir *v. pr*	发家,变富
un négoce	交易;买卖
questionner *v. t*.	问,询问

lâcher *v. t*	放松,松开
un passant	行人;路人
un témoin	证人;见证人
si. . que. . .	如此……以致……
une fréquentation	经常的交往
s'écrier *v. pr.*	喊叫;大声说
envier *v. t.*	羡慕;嫉妒
railler *v. t.*	嘲笑;拿……开玩笑
un revenu	收入;进益
manifester *v. t.*	表示;显露
une considération	尊重;器重
perdre la face	丢脸;丢面子
se troubler *v. pr.*	发窘,发慌
éclater *v. i.*	爆炸;突然发出响声
gâcher *v. t.*	浪费;糟践
aligner *v. t.*	整齐地写
un talent	才能;才干
échouer *v. i.*	失败;受挫
un ouvrage	著作;作品
s'attaquer (à) . . . *v. pr.*	进攻;着手;对付
Victor Hugo	维克多·雨果(法国 19 世纪文豪)
incapable *a.*	不能的;无能力的
une élégance	优美,雅致
un style	风格;文笔,文体
la traduction	翻译
catastrophique *a.*	灾难性的
un chapitre	章节
Quatre-vingt-treize	"九三年"(小说名,雨果名著)
laisser tomber	放手;放弃
la faculté	才干;能力;学院
les lettres *n. f. pl.*	文学

renoncer (à) ... *v.i.*	放弃
bavarder *v.i.*	聊天
s'étonner de... *v.pr.*	对……感到惊奇
s'empêcher de faire qch.	自禁做某事;约束自己不做某事
une dénomination	名称,命名
grandiose *a.*	宏伟的
recouvrir *v.t.*	掩盖
repérer *v.t.*	找出;发现
littéralement *adv.*	逐字逐句地;(俗)完全地
un commentaire	评述;议论
imaginable *a.*	可想像的;想像得到的
avoir droit à ...	(俗)免不了的……倒霉事;得忍受着…
réjoui, e *a.*	欢乐的;高兴的
ferme *a.*	坚定的
la tristesse	忧伤;悲伤
un château	城堡;古堡
la Suède	瑞典
déprimant, e *a.*	使人消沉的;使人丧气的
une intention	意愿;意图
sain, e *a.*	健康的;健全的
une file	队列;直列
un canard	鸭子
boiteux, se *a.*	跛的
un pauvre	可怜的家伙
une catégorie	种类;类别;级别
un faible	偏爱,嗜好
raffiné, e *a.*	精炼的;文雅的;讲究的
techniquement *adv.*	从技术角度;技术上
une pièce	(诗文等的)首,篇,出;剧本
monter *v.t.*	(转)筹划;组织;策划

une honte	耻辱;羞愧
spécialisé, e *a*.	专门的;专业的
le contre-courant	逆流
un sous-entendu	暗示;言下之意
le reste	剩余部分;剩下的
la corbeille à papier	纸篓
violent, e *a*.	强烈的;激烈的;暴力的
obsessionnel, le *a*.	强迫性的
merveilleux, se *a*.	令人赞叹的;卓越的
le nuage	云彩
adopter *v.t.*	接受;采纳
étrange *a*.	奇异的;古怪的
une mère-poule	母鸡(鸡婆)
défendre *v.t.*	保卫;保护
un reproche	谴责;指责
un consentement	同意;允诺
résigné, e *a*.	屈从的;顺从的
dépendre *v.i.*	取决于;从属于;依赖于
un interlocuteur	对话者;谈话者
une interlocutrice	(女)对话者
un imbécile	蠢货;笨蛋
une pipette	(罕见词)小烟斗
Cela ne vaut pas pipette.	(俗)这玩艺一钱不值。

Tant vaut l'homme, tant vaut la terre.

人勤地不懒。

Un homme averti en vaut deux.

有备无患。

NOTES

1. "Le Jardin de Repos" 这是中国著名作家巴金的长篇小说《憩

园》的法文译名。

2. Il rencontre un **vieil** ami **en pleine rue**... 他在大街上碰到了一位老朋友……

法语中 vieux 置于 ami 前,意为"老朋友",年纪未必大。如果要强调是"年老的朋友",那么则要说"un ami âgé"。

En pleine rue 意为"在大街之上"。en plein 加上名词这种结构表示"在……中间",引申意为"正好在……的时候;正值……"之意。请看下面的例句:

vivre **en plein air**	在露天(野外)生活
en plein jour	在大白天;在光天化日中
en plein hiver	在大冬天里;在隆冬季节
en pleine nuit	在深夜;在深更半夜

还要注意一点:plein 是形容词,要和后面的名词作性、数配合。

3. Il a très **peu** changé, seulement **un peu** engraissé, ... 他没怎么变,只是有点发福了,……

法语中 peu 为副词,指"不多",倾向于否定;而副词短语 un peu 指"有一点",倾向于肯定。

4. ... je ne savais pas si tu résidais **ou non** en ville. 那时我不知道你是不是住在城里。

Savoir 用于否定形式时,可省略 pas。Ou non 在该句中起加强语气的作用。

5. Je t'imaginais **installé** à la campagne à l'abri des bombardements aériens. 我那时以为你住在乡下躲避空袭。

过去分词 installé 做形容词用,它是动词 imaginer 的直接宾语"te"的表语。

6. ..., vois **comme** je suis mis! 你看我穿得这样子!

Comme 是连词,意为"多么"。它常用在感叹句中。

如:“**Comme** il a changé!”“它的变化多大呀!”“Voyez **comme** le temps est beau!”“瞧天气多么好!”

7. Il parlait **si** fort **qu**'il semblait vouloir **prendre les passants à témoin**. 他说话声大得好像要让街上的行人都听见似的。

Prendre qn à témoin 意为“叫某人做证;要某人证明”。但直译与上下文不合。改译为“好像要让行人都听见似的”与原意不悖。

Si ... que ... 意为“如此……以至……”, que 引出结果从句。这种结构常见于法语中。

8. ..., quelle **drôle de** philosophie! 这是多么奇怪的哲理!

这类结构之中都有介词 de 做引导,相当于“une philosophie drôle”, 在法语中很常见。如:

Une **drôle de** question! 一个奇怪的问题!

C'est une **drôle de** tête! 他是个怪人!

9. “Bonjour Tristesse”, “Château en Suède”, “Merveilleux nuages”:

这是法国当代女作家弗朗索瓦兹·萨冈的作品:“忧伤,你好”(小说),“在瑞典的古堡”(戏剧)和“妙云”(小说)。下文中提到的“Aimez-vous Brahms?”“你喜欢勃拉姆斯吗?”是她的一部小说,曾被拍成电影。

作者的介绍请参看第五课注释。

10. ... le reste, je l'**aurais** volontiers **jeté** dans la corbeille à papier 其它的那些(书),我早该自觉自愿地给扔进废纸篓里去了。

Aurais jeté 是动词 jeter 的条件式过去时。条件式过去时一般用来表示过去可能实现而实际上并没有实现的动作。

11. **Pauvre** imbécile et mon pauvre ami

Pauvre 置于名词前时有两种情况:前面有冠词或无冠词。有冠词时, pauvre 作“可怜”讲,如 mon pauvre ami “我可怜的朋友";无冠词时则具有"拙劣的,差的,不高明的"等贬意,如 pauvre imbécile! 就要译成"自作聪明的笨蛋!"

GRAMMAIRE

1. **Le subjonctif passé**(虚拟式过去时)

1) Sa forme:

虚拟式过去时由助动词 avoir 或 être 的虚拟式现在时加上有关动词的过去分词构成。

avoir: que j'**aie eu**

être: que j'**aie été**

parler: que j'**aie parlé**

finir: que j'**aie fini**

prendre: que j'**aie pris**

aller: que je **sois allé(e)**

se lever: que je **me sois levé(e)**

falloir: qu'il **ait fallu**

2) Ses emplois:

虚拟式过去时表示完成的概念。它的用法和虚拟式现在时一样,区别只是体的不同。虚拟式过去时一般用来指现在或将来某一时间内已经完成的动作。

... s'écria Yao avant que j'**aie terminé**. ……姚不等我说完便大声说道。

这里本应该用虚拟式愈过去时,但为使文章生动,使用了过去时。

Le président est bien content que tu **sois arrivé** à temps. 总统对你按时抵达甚感高兴。

说话时,arriver 这个动作已经完成。

Il faut que vous **soyez arrivés** à Marseille avant jeudi. 你们

星期四之前就得抵达马赛。

Arriver 这个动作在星期四(将来某一时间)前须完成。

2. **Le subjonctif employé dans les propositions relatives** (虚拟式用于关系从句)

1) 关系从句如果表示愿望或目的,谓语要用虚拟式:

Cet office cherche quelqu'un qui **connaisse** à la fois le français et l'anglais. 该办事处要找一个既懂法语又懂英语的人。

Il y a bien quelque chose que vous lui **souhaitiez**? 您对他总抱有些什么希望吧?

但是如果关系从句表示具体事实,谓语仍用直陈式:

Nous avons un chef qui **connaît** à la fois le français et l'anglais. 我们有个领导既会法语又会英语。

2) 如果从句先行词中带有最高级形容词或 le premier, le dernier, le seul, l'unique 等表示绝对意义的词,表示个人主观看法,关系从句谓语要用虚拟式:

Le seul livre que j'**aie aimé** de vous, . . . 您的书里我唯一喜欢的……

C'est le roman le plus émouvant que j'**aie lu**. 这是我读过的最激动人心的小说。

C'est la pièce la plus triste qu'il **ait montée**. 这是他导演的最蹩脚的一部(台)戏。

Voici la seule question qu'elle ne **connaisse** pas. 这是她唯一不知道的问题。

3) 假若主句表示怀疑或否定,而从句先行词又是 personne, rien, aucun 等泛指代词时,从句谓语应用虚拟式:

Parmi ces romans, je ne trouve **aucun** qui **puisse** vous intéresser. 在这些小说里,我没找着一本能使您感兴趣的。

Il semble qu'il n'y ait **personne** qui **connaisse** cet homme. 好像没人认识这家伙。

De tout le reste, je ne vois **rien** qui vous **soit** utile. 在整个剩余部分中，我没看到任何对您有用的东西。

UN PEU DE CIVILISATION FRANÇAISE
法国的各种 Châteaux

翻开词典，在 Château 这个条目下可以看到许多定义：城堡，城寨；宫殿；宅邸，别墅等。法国有许多古迹以 Château 命名，而它们中间有的是城堡，有的是城堡兼宫殿，有的是城堡兼宅邸，有的只是一所别墅。这种建筑物确为"吾土所无"，因此这个词在翻译时需要按具体情况来选择译语。

法国最负盛名的 château 是 le château de Versailles，译作凡尔赛宫，在巴黎郊区。这是法国乃至西欧古典宫殿建筑的典范。其中的 la galerie des glaces（镜廊），la salle des spectacles（剧院），建筑宏伟壮观，是游人驻足、流连忘返的地方。凡尔赛宫的庭苑中绿草如茵，花木扶疏，喷泉、水池布置得十分整齐和谐。水池周围的铜像更具特色，大都以法国大河为名。有代表 la Garonne（加罗纳河）的老人半卧像，代表 le Rhône（罗纳河）的英俊男子像，代表 la Loire（卢瓦河）的老人像，还有仙女，雄狮，婴孩，爱神像，千姿百态，令人叹为观止。喷泉中以 la Fontaine de la pyramide（金字塔喷泉）和 Le Char d'Apollon（阿波罗战车喷泉）为最著名。园中还有一处异国风光的小景，叫 le parterre de l' Orangerie（桔园），栽满了棕榈树，具有近东景色的特点。

法国中部的卢瓦河畔也有许多著名的古堡。它们散布在大河两岸，大半是中世纪的古建筑，大小有百来座，闻名遐迩的有 le Château de Blois（布洛瓦古堡），座落在卢瓦河畔的布洛瓦市内，气势宏伟，风格独特。le Château de Chambord（香波堡）是法兰西文艺复兴的象征，塔顶林立，气象万千。有宽阔的草坪，弯曲的壕沟，往昔封建国王围猎的森林。每当夕阳西下，暮色苍茫，使它笼上一层神秘的色彩。香波堡的双旋楼梯是世界建筑史上一绝。Le Château de Chenonceau（什农梭堡），绿水环绕，河上有五孔廊桥与城堡相通，颇具“小桥、流水、人家”的情趣。

EXERCICES ORAUX

1. Répondez aux questions suivantes d'après le texte 1：

   1）Faites la description de l'ami de l'auteur.

   2）L'ami de l'auteur a-t-il changé depuis leur dernière rencontre（相见，会面）?

   3）Pourquoi l'auteur n'est-il pas allé voir son ami?

   4）Yao restait-il toujours en ville? Pourquoi?

   5）Pourquoi l'auteur loge-t-il à l'hôtel au lieu d'aller chez son oncle?

   6）L'auteur est-il un écrivain célèbre?

   7）Pourquoi l'auteur ne pouvait-il pas vivre de sa plume?

   8）Les parents lui manifestent-ils quelque considération?

   9）Pourquoi?

   10）Quel roman français Yao a-t-il essayé de traduire? Qui est l'auteur de ce roman?

   11）Yao est-il sérieux dans son travail? Pourquoi?

   12）Est-ce un grand hôtel que cet hôtel appelé International?

   13）Yao partage-t-il l'avis de l'auteur：“Des dénominations grandioses recouvrent souvent une réalité modeste?”

   14）Et vous? vous êtes d'accord avec l'avis de l'auteur? Et pourquoi?

2. Répondez aux questions suivantes d'après le texte 2：

   1）Connaissez-vous l'auteur de cet article?
   Qui est-ce?

   2）Est-ce que l'auteur trouve son métier charmant?

3) A qui Sagan doit-elle répondre sans arrêt?

4) En est-elle contente?

5) Quelle est l'impression de Sagan quand on lui dit que Bonjour Tristesse et Château en Suède sont les deux oeuvres qu'ils aiment beaucoup?

6) Pourriez-vous nous dire quelles sont les quatre catégories des gens qui lui posent les questions?

7) Quelle est la catégorie qu'elle aime le moins?

8) Qui a l'impression d'être mère-poule? Pourquoi?

9) Est-ce que vous souhaitez que vous deveniez écrivain un jour? Pourquoi?

10) Est-ce un métier charmant que celui d'écrivain?

3. Choisissez la bonne réponse:

1) en pleine rue veut dire:

a) juste au milieu de la rue;

b) au bord de la rue;

c) dans la rue;

d) au bout de la rue.

2) un teint moins coloré signifie:

a) un teint frais;

b) un teint passable;

c) un teint pâle;

d) un teint malade.

3) La raison pour laquelle Ba Jin n'est pas allé chez Yao est la suivante:

a) Il avait peur du portier;

b) Il avait honte de ses vêtements;

c) Il avait peur des bombardements aériens;

d) Il ne savait pas si Yao était en ville.

4) Si Yao renonçait à ses projets, c'était parce que:

a) il était trop sérieux;

b) il n'avait pas les documents nécessaires;

c) il était incapable;

d) il était très occupé.

5) "avoir droit à qch" veut dire:

a) avoir le droit de faire qch;

b) écouter qch;

c) écrire qch;

d) supporter qch.

6) "déprimant" veut dire:

a) encourageant (鼓舞人的);

b) décourageant (泄气的);

c) violent;

d) charmant.

7) "sauter à n'importe quelle gorge" signifie:

a) crier à haute voix;

b) s'écrier violemment;

c) sauter sur n'importe qui;

d) crier à n'importe qui.

8) "Tout cela ne vaut pas pipette" veut dire:

a) tout cela n'est pas grave;

b) tout cela vaut beaucoup;

c) tout cela ne vaut pas moins;

d) tout cela ne vaut rien.

4. Exercices de structures sur le subjonctif passé:

1)

—Est-ce qu'il a fait de grands voyages pendant les vacances? —Non, je ne crois pas qu'il ait fait de grands voyages pendant les vacances.

(1) Est-ce qu'ils ont beaucoup lu?

(2) Est-ce qu'ils ont beaucoup travaillé pendant les vacances d'hiver?

(3) Est-ce que le doyen (系主任) s'est bien reposé ces jours-ci?

(4) Les Dupont ont beaucoup voyagé dans le monde?

(5) Les filles de notre classe ont bien profité de leurs vacances, vous en êtes sûrs?

(6) Est-ce que vous pensez qu'ils ont eu raison de ne plus travailler ces jours-ci?

2)

Vous avez pu vous promener aujourd'hui? C'est une très bonne chose. C'est une très bonne chose que vous ayez pu vous promener.

(1) Tu t'es couché très tôt hier soir. Ce n'est pas mal.

(2) Tu t'es levé de bonne heure ce matin? C'est très bien.

(3) Il s'est perdu dans le centre-ville? C'est incroyable!

(4) Ils ne se sont pas retrouvés à la fin de leur excursion? C'est dommage.

(5) Ils sont descendus à l'Hôtel International? C'est étrange.

(6) Nous nous sommes enfin compris. C'est très bien.

3)

Françoise Sagan n'a pas arrêté de répondre aux questions des femmes réjouies. Elle est contente? Non, elle n'est pas contente du tout qu'elle ait répondu sans arrêt aux questions de ces femmes.

(1) Votre mari n'a pas eu d'augmentation. Vous êtes contente?

(2) Nous avons oublié de vous passer un billet. Vous le regrettez?

(3) Je ne suis pas resté toute l'année à Paris. Cela vous étonne?

(4) Les enfants n'ont pas bien dormi cette nuit. Vous vous étonnez?

(5) Les étudiants n'ont pas acquis les connaissances nécessaires de ce semestre. Elle est triste?

(6) Les enfants sont rentrés plus tôt que d'habitude. Cela vous étonne?

4)

On vous a posé d'autres questions que celle-ci dans votre classe? Non, c'est la seule qu'on m'ait posée.

(1) On a construit d'autres maisons que celle-ci dans ce village?

(2) Vous lisez d'autres journaux que celui-ci?

(3) Il a conduit encore d'autres voitures que celle-ci?

(4) Vous connaissez d'autres restaurants que celui-ci?

(5) Il a refoulé d'autres témoins que celui-ci?

(6) Elle possède d'autres facultés que celle-ci?

5)

Nous n'avons jamais vu de file de voitures aussi longue. C'est la plus longue file de voitures que nous ayons jamais vue.

(1) Je n'ai jamais vu de style aussi élégant.

(2) Elle n'a jamais rencontré de lecteur aussi charmant.

(3) Ces gens-là n'ont jamais vu de bombardement aussi sauvage (野蛮的).

(4) Ils n'ont jamais vu de teint aussi coloré.

(5) Elle n'a jamais eu de gêne aussi déprimante.

(6) Nous n'avons jamais vu de dame aussi raffinée.

6)

Vous avez trouvé quelque chose qui puisse me plaire parmi ces anciens livres? Non, parmi ces livres, je ne trouve aucun qui puisse vous plaire.

(1) Pourriez-vous me trouver quelqu'un qui parle français?

(2) A-t-elle trouvé quelque chose qui lui soit utile dans ses études?

(3) Connaissez-vous quelqu'un qui sache monter les pièces de cette machine?

(4) Est-ce que les Dumas trouvent quelque chose de bon au marché libre?

(5) Peux-tu lui trouver quelqu'un qui connaisse la région?

(6) Pourrait-il nous indiquer (指明) un chemin qui conduise au Château Rochefort?

5. Exercices de réemploi:

1) si . . . ou non . . .

Je ne savais pas si tu résidais en ville.
Je ne savais si tu résidais ou non en ville.

(1) Je ne sais pas si ton portier me refoulera.

(2) Il ne sait pas si tu te moqueras de lui.

(3) Elle ne sait pas si de fermes jeunes gens lui poseront des questions déprimantes.

(4) Nous ne savons pas si nous pourrons repérer l'endroit.

(5) Nous ne savons pas s'il descendra dans cet hôtel.

(6) Il ne savait pas si Yao laissait tomber.

2) à l'abri de . . .

Il s'est installé à la campagne pour se protéger contre les bombardements japonais.
Il s'est installé à la campagne à l'abri des bombardements japonais.

(1) Il s'est protégé contre la pluie.

(2) L'enfant s'est accroupi (蹲) sous la table contre le choc.

(3) Il cherche à se protéger contre la persécution (迫害).

(4) Les oiseaux sont protégés par les feuillages (树叶) contre l'orage.

(5) Ce mur les protège contre la bise (北风).

3) sans + infinitif

J'ai gâché plus d'un millier de pages, mais je n'ai pas réussi à aligner plus de vingt mille mots.
J'ai gâché plus d'un millier de pages sans réussir à aligner plus de vingt mille mots.

(1) J'ai traduit plusieurs pages mais je n'y comprenais pas beaucoup.

(2) Je renonçais à mon projet, mais je ne voulais pas m'avouer vaincu (自己承认失败).

(3) Il est parti et il n'a pas dit un mot.

(4) Elle souffre mais ne se plaint pas.

(5) Il me quitte et il ne me dit pas au revoir.

(6) Son visage est allongé mais il n'est pas étroit.

4) en plein + un nom

Tu l'as rencontré dans la rue?
Oui, je l'ai rencontré en pleine rue.

(1) Est-il possible que tu l'aies rencontré dans la ville?

(2) Il la voit dans la nuit?

(3) Vous vous couchez le jour?

(4) Ils sont allés à Chang Bai Shan en hiver?

5) drôle + de + nom

Quelle étrange philosophie!
Quelle drôle de philosophie!

(1) C'est une idée bizarre.

(2) Il fait une tête bizarre (一付奇怪脸孔) aujourd'hui.

(3) C'est vraiment une question bizarre.

(4) Voilà un phénomène étrange.

(5) Quelle personne bizarre!

(6) Ce matin, j'ai vu une voiture bien étrange.

6) verbe + nom d'action

Mes revenus d'une année ne me permettent pas d'acheter un costume occidental convenable.
Mes revenus d'une année ne me permettent pas l'achat d'un costume occidental convenable.

(1) Elle se charge de vendre les montres.

(2) Je me charge de traduire cet ouvrage français.

(3) Les soldats se chargent de défendre le pays.

(4) Ces deux étudiants s'occupent d'organiser la soirée.

(5) Maman s'occupe de préparer les repas.

EXERCICES DIVERS

1. Donnez les noms dérivés des adjectifs numéraux suivants:

Ex: dix—une dizaine

douze	quarante
quinze	soixante
vingt	cent
trente	mille

2. Remplacez les blancs par l'adjectif *vieux* ou l'adjectif *ancien*, accordez comme il convient:

1) C'était lui, ce ________ ami.

2) A trente ans Li était déjà un ________ soldat. Il s'est enrôlé (参军) à 16 ans dans l'Armée de Libération.

3) Ce film raconte l'histoire d'un ________ combattant revenu dans son pays natal.

4) Quand on est ________, on aime retrouver ses ________ camarades de jeunesse.

5) L'histoire se divise souvent en trois périodes: l'histoire ________, l'histoire du moyen âge et l'histoire moderne.

6) Connaissez-vous le nom du plus ________ empereur de Chine?

7) "Mon ________, il y a longtemps que je ne t'ai pas vu!"

3. Trouvez, à partir des adjectifs suivants, des adjectifs en "in-(im-)" et essayez d'en deviner le sens: puissant, coloré, capable, patient, différent, convenable,

correcte, croyable, certain, connu, actif, précis, disponible, attentif, complet, valide, mortel.

4. Relevez dans le texte I et celui de la leçon précédente les mots et les expressions relatifs au visage.

Puis, vous allez décrire quelqu'un avec ces mots et expressions-là, à vos camarades et à votre professeur d'en juger!

5. Remplacez les blancs par l'adverbe *peu* ou la locution adverbiale *un peu*:

1) Il a très ________ changé, seulement engraissé.

2) Ce n'est pas ________ dire.

3) Pour ________ il se serait mis en colère.

4) C'est une lampe qui éclaire (照亮)________.

5) Ils sont ________ nombreux.

6) Sa femme fume ________.

7) Il va ________ mieux.

8) C'est ________ fort!

6. Les mots suivants sont-ils du même sens?

1) Une pièce *méchante* / une *méchante* pièce

2) avec une *certaine* gêne / une preuve *certaine*

3) un *bon* soldat / un soldat *bon*

4) un *simple* soldat / un soldat *simple*

5) un *ancien* chef / un chef *ancien*

6) un *brave* garçon / un garçon *brave*

7) un *vieil* ami / un ami *vieux*

8) un *curieux* élève / un élève *curieux*

9) un *maigre* repas / un repas *maigre*

10) mon *propre* vélo / mon vélo *propre*

7. Complétez les phrases suivantes:

1）Qui que tu sois, ...

2）Qui que vous soyez, ...

3）Quoi que tu dises, ...

4）Quoi que je fasse, ...

5）Quoi qu'il arrive, ...

6）Quel qu'il soit, ...

7）Quelles que soient les conditions, ...

8）Quelles que soient vos raisons, ...

8. Refaites les phrases suivantes en utilisant le subjonctif dans la proposition relative：

Ex：C'est une voiture très rapide.

C'est la voiture la plus rapide que j'aie jamais conduite.

1）Cette lettre est très longue.

2）C'est une autoroute bien entretenue（保养）.

3）C'est un très bon roman.

4）C'est un petit canard très laid.

5）C'est une corbeille à papier très ancienne.

6）C'est un négoce très difficile.

7）C'est un reproche très violent.

8）C'est une interlocutrice très intelligente.

9）C'est un cas très dangereux.

10）C'est une catégorie très fréquente.

9. Traduisez en français：

1）不论是谁都应该谦虚。

2）无论什么样的困难我们都能克服。

3）不管发生什么事情都要保持镇静。

4）不论你需要什么，我都能够提供。

5）这是他认识的唯一的新闻记者。

6）不管谁问她，她都得回答。

7）这是我看过的最好的影片。

8）虽然下着雨，卡特琳娜还是进城了。

EXERCICES ECRITS

1. Remplacez les points par *qui que*, *quoi que* ou *quel que* et faites l'accord s'il y a lieu:

1) ________ tu sois, ________.

2) Il ne perd jamais courage, ________ soient les difficultés.

3) ________ soit le moment où vous veniez, vous serez toujours les bienvenus.

4) ________ il arrive, n'ayez pas peur. Nous sommes toujours avec vous, toujours.

5) Tu penses pouvoir y arriver, ________ soit le temps?

2. Remplacez les points par *quoi que* ou *quoique*

1) ________ tu écrives, soigne ton écriture.

2) ________ je lui aie déjà écrit trois lettres, il ne m'a toujours pas répondu.

3) ________ il fasse déjà nuit, on travaille d'arrache-pied（不停地干活）sur le chantier.

4) ________ vous disiez, vous n'arriverez pas à le convaincre.

5) ________ on dise dans les journaux, je trouve ce film catastrophique.

6) ________ tu en penses, j'irai à la fête demain soir.

3. Mettez les verbes entre parenthèses au temps et au mode convenables:

1) Il demande que nous (partir) repérer cet hôtel.

2) Il m'a demandé si nous (descendre) dans un bon hôtel.

3) Je suis sûr qu'il (pleuvoir) demain.

4) Moi, je ne suis pas sûr qu'il (faire) mauvais demain.

5) Il vaut mieux que tu (ne pas conduire) si tu es fatigué.

6) Je ne pense pas qu'ils (cesser) de se voir.

7) Il est probable que vous (avoir) un cours de traduction le semestre prochain.
8) J'espère que vous lui (manifester) quelque considération.
9) Il est possible que nous (réussir) tous à l'examen.
10) Il est 7 heures. Je m'étonne qu'il (partir) si tôt.
11) Je crois qu'elles leur (faire) perdre la face.
12) Voulez-vous que je (choisir) pour vous?

4. Mettez les verbes entre parenthèses au mode et au temps convenables:

Il n'était pas encore cinq heures lorsque nous (être) debout. Il (faire) froid et noir, il y (avoir) du vent.

— (Ne pas partir), Monsieur, nous (dire) le patron de l'hôtel, le temps (être) trop mauvais. Vous (pouvoir) avoir des difficultés sur la route.

Mais Vitalis (vouloir) avancer.

Nous voilà donc partis, Vitalis (tenir) Joli-Coeur (猴子名) bien serré contre sa poitrine, pour lui donner un peu de sa chaleur. Les chiens (狗), contents de courir sur les chemins secs, (ne pas sembler) sentir le vent. Moi, bien couvert d'une peau (皮毛) de mouton, je (avoir) bien chaud.

Bien que l'heure (arriver) où le jour (devoir) paraître, il (faire) toujours noir. Nous (marcher) lentement et avec peine. Le vent (être) un peu moins fort, mais la neige (continuer). Les chiens (ne plus courir), ils (se serrer) contre nous. Vitalis (sembler) chercher quelque chose, sur sa gauche, et me (dire) tout d'un coup:

— (Regarder), Rémy!

A quelques pas, une petite maison!

Enfin, nous (aller) pouvoir nous arrêter.

5. Version:

Les deux derniers paragraphes du deuxième texte.

6. Traduisez en français:

宽阔的前额　浓眉　鹰钩鼻子　面色红润　如此……以致……
着手对付一个问题　放弃　对某事感到惊奇　约束自己不做某事
反潮流(逆流)

7. Thème:

1) 她觉得作家的职业真是个苦差使,她每天都不得不回答那些兴高采烈的读者们提出的问题。
2) 他们本来的打算可能都不坏,但一说起话来就让她觉得丧气。
3) 她还是下定决心,下次碰到这种人,不管他(她)说什么,她都要告诉他(她)实际上这玩艺儿一钱不值。
4) 不管你是谁,也不论你是做什么的,只要在这个国家里,你就得约束自己 (se contrôler),约束自己别干蠢事。
5) 回到家乡十多天了,他还住在国际饭店。他阔亲戚倒有几个,但早就不来往了。这些阔亲戚觉得他这个穷作家给他们丢了脸。
6) 保尔学过几年英语。他曾经想做个翻译家。但两年过去了,除去浪费了不少纸,写了不少字,什么也没干成。他自己认为不是他不够聪明,而是英语小说太难译。别人漂亮的文章,他译出来后连自己都看不懂。所以只好忍痛割爱了。

LECTURE

Les fêtes en France

La France est un pays de tradition catholique, où les cérémonies religieuses ont eu une grande importance dans la vie sociale. La plupart des fêtes sont d'origine chrétienne.

Bien que la religion soit moins pratiquée aujourd'hui, les étapes de la vie sont encore marquées par le baptême, la première communion et le mariage. Le mariage civil, à la mairie, est le seul légal, et doit précéder le mariage religieux s'il y en a un. Beaucoup de Français estiment encore que le mariage à l'église est nécessaire pour donner à l'événement sa solennité et son caractère de fête.

L'enterrement religieux reste également très fréquent.

Chaque cérémonie, surtout dans les campagnes, est suivie d'un repas de fête.

Certaines fêtes d'origine catholique, bien qu'elles aient en grande partie perdu leur caractère religieux, sont devenues des jours de congé légal. Ils permettent à la plupart des Français, comme les autres jours fériés, de "prolonger" les week-ends. Et ils leur permettent même de "faire le pont", à condition que le jour férié tombe un mardi ou un jeudi. Dans ce cas, en effet, il est rare qu'on travaille le lundi, ou le vendredi, selon les cas. Ces fêtes religieuses sont:

Pâques, l'Ascension, la Pentecôte, l'Assomption (le 15 août), la Toussaint (le 1er novembre) et enfin Noël, le 25 décembre.

Noël est certainement la fête familiale à laquelle les Français restent le plus attachés. C'est l'occasion d'offrir des cadeaux à sa famille et à ses amis. Avec la "société de consommation", ces cadeaux sont de plus en plus nombreux et de plus en plus coûteux. Incités par la publicité, des foules de gens remplissent les magasins qui font pendant cette saison les plus grandes ventes de l'année.

VOCABULAIRE

la tradition	传统,习俗
catholique *a*.	天主教(徒)的
une cérémonie	仪式,礼仪
chrétien, ne *a*.	基督教的
la religion	宗教
pratiquer *v.t*.	从事,进行
une étape	阶段,期
marquer *v.t*.	留痕迹,标志
le baptême	洗礼

la communion	领圣体，圣餐
civil, e *a*.	非宗教的，世俗的
légal, e *a*.	法律上的，合法的
précéder *v.t.*	先于……
un événement	事件
la solennité	盛大节日；隆重，庄严
le caractère	特点，性质
un enterrement	葬礼
(être) suivi, e (de)	伴随
férié, e *a*.	放假的
prolonger *v.t.*	使延长
tomber *v.i.*	适逢；碰上
l'Ascension *n.f.*	耶稣升天节
la Pentecôte	圣灵降临节
l'Assomption *n.f.*	圣母升天节
la Toussaint	诸圣瞻礼节
attaché, e *a*.	喜爱的，依恋的
coûteux, se *a*.	昂贵的
inciter *v.t.*	鼓动，唆使

Leçon 10

I. Que faire de la lune?

"Ce qui reste à savoir, c'est ce qu'on va faire de la Lune maintenant qu'on la tient.

Une réunion ultra-secrète[1] s'est tenue à Washington pour discuter[2] de cette question épineuse.

Le général Wilco Andout, le représentant de l'armée de l'air, a dit: "Je ne crois pas qu'il y ait à discuter. La lune doit être la première base spatiale de nos forces aériennes. Les plans sont déjà faits et pour cinquante milliards de dollars nous pouvons donner aux Etats-Unis une arme superpréventive qui laissera les Russes sur le tapis[3]. Même s'ils détruisent toutes les fusées terrestres, il nous restera encore notre matériel sur la Lune pour le bouquet final..."

Un représentant des Eaux et Forêts prit la parole: "Je m'oppose. Je pense que nous devrions faire de la Lune un parc naturel où les gens pourraient échapper aux soucis du monde. Nous devrions la laisser juste comme elle est, en y ajoutant seulement quelques débits de boissons et des boîtes pour y déposer les papiers gras et les ordures."

Le Département des Transports se manifesta vivement: "Une minute. Nos fonctionnaires des Ponts et Chaussées ont examiné la Lune et nous pensons que la chose à faire est de construire une route d'un bout à l'autre. La seule façon d'attirer les gens sur la Lune est de leur offrir de quoi rouler."

Le Département des Affaires urbaines fit opposition: "La Lune devrait être utilisée pour le développement de la construction. Mon département veut lancer un programme pilote avec l'aide de l'industrie privée. Nous proposons de vendre les meilleures vues qu'on a de la Lune sur la Terre à des agents immobiliers pour qu'ils y construisent des appartements de grand standing et des hôtels de luxe, à condition qu'en échange, ils investissent pour l'édification de logements à bon marché sur la face obscure de la Lune."...

Le représentant du Département du Commerce intervint: "Une agence projette d'y bâtir le plus large panneau publicitaire du monde pour ses clients du détergent, et non seulement cela ne coûtera pas un centime au gouvernement mais ils sont prêts à payer deux milliards de dollars pour louer l'emplacement."

Tous ceux qui étaient dans la pièce se mirent aussitôt à crier. Soudain, un chef de la Nasa apparut, le visage blême, et rappela la réunion à l'ordre:

— Messieurs, je viens juste d'être averti que Howard Hughes[4] désire acheter la Lune à n'importe quel prix.

Que veut-il en faire? cria quelqu'un.

— Hughes n'a pas l'intention d'en faire quoi que ce soit. Il dit qu'il veut seulement l'acheter comme protection pour le cas où quelqu'un gâcherait sa vue sur Las Vegas."

Art Buchwald[5]

dans "**L'Express**" 1969

II. "Mobile dans l'élément mobile"

(1867. Trois naufragés, le harponneur canadien Ned Land, le

professeur français Aronnax et son fidèle domestique Conseil, prennent pied sur une sorte de bateau sous-marin, inconnu à cette époque. Peu après, de mystérieux marins les entraînent à l'intérieur de la machine et les enferment dans une cabine éclairée à l'électricité: cet éclairage n'était pas encore entré dans la pratique. C'est Aronnax qui raconte ...)

... La porte s'ouvrit. Un steward entra. Il nous apportait des vêtements, vestes et culottes de mer. Je me hâtai de les revêtir, et mes compagnons m'imitèrent.

Pendant ce temps, le steward, sourd-muet peut-être, avait disposé la table et placé trois couverts.

"Voilà quelque chose de sérieux, dit Conseil, et cela s'annonce bien.

—Bah! répondit le harponneur, que diable voulez-vous qu'on mange ici?[6] du foie de tortue, du filet de requin, du bifteck de chien de mer!

—Nous verrons bien! dit Conseil.

Les plats furent symétriquement posés sur la nappe, et nous prîmes place à table. Décidément, nous avions affaire à des gens civilisés, et sans la lumière électrique qui nous inondait, je me serais cru dans la salle à manger de l'hôtel Adelphi, à Liverpool, ou du Grand-Hôtel, à Paris. Mais le pain et le vin manquaient totalement. Parmi les mets qui nous furent servis, je reconnus divers poissons délicatement apprêtés; mais, sur certains plats, je ne pus me prononcer, et je n'aurais même su dire à quel règne, végétal ou animal, leur contenu appartenait. Quant au service de table, il était élégant et d'un goût parfait. Chaque ustensile, cuiller, fourchette, couteau, assiette, portait une lettre entourée d'une devise en exergue, et dont voici le

fac-similé exact:

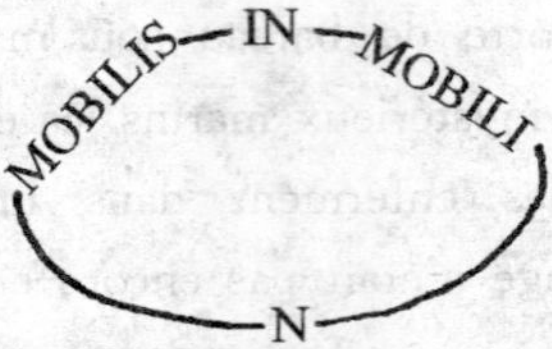

Mobile dans l'élément mobile! Cette devise s'appliquait justement à cet appareil sous-marin, à la condition de traduire la préposition "in" par "dans" et non par "sur". La lettre N formait sans doute l'initiale du nom de l'énigmatique personnage qui commandait au fond des mers!

Ned et Conseil ne faisaient pas tant de réflexions. Ils dévoraient, et je ne tardai pas à les imiter. J'étais, d'ailleurs, rassuré sur notre sort et, il me paraissait évident que nos hôtes ne voulaient pas nous laisser mourir d'inanition.

Cependant, tout finit ici-bas, tout passe, même la faim de gens qui n'ont pas mangé depuis quinze heures. Notre appétit satisfait, le besoin de sommeil se fit impérieusement sentir. Réaction bien naturelle, après l'interminable nuit pendant laquelle nous avions lutté contre la mort.

"Ma foi, je dormirais bien," dit Conseil.

— Et moi, je dors! répondit Ned Land.

Mes deux compagnons s'étendirent sur le tapis de la cabine, et furent bientôt plongés dans un profond sommeil.

Pour mon compte, je cédai moins facilement à ce violent besoin de dormir. Trop de pensées s'accumulaient dans mon esprit, trop de questions insolubles s'y pressaient, trop d'images tenaient mes paupières entrouvertes! Où étions-nous? Quelle étrange puissance nous emportait? Je sentais —ou plutôt je croyais sentir — l'appareil s'enfoncer vers les couches les plus reculées de la mer. . . . Puis, mon cerveau se calma, mon imagination se fondit en une vague somnolence, et je tombai bientôt dans un morne sommeil.

Jules Verne[7]

"Vingt mille lieues sous les mers"

VOCABULAIRE

maintenant que . . . *loc. conj.*	既然……
ultra *a.*	极端的(往往作前缀:意为"极其的")
secret, secrète *a.*	秘密的;机密的
se tenir *v. pr.*	举行,召开
Washington	华盛顿
épineux, se *a.*	棘手的;难办的
un général	将军
un représentant	代表;代理人
l'armée de l'air	空军
une base	基地
spatial, e, aux *a.*	空间的,宇宙间的
les forces aériennes	空中力量;空军
une arme	武器
superpréventif, ve *a.*	超级预防的
une fusée	火箭;导弹
terrestre *a.*	陆地的;地球的
un bouquet	最后放的,最精彩的烟火
le bouquet final	最后一下;最后一着;最厉害的杀手锏
matériel *n. m.*	(军队的)装备,器材
s'opposer *v. pr.*	反对
faire de qch. qch.	把某物变成某物

échapper à ... *v.t.ind.*	逃避;躲避
un débit	零售;零售店
un débit de boissons	酒店
déposer *v.t.*	放下;放置
gras, se *a.*	油腻的;油污的
se manifester *v.pr.*	表示出;显得
vivement *adv.*	急速地;激动地;生气地
un fonctionnaire	官员;职员;公务员
la chaussée	堤道;马路,车道
d'un bout à l'autre	从这头到另一头
de quoi	必需的东西;足够的东西
urbain, e *a.*	城市化的
faire opposition	表示反对;提出反对意见
lancer *v.t.*	抛出;发出;大力推广,使扬名;开办,创办
un programme pilote	引导新潮流的计划;创新的计划
pilote *n.* et *a.*	(飞机)驾驶员;向导,引路人;引导的;(转)作试点的,试验性的
un agent immobilier	不动产商;房地产商
un standing	(英)豪华,舒适;地位
un luxe	豪华;奢侈
en échange *loc.adv.*	作为交换
investir *v.i.*	投资
une édification	建设;创立;建筑
obscure *a.*	黑暗的;阴暗的
intervenir *v.i.*	介入;干涉;参与
projeter *v.t.*	投掷;放映;打算,设想
bâtir *v.t.*	建造;建立
un panneau	板;木牌
le détergent	洗涤剂;去污剂;洗衣粉
un emplacement	场地;地方;位置

la Nasa (NASA)	美国国家航天航空局
blême *a*.	苍白的;(贬)惨白的
rappeler qn à l'ordre	(在会上)要求某人遵守秩序
avertir *v.t.*	告知;警告
la protection	保护;防护
Las Vegas	拉斯维加斯(著名赌城,在美国西部内华达州)
l'Express	法国新闻周刊《快报》
mobile *a*.	运动的;变动的;机动的;变幻不定的
un naufragé	遇难船只上的人员
un harponneur	鱼叉手;捕鲸炮手
un domestique	仆人;佣人
prendre pied sur ...	踏上……;站在……
sous-marin, e *a*.	潜水的;海面下的
un sous-marin	潜水艇
mystérieux, se *a*.	神秘的
un marin	水手
entraîner *v.t.*	拖;拽;拉
l'intérieur	内部;里边
enfermer *v.t.*	关;监禁
une cabine	小仓室;小屋子
éclairer *v.t.*	照明;照亮
une électricité	电
un éclairage	照明;照亮
s'ouvrir v.pr.	打开;开启
un steward	(英)(船上;机上)服务员;乘务员
une culotte	短裤;(引)裤子
se hâter de faire ach.	赶快做某事;急忙做某事
revêtir *v.t.*	穿上(衣服)
un compagnon	伙伴;同伴

imiter *v.t.*	模仿
muet, te *a.*	沉寂的;哑的
sourd, e *a.*	聋的
disposer la table	放置桌子;安排好餐桌
s'annoncer *v.pr.*	预示;显示
bah!	(口头语)相当于中文:啊! 唔! 呵!
diable *interj.*	见鬼! 喔唷! (表示惊讶赞叹或愤怒等)
le foie	肝脏
la tortue	龟;乌龟
le filet	(鱼的)脊肉
un requin	鲨鱼
un bifteck	牛排;(引)肉排
un chien de mer	鲨鱼
symétriquement *adv.*	对称地;匀称地
la nappe	桌布;台布
décidément *adv.*	明确地;肯定地
avoir affaire à ...	与……打交道
civilisé, e *a.*	文明的;开化的;有教养的
inonder *v.t.*	淹没;大量涌入;充斥
se croire *v.pr.*	自以为
Liverpool	利物浦(英国城市)
toutefois *adv.*	然而;可是
limpide *a.*	清的;透明的
les mets *n.m.*	菜肴
délicatement *adv.*	精细地;细致地;体贴地
apprêté, e *a.*	矫揉造作的
se prononcer *v.pr*	发表意见
un règne	界(指动物与植物界)
végétal, e, aux *a.*	植物的
un ustensile	用具;器皿

une devise	铭文;格言;外汇
un contenu	内容
un exergue	奖章上留作刻题铭的部分;(引)题铭
un fac-similé	复制品
s'appliquer à ...	适用于……;适合于……
une initiale	开头字母
énigmatique *a*.	谜语的;谜一般的
un personnage	人物
commander *v.t.*	统领;指挥
une réflexion	考虑;思考
dévorer *v.t.*	吞食;吞咽
tarder à faire qch.	推迟做某事
rassurer *v.t.*	使放心;使得到保证
le sort	命运
évident, e *a*.	明显的;显而易见的
un hôte	主人
une inanition	营养不足;(因饥饿)极端衰弱
ici-bas *adv*.	在世上
impérieusement *adv*.	专横地;急切地;迫切地
une réaction	反应
interminable *a*.	冗长的;没完没了的
lutter contre ...	与……做斗争
plonger *v.i.*	浸入;使沉入,使陷入
pour mon compte	至于我
céder à ... *v.t.ind*.	让步,屈服,顺从
s'accumuler *v.pr*.	积累;堆积;积聚
insoluble *a*.	无法解决的
se presser *v.pr*.	紧紧挨着;拥挤;拥向
une paupière	眼皮
entrouvert, e *a*.	张开的;半开的

une puissance	力量
emporter *v.t.*	带走；运走
une couche	层；地层；阶层
reculé, e *a.*	遥远的；偏僻的
un cerveau	大脑
se calmer *v.pr.*	平静下来；安静下来
se fondre *v.pr.*	溶解；熔(融)化；(转)变软；消失
vague *a.*	模糊的，朦胧的
une somnolence	半睡状态；昏昏然；(转)迟钝、麻木
morne *a.*	忧郁的；沉闷的，暗淡的
une lieue	法国古里(合 4 公里)；古海里(约合 5.56 公里)

Bien faire et laisser dire.
尽力而为，不畏人言。

NOTES

1. une réunion **ultra -** secrète：绝密的会议

   前缀 ultra- 与其它词组合，成为带有强调色彩的新词，这种情况相当普遍。hyper, super, extra 等前缀都有类似的功能。但 extra 组成的词有时和原词义相反，这一点要注意。

2. ... pour **discuter** de cette question épineuse. ……就这个棘手的问题交换意见。

   动词 discuter 既可当及物动词，也可当不及物动词，词义并没有大的出入。请看以下几个句子：

   及物： **discuter** un problème 讨论一个问题
   discuter le prix d'une chose 对某物讨价还价
   discuter les ordres de qn. 对某人之命令提出异议

   不及物：**discuter** sur un point avec qn. 在一点上与某人交换意见

discuter de politique 谈论政治

discuter avec l'ennemi 与敌人谈判

3. Les plans sont déjà faits et pour cinquante milliards de dollars nous pouvons donner aux Etats-Unis une arme superpréventive qui laissera les Russes sur **le tapis** 计划已经做出，只需要500亿美元，我们就能使美利坚合众国拥有一种超级预防性武器，把俄国人打倒在地。

   le tapis 指拳击台上的地毯。

4. Howard Hughes：有名的美国富翁。
5. Art Buchwald：阿尔特·布什瓦尔特，美国幽默作家。
6. ... que **diable** voulez-vous qu'on mange ici? 您想我们在这里能吃什么鬼东西?

   diable 在这里为感叹词。义为："见鬼！喔唷！"用来表示惊讶、赞叹、愤怒等较激烈的情绪。

   Ah, **diable**! j'oubliais le principal. 唷！我把最要紧的给忘了。

   Où **diable** est-il caché? 他究竟躲在什么鬼地方?

7. Jules Verne 儒勒·凡尔纳

   法国著名科学幻想小说家。著有《神奇的旅行》全集。《海底两万哩》是其中的一部。主人公尼莫船长（Nimo）驾驶着他的潜水艇"鹦鹉螺"号，周游世界各大洋，令人神往。凡尔纳的许多科学幻想都已被现代科学所验证，世界上第一艘核潜艇就以"鹦鹉螺"命名。

   人们把月球背面的一座环形山者命名为"儒勒·凡尔纳"环形山。

GRAMMAIRE

Le conditionnel passé（条件式过去时）

1. Sa formation：

条件式过去时由助动词 avoir 或 être 的条件式现在时加有关动词的过去分词构成。

finir	
j'aurais fini	nous aurions fini
tu aurais fini	vous auriez fini
il aurait fini	ils auraient fini
elle aurait fini	elles auraient fini

aller	
je serais allé(e)	nous serions allés (es)
tu serais allé(e)	vous seriez allé(e) (s) (es)
il serait allé	ils seraient allés
elle serait allée	elles seraient allées

se coucher	
je me serais couché(e)	nous nous serions couchés (es)
tu te serais couché(e)	vous vous seriez couché (e, s, es)
il se serait couché	ils se seraient couchés
elle se serait couchée	elles se seraient couchées

注意：使用动词 être 做助动词时，应特别注意主语与过去分词间的性、数配合。

2. Ses emplois：

1) 条件式过去时主要用来表示某一个依赖某种条件，在过去可能实现而实际上并未实现的动作。

在表达上述结构的句式中，要用条件从句来表示条件，以 si 为连词的条件从句的谓语要用直陈式愈过去时；主句谓语则使用条件式过去时。请看例句：

S'il n'avait pas plu hier, nous **serions allés** en ville. 昨天要是不下雨，我们就进城了。（事实上没进城）

Si vous aviez suivi mon conseil, vous **auriez réussi**.

您要是听了我的话，就成功了。(事实上没成功)

S'il avait su, il **aurait agi** autrement. 假如他知道，就不会这么干了。(事实上他这样做了)

2) 在表示与上述结构相同的概念时，亦可不用从句，而代之以副词、副动词、副词短语等形式来表示条件：

Sans la lumière électrique qui nous inondait, je **me serais cru** dans la salle à manger de l'hôtel Adelphi, à Liverpool, ou du Grand-Hôtel, à Paris. 如果没有电灯光照着我们，我简直会认为自己是在利物浦的阿德尔菲饭店或者巴黎大饭店的餐厅里。

Sinon, ils seraient partis plus tôt. 否则(的话)，他们早就走了。

Nous avons maintenant un trois pièces: avant la Libération, nous **n'aurions même osé** y penser. 我们现在有三间一套的住房：如果在解放前，我们连想都不敢想。

3) 条件式过去时和条件式现在时一样，也可以在独立句中使用。

(1) 表示可能、怨恨、愿望或惋惜等：

Mais je n'**aurais même su** dire à quel règne, végétal ou animal, leur contenu appartenait. 但我甚至连这些东西属于动物界还是植物界都不知道。

Sa maladie est de plus en plus grave. Il **aurait dû** aller voir le docteur plus tôt. 他的病越来越重。他本该早点儿去看病的。

Je l'**aurais prévu**! 我事先该想到这事儿的！

(2) 表示不能肯定，但可能已经发生了的事情。这种用法常见于新闻报导中：

Un accident **aurait eu** lieu à Nice. 尼斯可能发生了一起事故。(据传闻)

D'après la radio du pays, ce puissant personnage **aurait été** assassiné hier soir, tout près de son habitation. 据当地电台报导,这位权势人物可能已于昨天晚上在离他住所很近的地方被人暗杀。

4) 在普通从句中,条件式过去时一般用来表示过去先将来时:

Il disait qu'il **serait revenu** avant que vous repartiez.
他说过要在你们动身之前回来。

J'avais cru qu'ils **seraient arrivés** le lendemain. 我那时以为他们会在第二天到。

Il a dit qu'il **serait revenu** le lendemain soir. 他说过他第二天晚上回来。

UN PEU DE CIVILISATION FRANÇAISE

形形色色的文学奖

说起来让人难以置信,法国每年颁发的文学奖竟有 1 500 项之多,也就是说平均每天颁奖四项,星期日颁五项!

但在这纷纷扬扬的各种文学奖里,有几项是较有份量的。除已介绍过的龚古尔和妇女文学奖外,还有法兰西学院小说大奖(3 万法郎奖金),雷诺多奖,梅迪西斯奖和联盟奖。这六项文学奖的颁发时间都在每年的十一月份,难怪有些法国人风趣地把十一月称为"文学奖月"。

那么除去法兰西学院的小说大奖外,剩下的三个奖的诞生也都还有一段故事。雷诺多奖的发起人是一群爱好文学的记者们。他们对龚古尔文学奖评审团的慢节奏不满,便于 1925 年创立了这个文学奖。它的颁发时间是和龚古尔奖在同一天,同一个时间。梅迪西斯奖原来旨在鼓励科学研究方面的书籍,但这一宗旨早已被淡忘了，它是以上六个奖中最年轻的，成立于 1952 年。联盟奖的创立更富戏剧性：1930 年，一群负责报道文学动态的记者认为当年最好的小说是安德烈·马尔罗的小说《王国之路》，但没一个文学奖推举这本小说。记者们一怒之下便创立了“联盟奖”，当年入选的当然是《王国之路》。

说到奖金金额就更有出人意表之处了：赫赫有名的龚古尔文学奖开始时金额为 5 000 金法郎，但因法郎不断贬值，现在只有 50 法郎！奖金最多的是保尔·莫兰奖(30 万法郎)，戴尔·迪卡奖(20 万法郎)。但奖金最少的还不是龚古尔奖，法国最少的文学奖奖金只有 10 法郎！

EXERCICES ORAUX

1. Questionnaire 1：

    1) Pour quelles raisons les représentants du gouvernement américain se réunissent-ils?

    2) Pourquoi cette réunion est-elle ultra-secrète?

    3) Qui veut que la Lune soit une base spatiale?

    4) Combien cela coûterait au gouvernement si l'on voulait construire cette base?

    5) Et quelle est l'opinion du représentant des Eaux et Forêts?

    6) Et qu'est-ce qui est le plus important d'après celui des Transports?

    7) Quel est le programme pilote du Département des Affaires urbaines?

    8) D'après lui, qui va s'occuper de la construction des logements de grand standing?

    9) Le représentant de Commerce va donner une proposition tout à fait différente. Laquelle?

    10) Pourquoi le chef de la Nasa entre-t-il soudainement avec un visage tout blême?

    11) Pour quelle raison Hughes, ce milliardaire américain désire acheter la Lune

à n'importe quel prix?

12) Est-ce une histoire vraie?

13) Qu'est-ce que l'auteur veut nous montrer par ce texte de fiction (虚构)?

2. Questionnaire 2:

1) Mystère:

a: Par quoi Aronnax est-il surpris?

b: Que nous apprennent les lignes "Décidément, nous avions affaire à ... du Grand-Hôtel, à Paris."?

c: En quoi la devise "Mobile dans l'élément mobile" s'applique parfaitement au sous-marin?

d: Pourquoi Aronnax conclut-il que le "N" de la devise désigne le commandant de l'étrange navire (船)?

2) Ned et Conseil:

a: Quels sont les caractères de Ned?

b: Et ceux de Conseil?

c: En quoi se ressemblent-ils?

d: Et en quoi sont-ils différents d'Aronnax?

3) Aronnax:

a: A quoi voit-on qu'il est conservateur (保守的), intelligent et réfléchi?

b: Quelles raisons a-t-il d'être rassuré?

c: A quoi voit-on qu'il est inquiet? Pourquoi?

d: A sa place vous auriez compris tout de suite de quoi il s'agissait: pourquoi ce savant est-il moins savant (学识渊博的) que vous?

4) Qu'est-ce que vous savez encore sur Jules Verne et son "Vingt mille lieues sous les mers"?

3. L'humour sert à quelque chose.

Vous avez certainement remarqué que l'auteur se sert de la "fiction" pour se moquer des travers (缺陷) de notre société. **Que veut-il nous montrer** dans le texte à propos de la Lune?

(Classez par ordre d'importance décroissante les affirmations suivantes et rayez (划掉) celles qui ne conviennent pas.):

L'inutilité des réunions——l'entêtement des responsables——la difficulté d'entente entre les hommes—— la bêtise des hommes—— le désir de puissance et de domination——la volonté d'aménager sur la Lune un monde meilleur——l'amour excessif de l'homme pour l'argent et le profit——le goût de l'homme pour la violence——le désir de coopération entre les hommes——la lutte contre la pollution ——la stupidité des discours et des belles paroles——les prétentions démesurées des milliardaires.

4. Soyez bref :

Relisez lentement le passage et résumez dans le tableau suivant les différentes interventions (讲话):

Noms des organismes	Proposition des représentants
ex: 1) Armée de l'air	....
2)	....
3)	....
4)	....
5)	....

5. Choisissez la bonne réponse:

1) ... c'est ce qu'on va faire de la Lune maintenant qu'on la tient. "tient" veut dire:

a) prendre dans la main;

b) occuper;

c) posséder;

d) entraîner.

2) un programme pilote veut dire:

a) un programme original;

b) un programme extraordinaire;

c) un programme urgent;

d) un propramme épineux.

6. Exercices de structures:

1) le conditionnel présent/ le conditionnel passé

S'il prenait le train, il rentrerait plus vite. S'il avait pris le train, il serait rentré plus vite.

(1) S'il lisait le journal, il saurait qui a gagné le match.

(2) S'il faisait plus d'attention, il aurait de meilleures notes.

(3) S'il faisait du sport, il serait en meilleure santé.

(4) S'il ne pleuvait pas, nous irions en ville.

(5) S'il les représentants n'en discutaient pas, nous serions plus tranquilles.

(6) Si vous saviez ce qui s'est passé, vous ne seriez pas contents.

(7) S'il n'y avait pas l'électricité, Aronnax se croirait dans la salle à manger d'un grand hôtel.

(8) Si vous lanciez ce programme pilote, les autres pourraient bien vous imiter.

2) Si + plus-que-parfait, ... le conditionnel passé.

J'ai suivi vos conseils, et j'ai trouvé la solution. Si je n'avais pas suivi vos coseils, je n'aurais pas trouvé la solution.

(1) Ils ont construit cette route et ils ont attiré beaucoup de touristes dans ce pays.

(2) Nous avons reçu ta lettre et nous y sommes restés.

(3) Nous avons lancé un programme pilote et les agents immobiliers ont construit des appartements de grand standing.

(4) Le train est arrivé à l'heure et nous n'avons pas été en retard.

(5) Ils ont pris l'avion et ils sont arrivés à temps.

(6) On a bien discuté et on a pu décider de réaliser le projet proposé.

(7) Nous avons changé d'appareil et nous avons pu terminer ce travail à la date prévue.

(8) Paul s'est adressé à une agence et il a pu trouver un emploi.

(9) Ces naufragés ont allumé un feu et ils ont été sauvés par ce navire sous-marin.

3) Le conditionnel passé dans une proposition indépendante:

—Nous n'avons pas fini notre travail. —Pourtant, vous auriez pu le finir.

(1) L'ennemi n'a pas détruit nos fusées terrestres.

(2) Elle n'est pas rentrée chez elle.

(3) Les enfants n'ont pas disposé la table.

(4) Elle n'a pas trouvé cet ustensile.

(5) La réunion ultra-secrète entre ces trois pays ne s'est pas tenue.

(6) Charles n'a pas assisté au cours.

(7) Ils ne m'ont pas invité.

(8) On n'a pas augmenté le prix des places de l'Opéra.

7. Exercices sur des mots et expressions:

1) maintenant que ...

Puisque le temps s'est remis au beau, nous pouvons sortir. Maintenant que le temps s'est remis au beau, nous pouvons sortir.

(1) Puisque vous êtes guéri, vous pouvez rentrer.

(2) Puisque les représentants ici présents sont tous d'accord avec moi, on peut décider.

(3) Puisque ces naufragés sont fatigués, tu peux les conduire dans leurs chambres.

(4) Puisqu'on a encore augmenté le prix, nous allons laisser tomber cela!

(5) Puisque vous vous y opposez, nous n'allons pas continuer à vous embêter (找麻烦).

(6) Puisque tout le monde y fait opposition, je n'y interviens plus.

2) faire de qch(a) qch(b):

— Si la lune était un parc! — Eh bien, on va faire de la lune un grand parc!

(1) Si cette chambre était un cinéma!

(2) Si cette cabane était une belle pièce!

(3) Si ce vélo était un vélomoteur (两用脚踏车)!

(4) Si ce terrain était un jardin!

3) de quoi + un verbe transitif

—Est-ce que les journaux vous manquent? —Non, non, nous avons largement de quoi lire.

(1) Les plats vous suffisent?

(2) Ces vêtements leur suffisent?

(3) Est-ce qu'il vous manque encore du pain?

(4) Les programmes à la télé sont-ils suffisants?

(5) Voulez-vous encore faire autre chose?

4) avertir / être averti

—Est-ce qu'on l'a averti de l'arrivée de ses parents? —Oui, il me semble qu'il a été déjà averti que ses parents vont arriver.

(1) Est-ce qu'on les a avertis de notre départ?

(2) Est-ce qu'on vous avertit de la projection du film?

(3) Est-ce qu'on t'avertit de sa puissance?

(4) Est-ce que la radio nous a avertis du danger de l'inondation (水灾)

dans notre région?

(5) Est-ce que le gouvernement vous avertit de la hausse des prix dès le mois prochain?

(6) Est-ce que la municipalité nous a déjà avertis de la destruction (破坏, 摧毁) de cette église?

5) se hâter de faire qch.

— Vous ne vous pressez pas encore! le film commence!
— Doucement! une minute! je vais me hâter d'y aller!

(1) Tu n'es pas pressé? le train va partir dans 5 minutes!

(2) Elle ne se presse pas encore? c'est déjà l'heure de la réunion.

(3) Vous ne vous pressez pas encore? les représentants des autres ministères (部) sont déjà là!

(4) Il n'est jamais pressé? qu'il se hâte d'y aller!

(5) Il est sourd ou pas? on a déjà disposé la table!

6) avoir affaire à . . .

— C'est sûrement des gens civilisés. Que pensez-vous?
— Oui, c'est sûr que nous avons affaire aux gens civilisés.

(1) C'est peut-être un harponneur, n'est-ce pas?

(2) Ce sont sans doute des naufragés, d'accord?

(3) C'est peut-être lui, tu ne crois pas?

(4) Ce sont les représentants du gouvernement français cette fois-ci, n'est-ce pas?

(5) C'est peut-être votre compagnon mystérieux qui a fait cela, que penses-tu?

7) se croire + un attribut (ou un lieu)

— Comment vous le trouvez, votre compagnon?
— Il se croit toujours très intelligent et habile.

(1) Comment vous trouvez cet homme?

(2) Comment vous trouvez ces dames?

(3) Comment vous trouvez ces jeunes?

(4) Comment vous trouvez ce personnage énigmatique?

(5) Comment vous trouvez ce fonctionnaire des Eaux et Forêts?

(6) Comment vous trouvez cette fille blonde?

8) s'appliquer à . . .

— Est-ce que ce règlement est convenable pour nous? — Bien sûr, ce règlement s'applique à tout l'Institut.

(1) Cette nouvelle méthode est-elle convenable pour notre département?

(2) Cette solution est-elle convenable pour tous les problèmes que nous rencontrons?

(3) Ces nouvelles théories sont-elles convenables pour l'apprentissage d'une langue étrangère?

(4) Est-ce que cette réflexion est convenable pour la situation que nous avons maintenant?

(5) Est-ce que cette devise est convenable pour ce navire mystérieux?

9) lutter contre . . .

— Comment vous réagissez devant les difficultés? — Je lutte contre ces difficultés.

(1) Devant la mort, comment vous faites?

(2) Comment vous réagissez devant les travers de notre société?

(3) Et devant les mauvaises habitudes?

(4) Et devant les mauvaises traditions?

(5) Et quelle est votre réaction devant les menaces (威胁) d'un gros danger?

(6) Et votre réaction devant une situation extrêmement difficile?

8. Exercices divers:

1) Traduisez en français:

(1) 你们本来应该早些把情况告诉我们的。

(2) 他当时要听了我的话,就不会像今天这样了。

(3) 如果没有他,我们这场篮球赛就不会赢了。

(4) 如果昨天不下雨,我们已经去了长城了。

(5) 他病得越来越厉害了。他该早些去医院的。

2) Mettez les verbes entre parenthèses au conditionnel passé et expliquez l'emploi du mode:

(1) Avec plus d'efforts, nous (faire) de plus grands progrès.

(2) Le sol est mouillé , il (pleuvoir) cette nuit.

(3) Sans votre aide, ils n'y (réussir) pas.

(4) Tout seul, Albert ne (pouvoir) pas rentrer toutes ses vaches.

(5) Vous (devoir) me prévenir plus tôt.

3) Complétez les phrases suivantes en utilisant le conditionnel passé ou le plus-que-parfait de l'indicatif:

(1) Si vous aviez travaillé davantage, ________(réussir).

(2) Si les ouvriers s'étaient bien organisés au cours de la grève, ________ (obtenir de meilleurs résultats).

(3) Si les naufragés n'avaient pas lutté contre la mort toute cette nuit-là, ________(mourir déjà).

(4) On aurait pu réaliser le projet avant terme (期限), si ________(se partager mieux le travail).

(5) Sans votre aide, ________ (trouver cet emploi).

(6) En prenant l'avion, ________(mettre moins de temps).

(7) Sans l'accident, ________(arriver à temps).

4) Dites si le conditionnel exprime la possibilité pure et simple ou la possibilité soumise à une condition exprimée ou non:

(1) A l'entendre, il **aurait construit** cette maison tout seul.

(2) Croyez-vous que je n'**aimerais** pas mieux vous raconter des histoires?

(3) Avec des jumelles (望远镜), il **apercevrait** le clocher.

(4) Une équipe d'alpinistes (登山者) **aurait atteint** un des sommets de l'Himalaya.

(5) L'hôtel **aurait explosé**.

(6) Mes parents décidèrent que nous **passerions** des vacances en Chine.

(7) A votre place, je **ferais** autrement.

(8) Je me souviens fort bien de ce château: j'en **ferais** le croquis (速写).

(9) Avec toutes ces élégances exotiques, on **se croirait** dans une ville des pays arabes.

(10) Il avait son couvert, mais à la condition qu'il ne **parlerait** pas sans avoir obtenu la permission.

5) Remplacez les points par des prépositions suivantes: (avec, à, de, entre, en, sans, dans.)

(1) Il sort tous les jours ________ son chien.

(2) J'avançais ________ prudence.

(3) Ils viendront ________ trois jours.

(4) ________ des amis, ils n'auraient pas réussi.

(5) Ils vont construire une route d'un bout ________ l'autre.

(6) Elle se trouve ________ l'embarras.

(7) Il a dû mourir ________ faim.

(8) Nous pêchons ________ la ligne.

(9) La pièce est ________ cinq actes (幕).

(10) Cela se dit ________ nous.

6) Remplacez les points par "plutôt" ou "plus tôt":

(1) Le patron arriva ________ que d'habitude.

(2) La secrétaire devient ________ blême.

(3) Si vous étiez parti ________, vous n'auriez pas manqué le train.

(4) Sa voix est ________ sourde qu'éclatante (响亮的).

(5) Sortez au ________ de cette salle.

(6) Nous l'attendions deux heures ________.

(7) Ils préfèrent se reposer ________ que de travailler d'arrache-pied.

(8) Ce n'est pas lui, mais ________ elle qui en porte la responsabilité.

(9) Les grands malheurs frappent ________ les faibles.

(10) Elle a l'air triste, ou ________ morne.

7) Remplacez les points par un des verbes d'état: devenir, être, paraître, demeurer, rester, sembler:

(1) A sa vue, il ________ élégant.

(2) Bien qu'on calomnie (诬蔑, 诽谤) ses amis, il ________ un compagnon fidèle.

(3) Mon ami Pierre ________ un haut fonctionnaire.

(4) Il ________ que le général est allé à la campagne cet été.

(5) Nous ________ à Beijing pendant plusieurs années.

(6) Il ________ qu'il fait plus chaud aujourd'hui qu'hier.

8) Complétez les phrases suivantes:

(1) Je partirai même si ________.

(2) Si nous habitions en province, ________.

(3) Nous aurions dressé ce panneau si ________.

(4) Si j'étais Français, ________.

(5) Elle est toujours de bonne humeur même si ________.

(6) J'aurais visité Las Vegas si ________.

EXERCICES ECRITS

1. Complétez les phrases suivantes par *si* ou *sinon* :

1) Partez avant 8 heures, ________ vous serez en retard.

2) Partez avant 8 heures, ________ vous ne voulez pas être en retard.

3) Mets ton manteau, ________ tu attraperas froid.

4) ________ tu ne mets pas ton manteau, tu attraperas froid.

5) Il faut que tu présentes ta carte d'étudiant, ________ on ne te laissera pas entrer dans la bibliothèque de la Sorbonne.

6) On ne te laissera pas entrer dans la bibliothèque de la Sorbonne, ________ tu ne présentes pas ta carte d'étudiant.

2. Une interview:

(Veuillez remplir les trous avec des mots convenables)

Journaliste: Mais comment passez-vous votre mois de vacances alors?

Poulbot: C'est très simple, ________ il ne ________ pas trop chaud, je me promène quelques heures sur les grands boulevards. ________ pleut ou ________ très mauvais, je ________ au cinéma. Bien sûr, ________ très beau, je ________ une ou deux heures à la piscine ou je ________ me promener au jardin des plantes (植物园).

Journaliste: Et en hiver? Vous partez bien de temps en temps à la montagne comme tout le monde?

Poulbot: Pas du tout! ________ mon patron me ________ quelques jours de vacances en hiver, je ________ à la bibliothèque municipale ou à la patinoire (冰场). Evidemment (显然地) ________ une exposition intéressante à Beaubourg (蓬皮杜中心所在地), j'y ________ aussi!

Journaliste: Donc, généralement, ________ on ________ chez vous, on ________ sûr de vous trouver même si vous ________ des vacances!

Poulbot: C'est exact!

Journaliste: Et le soir? vous restez chez vous ou bien vous sortez?

Poulbot: ________ très beau, je ________ le soir mais ________ froid, vous ________ sûr de me trouver chez moi!

Journaliste: ________ froid, vous ________ devant votre cheminée?

Poulbot: Non, ________, je ________ la télévision comme tout le monde! Mais, ________ le programme ________ trop mauvais, je ________ un bon roman. Moi, je ne ________ jamais devant mon téléviseur ________ l'émission n'est pas bonne.

3. Mettez les verbes entre parenthèses au mode et au temps convenables:

1) Prenez de l'aspirine (阿斯匹林), si vous (avoir) mal à la tête.

2) Si vous aviez été là, nous (s'amuser) beaucoup mieux.

3) Si votre réveil (闹钟) s'arrêtait, il (falloir) changer les piles (电池).

4) Si vous (avoir) encore faim, resservez-vous!

5) Si un arc-en-ciel (apparaître), c'est que l'orage est fini.

6) Si le bébé (pleurer), je le prenais dans mes bras.

7) Si j'étais à ta place, je (accepter) cet emploi sans hésiter.

8) Si vous (insister), vous auriez obtenu la communication.

9) Nous serions arrivés à l'heure, si nous ne (se tromper) pas de route.

10) Si tu passes un coup de fil à Simon, tu (savoir) la date de son arrivée à Paris.

4. Mettez les verbes entre parenthèses au mode et au temps convenables:

1) Que (faire) — vous, si vous êtes libre le samedi?

2) Que (faire) — vous, si vous êtes libre samedi prochain?

3) Que (faire) — vous, si vous étiez libre ce soir?

4) Que (fire) — vous, si vous aviez été libre samedi dernier?

5) Que (faire) — vous, si on vous volait vos papiers?

6) Que (faire) — vous, si vous manquez le dernier métro?

7) Que (faire) — vous, si vous n'étiez pas venu en France cette année?

8) Où (aller) — vous, si on vous offrait un voyage?

9) Que (faire) — vous, si vous êtes seul dans une ville inconnue?

10) Que (faire) les étudiants, si le professeur est absent?

11) Que (faire) — vous, si vous obteniez cet emplacement?

12) Que (faire) — vous, si vous n'aviez pas pu entrer à l'université?

5. Version:

Traduisez en chinois le dernier paragraphe du deuxième texte.

6. Traduisez en français:

空间站　最后的杀手锏　从这头儿到另一头儿　棘手问题

对称地摆放桌子　提出反对意见　创新的计划　超豪华住宅

要求某人遵守秩序　上船　复制品　神秘人物　推迟做某事

冗长的讲话　无法解决的问题　萦绕脑际

7. Thème:

1) 如果这个会不是上个星期开的话,我们就能够参加了。

2) 计划已经做好,只需要 10 天的时间,我们就能把一切都准备好。

3) 这些菜做得如此之好以致于我都不知道它们是用什么东西做的。

4) 你们本来应该早些和他们交换一下意见的。

5) 如果票价涨了,就不会有这么多观众了。

6) 我们不应该推迟执行(pratiquer)这项规定。它完全适合我们学校的情况。

7) 他一苏醒过来,便看到几张陌生的面孔。头顶上是电灯,桌上是电话,还有一个方盒子似的东西。五颜六色的小人在里面唱歌跳舞。"我这是到了什么鬼地方呀?"他暗自思忖。但他感到一或者说他觉得一自己是在和一些"文明人"打交道。他好像觉得自己置身于另外一个世界。"他们是谁?""这里到底是什么地方?"各种各样的念头涌上他的心头。就在他胡思乱想的时候,一个仆人已经摆好了桌子。"请",那人对他说。终于,他渐渐镇静下来,"管他是谁呢!先吃饱肚子再说",想到这儿,他便往椅子上一坐,开始狼吞虎咽地吃起来……。

LECTURE

Les progrès de la science

Parmi les sciences qui se sont développées depuis le début du vingtième siècle, certaines jouent un rôle **essentiel**[1] dans toutes les activités de notre vie quotidienne. Il est difficile d'imaginer ce qui **se produirait**[2] sur la terre si on supprimait **tout d'un coup**[3] la moitié des machines qui ont été inventées depuis cinquante ans. Grâce aux applications de la recherche scientifique, **elles**[4] sont devenues capables de réaliser presque tout ce que font les hommes, beaucoup plus rapidement et souvent mieux qu'eux, et parfois de les remplacer.

Les découvertes de la physique et de la chimie ont transformé notre civilisation. L'électricité a complètement changé notre vie. **Quant à**[5] l'électronique, elle **apporte des solutions à**[6] la plupart des problèmes que nous rencontrons dans tous les domaines. **Que**[7] ce soit dans l'industrie ou la médecine, les télécommunications ou l'enseignement, les transports ou le commerce, et même dans la musique, l'électronique a apporté au cerveau humain une aide précieuse pour organiser son travail et ses loisirs.

Questions

1. "essentiel" signifie ici:
   a. important
   b. secondaire
   c. quelconque
2. "se produire" veut dire ici:
   a. être fabriqué
   b. avoir lieu
   c. se fournir
3. "tout d'un coup" signifie:
   a. progressivement
   b. totalement
   c. subitement
4. "elles" remplace ici:
   a. les machines
   b. les applications de la recherche scientifique
   c. toutes les activités de notre vie quotidienne
5. "quant à" signifie:
   a. comme
   b. en ce qui concerne

6. “apporter des solutions à” signifie:

   a. résoudre

   b. transformer

   c. décider

7. “que” introduit ici:

   a. une proposition-sujet

   b. une proposition subordonnée de conséquence

   c. une proposition subordonnée de concession

8. D’après le texte, parmi les sciences qui se sont développées depuis le début du vingtième siècle, laquelle est la plus remarquable?

   a. la chimie

   b. l’électronique

   c. la médecine

Leçon 11

Deux grands hommes dans l'histoire contemporaine

I. Le président au travail

Depuis que la République s'y était installée, l'Elysée avait toujours été calme. L'étonnant est qu'il soit resté, une fois devenu le centre du pouvoir. Ce fait tient tout entier à la personnalité du Général.

Si de Gaulle n'arrivait qu'à neuf heures quarante-cinq dans son cabinet de travail, c'est qu'il avait pris le temps de lire dans son appartement la presse du matin.[1] Il trouvait sur son bureau les dossiers des affaires courantes les plus importantes, les télégrammes diplomatiques (Affaires étrangères et Communauté), une documentation en vue des prochains conseils, des notes sur les visiteurs qu'il aurait à recevoir, des rapports sur les affaires militaires, sur les sujets d'actualité. Il avait une préférence pour les synthèses hebdomadaires qui permettent de prendre un certain recul par rapport à l'événement et d'en dégager l'essentiel. Une fois mis de côté les documents qui nécessitaient une étude plus poussée, de Gaulle communiquait éventuellement et brièvement à qui de droit les observations qu'appelaient les autres.[2]

La matinée du mercredi était consacrée au Conseil des ministres; d'autres voyaient se dérouler des conseils restreints,[3] des entretiens avec le premier ministre, que le chef de l'Etat recevait en tête à tête deux fois par semaine, ou avec des membres du gouvernement, particulièrement le ministre des Affaires étrangères, des Finances et des Armées.

Peu avant treize heures, le Général quittait son bureau pour aller déjeuner et y revenait avant quinze heures. Il parcourait alors la presse de l'après-midi. Puis commençaient les audiences accordées aux personnes de l'extérieur. Le Général avait souhaité les bloquer sur deux après-midi par semaine, pour en réserver trois autres au travail solitaire. Il n'y parvint pas sans peine, étant donné le nombre des visiteurs et la multiplicité de ses obligations. Les remises de lettres de créances (particulièrement nombreuses pendant les premières années à cause de l'accession à l'indépendance des pays africains) grignotaient souvent une partie des après-midi réservés. Néanmoins, quand il s'agissait de composer un discours, de préparer une décision importante, le Général entrait en loge et condamnait sa porte à tout le monde.

Quand il en avait le loisir, de Gaulle retournait un instant dans son appartement vers dix-sept heures pour y prendre une tasse de thé, puis revenait dans son bureau pour s'entretenir à partir de dix-sept heures quarante-cinq avec ses quatre principaux collaborateurs, l'un après l'autre, et signer son courrier. A vingt heures, ayant libéré son aide de camp,[4] il se retrouvait dans son appartement.

. . . Claude DULONG

"La vie quotidienne
à l'Elysée au temps de
Charles de GAULLE"

Une des dernières apparitions de Zhou En-lai en public

Un de mes souvenirs les plus tristes et les plus émouvants, c'était à Beijing, lors de la cérémonie de la fête nationale. On donnait un banquet, le 30 septembre 1974, pour le vingt-cinquième anniversaire. On nous avait laissé entendre que Zhou En-lai, bien que malade, sortirait pout-être de l'hôpital et viendrait au Palais des Congrès.[5] Il vint en effet, et ce devait être l'une de ses dernières apparitions en public. Le repas fut plus court que celui des autres années. Sans doute entendait-on ménager la santé du premier ministre.[6] Les invités sont tous assis depuis dix minutes, lorsqu'un mouvement se produit au fond de la grande salle latérale. La fanfare éclate, et le cortège s'avance lentement, Zhou En-lai en tête. Alors, la salle entière explose dans une frénésie d'applaudissements. Zhou En-lai, comme tous, frappe une paume contre l'autre.

Je vois Zhou En-lai d'assez près. Il est en tunique sombre. C'est presque au début du banquet qu'il s'est levé pour prononcer l'allocution, et celle-ci a été bien courte, cette année. Immédiatement, et avant même que le premier ministre ne parle, les applaudissements reprennent avec intensité. Trois ou quatre fois, il lève sa feuille[7] et s'apprête à parler, puis baisse le bras. Il attend que le silence se fasse. Mais l'ovation continue. Un sentiment profond porte l'immense foule chinoise vers cet homme.

Certes, un homme remarquable, un homme exceptionnel.[8] Le général de Gaulle l'avait invité à faire une visite officielle dans notre pays. Après la fin de la révolution culturelle, et cinq jours avant sa démission, le président de la République tenait toujours à ce projet,[9] et me priait d'en favoriser la réalisation. Je puis donner le témoignage que ce n'est point le désir qui manquait au premier ministre. Il avait conservé un profond souvenir du Paris de ses vingt-deux ans,[10] capitale de la Révolution française et de la Commune. "Vous êtes un peuple qui aime la liberté, me disait-il un jour, quand j'étais en France, j'ai constaté avec plaisir, partout dans les rues, qu'on respecte chez vous l'égalité des races." Et il ajoutait malicieusement: "Mais vous avez encore des progrès à faire: vous êtes loin d'avoir réalisé l'égalité sociale!..."

Non, ce n'est pas le désir de venir en France qui manquait à cet homme.[11] Tout simplement, le général de Gaulle venait de mourir. Les choses n'étaient plus tout à fait comme avant. D'autre part, la charge de l'Etat chinois était lourde à assumer dans une époque critique.

L'héritage est là: la Chine est debout et ne se couchera pas. Son peuple est l'un des plus éveillés de la terre, et ne s'endormira plus. Son socialisme, invention qui n'a pas de modèle, est une incessante recherche.

L'homme qui vient de mourir était un homme complet. Son exemple déborde les frontières de la Chine. Le monde entier, et surtout les gens pauvres et fiers, ne peuvent plus que pleurer cette grande ombre modeste et fraternelle.[12]

Extrait de "**Le patricien en sandales**"
par l'ex-ambassadeur de France en
Chine, M. Etienne Manach.[13]

VOCABULAIRE

l'Elysée *n. f.*	爱丽舍宫(法国总统府)
l'étonnant	奇怪的事情;令人惊讶的事情
tenir à ...	由于,在于,取决于,与……有关系
la personnalité	个性;品格
un cabinet de travail	工作室
un dossier	卷宗;档案材料

courant, e *a*.	日常的
une communauté	团体;共同体
la documentation	收集到的文献、资料
en vue de ... *loc. prép*.	为了……
un conseil	会议
avoir une préférence pour ...	比较喜欢……
une synthèse	综合;概括
un recul	(鉴赏或评价某事物所需的)时空距离
un événement	事件;事变
dégager *v. t*.	得出,引出
nécessiter *v. t*.	需要;使成为必要
une étude poussée	深入的研究
communiquer *v. t*.	传达;告知;交阅,转报
éventuellement *adv*.	可能;或许
brièvement *adv*.	简洁地;简短地
(à) qui de droit	(对)主管(负责)人
une observation	观察;意见;评论
se dérouler *v. pr*.	展开;发生
restreint, e *a*.	有限制的;缩小的
un entretien	会谈;交谈
en tête à tête *loc. adv*.	两人单独地
particulièrement *adv*.	特别,尤其
les finances *n. f. pl*.	财政;国库
parcourir *v. t*.	跑遍;浏览
une audience	接见,召见
accorder *v. t*.	给予
bloquer *v. t*.	封锁;阻塞
solitaire *a*.	单独的;孤独的
parvenir à ...	达到;能够
étant donné *loc. prép*.	由于;鉴于
la multiplicité	多,繁多,大量

une obligation	义务,责任,职责
la remise	交付;送交
une lettre de créances	国书
une accession	获得;加入
une indépendance	独立
grignoter *v.t.*	蚕食;啃;逐渐破坏
néanmoins *adv.*	然而;仍然;可是
composer *v.t.*	组成;写作
un discours	讲话;发言;演说
une loge	包厢;小房间
condamner *v.t.*	判决;禁止;封闭
condamner sa porte à ...	把……关在门外;闭门谢客
s'entretenir *v.pr.*	谈话;交谈
un collaborateur	合作者;共事者
un aide de camp	(军)副官
au temps de ...	在……时代 (temps = 时代;时期;年代)
en public	在公开场合
une apparition	出现;出场,露面
lors de ... *loc. prép.*	在……时候
une cérémonie	仪式;典礼
un banquet	宴会
laisser entendre à qn que ...	向某人示意;向某人表示……
le Palais des Congrès	会议大厦(法国许多城市均有此综合性建筑,作会议、演出之用),此处指北京人民大会堂
un congrès	大会;代表大会
entendre faire qch.	打算、准备、想做某事
se produire *v.pr.*	发生
latéral, e, aux *a.*	旁侧的;侧面的
la fanfare	军乐;铜管乐

un cortège	随行人员;行列
en tête de qch.	在……前头;作为……前导
une frénésie	狂热
un applaudissement	鼓掌;掌声
une paume	掌心;手心
une tunique	制服上装
une allocution	简短演说,讲话
immédiatement *adv*.	立刻;即刻
une intensité	强度;强烈
une ovation	欢呼;喝彩
un sentiment	感情,情感
immense *a*.	广大的;广阔无垠的
certes *adv*.	的确;当然
remarquable *a*.	杰出的;卓越的
exceptionnel, le *a*.	例外的;罕见的
officiel, le *a*.	官方的,政府的;正式的
une démission	辞职
favoriser *v.t*.	帮助,促进,促使成功
une réalisation	实现
un témoignage	见证;证明
conserver *v.t*.	保存;保留
la Révolution française	1789 年法国大革命
la Commune (de Paris)	巴黎公社
la liberté	自由
respecter *v.t*.	尊敬;尊重
l'égalité	平等
une race	种族
malicieusement *adv*.	戏谑地;狡黠地;调皮地
être loin de faire qch.	离做某事尚差得远
une charge	负荷;负担;责任
assumer *v.t*.	承担;担负

critique *a*.	危急的;关键的
un héritage	遗产
éveillé, e *a*.	觉醒的;生气勃勃的
une invention	创举;发明;创造
un modèle	榜样,范例;原型
incessant, e *a*.	不间断的;不停的
complet, ète *a*.	完整的;全面的
déborder *v.t*.	超越
pleurer *v.t*.	哀悼,痛惜
une ombre	影子;亡灵
modeste *a*.	谦逊的
fraternel, le *a*.	兄弟般的,亲如手足的
un patricien	(书)贵族
des sandales *n.f.pl*.	凉鞋;便鞋
un ex-ambassadeur	前大使
Manach	(法国人姓)马纳克

Il n'y a aucun génie qui n'ait été persécuté.
天才出于磨炼。(玉不琢,不成器)。

NOTES

1. Si de Gaulle n'arrivait qu'à neuf heures quarante-cinq dans son cabinet de travail, **c'est qu**'il avait pris le temps de lire dans son appartement **la presse du matin.** 戴高乐之所以在上午九点三刻才到办公室,是因为他用这之前的一段时间在自己的公寓里阅读了早晨出版的报纸。

   1) Si 在这里不是假设,它和 c'est que 连用,用作强调原因。这是一种强调公式,c'est que 等于 c'est parce que。

   如:S'il fait des progrès, **c'est qu'il** est modeste. 他之所以取得进步,是因为他虚心谦逊。

S'il n'est pas venu te voir, **c'est qu**'il n'a pas eu le temps. 他之所以没来看你，是因为他没(有)时间。

2) la presse du matin et la presse de l'après-midi

法国报业和我国的不大相同。有影响的大报一般每天都分上、下午出两次。其它一些报纸有的上午出报，有的下午出报。

2. **Une fois** mis de côté les documents qui nécessitaient une étude plus poussée, de Gaulle communiquait éventuellement et brièvement à qui de droit les observations qu'**appelaient les autres**. 有时，戴高乐把需要进一步研究的文件搁置一边，立即把处理其它文件需要的意见简明扼要地告诉有关主管人员。

1) 该句从句使用的是省略形式。原句应为“une fois que les documents qui ... étaient mis de côté 意为“一……就……”，“一旦……就……”。由于修饰成分较长，使用了主谓颠倒的形式。

2) Les autres 指未被搁置一边的其它文件；appeler 在这里当“需要，要求”讲。

3. La matinée du mercredi était consacrée au Conseil des ministres; **d'autres** voyaient se dérouler des conseils restreints, ... 每星期三上午，他都召开内阁会议；平时，他在上午召开小范围的会议，……

D'autres 在此处是指其它的“上午”而言。后面用倒置结构因为直接宾语主语较谓语要长得多。

4. A vingt heures, **ayant libéré** son aide de camp, il se retrouvait dans son appartement. 晚上八点，他把副官打发走了之后，便回到自己的套间。

Ayant libéré 这种结构称为“le participe passé composé”(复合过去分词)：由助动词的现在分词加上变位动词的过去分

词构成。其功能是用来表达先于主句动作之前已完成的动作。

5. On nous **avait laissé entendre** que Zhou En- lai, **bien que malade**, sortirait peut-être de l'hôpital et viendrait au **Palais des congrès**. 人们曾向我们透露,尽管周恩来有病,但他可能会从医院来大会堂。

1) laisser entendre à qn 相当于 faire entendre à qn 或 donner à entendre à qn, 意为"示意,表示"。

2) 由 bien que 引导的让步从句,往往可省略主语和系词。

如:"**Bien que grièvement blessé**, il s'est élancé sur l'ennemi". 全文应为:"Bien qu'il fût grièvement blessé, il . . ."

3) le Palais des Congrès:会议大厦

巴黎马伊奥门(La Porte Maillot)附近有一座规模宏伟的大厦,称作 Le Palais des Congrès。内有一所大会堂,数千个房间,以及商场,餐厅等。作者借此喻北京的人民大会堂。人民大会堂的正式法文译法应是:Le Palais de l'Assemblée populaire nationale.

6. Sans doute **entendait-**on ménager la santé du premier ministre. 大概人们想照顾总理的健康吧。

此处 entendre 意为"打算,想"。例如:

Il **entend** partir bientôt. 他打算马上动身。

7. Trois ou quatre fois, il lève sa **feuille** et s'apprête à parler, puis baisse le bras. 有几次,他都拿起了讲稿准备讲话,然后又垂下了手臂。Feuille 除去当树叶讲外,亦指"纸片,单据,报纸"等讲。此处指周总理手中的讲话稿。

8. Certes, un homme remarquable, un homme exceptionnel. 的确,他是一位杰出的人物,一位非凡的人物。

这是一个省略句,全文应为:Certes, c'est un homme. . .

9. ... le président de la République **tenait** toujours à ce projet, et me priait d'en favoriser la réalisation. ……共和国总统一直坚持这项计划,并请我促成这一计划的实现。

在本课两篇课文中都出现了 tenir à 这个短语。但两者的用法不同。请看:

1) tenir à ... 主语经常是指示代词或无人称词,意为"由于,在于,取决于,与……有关系":

Cela **tient à** plusieurs raisons. 这有多种原因。

Il ne **tient** qu'à vous que cela se fasse. 这个做不做全看你了。

2) 主语为人时, tenir à 通常表示"坚持要,一心想要……":

Nous **tenons à** vous exprimer notre plus profonde gratitude. 我们谨向您表示最深切的谢意。

Il ne **tient** pas à ce que je vienne. 他并不希望我来。

综上所述, tenir à 这一词组,其语意的确定要根据主语,以及上下文做出判断。

10. Il avait conservé un profond souvenir **du Paris de ses vingt-deux ans**, capitale de la Révolution française et de la Commune. 他对二十二岁时曾生活过的,既是法国大革命的首都又是巴黎公社的首都的巴黎留有深刻的记忆。

指周恩来赴法勤工俭学的岁月,当时他 22 岁。

11. Non, ce n'est pas le désir de venir en France qui **manquait** à cet homme. 不,这位人物并不是不想来法国访问。这里的 manquer 是对假设做否定,亦可译为"是的"。Qch manque à qn:意为"某人缺少什么"。

12. Le monde entier, et surtout les gens pauvres et fiers, **ne** peuvent **plus que pleurer** cette grande ombre modeste et fraternelle. 整个世界,尤其是那些贫困而又自尊的人们,只能为这个谦逊而亲切的伟大灵魂痛哭。

1）ne ... plus que 相当于 ne ... que，但含有较强的强调意义。

2）pleurer 作及物动词时，意为“哀悼，痛惜”。

13．“Le patricien en sandales”《穿布鞋的贵人》，喻周恩来，是作者的回忆录“Une terre traversée de puissances invisibles”（《由看不见的强大力量左右的土地》）中的一节。

本文摘自法国前驻华大使艾蒂安·马纳克所著“穿布鞋的贵人”一书，该文原载1976年1月10法国“世界报”。

GRAMMAIRE

Bilan du subjonctif（虚拟式小结）

我们把前几课介绍过的有关虚拟式的知识归纳一下，使之条理化，便于了解记忆。

1．Le subjonctif employé dans les propositions complétives（虚拟式用于补语从句）：

虚拟式经常用于以连词 que 引导的补语从句中（宾语，实质主语，形容词补语，名词补语等）。

1）主句谓语如表示感情，包括喜、怒、哀、乐、惊奇、遗憾、恐惧时，从句谓语应使用虚拟式，较常见的有：

avoir peur 害怕	être content 高兴
être satisfait 满意	craindre 害怕
être heureux 幸运	être triste 悲伤
regretter 遗憾	être mécontent 不满
c'est un bonheur 幸运	

Ex：Vous êtes content que votre femme **soit** concierge?

Je regrette que nous ne **puissions** pas vous accompagner.

C'est un bonheur qu'il **ait été reçu** par de Gaulle.

注意：avoir peur, craindre 等表示害怕的词语如果用肯定式，其补语从句的谓语之前一般要加赘词“ne”，(ne = explétif) 请看例句：

Je crains qu'il **ne parte**. 我怕他会走。

Il a peur que nous **ne** le **sachions**. 他怕我们会知道这事。

但如果主句为肯定疑问句或否定句，从句谓语不加赘词“ne”。

2) 主句谓语表示祈使，则从句动词使用虚拟式。例如：

je veux que ...	je désire que ...
j'aime que ...	il faut que ...
je souhaite que ...	il est nécessaire que ...

Ex: Je veux que tu m'y **accompagnes**.

Il faut que vous y **pensiez**!

3) 主句谓语如果表示犹豫、怀疑、不知等情况时，补语从句中的谓语一般也用虚拟式。例如：

Je doute qu'il s'y **soit** installé.

Il est possible qu'elle **reçoive** deux fois par semaine le ministre des Finances.

Il ne se peut pas qu'il **soit revenu** avant quinze heures.

Il semble qu'elles **aient accordé** les audiences à leurs subalternes.

4) 主句谓语是表示陈述的动词或词组，但用于否定句、疑问句或条件句时，以 que 引导的补语从句中的谓语可使用虚拟式：

Veut-il que nous **l'appelions** le politicard (政客)?

Je ne pense pas qu'il y **parvienne** sans peine.

Si vous croyez que cela **puisse** grignoter une partie de ses après-midi réservés au travail solitaire, vous vous trompez!

注意：同是上述结构，但如果讲话者主观上认为所谈为实际情况，则补语从句谓语仍用直陈式。例如：

Savez-vous que Pierre a acheté un Renault 25? 你知不知道皮埃尔买了一辆雷诺 25 型轿车？

在上述结构中，用或不用虚拟语态，其尺度完全由讲话者自己掌握，应采取谨慎态度。

5）个别动词根据其意义或语法上的要求，其从句谓语可使用虚拟式或不使用虚拟式，如：

Je lui dis qu'il **soit** prudent.（un conseil）我告诉他要谨慎。

Il m'écrit que je **doive** libérer mon secrétaire avant ma démission.（un conseil）他写信建议我在辞职前先将秘书辞退。

Je te dis qu'il **est** prudent.（un fait）我和你讲他是谨慎的。

2. Le subjonctif employé dans les propositions circonstancielles（虚拟式用于状语从句）：

状语从句中虚拟式的使用取决于引导从句的连词或连词短语。要求在状语从句中使用虚拟式的连词和短语，举例如下：

时间从句：avant que（ne）... 在……之前
en attendant que ... 直到……
jusqu'à ce que ... 直到……

目的从句：pour que ... 为了……
de façon que ... 以便……
afin que ... 为了……
de sorte que ... 以便……

否定从句：sans que ... 而不……；无需……

条件从句：à（la）condition que ... 假如……
à moins que（ne）... 除非……
pourvu que ... 只要……

让步从句：bien que . . . 虽然……

quoique . . . 虽然……

Ex：Et **avant même que** le premier ministre **ne parle,** les applaudissements reprennent avec intensité. 甚至总理还没有开口，掌声就再一次热烈地爆发了。

Jacqueline reste dans le jardin d'enfants **jusqu'à** ce que sa mère **vienne** la prendre. 雅克琳娜呆在幼儿园，一直到她妈妈来接她。

Il se promène sur la place**, en attendant que** son ami **quitte** le bureau. 他在广场上散步，一直到他朋友离开办公室。

Faites fermer les volets et les rideaux **pour que** la lumière ne vous **gêne** pas. 请吩咐把窗板和窗帘都关上，别让光线刺激你。

Il s'avance **de façon que** les autres **puissent** mieux le voir. 他走上前，让别人能更好地看到他。

Je vous prêterai volontiers ce roman **à（la）condition** que vous me le **rendiez** avant trois jours. 我很愿把这部小说借给你，不过你得在三天内还我。

Je te le dirai **pourvu que** tu ne le **répètes** à personne. 只要你不和别人讲，我就把这事儿告诉你。

Il commence son discours **sans que** le silence **se fasse** dans la grande salle.

Bien que de Gaulle l'**eût invité** à faire une visite officielle en France, il n'avait pas réalisé son désir, tant la charge de l'Etat était lourde à assumer dans une époque critique.

注意：

1）以avant que, pour que, afin que, sans que 等引导的从句主语如果和主句主语相同，一般应改用以 avant de, pour, afin de, sans 等短语引导的不定式结构。

试比较：

Il s'avance **pour qu**'on **puisse** le voir.

Il s'avance **pour** mieux **voir** les autres.

在主从句主语相同的情况下，可以用 de façon que, de sorte que, à (la) condition que 等引导从句，也可以改用 de façon à, de sorte à, à condition de。

试比较：

Il travaille **de façon** qu'il **puisse** vivre correctement.

Il se plaça **de façon** à être vu.

2) De façon que, de sorte que 还引导后果从句，从句中用直陈式，表示是事实，而不是希望达到目的。

例如：Il parlait haut **de sorte que** tout le monde **entendait.**

3) 以 à (la) condition 引导的从句中，也可用直陈式将来时。

3. Le subjonctif employé dans les propositions relatives (虚拟式用于关系从句)：

1) 主句如果要表达某种愿望和目的，或表示可能或希望实现的某种意愿，则从句谓语用虚拟式：

Je cherche une chambre qui **soit** bien claire et pas chère. 我要找间光线又好又不太贵的房间。

Donnez-moi un livre que je **puisse** lire sans peine. 请给我本能(让我)不费劲读的书。

Passez-lui une pilule qui **puisse** calmer sa douleur.
给他一片能止住他疼痛的药片。

Indiquez-lui un chemin qui **conduise** à ce village. 请给她指条能到这村子的路。

Pouvez-vous m'indiquer une librairie où l'on **vende** des livres en langues étrangères? 您能给我指明一家卖外文书籍的书店吗?

试比较：

Je vous indiquerai une librairie où l'on **vend** des livres en langues étrangères.

Je ne connais pas le chemin qui **conduit** à ce village.

2）主句表示愿望、否定或怀疑，而从句的先行词又是泛指代词 personne, quelqu'un, quelque chose, rien 等，或是带不定冠词的名词(如 un homme) 时，从句谓语使用虚拟式：

Cette agence cherche **quelqu'un** qui **connaisse** l'arabe.
该办事处要找个懂阿拉伯语的人。

Il y a bien **quelque chose** que vous lui **souhaitiez**? 您对他总会有点什么希望吧？

Je ne trouve **rien** parmi ces notes qui **puisse** m'intéresser.

Y a-t-il **quelqu'un** ici qui **ait connu** cette époque critique?

3）先行词如果带有最高级形容词，或是 le premier, le seul, le dernier, l'unique 等词，表示个人主观看法，关系从句谓语要使用虚拟式：

Cette nouvelle est **la pire** que **j'aie** jamais **entendue.**
这是我听到过的最坏的消息。

2.50 m, c'est la hauteur **la plus** élevée que l'homme **puisse** sauter. 2 米 50，这是人能跳过的最高高度。

Jean Bastier est **le seul** à qui j'**ose** taquiner. 让·巴斯蒂埃是唯一我能与之开玩笑的人。

4. Le subjonctif employé dans les subordonnées introduites par "qui, que, quoi que, quel que..."
(虚拟式用于以 qui que, quoi que, quel que 引导的从句中)：
以下列各短语引导的让步从句中，谓语用虚拟式：

qui que ... 不论……是什么人
quoi que ... 不论……什么

quel que ... 不论……是什么样的：

代词 que 事实上用来引导关系从句，que 在从句中一般作表语，在 quoi que 引导的从句中也可以作直接宾语。

Qui que vous soyez, n'oubliez pas de remplir cette formule. 不论你是谁，都别忘了填这张表。

Je n'y ai trouvé **qui que** ce **soit**. 我在那谁也没找到。

Quoi qu'il dise, il n'**arrive** pas à me convaincre. 不管他讲什么，他都没能说服我。

Quels que soient les dangers, nous devons continuer notre travail. 不管有什么危险，我们都应该继续干下去。

Quelles qu'elles **soient,** elles ne doivent pas s'en mêler. 不管她们是谁，都不应该参与这件事。

5. Le subjonctif employé dans les propositions indépendantes (虚拟式用于独立句)：

虚拟式也可以用在独立句中：

1) 用在以 que 引导的句子中，表示对第三人称的命令：

Qu'il **sorte**! 让他出去！

Qu'il ne leur **mette** pas des bâtons dans les roues! 叫他别碍他们的事！

Que ton frère **parte** tout de suite! 叫你弟弟赶快走吧！

2) 用在以 que 或 pourvu que 引导的句子中，表示愿望或祈祷：

Que la fin **vienne,** même si elle est dure. 结局即使严酷，也希望它早一点到来吧！

Qu'elle **guérisse** vite! 愿她早日痊愈！

Pourvu qu'il ne lui **arrive** rien! 但愿他平安无事！

有时que 可以省略，用主谓语倒装结构：

Vive la République populaire de Chine! 中华人民共和国万岁！

Puisse-t-elle guérir vite! 愿她早日痊愈!

UN PEU DE CIVILISATION FRANÇAISE

法国总统与总统府

1962年10月,法国通过公民投票,再次修改宪法,总统由间接选举改为全民直接选举产生。总统任期7年,连选连任。因此总统的权力和地位得到加强。

总统选举由宪法委员会(le Conseil constitutionnel)监督执行。宪法委员会负责审查候选人资格,并公布候选人名单和选举结果。

总统以有效票的绝对多数当选。如果第一轮投票中无人获得绝对多数,则在紧接着的第二个星期天对其中得票最多的两人进行第二轮投票决定。

宪法赋予总统极大的权力,主要表现在以下几点:

1. 任免总理(nommer le premier ministre),并根据总理的提议任免政府其他成员。另外,还有权任命各类高级官员。
2. 签署和颁布议会通过的法律(promulguer et signer les lois),并有权要求议会对法律或其中某些条款重新审议。
3. 主持部长会议(présider le conseil des ministres),主持讨论和决定政府的各项重要方针政策。
4. 总统是三军的统帅(Chef des Armées),主持最高国防会议和国防委员会,有权决定动用法国战略核力量。
5. 派遣驻外大使和特使。
6. 有权代表国家同外国谈判,并批准同外国签订的条约(négocier et ratifier les traités)。

此外,当总统和立法机关发生冲突时,总统有权在与总理和议会两院议长磋商后,解散国民议会(dissoudre l'Assemblée nationale)。在一些重要法律的制定和修改中,总统有权绕过议会,直接将草案提交公民投票表决（référendum）。此外，总统还有赦免权（droit de grâce）和在紧急状态时的非常权力（pouvoirs exceptionnels）。

自1958年第五共和国成立以来，先后担任过法国总统的有夏尔·戴高乐（Charles de Gaulle, 1958年～1968年），乔治·蓬皮杜（Georges Pompidou, 1969年～1974年），吉斯卡尔·德斯坦（Valéry Giscard d'Estaing, 1974～1981年），弗朗索瓦·密特朗（François Mittérand, 1981～1995年）。现任总统是雅克·希拉克（Jacques Chirac）。

总统府设在巴黎爱丽舍宫（Palais de l'Elysée），是法国政府决策中心。它规定、指导和监督政府各部门的活动，被人们称为"真正的隐蔽政府"。在里面工作的高级官员和高级谋士在政治生活中发挥着巨大作用，被称为"真正的超级部长"。

总统府一般设有总秘书长（Sécrétariat général），特别军事参谋部（Etat-major particulier），总统府办公厅（cabinet）等机构，总统还拥有相当数量的助手（collaborateur），协助总统决定重大的国际、国内问题。

EXERCICES ORAUX

1. Questionnaire:

(texte 1)

1) Que veut dire le président "au travail"?

2) Grâce à qui l'Elysée est-elle toujours tranquille?

3) Pour quelle raison le général de Gaulle n'arrivait-il dans son bureau qu'à dix heures moins le quart?

4) Quel est son travail matinal?

5) D'après vous, en général, en combien de temps le général prend-il son déjeuner?

6) Comment sont réparties (分布) les matinées de travail du général?

7) Que fait de Gaulle quand il va prendre une décision importante?
8) Quand prend-il son thé de l'après-midi?
9) A quelle heure repose-t-il chaque soir?
10) Après avoir lu ce texte, pourriez-vous raconter un peu les habitudes du général de Gaulle?

(texte 2)
1) Quand a eu lieu la dernière apparition de Zhou En-lai
2) A quelle occasion l'auteur a-t-il pu voir Zhou?
3) Qu'est-ce qu'on leur avait laissé entendre avant ce banquet?
4) Pourquoi le repas de cette fois-ci fut plus court que les années précédentes?
5) Pourrais-tu décrire la scène quand Zhou En-lai sortait?
6) Comment était-il habillé?
7) Pour quelles raisons Zhou En-lai devait lever et baisser plusieurs fois son bras?
8) Est-ce que monsieur Zhou est allé en France après la Libération de la Chine en 1949?
9) Pour quelles raisons?
10) Qui l'a invité à visiter la France?
11) Est-ce que le désir d'aller en France manquait à Zhou En-lai?
12) Que veut dire "l'égalité sociale"?
13) Comment vous trouvez Zhou En-lai?
14) Pourriez-vous nous dire quelles sont vos impressions (印象) sur ces deux personnages précités?

2. Choisissez la bonne réponse:
1) une personnalité veut dire:
a) une personne; b) un homme;
c) un caractère; d) un ordre.
2) "prendre un certain recul par rapport à l'événement", signifie:
a) reculer de quelques pas; b) laisser passer un certain temps;

c) laisser tomber cela; d) dépasser.

3) une lettre de créances est remise en général par

a) un chef d'Etat; b) un représentant;

c) un député; d) un ambassadeur.

4) "Quand il en avait le loisir, ...", en, ici, remplace:

a) lire un journal; b) prendre un repos;

c) prendre un thé; d) aller dans son appartement.

5) le synonyme (同义词) du mot "frénésie" est:

a) folie; b) joie;

c) bonheur; d) contentement.

6) une époque critique veut dire:

a) une époque dangeureuse; b) une époque difficile;

c) une époque-clé; d) une époque bonne.

3. Retrouvez dans le deuxième texte tous les emplois du "présent historique":

1) Vous expliquez pourquoi on utilise ces présents historiques;

2) Vous essayez de rétablir le texte aux temps passés: (Attention au mode et au temps! Et attention aux accords possibles!)

4. Exercices sur des mots et expressions:

1) en vue de ...

Qu'est-ce qu'il lui faut faire pour cet examen? Il faut qu'il travaille beaucoup en vue de cet examen.

(1) Que nous faut-il faire pour ce contrôle?

(2) Qu'est-ce qu'il leur faut faire pour le prochain conseil?

(3) Qu'est-ce qu'il vous faut faire pour ce banquet?

(4) Qu'est-ce qu'il lui faut faire pour cette exposition?

(5) Qu'est-ce qu'il te faut faire pour cette étude?

2) avoir une préférence pour ...

Est-ce qu'il préfère cette table à ce bureau?

Non, je ne crois pas qu'il ait une préférence pour cette table.

(1) Est-ce qu'elle préfère la télé au film?

(2) Est-ce que Paul et Valéry préfèrent la pêche à la promenade?

(3) Est-ce que vos frères préfèrent le chocolat au crème?

(4) Est-ce que les filles de votre classe préfèrent le français à l'anglais?

(5) Est-ce que vos camarades préfèrent le riz au pain?

3) nécessiter

Je crois qu'on peut mettre cette question de côté, c'est assez clair.

Non, je ne le crois pas. Cette question nécessite une étude plus poussée.

(1) Je crois qu'on peut le laisser tomber, c'est assez.

(2) Je pense que ça suffit pour cette leçon.

(3) Croyez-vous que ce dossier nous suffise?

(4) Ne pensez-vous pas que ces problèmes aient été assez discutés?

(5) Il me semble que cette documentation est assez riche.

4) étant donné ...

situation difficile / laisser tomber

Etant donné la situation difficile, nous sommes obligés de les laisser tomber.

(1) bombardements aériens / s'installer à la campagne

(2) la pluralité (众多) des questions / organiser une discussion

(3) la multiplicité des difficultés / demander aide aux experts

(4) des moyens restreints / ne plus pouvoir continuer

(5) des observations négatives / revoir tout le projet

(6) de vives critiques de l'opposition / prendre sa démission

5) laisser entendre à qn. que ...

Tu sais que Wang est parti pour la France? Oui, il m'a laissé entendre il y a quelques semaines qu'il allait partir pour la France.

(1) Tu sais que Paul ne vient plus?

(2) Savez-vous que le ministre du Commerce est démissionné (辞职)?

(3) Est-ce que tu sais que le président est malade?

(4) Sais-tu que les filles vont partir pour Guang Dong cet été?

(5) Est-ce que vous savez que la Chine a ouvert son marché aéronautique (航空市场)?

(6) Est-ce que les paysans savent qu'on va creuser un canal pour eux?

6) s'apprêter à ...

J'ai entendu dire que tu vas partir? Oui, c'est vrai. Je m'apprête à partir. (ou: Oui, je m'apprête au départ.)

(1) J'ai entendu dire que Catherine va répondre à cette lettre?

(2) Nous avons entendu dire que notre département va bientôt reprendre des recherches dans ce domaine?

(3) Est-ce vrai que les ouvriers vont immédiatement aux champs de travail?

(4) J'ai entendu dire que le premier ministre va démissionner (辞职)?

(5) Est-il vrai que les filles de votre classe vont passer leurs vacances à Tokyo?

7) tenir à ...

Est-ce qu'il insiste qu'on lui rende ce dictionnaire? Oui, il tient à ce qu'on le lui rende.

(1) Nous insistons qu'on nous fasse la paix!

(2) Les grévistes (罢工者) insistent que les patrons augmentent leur

salaire.

(3) Les Anglais insistent que la France leur paie cette catastrophe.

(4) Les manifestants insistent que le préfet se démissionne.

(5) Le visiteur insiste que ce soit un souvenir à la fois triste et émouvant.

(6) Le premier ministre Zhou En-lai avait insisté que les cadres servent bien le peuple.

8) être loin de faire qch.

Est-ce que vous êtes capable de réparer cette machine? Non, je suis encore loin de l'être.

(1) Est-ce que vous pouvez bien chanter cette belle chanson française?

(2) Il me semble que Pascal est capable de dégager cela.

(3) Pourriez-vous bien vous prononcer en français?

(4) Est-ce que les pauvres gens peuvent bien payer cette jolie petite voiture?

(5) Mais vous êtes un modèle complet!

5. Exercices sur le subjonctif:

1) Mettez les infinitifs au temps et au mode convenables:

(1) Il faut que tout le monde (arriver) à temps.

(2) Il est possible que le maire de la commune (venir) lundi prochain.

(3) Il est impossible que vous (pouvoir) le terminer en un seul jour.

(4) Le propriétaire veut que les Dupont (s'en aller).

(5) Je souhaite que votre solution (être) heureuse.

(6) Il doute que le maire (prendre) aussi la parole.

(7) Il était nécessaire que les ministres concernés (organiser) une réunion ultra-secrète.

(8) Il me faut des documents appropriés pour que je (prendre) la décision.

(9) Je vous prie de parler plus haut pour que nous (pouvoir) vous enten-

dre.

(10) Quoiqu'il (avoir) une bonne note, il n'est pas satisfait.

(11) Le juge ordonne (命令) que les grévistes (reprendre) leur travail avant la fin du mois.

(12) Après avoir réfléchi, ils estiment qu'il (être) important que chacun (connaître) la situation.

2) Complétez les phrases suivantes selon le modèle donné:

Je regrette de ne pas avoir suivi tes conseils.
Oui, il est regrettable que tu n'aies pas suivi mes conseils.

(1) Alain est bien étonné d'avoir obtenu son permis de conduire du premier coup.

Oui, il est bien étonnant que ________.

(2) Les Parisiens souhaitent avoir plus d'espaces verts.

Oui, il serait souhaitable que ________.

(3) Je trouve normal d'écrire une lettre de remerciement quand on a été invité chez quelqu'un.

Oui, il est normal que ________.

(4) Nous sommes surpris d'avoir trouvé si facilement une chambre d'hôtel à Cannes en plein mois d'août.

Oui, il est surprenant que ________.

(5) Lucile est très ennuyée d'avoir perdu sa carte d'identité.

Oui, il est très ennuyeux que ________.

3) Complétez les phrases suivantes:

(1) Quand j'étais enfant, j'avais souvent peur que ________.

(2) Tu es très enrhumée, il vaut mieux que ________.

(3) D'après la radio, le maire pense que ________.

(4) Mes grands-parents, qui sont très traditionalistes (传统主义的), sont souvent choqués que ________.

(5) Les trains sont généralement à l'heure, mais il arrive parfois que ________.

(6) J'ai payé très cher la réparation de mon magnétoscope:
j'espère maintenant que ________.

(7) Il pleut beaucoup; j'attends que ________.

(8) A ton âge, il est important que ________ et que ________.

(9) Il me semble que ________.

(10) Ma voiture démarre mal (起动不好); il faudrait que ________.

4) Faites des phrases complètes à partir des mots ci-dessous. Ne changez pas l'ordre des mots et faites les transformations nécessaires:

(1) Bien que, je, connaître le russe, je, ne pas, comprendre, cet article.

(2) Pour que, vous, pouvoir être à l'heure, il, falloir, prendre un taxi.

(3) Avant que, vous, partir en vacances, il, falloir, vous, vous renseigner à l'agence de tourisme.

(4) Aller, au laboratoire, jusqu'à ce que, votre prononciation, être, bon.

(5) Il, valoir mieux, vous, rester ici, à moins que, vous, être pressé.

5) Transformez les phrases suivantes en employant "pour que, avant que, bien que, quoique, à condition que, sans que, jusqu'à ce que, pourvu que," etc:

(1) Son père est très âgé, mais il fait encore du vélo.

(2) Parlez-lui toujours en français, comme ça, il apprendra plus vite.

(3) Antoinette reste dans la bibliothèque jusqu'au moment où son frère vient la chercher.

(4) Monique est malade, mais elle n'a pas arrêté de traviller.

(5) Allons sur le quai pendant que le train n'est pas encore entré en gare.

(6) Parlez plus fort, nous ne vous entendons pas bien.

(7) Malgré la pluie, les ouvriers travaillent sur le chantier.

(8) Je vous montrerai la lettre, mais une condition: ne me posez aucune question.

(9) "Viens regarder la télévision, mon petit; une seule condition: sois

sage. ”

(10) Il ne se passe pas une journée où il n'y ait pas d'accident d'auto (车祸).

6) Refaites les phrases suivantes en utilisant le subjonctif dans la proposition relative:

Ex: C'est une voiture très rapide.

C'est la voiture la plus rapide que j'aie jamais conduite.

(1) Cette lettre est très longue.

(2) C'est une autoroute bien entretenue.

(3) C'est un très bon roman.

(4) C'est un livre très intéressant.

(5) C'est une propriété très ancienne.

(6) C'était un long voyage.

(7) Ce vin est bon.

(8) Quelle jolie robe!

7) Expliquez le changement de mode dans les phrases suivantes:

(1) Il arriva que je **me sentis** malade.

(2) Il arrive qu'on **se sente** malade en haute montagne.

(3) Il me semble qu'il **a gagné**.

(4) Il ne me semble pas qu'il **ait gagné**.

(5) Je crois qu'il **connaît** le chemin.

(6) Crois-tu qu'il **connaisse** le chemin?

(7) Je veux une grande fenêtre de sorte que le soleil **puisse** inonder (充满) ma chambre.

(8) J'ai une grande fenêtre de sorte que le soleil **peut** inonder ma chambre.

(9) Je dis qu'il **vient**.

(10) Je lui dis qu'il **vienne**.

(11) J'envoie une lettre qui **pourra** l'atteindre.

(12) J'envoie une lettre qui **puisse** l'atteindre.

(13) Tout marche de façon que je **suis** bien heureux.

(14) Il faut que tout marche de façon que je **sois** bien heureux.

8) Remplacez les blans par des mots convenables

Nous sommes un laboratoire de produits pharmaceutiques (制药的). Nous recherchons un visiteur médical. Il ________ il ________ prêt à travailler dès le premier juin. Nous souhaitons ________ notre futur collaborateur ________ de bonnes connaissances en chimie (化学) et en biologie (生物学). Pour choisir cet emploi, il ________ aimer les relations avec la clientèle (顾客). Il faudra également ________ le candidat (候选人) ________ se déplacer en province plusieurs fois par mois.

6. Exercices divers:

1) Mettez au féminin les adjectifs suivants:

officiel, sourd, exceptionnel, complet, fraternel, épais, sec, hôtelier, aucun, précis, actif, lumineux, certain, restreint, éventuel, bref, particulier, solitaire, contemporain, immense, malicieux, critique.

2) Donnez le nom correspondant à chacun des verbes suivants et employez ce nom dans une phrase:

apparaître, applaudir, réaliser, charger, inventer, mourir, exploser, ménager, assister, démissionner, témoigner, composer, observer, préférer.

3) Relevez dans le texte tous les mots et expressions relatifs à l'"**ovation**":

4) Trouvez le contraire des adjectifs suivants:

complet —	atttentif—
régulier —	réfléchi—
réalisable —	trouvable —
responsable —	résistible —
respectueux —	remplaçable —
égale —	dépendant —

5) Trouvez les noms en -ée à partir des noms suivants:

jour soir an matin bouche pelle

6) Précisez les différents sens du mot "affaire" dans les phrases suivantes:

(1) Occupez-vous de vos **affaires**!

(2) Ce n'est pas une petite **affaire**.

(3) Souvent les gens qui sont dans les **affaires** ont une boîte postale.

(4) Les agriculteurs reconnaissent avoir réalisé pas mal de "**bonnes affaires**" en vendant ainsi leurs produits.

7) Traduisez les phrases suivantes et trouvez les sens de "modeste":

(1) Il habite une **modeste** maison à la campagne.

(2) Une **modeste** bergerie, achetée 35 000 francs il y a dix ans, se revend 350 000 francs après restauration (修复;整修).

(3) Ce n'est pas un homme **modeste**, il est plutôt orgueilleux.

(4) Le monde entier pleure cette ombre **modeste**.

8) Organisez une discussion sur les mérites d'un grand homme, en utilisant les mots, expressions, et phrases ci-dessous:

un homme remarquable, exceptionnel, une incessante recherche, la charge de l'Etat lourde à assumer, un homme complet, une époque critique, son exemple déborder les frontières de la Chine, l'héritage, modeste, fraternel.

9) Transformez les phrases suivantes, selon le modèle:

Ex.: Prends un cachet d'aspirine!

(vouloir) Je voudrais que tu prennes un cachet d'aspirine.

(1) Viens déjeuner avec nous, demain!

(souhaiter) ...

(2) Sois plus poli avec les grandes personnes!

(désirer) ...

(3) Pourvu qu'il puisse faire son stage!

(aimer) ...

(4) Faites un effort!

(vouloir) ...

(5) Si tu pouvais faire ce voyage en Inde!

(souhaiter) ...

(6) Ne fais pas tant de bruit!

(aimer) . . .

(7) Répondez à mes questions!

(désirer) . . .

10) Transformez les phrases suivantes:

Ex.: Ecris à ton frère!

Il faut que tu écrives à ton frère.

(1) Parlez-lui de votre problème!

. . .

(2) Cherchez un emploi mieux rémunéré!

. . .

(3) Prenez des vacances, vous êtes trop fatiguée!

. . .

(4) Arrose les plantes après le coucher du soleil!

. . .

(5) Prenez une veste, il fait frais ce soir!

. . .

(6) Téléphonons à notre cousine pour lui annoncer la bonne nouvelle!

. . .

(7) Rendez-lui ce livre, il le réclame depuis longtemps!

. . .

(8) Entraîne-toi sérieusement, si tu veux battre Gérard au tennis!

. . .

(9) Arrêtez de fumer; cela me donne mal à la tête!

. . .

(10) Allez acheter du vin dans cette coopérative; il est très bon.

. . .

EXERCICES ECRITS

1. Remplacez les blancs par une préposition ou un article contracté, ou supprimez-

les:

1) On donnait un banquet ________ la fête nationale.

2) Ce fut l'une de ses dernières apparitions ________ public.

3) L'assistance entière explose ________ une frénésie d'applaudissements.

4) Je le vois ________ assez près.

5) Il lève son papier et s'apprête ________ parler.

6) Ce jour-là, il était ________ tunique sombre.

7) Un sentiment profond porte la foule ________ cet homme.

8) Bien que malade, il tient toujours ________ ce projet.

9) ________ nous, on respecte l'égalité sociale.

10) La charge de l'Etat était lourde ________ assumer.

11) C'était une pièce ________ confort, trop chaude ________ été, humide ________ automne, froide ________ hiver.

12) Les instruments, ________ être précis, doivent échapper ________ les changements de température.

13) ________ ce soir de juillet 1898, ils regagnent leur appartement.

14) Pierre serre sa femme ________ son épaule.

15) On entendait ________ ménager sa santé.

2. Exercices à trou:

Notre station Radio-Verte recherche un annonceur (播音员). Nous ________ qu'il ________ cultivé et dynamique. Il vaut mieux ________ sa voix ________ chaleureuse (热情的) et charmeuse (有魅力的). Il faut, bien entendu, ________ son élocution ________ parfaite. Ce travail conviendra à un jeune homme qui ________ animer, informer ________ et distraire ________ les jeunes.

3. Complétez les phrases suivantes:

1) Arrête-toi à la poste pour ________.

2) Cécile doit finir sa dissertation (写作) et elle s'est enfermée dans sa chambre pour que ________.

3) ________ de peur d'être en retard.

4) L'enfant cache ses jouets de peur que ________.

5) ________ pour avoir des places au Théâtre.

6) Je passe généralement par le jardin du Luxembourg pour ________.

7) J'ai fait venir l'électricien pour que ________.

8) A Paris, certains magasins restent ouverts le soir jusqu'à 22 heures pour que ________.

9) ________ afin d'informer les étudiants sur l'organisation des cours.

10) On a coupé l'électricité pendant les travaux de crainte que ________.

4. Mettez les verbes entre parenthèses au mode et au temps convenables:

1) Je crois qu'elle (avoir) raison.

2) Je croyais qu'elle (avoir) raison.

3) Je pense qu'il (être) un peu tard pour téléphoner à ta grand-mère.

4) Je pensais qu'il (être) un peu tard pour téléphoner à ta grand-mère.

5) Geneviève affirme qu'elle ne (recevoir) pas votre lettre.

6) Geneviève a affirmé qu'elle ne (recevoir) pas votre lettre.

7) Le professeur dit qu'il (rendre) les copies dans huit jours.

8) Le professeur a dit qu'il (rendre) les copies dans huit jours.

9) Tout le monde sait que la Terre (tourner) autour du Soleil.

10) Nous trouvons tous que cette coiffure te (aller) très bien.

11) Je vous assure que ce plat (résister) à la chaleur.

12) Je m'aperçois que je ne (envoyer) pas encore mes voeux de nouvel an à ma tante.

13) J'ai promis aux enfants que nous (rentrer) de bonne heure.

14) Tante Simone m'a écrit qu'elle ne (pouvoir) pas passer le réveillon de Noël avec nous.

15) L'automobiliste a reconnu qu'il (brûler) un feu rouge.

16) La météo a annoncé que la température se (refroidir) en fin de semaine.

17) En rentrant chez elle, Éliane a constaté que les enfants (laisser) la télévision allumée.

18) Tu vois que cet exercice ne (être) pas aussi difficile que tu le croyais.

19) N'oublie pas que la banque (fermer) aujourd'hui à midi!

20) Nous avons vu Catherine hier soir; nous avons remarqué qu'elle (avoir) mauvaise mine.

21) J'ai choisi ce disque pour toi; j'espère qu'il te (plaire).

22) Jusqu'au XVIe siècle, les hommes crurent que la Terre (être) le centre de l'Univers.

23) La vieille dame criait qu'on lui (voler) son sac.

24) Gabriel s'est rendu compte qu'il (se tromper) de direction et il a fait marche arrière.

25) Nous regrettons que vous ne (pouvoir) pas venir au théâtre avec nous ce soir.

26) Nous regrettons que vous ne (pouvoir) pas venir au théâtre avec nous hier soir.

27) Je ne comprends pas qu'Isabelle (aller) en Corse cet été, elle qui déteste la chaleur.

28) Je ne comprends pas qu'Isabelle (aller) en Corse l'été dernier, elle qui déteste la chaleur.

29) Je crains que le mauvais temps (ne) nous (empêcher) de faire cette promenade.

30) Je crains que le mauvais temps (ne) les (empêcher) de faire cette promenade hier.

31) Tous les parents souhaitent que leurs enfants (réussir) dans la vie.

32) J'aimerais que tu me (rendre) ma machine à coudre; j'en aurai besoin ce week-end.

33) J'ai écrit à Bernard il y a quinze jours; je m'étonne qu'il ne me (répondre) pas encore.

34) Mon père voulait que je (faire) du droit; mais moi, je préférais l'histoire.

35) J'ai peur que tu (ne) (prendre) froid hier.

36) Le professeur doute que cet étudiant (faire) tout seul le devoir qu'il lui a rendu.

37) Patrick aurait besoin que vous lui (donner) quelques conseils.

38) J'attendrai qu'il y (avoir) moins de monde pour aller voir cette exposition.
39) Les agriculteurs craignent que le gel du mois dernier (ne) (abîmer) les arbres fruitiers.
40) Cet acteur célèbre a toujours refusé que la presse (parler) de sa vie privée.
41) Je suis sûr qu'il y (avoir) un train pour Bordeaux ce soir.
42) Le cultivateur est certain que la récolte (être) bonne cette année.
43) Antoine est sûr que ce musée ne (ouvrir) qu'à 14 heures.
44) Les juges étaient convaincus que l'accusé (commettre) le crime tout seul.
45) Je suis persuadé que cet homme (être) innocent.
46) Jean semblait très déçu que Juliette ne (vouloir) plus sortir avec lui.
47) Nous sommes bien contents que notre fils (obtenir) une bourse d'études.
48) Je suis désolé que tu ne (venir) pas ce soir à la fête des anciens élèves de l'école.
49) Les parents sont mécontents que les enfants (faire) du vélo hier sur la route nationale.
50) Je suis étonné qu'on ne (pouvoir) pas payer avec une carte de crédit dans ce magasin.
51) Le Petit Prince était ravi que l'aviateur lui (dessiner) un mouton.
52) Caroline est furieuse que sa sœur (se servir) tout le temps de son tourne-disque et qu'elle ne (ranger) jamais les disques.
53) Ma sœur est têtue; il est certain qu'on ne la (faire) pas changer d'avis facilement.
54) Il est évident que le parachutisme (être) un sport dangereux.
55) Il est probable que M. Legrand (être) nommé ministre de la Culture.
56) Tu as suivi un régime? Il me semble que tu (maigrir).
57) Il paraît que les Lefort (avoir) des triplés.
58) Il faut absolument que je (aller) chez le dentiste.
59) Il est préférable que vous ne (écrire) pas avec un crayon.
60) C'est dommage que tu (oublier) ta raquette de tennis.
61) Par un temps pareil, il vaut mieux que tu (mettre) des bottes.

62) Il est possible que nous (prendre) quelques jours de congé le mois prochain et que nous (aller) dans le Midi.

63) L'heure de ton train approche; il est temps que tu (partir).

64) Il arrive que cette plante (fleurir) deux fois dans l'année.

65) Il semble que ce (être) une fausse nouvelle.

66) Cela m'étonne que Jacques ne (venir) pas à la réunion hier soir.

67) Après ce cambriolage, il est indispensable que vous (faire) changer votre serrure.

5. Remplissez les blancs d'après le texte ci-dessous:

Nous sommes une société

d'EXPORT-IMPORT

qui désire étendre ses marchés en Afrique. Nous voulons donc renforcer nos équipes de prospection sur ce continent. C'est pourquoi nous aimerions rencontrer de

jeunes diplômés

de l'enseignement

supérieur

que nous souhaitons former aux techniques du marketing. Nous aimerions que les candidats soient dynamiques, entreprenants et nous voulons qu'ils soient prêts à voyager très fréquemment dans les pays africains: il vaut mieux être totalement disponible pour choisir cette carrière très active.

II faut absolument que nos futurs prospecteurs aient une excellente connaissance des marchés et qu'ils connaissent bien l'Afrique. Nous souhaitons que les candidats fassent un stage de trois mois à Paris, car il vaut mieux qu'ils sachent exactement quelles seront leurs responsabilités dans notre société.

Nous désirons que toutes les candidatures soient déposées à notre siège, 20, boulevard des Capucines, avant le 30 décembre, car il faut que le stage ait lieu dès le début de l'année.

1) Nous souhaitons développer notre entreprise de produits laitiers. Nous voulons donc engager trois spécialistes de production et trois prospecteurs de marchés. Nous souhaitons ________ ils puissent être totalement disponibles dès le premier janvier. Pour répondre à nos exigences, il faut ________ des connaissances en produits agricoles et une solide expérience du marketing.

2) Nous sommes un laboratoire de produits pharmaceutiques.
Nous recherchons un visiteur médical. Il faut ________ il ________ prêt à travailler dès le premier juin. Nous souhaitons ________ notre futur collaborateur ________ de bonnes connaissances en chimie et en biologie. Pour choisir cet emploi, il ________ aimer les relations avec la clientèle. Il faudra également ________ le candidat ________ se déplacer en province plusieurs fois par mois.

3) La BNL recherche deux comptables. ________ les candidats aient une expérience bancaire de plusieurs années. Il faut ________ ils ________ entreprenants. Pour être retenu, il faut ________ moins de 35 ans. Nous souhaitons ________ les candidats ________ directement à notre direction générale, 252, bd Haussman, service du personnel, le 25 mai à 14 heures.

4) Notre futur directeur commercial est diplômé, jeune et entièrement disponible. Il veut réussir à tout prix, il ________ rechercher de nouveaux marchés pour développer l'entreprise, il ________ prendre ________ des initiatives. Nous voulons ________ il ________ responsable, volontaire et ambitieux. Nous souhaitons ________ sa candidature ________ convaincante et sérieuse. En un mot, nous désirons ________ un véritable professionnel du commerce.

5) Notre station Radio-Verte recherche un annonceur. Nous ________ qu'il ________ cultivé et dynamique. Il vaut mieux ________ sa voix ________ chaleureuse et charmeuse. Il faut, bien entendu, ________ son élocution ________ parfaite. Ce travail conviendra à un jeune homme qui ________ animer, informer et distraire les jeunes.

6) Vous êtes jeune, cultivée, jolie, distinguée? Notre compagnie vous attend comme hôtesse d'accueil. Pour ce poste, il faut ________ anglais et il vaut mieux ________ notre future hôtesse ________ des qualités humaines et ________ elle ________ disponible pour des déplacements fréquents à l'étranger. Cette offre s'adresse à une fille qui ________ prendre ________ des responsabilités et qui ________ faire carrière dans une compagnie de publicité.

7) Notre société Vacances et Loisirs recherche pour l'été quatre animatrices jeunes et actives. Il faut ________ elles ________ totalement disponibles pendant toute la saison. Nous voulons ________ elles ________ amuser, distraire, servir et écouter notre clientèle de personnes âgées. Nous souhaitons ________ les candidates à la direction générale de Vacances et Loisirs, 20, avenue Matignon, Paris 16. Pour être retenues, il faudra ________ les candidates ________ un caractère agréable et le sens des contacts humains.

8) Vous ________ voyager, vous ________ gagner plus d'argent, vous aimez les contacts humains? Alors nous ________ vous rencontrer. Nous sommes une société de ventes à domicile. Pour ce travail, il vaut mieux ________ vous ________ totalement disponible et ________ vous sachiez conduire. Pour réussir dans cette situation, il faut ________ volontaire, courageuse et bonne vendeuse.

6. Traduisez en français:

1) 这位先生大概是世界上跑得最快的人。
2) 我怀疑他能否干得成这件事。
3) 你不信他准会来吗?
4) 我要求你们在这个星期六之前完成作业。
5) 你是不是想找一位会讲日语的工程师?
6) 他还没有开口,下课铃就响起来了。
7) 我还没有发现你们之间谁能胜任这项工作。
8) 你看,不听我的话吧! 你早就该照我说的做。

7. Traduisez en français:

现代史	欧洲共同体	日常生活	把这事先放一下
浏览群书	递交国书	发表演讲	闭门谢客
公开露面	掌声如雷	正式访问	坚持要做某事
哀悼亡灵			

8. Thème:

周总理终于来到宴会厅,他身着深色制服,面色略显苍白。聚集在大厅中的各界人士和各国外交官都站起身来,掌声如雷。

尽管周总理身患重病,他还是发表了重要演说。引起了一阵阵更热烈的掌声。

周总理年轻时曾去法国留学,对巴黎怀有美好的记忆。他曾说:巴黎人民进行了1789年资产阶级大革命和巴黎公社革命,这是法国人民的遗产。他生前很想再到巴黎看看,但戴高乐将军去世,他本人又肩负国家重任,最终未能实现这一愿望。

LECTURE

De Gaulle à l'Elysée

...

Donc une journée de dix heures de travail, de treize ou quatorze quand elle était suivie d'une soirée officielle, et cela pendant dix ans et quatre mois, sans oublier les six mois précédemment passés à l'hôtel de Matignon. C'est sur cette distance, jamais parcourue par un président de la République et par un président responsable, qu'il faut juger de l'activité du Général et de son endurance. Encore n'ai-je décrit que les journées ordinaires. Si bien organisé et protégé que fût le chef de l'Etat, il y avait quand même des imprévus—et des drames —, sans parler des voyages, qui faisaient s'accumuler les dossiers, et de toutes les activités de représentation, qui, à elles seules, pouvaient épuiser les forces d'un président et dont tous les prédécesseurs du Général avaient déploré le poids.

Aussi seules les statistiques établies par le cabinet peuvent nous donner une idée précise des tâches accomplies par de Gaulle. En l'année 1964, par exemple, qui fut une année de "calme", c'est-à-dire sans élections et sans crise majeure, présida 121 conseils, accorda 746 audiences, reçut 7 chefs d'Etat ou de gouvernement en visite officielle; il composa et prononça 67 discours ou allocutions, tint deux conférences de presse de deux heures chacune et dont les textes occupent respectivement vingt et dix-sept pages; il accomplit 41 sorties officielles dans la capitale, 5 déplacements à l'intérieur du pays, 15 voyages à l'étranger ou dans la France d'outre-mer parmi lesquels une tournée de trois semaines et de trente mille kilomètres dans dix pays d'Amérique ... C'est dans cette même année, année 1964 que fut organisé le commandement des forces nucléaires stratégiques (placées sous l'autorité directe du Président), que furent institués et mis en place les préfets de région et les commissions de développement économique régional; c'est encore en 1964 que furent établies les relations diplomatiques avec la Chine populaire ...

Claude Dulong:

"La vie quotidienne à l'Elysée au temps de Charles de Gaulle"

VOCABULAIRE

l'hôtel Matignon	马提翁大厦(现法国总统府)
une endurance	坚韧;忍耐力
fût (être)	第三人称单数虚拟式未完成过去时

un imprévu	未预料到的事
un drame	悲剧
s'accumuler *v. pr.*	聚集;积压
épuiser *v. t.*	使……精疲力竭
un prédécesseur	前任
déplorer *v. t.*	抱怨
les statistiques	统计(数字)
établir *v. t.*	建立
une élection	选举
une crise	危机
majeur, e *a.*	重大的,重要的
présider *v. t.*	主持
une conférence de presse	新闻发布会;记者招待会
un déplacement	走动;出门,旅行,出差
la France d'outre-mer	法国海外领地
une tournée	巡回
nucléaire *a.*	原子的;核能的
stratégique *a.*	战略的
une autorité	权力;威望
instituer *v. t.*	创建;建立
un préfet	省长
une commission	委员会

Leçon 12

"Pour vivre dans un univers plus propre . . ."

I. La pollution dans notre pays

Le fils: Mais papa, qu'est-ce que c'est que cette mousse blanche sur la rivière? On dirait du savon.

Le père: Ce sont les déchets d'une usine.

Le fils: Mais ça devrait être défendu de souiller ainsi l'eau des rivières!

Le père: Bien sûr, c'est défendu. Mais les industriels ont souvent le dernier mot. Résultat: les rivières de notre pays reçoivent 6 millions de tonnes de déchets par an, parmi lesquels toutes sortes de plastiques . . .

La fille: Pauvres poissons! Et tous ces déchets vont à la mer . . .

Le père: Ajoutes-y les résidus déversés par les pétroliers. Tu comprendras que les océans soient très menacés par cette pollution;[1] or, ils produisent les deux tiers de l'oxygène dont nous vivons . . .

La fille: L'air que nous respirons est pollué, lui aussi?

Le père: Bien entendu; surtout dans les villes, à cause des fumées dont elles sont couvertes, des poussières, des gaz des autos.

Le fils: On ne peut tout de même pas empêcher les voitures de circuler.

Le père:	Non, mais on peut rendre les gaz moins nocifs.[2]
Le fils:	Tout ça, c'est le prix payé pour le progrès.
Le père:	Il faut que chacun y mette du sien: sinon, la terre deviendra inhabitable. Les arbres des forêts disparaissent peu à peu ...
La fille:	Tandis que la population de la planète augmente à une vitesse effrayante: aujourd'hui nous sommes près de cinq milliards, dans trente ans, nous serons sept, huit ou dix milliards, dans cent ans, quatre-vingts milliards.
Le fils:	Oh! oh! c'est comme si tu disais: "Ma fille Zoé a dix ans, elle mesure 1,42 m. Donc, à vingt ans, elle mesurera 4,26m." Tu sais, la natalité est en baisse dans pas mal de pays. Surtout en Europe.
Le père:	Et puis, la science trouvera bien de nouveaux moyens de nourrir les hommes.

D'après Louis PAUWELS:
"Lettres ouvertes aux gens heureux"

II. L'énergie et l'environnement

Actuellement, les débats les plus vifs sont suscités par l'énergie nucléaire. Pour remplacer le pétrole, dont les gisements commencent à s'épuiser, les gouvernements de certains pays ont décidé de faire appel à l'énergie nucléaire. Ils envisagent la construction de nombreuses centrales nucléaires qui produiraient l'électricité.

Cette perspective provoque de vives discussions. En plus des questions de sécurité, les centrales nucléaires posent le problème des déchets, qui demeurent longtemps dangereux.[3] De plus, ces centrales (comme d'ailleurs les centrales thermiques classiques) sont à l'origine d'une inquiétante pollution thermique: elles rejettent dans les eaux des fleuves une eau beaucoup plus chaude que celles-ci.[4] Il en résulte une augmentation de la température de l'eau du fleuve, augmentation qui perturbe la flore et la faune (poissons surtout) et peut même modifier le climat de la région.

Aussi les écologistes proposent-ils l'utilisation d'autres sources d'énergie. Ce sont notamment l'énergie solaire (fournie par le soleil), l'énergie éolienne (produite par le vent) et l'énergie géothermique, c'est-à-dire l'utilisation de la chaleur de l'écorce terrestre. Ces diverses sources d'énergie ont l'intérêt de ne pas être polluantes et, de plus, d'être inépuisables. La crise de l'environnement se double en effet d'une crise de l'énergie, due à l'épuisement des richesses minérales et à la situation politique internationale.

L'opinion publique est maintenant extrêmement sensibilisée à la sauvegarde de l'environnement. Voici peu d'années encore,[5] l'implantation d'une usine dans une région était bien vue de la population et faisait partie des promesses des députés, car elle pouvait apporter des emplois aux habitants locaux. Aujourd'hui, c'est parfois l'inverse qui se produit: l'annonce d'une telle implantation d'usines provoque une mobilisation contre les risques de pollution.

Il en est de même pour les autoroutes: celles-ci sont une source de nuisances variées (bruit, pollution de l'air, destruction de forêts et de sites, etc.); aussi, à l'annonce de la création de l'une d'elles, voit-on pétitions et manifestations d'opposition se multiplier.

VOCABULAIRE

un univers 宇宙;世界
une pollution 污染

une mousse	泡沫;气泡
un savon	肥皂
un déchet	废料,垃圾
être défendu de faire qch	(被)禁止做某事
souiller *v. t.*	弄脏,污染;玷污,糟踏
un industriel	工业家;企业家
avoir le dernier mot	说了算数,(在争论中)获胜
une tonne	吨
le plastique	塑料
un résidu	剩余物;残渣
déverser *v. t*	倾倒;使流入
un pétrolier	油船,油轮
un océan	海洋;大洋
menacer *v. t.*	威胁
or *conj.*	然而;既然
l'oxygène *n. m.*	氧气
vivre de qch.	靠……为生
respirer *v. t.*	呼吸;吸入
polluer *v. t.*	污染
une fumée	烟;(引)蒸气,水汽
la poussière	尘土;灰尘
le gaz	气体;瓦斯;毒气
rendre *v. t.*	使得,使变为
nocif, ve *a.*	有害的
mettre du sien dans qch.	为某事做出自己的一份贡献
inhabitable *a.*	无法居住的;难以居住的
peu à peu *loc. adv.*	一点点地;逐步地;慢慢地
tandis que *loc. conj.*	当……时候;而,然而……
une planète	行星
effrayant, e *a.*	恐怖的;吓人的
une natalité	(人口)出生率

être en baisse	下降
une énergie	能源
un environnement	环境
un débat	辩论;争论
vif, ve *a*.	活跃的;激烈的,强烈的
susciter *v.t.*	引起;激起;惹起
un gisement	矿床;矿层
s'épuiser *v.pr.*	枯竭;耗尽
faire appel à ...	要求;求助于……
envisager *v.t.*	考虑;预计;打算
une centrale	发电站
une perspective	远景;前景
la sécurité	安全
de plus *loc.adv.*	再,又;此外
thermique *a*.	(物理)热的;热能的
une origine	起源;起点;根源
être à l'origine de ...	是……的起源
inquiétant, e *a*.	令人不安的;令人担忧的
rejeter *v.t.*	排出;抛置
il en résulte que ...	由此导致,由此引起
perturber *v.t.*	扰乱;干扰
la flore	一个地区的植物(总称)
la faune	一个地区的动物(总称)
un écologiste	生态学家
l'écologie *n.f.*	生态学;(动物或人的)自然环境
une source	源;来源
notamment *adv*.	特别是;尤其
solaire *a*.	太阳的
éolien, ne *a*.	风力的
géothermique *a*.	地热的
la chaleur	热

une écorce	树皮;外表
écorce terrestre	地壳
avoir l'intérêt de ...	有……的好处
polluant, e *a*.	污染环境的
inépuisable *a*.	用之不尽的;取之不竭的
se doubler de *v. pr*.	夹杂着……;同时是,也是
dû, due (à)...	起因于,由于……
un épuisement	耗尽,枯竭
minéral, e, aux *a*.	矿物的
l'opinion publique	(公众)舆论
sensibilisé *a*.	敏感的;关注的
sensibiliser *v. t*.	使敏感
la sauvegarde	保护;保障
une implantation	建立
être bien vu	被重视的;受欢迎的
une promesse	诺言;允诺
un député	代表;众议员
l'inverse *n. m*.	相反的事物;反面
une mobilisation	动员
un risque	危险,风险;冒险
il en est de même pour ...	对……也一样
une nuisance	损害,危害
varié *a*.	多变化的;各种各样的
une destruction	破坏
un site	风景,景色
une création	创造;创建
une pétition	请愿书
se multiplier *v. pr*.	增多;繁殖

On n'est jamais trahi que par les siens.

祸起萧墙。

Qui ne dit mot consent.

沉默即同意。

NOTES

1. Tu comprendras que les océans **soient** très menacés par cette pollution; ...你会明白海洋深受这种污染的威胁……

comprendre que 引导的从句一般用直陈式即可。此处含有判断的意义,所以从句使用了虚拟式。

2. Non, mais on peut **rendre** les **gaz** moins **nocifs**. 不行,但人们能降低汽车废气中的有毒物质。

1) rendre qch (qn) + un adj. = 使某物(某人)变得怎样。例如:

rendre un **chemin praticable** 使一条路可通行

Cette nouvelle **l'**a **rendue** bien **heureuse**. 这消息让她真高兴。

2) le gaz 是阳性单数不变单词。

3. En plus des questions de sécurité, les centrales nucléaires posent le problème des déchets, qui **demeurent** longtemps dangereux. 除安全问题外,原子能(核)发电站还会带来废料问题,这些核废料在长时期内都很危险。

demeurer 意为:(1) 逗留　(2) 耽搁　(3) 居住
(4) 延续　(5) 依然是(作系词)
(6) 归属于某人。

较常用的只有 1, 3, 5。demeurer 一词的助动词可以用 avoir 或 être。请看下面的例句:

1) Il **était demeuré** là jusqu'à minuit. 他在那一直呆到深夜。(助动词亦可用 avoir)

2) Nous **avons demeuré** à Beijing pendant plusieurs années. 我们在北京住过多年。(助动词只能用 avoir)

3) Notre tâche **est demeurée** bien lourde. 我们的任务依然很繁

重。(助动词只能用 être)

在上述用法中，只有例句 2) 和 3) 的助动词不能交替使用。

4. ..., elles rejettent dans les eaux des fleuves une **eau** beaucoup plus chaude que celles-ci. ……，核电站倾注在河流里的水要比河水热得多。

物质名词一般用单数，用作复数时常指物品或不同种类的物质。例如：

le verre 玻璃	des verres 玻璃杯
le fer 铁	des fers 镣铐；锁链
la grammaire 语法	des grammaires 几种语法书
le vin 酒	les célèbres vins français 各种法国名酒。

eau 用作复数，常指湖、河、塘等大片水域中的水，为各种水的汇集，如：

les eaux du Yangtsé 长江水

Eaux et Forêts (法)河泊森林管理处

5. **Voici** peu d'années encore, …就在不几年以前，…… 在此 voici 等于 il y a，引导表示时间的副词短语。

如：Il est venu à la campagne **voici** bientôt trois ans. 他来(到)农村快三年了。

GRAMMAIRE

"Que" employé pour remplacer d'autres conjonctions (连词 "que" 代替其它连词)：

1. 连词或连词短语 quand, lorsque, puisque, si, comme, parce que, dès que, pour que, bien que, sans que, ... 等如重复出现，引导并列的状语从句时，可用 que 代替后面重复出现的连词或连词短

语。例如：

Au contraire, si vous marchez avec précipitation et **que**（= si）vous le touchiez, il est pris de peur et s'enfuit. 相反，如果您走得很快或是碰他一下，他就会吓得马上逃掉。

Comme il n'a pas bien écouté l'explication du professeur et **que**（= comme）le problème est difficile, il n'a pas pu trouver la solution. 由于他没好好听老师的讲解，再加上问题较难，所以他没能找到解决问题的办法。

Bien qu'elle soit malade et **qu**'il（= bien qu'il）fasse mauvais, Monique est allée au travail. 尽管天气不好，身体又有病，但莫尼克还是去上班了。

注意：有时为了强调，也可以重复同一个连词，不用 que 来代替。例如：

C'est **parce que** je suis descendu dans la rue le réclamer, et **parce que** ton grand-père l'a fait avant moi ... 这是因为我曾上街游行要求得到它，还因为你的祖父在我之前就曾这样做过……

2. 用 que 代替其它连词时，各并列从句中的谓语一般应当用同一语式。

Quand il fait beau et **qu**'il fait chaud, nous allons à la piscine. 天气好，气温高时，我们便去游泳池。

Bien qu'il fasse beau et **qu**'il fasse chaud, nous n'allons pas à la piscine. 尽管天气好，气温也高，我们还是不去游泳(池)。

但在代替 si 时，que 所引导的从句中的谓语应当用虚拟式，如：

S'il fait beau et **que**（= si）tu **aies** le temps, tu pourras venir avec nous à la Grande Muraille. 如果天好，你又有时间，可以和我们一块儿去长城。

Si tu insistes et que（= si）**tu te maries** avec lui, tout ce que je te demande, c'est de ne jamais me le ramener à la maison. 如果你坚

持的话,并且要同他结婚,那么,我所要求你做的事情,就是别把他给我领到家里来。

注意:不能用 que 来代替引导间接问句的连词。如:Je ne sais pas s'il est guéri et s'il viendra à notre soirée. 我不知他是否痊愈,也不知他是否能来参加我们的晚会。

UN PEU DE CIVILISATION FRANÇAISE

法国的反污染措施

早在 1917 年,法国就曾颁布过有关限制污染的法律,这一法律在 1976 重新修订。在法国,任何有可能污染自然环境,造成人为损失的生产厂家、畜牧场或公共设施都必须向有关当局申报,以获得生产或经营许可证。这些机构都被要求事先做出有关确保安全的可行性研究,使有关当局能够就其可能会对自然环境引起的后果做出评价。

如产生污染,各省省长有权停止某些工厂的生产。全国各地有 400 名专职检查官,各地区、各工厂的情况都要逐一研究,针对性很强。法国还建立了专门保护区(巴黎保护区、北部保护区、里昂保护区、马赛保护区和斯特拉斯堡保护区)。

有关部门在 120 个专门区内装备了 2000 多个自动监视器,收集有关污染的技术数据。

在法国,50 万人口以上的城市,都配备了大气污染监测装置。少于 50 万人口的城市中有 50%以上的城市也配备了这种高灵敏度的仪器。

法国政府还在沃日山区、北阿尔卑斯山地区、兰德地区、汝拉山区和阿代尼地区建立了 5 个监测中心站,用以监测法国整个地区。

虽然法国政府十分注意在自己的国土上不断加强各种反污染措施,但应该指出的是,整个西方世界(其中也包括法国)都有各自向公海或第三世界国家倾倒核废料或工业废料的问题。

EXERCICES ORAUX

1. Questionnaire (1):

   1) Entre qui se déroule cette conversation?

   2) Qu'y a-t-il dans la rivière?

   3) Est-il défendu de polluer l'eau dans ce pays?

   4) Et pourquoi l'environnement est tout de même pollué?

   5) Combien de déchets reçoivent les rivières de ce pays chaque année?

   6) Est-ce que les pétroliers sont aussi dangereux du point de vue "pollution"?

   7) Les océans sont importants pour toute l'humanité, n'est-ce pas?

   8) Y a-t-il aussi de la pollution dans les villes de ce pays?

   9) Est-ce que les voitures sont également polluantes?

   10) Qu'est-ce qu'on devrait faire d'après le père si l'on veut vivre dans un univers plus propre?

2. Questionnaire (2):

   1) Pourquoi développe-t-on l'énergie nucléaire actuellement? Et comment?

   2) Ce projet est-il accepté sans difficultés?

   3) Quels sont les inconvénients (弊病) des centrales nucléaires?

   4) Y a-t-il d'autres solutions que de faire appel à l'énergie nucléaire?

   5) Les autres sources d'énergie, présentent-elles plus d'avantages que l'énergie nucléaire?

   6) Pourquoi ne sont-elles pas encore largement utilisées?

   7) Que signifie "la crise de l'environnement"?

   8) La population se rend-elle compte du problème de l'environnement?

   9) Quels sont les changements qu'on a pu constater dans les réactions (反应) de la population à ce problème-là?

   10) Les autoroutes sont-elles toujours bien accueillies? Pourquoi?

3. Questionnaire (3):

1) Est-ce qu'il existe aussi des pollutions dans notre pays? Lesquelles?

2) Quelle sorte de pollution est la plus grave de toutes d'après vous? Pourquoi?

3) Notre université est-elle aussi polluée?
Pourriez-vous donner un exemple concret?

4) A vos yeux, qu'est-ce qu'on devrait faire pour résoudre ce problème?

5) Si vous étiez ministre de l'Environnement et que l'on vous demande de résoudre ce problème de pollution, que feriez-vous?

4. Exercices de grammaire:

(Exercices sur la conjonction "que" employée pour remplacer d'autres conjonctions):

1) Comme ... et que ...

Comme il faisait froid et comme Richard devait sortir, je lui ai prêté un manteau. Comme il faisait froid et que Richard devait sortir, je lui ai prêté un manteau.

(1) Comme Jean passait trop de temps à jouer et comme il faisait trop de bruit, sa mère a décidé de vendre le piano.

(2) Comme vous le désirez et comme il fait beau temps, allons à la pêche.

(3) Comme rien ne s'y oppose et comme ton frère ne viendra pas, nous utiliserons sa voiture.

(4) Comme un orage a éclaté et comme nous étions loin de chez nous, nous avons été forcés de passer une nuit dans une fermette.

(5) Comme la route est barrée et comme les vivres (军粮) manquent, on commence à rationner (配给) la troupe.

2) avant que ... et que ...

Nous ne pouvons rien décider avant que l'expérience soit terminée et avant que les résultats soient publiés.

Nous ne pouvons rien décider avant que l'expérience soit terminée et que les résultats soient publiés.

(1) Jacqueline ne pourra pas recommencer à travailler avant que ses enfants soient grands et avant qu'ils puissent se débrouiller seuls.

(2) Vous pouvez visiter le chantier avant que les ouvriers soient arrivés et avant que le travail ait commencé.

(3) On ne peut pas bien comprendre un texte avant que le professeur l'ait expliqué et avant qu'on l'ait bien étudié.

(4) Rentrez vite avant qu'il pleuve et avant qu'il fasse nuit.

(5) Ils n'iront pas passer leurs vacances à la campagne avant qu'ils aient acheté une fermette et avant qu'ils l'aient retapée.

3) pourvu que . . . et que . . .

Nous irons au théâtre pourvu qu'on y joue une pièce intéressante et pourvu que tu viennes aussi.

Nous irons au théâtre pourvu qu'on y joue une pièce intéressante et que tu viennes aussi.

(1) Nous viendrons à la soirée pourvu qu'on vienne nous chercher et pourvu que rien ne nous retienne.

(2) Je regarderai la télévision ce soir pourvu que l'émission soit de qualité (质量高的) et pourvu que personne ne me dérange.

(3) J'accepte d'aller voir ce film pourvu qu'il soit en version originale et pourvu que le cinéma ne se trouve pas loin d'ici.

(4) Je ne t'empêcherai (阻止) pas de te marier avec ce jeune homme pourvu que tu ne me le ramènes jamais à la maison et pourvu que tu ne me parles jamais de lui.

(5) Nous irons à la Grande Muraille demain pourvu qu'il fasse beau et

pourvu que rien ne nous en empêche.

4) Complétez les phrases par une proposition subordonnée:

(1) Quoiqu'il soit malade et que ________, il vient assister à la réunion.

(2) Je n'irai pas me baigner dans le lac à moins qu'il ne fasse chaud et que ________.

(3) Bien qu'il pleuve et que ________, je vais à la gare pour accueillir mon ami.

(4) On aime beaucoup Jacques parce qu'il est gentil et que ________.

(5) Donnez-lui un coup de téléphone afin qu'il vienne et que ________.

(6) Ils se sont mariés sans que leurs amis le sachent ni que ________.

(7) S'il fait beau demain et que ________, nous irons faire une promenade au Palais d'Eté.

(8) On se mettra à travailler à condition que le plan soit prêt et que ________.

(9) Louise assistera à la soirée pourvu que vous l'accompagniez et que ________.

5) Traduisez en français:

(1) 天气非常好,而且也不太热,我们决定到湖边走走。

(2) 如果又下雨又刮大风,我就不去你那里了。

(3) 虽然我没看过这本小说,也没有人向我谈到过,可是我很愿意参加你们的讨论。

(4) 由于雅克很忙,未婚妻又来了,他无法出席你们的晚会。

(5) 我不知道他是不是从里昂来的,也不知道他是不是工程师。

6) Dites la nature et la fonction du mot *que*:

(1) Remarquez *que* la tradition est beaucoup plus solide dans les quartiers riches.

(2) Mon mari travaille dans le garage *que* vous voyez là-bas.

(3) *Que* demandez-vous au syndicat?

(4) Vous êtes satisfait *que* votre femme soit concierge?

(5) *Que* vos dents sont mauvaises!

(6) Le service de la S. N. C. F. n'est pas mal, mais l'ennui c'est *que* toutes les grandes lignes vont à Paris.

(7) Les wagons de première étaient plus confortables *que* ceux de seconde.

(8) Quand on ne connaît pas son adresse avant de partir en voyage et *qu'*on ne reste que peu de temps dans une localité, le mieux est de faire adresser son courrier poste restante.

(9) Il fera tout ce *qu'*on lui demandera, sauf une chose: retourner à son ancienne vie.

(10) Il faut aller chercher les bagages *que* nous avons laissés à la consigne.

5. Exercices sur des mots et expressions:

1) être épuisé

Il n'y a plus de pétrole dans ces gisements. Ces gisements sont épuisés.

(1) Il n'y a plus d'eau dans cette source.

(2) J'ai utilisé tous mes moyens.

(3) Il a employé toute son énergie.

(4) Il est à bout de ses forces.

(5) On n'a plus rien à dire sur ce sujet.

2) envisager de

Ils pensent construire de nombreuses centrales nucléaires. Ils envisagent de construire de nombreuses centrales nucléaires.

(1) Ils pensent développer d'autres formes d'énergie.

(2) Ils pensent construire une autoroute dans la région.

(3) Ses parents pensent acheter une résidence secondaire.

(4) Jacques et Catherine pensent changer de logement.

(5) Il pense étudier la médecine.

3) provoquer

Cette idée cause de vives discussions. Cette idée provoque de vives discussions.

(1) Cette décision a causé la colère de son père.

(2) Ce jeune homme belliqueux a causé des troubles (骚乱) dans son quartier.

(3) Sa réponse a causé un éclat de rire dans la salle.

(4) Le projet d'implantation de cette usine a suscité l'opposition de la population.

(5) La réponse du directeur a suscité la protestation (抗议) des ouvriers.

4) il en résulte

Les centrales nucléaires rejettent une eau trop chaude, ce qui provoque une augmentation de la température des eaux du fleuve. Il en résulte une augmentation de la température des eaux du fleuve.

(1) Le gouvernement a décidé de construire plusieurs centrales nucléaires, ce qui a provoqué de vives discussions dans la population.

(2) Les gisements de pétrole commencent à s'épuiser, ce qui a fait naître de nombreux projets sur l'utilisation d'autres sources d'énergie.

(3) Jacques et Charles travaillent dans le même bureau depuis huit ans, ce qui a fait naître une amitié sincère (真诚的) entre eux.

(4) Tout le monde veut acheter une télé-couleur, ce qui provoque une hausse générale du prix de télés.

(5) L'année dernière, on a eu de très bonnes récoltes, ce qui a entraîné une amélioration générale des conditions de vie à la campagne.

5) proposer que + subjonctif

> — Que pensent les écologistes de l'utilisation de cette forme d'énergie?
>
> — Ils proposent qu'on utilise une autre forme d'énergie.

(1) Que pense-t-on de l'utilisation de ces machines-outils?

(2) Que pense ton professeur de l'emploi de cette méthode (方法)?

(3) Que pense-t-il du choix de cette distraction?

(4) Que pensez-vous de la visite de ce château?

(5) Que pensent-ils de la création d'une commission d'accueil?

6) être dû à

> La crise de l'énergie est le résultat de l'épuisement des richesses minérales.
>
> La crise de l'énergie est due à l'épuisement des richesses minérales.

(1) Ses succès sont le résultat d'un travail dur.

(2) La crise de l'environnement est, en particulier, le résultat de l'utilisation de sources d'énergie polluante.

(3) Ces bonnes récoltes sont surtout le résultat de l'utilisation d'engrais chimiques.

(4) Cet accident a été causé par le mauvais temps.

(5) Ces inventions sont réalisées par les techniciens et ouvriers de l'usine.

7) il en est de même pour

> — L'implantation de cette usine provoque l'opposition des habitants. Et le projet d'autoroute?
>
> — Il en est de même pour le projet d'autoroute.

(1) L'énergie solaire a l'intérêt d'être non polluante. Et l'énergie éolienne?

(2) Son frère n'a pas envie de changer de logement. Et ses parents?

(3) L'agriculture a fait beaucoup de progrès. Et l'industrie?

(4) Cette histoire m'a beaucoup touché. Et toi?

(5) J'aime mon nouveau métier. Et ton frère?

6. Exercices divers:

1) Remplacez le nom d'action par un verbe:

Exemple: la construction de nombreuse centrales nucléaires

construire de nombreuses centrales nucléaires

(1) l'utilisation d'autres sources d'énergie

(2) l'épuisement des richesses minérales

(3) l'annonce d'une telle implantation d'usines

(4) la destruction de forêts et de sites

(5) la modification du climat de la géochimie

2) Dites le sens du préfixe **géo-** dans les mots ci-dessous:

géothermique	géothermie
géographique	géographie
géopolitique	géochimie

3) Donnez la fonction des subordonnées introduites par **que** dans les phrases suivantes:

(1) Je prétends que vous avez tort.

(2) Il prétend que si.

(3) Qu'elle ait si bien réussi me remplit de joie.

(4) Mon désir est qu'on me fiche la paix.

(5) Croyez-le bien, que je vous approuve.

(6) Fais-moi la promesse que tu viendras.

(7) Elle n'est pas digne qu'on lui manifeste quelque considération.

(8) Ils pensèrent qu'on les attendait.

(9) Es-tu heureux que je vienne demain?

(10) Dès qu'il sortira et que vous serez prêt, partez.

4) Précisez la valeur des futurs suivants:

(1) Tiens, on sonne! A cette heure, ce sera le facteur.

(2) Joli tambour, tu n'auras pas ma fille.

(3) Deux et deux, cinq? Je crois que vous aurez commis quelque erreur...

(4) Quand vous aurez mangé, vous viendrez avec moi en promenade.

(5) Jean n'est pas arrivé, il aura manqué son train; ou bien il parlera avec un ami sans penser à l'heure qui avance.

(6) En 1643, Louis XIV devient roi, et son règne sera le plus long de notre histoire.

(7) Quand je dirai trois, vous partirez.

(8) Jean est désormais guéri, mais il lui aura fallu beaucoup de courage pour se remettre.

(9) Je vous demanderai quelques instants d'attention.

(10) Je paierai deux fois une marchandise qui ne vaut rien et il faudra que je vous dise merci!

(11) Un marchand: Et avec ça, ce sera?

(12) Avec des gens pareils, on ne se méfiera jamais assez.

5) Traduisez les phrases suivantes et faites des phrases avec les différents sens de l'adjectif **vif**:

(1) C'est un enfant **vif**.

(2) Elle porte une chaleur **vive**.

(3) Actuellement les débats les plus **vifs** sont suscités par l'énergie nucléaire.

(4) Cette perspective provoque de **vives** discussions.

6) Expliquez l'emploi du mot **certain** dans les phrases ci-dessous:

(1) Les coureurs cyclistes doivent faire 150 à 200 km par jour. **Certains** ne tiennent pas le coup.

(2) Dans **certains** arrondissements, les concierges ont disparu ou sont en train de disparaître.

(3) Un **certain** monsieur vous a téléphoné hier soir.

(4) La salle de séjour est beaucoup plus ensoleillée que celle des Michel. C'est **certain**.

(5) Dans la classe, **certains** lisent, d'autres écrivent.

7) Construisez des phrases avec chacune des expressions suivantes:

modifier le plan	à l'origine de
avoir l'intérêt de	à l'annonce de
faire appel à	en plus de
se doubler de	beaucoup plus

8) Refaites les phrases avec la conjonction **aussi**:

(1) Il est très sympathique, c'est pourquoi tout le monde l'aime.

(2) Cette veste est très belle, c'est pourquoi elle désire l'acheter.

(3) Dans cette usine les ouvrières sont mal payées, c'est pourquoi la grève a éclaté.

(4) Raymond est malade, c'est pourquoi il était absent ce matin.

(5) On envisage la construction d'une centrale nucléaire, c'est pourquoi les écologistes ont organisé une manifestation.

9) Relevez dans le texte tous les mots et expressions relatifs à l'énergie et à la protection de l'environnement.

10) Faites un exposé oral sur l'un des sujets suivants:

(1) La crise de l'énergie

(2) La sauvegarde de l'environnement

EXERCICES ECRITS

1. Former le comparatif des adjectifs soulignés dans les phrases suivantes:

1) Un costume de ________ petit prix.

2) Il est ________ bon que Jean.

3) Il est ________ bon que courageux.

4) Ce vin est beaucoup ________ bon.

5) Le remède est ________ mauvais que le mal.

6) Sa santé est ________ mauvaise que jamais.

7) Jean et Jacques sont ________ petits que Paul.

8) Mais ils sont ________ grands que Pierre.

9) Le trajet est ________ long que je ne le pensais.

10) Il est ________ grand à ce que je ne l'imaginais.

2. Liez les phrases suivantes par des pronoms relatifs en faisant disparaître les mots mis entre parenthèses:

1) Ce geste affectueux surprend sa femme; il n'a pas osé (ce geste affectueux) depuis des dizaines d'années.

2) Le surlendemain, il y eut une chose, (cette chose) commença à nous gêner.

3) On jetait les rats dans l'eau, (dans l'eau) les requins (鲨鱼) les mangeaient.

4) Notre place apparaît dérisoire (微不足道); nous occupons (cette place) au sein de l'Univers (宇宙).

5) L'ingénieur sut bien vite toute l'histoire. (Il) était à bord du bateau.

6) La brise se transforme en un tourbillon; (dans ce tourbillon) tout le monde se sent emporté tout d'un coup.

7) Il regarde d'un oeil critique la robe grise; le corps de sa femme (y) est serré.

3. Remplacez les blancs par les déterminants (article défini, adjectif démonstratif, adjectif possessif) qui conviennent:

1) ________ matin, je fais une promenade; ________ promenade quotidienne me fait du bien.

2) ________ veste sur le bras, je gravis (攀登) la colline, ________ colline que j'aime tant!

3) Nous suivons chacun ________ chemin.

4) Alors! on va faire ________ petite sieste?

5) Le président n'a pas tenu ________ engagements.

6) Chaque lundi on participe à ________ réunion générale de ________ usine.

7) ________ professeur, comme par un fait exprès, s'arrête à côté de moi.

8) Sans enquête, pas de droit à ________ parole.

9) J'ai une poussière dans ________ oeil gauche.

10) Il a toujours une casquette sur ________ oreille.

4. Remplacez les blancs par des prépositions qui conviennent:

1) Elle partage son temps ________ le laboratoire et le ménage, ________ les expériences délicates et la lessive.

2) La concierge décide ________ accrocher un tableau avec le nom des locataires comme dans les immeubles neufs.

3) Il a obtenu ________ son propriétaire qu'une pièce ________ confort soit mise ________ sa disposition.

4) Il exige que ces instruments échappent ________ les changements de température.

5) La vie est difficile ________ ce couple de savants.

6) Il existe deux corps nouveaux distincts l'un ________ l'autre.

7) Il a choisi ________ vivre en France malgré lui.

8) Marie réussit ________ préparer dix grammes de radium pur.

9) Ils vont repartir ________ les Etats-Unis.

10) Il fait trois heures de métro et d'autobus pour aller ________ son travail.

5. Mettez les verbes entre parenthèses au mode et au temps convenables:

Pour la première fois au monde, deux Français, les frères Lumière, présentèrent, le 28 décembre 1895, dans un café de Paris, la première séance de cinéma.

Lorsqu'on (éteindre) les lumières, (apparaître) sur l'écran une vue de la place Bellecour à Lyon.

"Ce (être) pour nous faire voir des projections (放映) qu'on nous (déranger)! (dire) l'un des spectateurs à l'oreille de son voisin ... Mais j'en (faire) depuis plus de dix ans!"

Mais soudain (s'avancer) un cheval traînant une voiture et suivie d'autres voitures. Puis (apparaître) des enfants qui (marcher), (remuer) les bras, la tête, (parler), (rire). Toute l'animation (热闹) de la rue (apparaître) sur le petit écran.

Quelques spectateurs (se mettre) à parler, d'autres (rester) muets d'étonnement.

Quand du fond de la place Bellecour, (paraître) une voiture qui (se diriger) à toute vitesse vers la salle, des spectateurs (faire), sans le savoir, le geste de se ranger (让开的姿势). Plusieurs dames (se lever) et ne (se décider) à se rasseoir que lorsque la voiture eut tourné et disparu sur le côté de l'écran.

On (sourire) quand (apparaître) l'enfant mangeant sa soupe. Mais aussitôt tout le monde (se dire): "Oh! (regarder) les arbres du fond! Leurs feuilles (bouger) au vent."

Cela (sembler) si extraordinaire! Non, tous ces gens (ne jamais voir) de feuilles qui (bouger) ainsi, jamais des arbres ne leur (paraître) si vivants.

Lorsque la séance (terminer), tout le monde (applaudir), l'étonnement (se voir) sur tous les visages, on (crier):

"Ce (être) la vie elle-même! Ce (être) étonnant! On (croire) rêver!"

Et tout le monde (se demander) comment MM. Lumière (parvenir) à réaliser un tel prodige...

D'après Henri Kubnick: **Les Frères Lumière**

6. Traduisez en chinois:

1) Les gouvernements de certains pays ont décidé de faire appel à l'énergie nucléaire.

2) Ces centrales sont à l'origine d'une inquiétante pollution thermique.

3) Ces diverses sources d'énergie ont l'intérêt de ne pas être polluantes et, de plus, d'être inépuisables.

4) La crise de l'environnement se double en effet d'une crise de l'énergie.

5) L'opinion publique est extrêmement sensibilisée à la sauvegarde de l'environnement.

6) Aussi, à l'annonce de la création de l'une d'elles, voit-on pétitions et manifestations d'opposition se multiplier.

Version:

La terre en danger

En détruisant (détruire *v. t.* 破坏) la forêt, l'homme détruit la terre. Sur une terre sans arbres, l'eau coule (*v. i.* 流) plus vite et bientôt emporte cette terre.

On veut tuer les vers qui nuisent (*v. t. ind.* 损害) à un arbre; on se sert d'un produit chimique qui, en même temps, nuit aux arbres voisins. Un bateau laisse couler son pétrole en pleine mer. Quelques jours après apparaissent des milliers de poissons morts.

Et l'air dans lequel nous vivons est tout aussi sale que l'eau. Les usines rejettent, hélas! dans l'air comme dans l'eau, des poussières (灰尘) qui ne servent à rien. Quelquefois, ces poussières forment un brouillard (雾) dangereux. Le 5 décembre 1952, quatre mille personnes sont mortes, à Londres, pour avoir respiré les poussières de ce genre de brouillard.

Il faut défendre la flore et la faune, il faut protéger la terre, l'air et l'eau. Il faut nous défendre, il faut nous protéger. La forêt, c'est un peu de nos poumons (肺). Sans eau, nous mourrions au bout de quelques jours.

Mais quoi faire?

8. Traduisez en français:

在辩论中占上风	禁止做某事	有……的危险
以……为生	为某事贡献自己的力量	求助于
除…之外	能源危机　能源	对……反应强烈

矿藏	引起强烈争论	舆论
公害根源	国际政治形势	热电站
大气污染	提供就业机会	安全问题

9. Thème:

1) 向公共场所倾倒废料是严格禁止的。这会使我们生活环境受到严重威胁。
2) 我们每个人都应为我国的四化建设贡献自己一份力量。
3) 如果你愿意,并且有机会的话,你可以在明天的会上发言。表明你们反对核污染的态度。
4) 我们学校门口这条大马路上每天车水马龙。小汽车、大卡车、公共汽车、拖拉机、摩托车,一辆接一辆。车辆排出的大量废气污染了空气,噪音 (pollution sonore) 还使我们上课受到影响,全校师生对此反应强烈。
5) 在西方国家,人们经常谈到石油危机和矿藏的枯竭。可是原子能引起了激烈的争论,大部分人都反对在他们住的地区建立核电站。

   环境保护者为了保护环境而组织示威游行。他们认为现代文明带来了污染。

   目前很多国家开始利用其他能源,并考虑建造利用太阳、风力、地热作能源的发电站。

LECTURE

L'énergie

Le rêve technocratique, tel pourrait être le titre de ce texte paru il y a quelques années déjà. Ecrit par Jean FOURASTIE, sociologue connu pour ses analyses de la société industrielle, il est révélateur d'une certaine époque et d'un certain état d'esprit.

N.D.L.R.

Depuis les temps les plus anciens, l'homme dispose d'une source d'énergie sans laquelle aucune vie n'est possible; c'est l'énergie du soleil, dont l'action a créé la possibilité de toute vie organique sur notre terre.

Outre cette source essentielle, l'homme n'a guère pu utiliser avant le XIX siècle que l'énergie des animaux de trait et l'énergie de l'eau et du vent.

La découverte de la machine à vapeur a permis de transformer la chaleur en énergie. A partir de ce moment-là, des matières telles que le charbon et le bois ont pu se substituer à la force musculaire des hommes, et faciliter leur travail. Ainsi a commencé la révolution industrielle.

Dans l'état présent de la technique et en attendant la mise en oeuvre industrielle de l'énergie nucléaire, les principales sources sont les suivantes: charbon, pétrole, chutes d'eau, gaz naturel.

Le charbon est la source fondamentale d'énergie à cause de l'importance de ses gisements. Il est encore la source de 50% de l'énergie qu'on utilise actuellement dans le monde. Le charbon est aussi une matière première qui a une importance considérable et croissante pour les alliages métallurgiques, les matières plastiques, etc.

Les chutes d'eau, le pétrole représentent respectivement 7, 23% et 9% de l'énergie totale produite dans le monde en 1950. On commence à exploiter les plus grandes réserves d'eau utilisables, par exemple, les grands fleuves.

Le raffinage du pétrole fournit le mazout, l'essence, le kérosène et d'autres carburants dérivés.

Sources moins importantes: bois, lignite, tourbe.

En ce qui concerne l'énergie, le bois, le lignite et la tourbe sont utilisables comme le charbon, mais ont un pouvoir calorifique moindre.

Ces ressources ne sont pas infinies. La consommation de l'énergie augmente chaque année, d'une façon fantastique. C'est pourquoi il faut faire appel à de nouvelles sources d'énergie. Les savants et les ingénieurs cherchent à utiliser de nouvelles formes d'énergie, comme l'énergie nucléaire, l'énergie solaire, l'énergie volcanique, l'énergie cosmique.

L'énergie atomique n'occupe tout de même pas une place considérable dans toute l'énergie produite. Son utilisation ne sera notable qu'à partir de 1965.

Enfin le progrès technique pourra résoudre le problème de l'énergie par l'utilisation de la force des marées et de la force du vent.

Actuellement l'énergie tend de plus en plus à remplacer le travail physique de l'homme, auquel elle ne laisse qu'un rôle de surveillance ou de direction.

D'après Jean FOURASTIE

VOCABULAIRE

technocratique *a*.	科技权威的
le révélateur	显示，显露
l'état d'esprit	思想状况
N.D.L.R. = note de la rédaction	编者按
organique *a*.	有机体的
outre *prép*.	除……之外
les animaux de trait	(拉车的)役畜
la vapeur	蒸气
tel que ...	和……一样的
se substituer à ...	替代……

musculaire *a*.	肌肉的
la chute d'eau	(有落差的)下降水流;瀑布
le gaz naturel	天然气
la matière première	原料
croissant, e *a*.	增加的;增长的
l'alliage	合金
métallurgique *a*.	冶金的
plastique *a*.	塑料的
respectivement *adv*.	分别地;各自地
le raffinage	提炼
le mazout	重油
le kérosène	煤油
le carburant	碳氢燃料
dérivé *a*.	衍生的
le lignite	褐煤
la tourbe	泥炭
calorifique *a*.	热量的;卡路里的
fantastique *a*.	神奇的;令人难以置信的
volcanique *a*.	火山的
cosmique *a*.	宇宙的
atomique *a*.	原子的
notable *a*.	重要的;巨大的
la marée	海潮
tendre à ... *v.t.ind*.	倾向于……
la surveillance	监督;监视

Leçon 13

Les images actuelles de la femme

I. La condition féminine

Sidonie: (19 ans) Tu connais “Le Deuxième Sexe” de Simone de Beauvoir?[1]

Catherine: (25 ans) J'en ai lu une centaine de pages quand j'étais étudiante. Et puis, j'ai laissé le livre. Il est très long. Un peu ancien aussi: depuis vingt-cinq ans, la condition féminine a bien changé en France.

Sidonie: Tu crois? Les femmes sont loin d'avoir acquis l'égalité dans la société d'aujourd'hui. Presque tous les postes élevés sont encore tenus par des hommes.

Catherine: Il y a des femmes ministres, des femmes chefs d'industrie, hauts fonctionnaires.[2]

Sidonie: Sans doute, mais dans quelle proportion? 5%, 10%? Et encore, à condition que les hommes veuillent bien leur faire une place...

Catherine: C'est peut-être que les femmes ne sont pas faites pour gouverner l'Etat ou pour diriger les affaires. Moi, cela ne m'intéresserait pas beaucoup. Je suis mariée, j'ai un enfant de deux ans, j'en attends un autre dans quelques mois.[3] Tenir ma maison et élever mes enfants, c'est assez pour m'occuper entièrement.

Sidonie: Tu n'as pas envie de travailler de manière à avoir ton indépendance économique?

Catherine: Bien sûr, j'aimerais, moi aussi, gagner un peu d'argent. Mais si j'avais un emploi, il me faudrait travailler combien d'heures par semaine? 40 au bureau et autant à la maison. Mauvaise façon de me libérer! Pourtant, j'espère que, dans quelques années, quand mes enfants iront à l'école, je pourrai retourner à l'Université et finir ma licence de sociologie.[4] Il ne suffit pas à une femme d'être épouse et mère...

Sidonie: C'est exactement ce que dit Simone de Beauvoir.

Catherine: Eh bien, tu me prêteras ton livre quand tu l'auras fini et je le lirai jusqu'au bout.

Sidonie: Promis?

Catherine: Promis!

II. La femme dans la famille
— trois conceptions extrêmes

("Gardienne du foyer", la femme a eu dans presque toutes les sociétés la responsabilité d'entretenir la maison et d'élever les enfants pendant que l'homme travaillait au-dehors. C'est dire que la femme paraît, dans cette conception, le pivot de la famille.[5] Aujourd'hui, les tâches et les responsabilités sont plus souvent partagées entre mari et femme. D'ailleurs, environ la moitié des femmes françaises de 15 à 64 ans travaillent à l'extérieur. Si, en rentrant, elles trouvent tout à faire à la maison, elles ont sans doute raison de vouloir "se libérer".)

D'après les enquêtes effectuées dans notre groupe de

recherches, il y a une minorité de personnes qui restent très attachées à l'image traditionnelle de la femme.

Dans cette optique, elle est un être dépendant, passif, toujours relatif à l'homme; elle a certaines qualités: intuition, sens des relations humaines, etc. ; du point de vue pratique, elle est agile, adroite, a le sens du détail. En contrepartie, elle est capricieuse, coquette (...). Pour les personnes qui voient la femme ainsi, son vrai rôle, c'est d'être mère, qui est non seulement le plus beau rôle, mais le seul qu'elle soit capable d'assumer —"sa nature" le veut ainsi, elle est faite pour cela et rien d'autre.

D'autres personnes, peu nombreuses, en donnent une image négative. Etre inférieur, fait seulement pour des tâches subalternes et dépendantes, elle peut, par exemple, être une excellente secrétaire, mais il faut qu'elle soit sous les ordres d'un patron qui la forme; elle ne pourra jamais avoir d'autorité ou mener à bien un travail personnel. Les tâches ménagères sont, ici, dévalorisées. Si la femme est faite pour elles, c'est qu'elle n'est bonne qu'à cela. D'autres prennent le contre-pied: la femme est égale et identique à l'homme; certains vont même jusqu'à dire qu'il n'y a pas plus de différence entre un homme et une femme qu'entre la couleur des yeux de deux personnes. C'est un groupe peu nombreux de rares hommes et de féministes qui sont parfois un peu agressifs. (...)

En milieu ouvrier, l'image traditionnelle (mais pas dans son aspect le plus négatif) revient très souvent, contrairement à ce qu'on pourrait croire si l'on regarde certaines conditions de vie. C'est que l'image de la femme qui travaille n'est pas tellement attirante dans un milieu où le travail s'est longtemps présenté comme un véritable esclavage, surtout pour les femmes qui n'ont pas de qualification professionnelle et qui ont la lourde charge du foyer qui les attend à la sortie: pour certaines, cela a été une véritable libération de ne plus travailler dans ces conditions-là et de rester chez elles. (...)

C'est également dans ce milieu que le mari aide le plus sa femme sauf lorsqu'il est écrasé par les heures supplémentaires qui sont une véritable catastrophe. Bref, dans le milieu ouvrier, l'image de la femme "bien", de la femme "comme il faut", c'est celle de la mère au foyer.

Dans les milieux très aisés, on est traditionnel, beaucoup plus consciemment, car on est libre de choisir. On n'est plus sous la contrainte des conditions de vie. Très souvent, on est favorable à l'idée d'égalité, mais on sent un frein très net dès qu'on parle d'application pratique. Le principe de la femme au foyer reste très fort par crainte des bouleversements sociaux que cette émancipation pourrait entraîner. La classe moyenne montre le plus d'ouverture; c'est là où les travaux ménagers sont le plus partagés d'une façon égalitaire, là où la femme connaît le moins de contradictions profondes. Le milieu est plus libre tant à l'égard des principes bourgeois que des conditions de vie.

Chez les étudiants, c'est assez particulier. Ils sont issus des milieux différents mais ont des principes très égalitaires de jeunes intellectuels. Lorsqu'ils précisent leurs conceptions pour l'avenir, on est frappé du nombre de garçons qui désirent que leur femme reste au foyer alors qu'un nombre élevé de filles demandent à continuer à travailler après leur mariage. Discordance donc entre les deux sexes dès avant le mariage. La différence est considérable: 74% des filles et

40 % des garçons affirment ces positions.

Marie-José Chombard de Lauwe

"**Les Cahiers Français**", 1975.

VOCABULAIRE

un sexe	性,性别
féminin, e *a*.	阴性的;女性的
acquis, e *a*.	获取的
élevé, e *a*.	高级的;有教养的
une femme ministre	女部长
un haut fonctionnaire	高级职员;高级官员
qn est fait(e) pour ...	某人天生就是……
gouverner *v. t*.	统治,管理;操纵
diriger *v. t*.	领导
les affaires *n. f. pl*.	商业活动;国家事务
attendre un enfant	怀孕;将要分娩
de manière à ... *loc. prép*.	为了……;以便……;(后接动词不定式)
libérer *v.t*.	解放
la licence	学士学位;许可证
un époux, une épouse	丈夫,妻子;配偶
promis (p.p de promettre)	说好了; 一言为定
promettre qch.	答允某事
promettre à qn. de faire qch.	允诺某人做某事
un gardien, une gardienne	看守;保管员
entretenir *v.t*.	维持;维护;保养
au-dehors *loc. adv*.	在外边;在外面
une conception	观念;概念;领会;理解力
un pivot	支轴;枢纽;中心人物,主心骨
se libérer *v. pr*.	自我解放

attaché, e *a*.	专心的;致力于……的;喜爱……的
rester attaché(e) à ...	喜爱……;致力于……
une optique	光学;看法,观念
dépendant, e *a*.	附属的;依赖的
passif, ve *a*.	被动的;消极的
relatif, ve *a*.	和……有关的
une intuition	直觉;预感
un sens	感觉;辨别力;意识
agile *a*.	灵敏的,伶俐的
adroit, e *a*.	灵巧的;敏捷的;机智的
une contrepartie	交换物;反对意见,对立面
en contrepartie	做为抵偿;做为交换
capricieux, se *a*.	任性的;反复无常的
coquet, te *a*.	俏丽的;爱打扮的
négatif, ve *a*.	否定的;消极(性)的;反面的
inférieur, e *a*.	低等的;劣等的
subalterne *a*.	下级的;附属的,次要的
être sous les ordres de qn.	听命于某人;跟着某人的指挥棒转
une autorité	权威;权力;威信
mener à bien qch.	把某事做好
dévalorisé, e *a*.	跌价的,贬值的
dévaloriser *v.t*.	使跌价;使贬值;贬低
un contre-pied	相反,反面
prendre le contre-pied d'une opinion	持相反意见
identique *a*.	一致的;同样的
féministe *n*.	女权论者,女权主义者
agressif, ve *a*.	好斗的;咄咄逼人的
un milieu	社会环境;(社会上的)界
un aspect	外观;方面,观点
contrairement *adv*.	相反地
contrairement à ce que ...	与……相反

attirant, e *a*.	吸引人的;诱人的
un esclavage	奴隶制;苦差使,苦役
une qualification	(工人在专业方面的)资格
un foyer	家,户;家庭
la sortie	下班;放学;散会
les heures supplémentaires	加班
écrasé, e *a*.	碾碎的;压瘪的;(转)精疲力尽的
aisé, e *a*.	富裕的;宽裕的
consciemment *adv*.	有意识地,故意地;自觉地
une contrainte	约束;限制;强制
favorable *a*.	对……好的;有利的
un frein	(车)刹车;闸;(转)约束,抑制
net, te *a*.	清晰的;明显的
une application	应用;实行;专心
par crainte de ...	由于害怕;因为怕……;(后接名词或动词不定式)
un bouleversement	骚乱;动荡
une émancipation	解放;解除束缚
la classe moyenne	中产阶级
une ouverture	开放;打开
égalitaire *a*.	平均主义的
une contradiction	矛盾;反对,反驳
tant ... que ...	……和……;不论……还是……;……也好……也好
être issu(e) de ...	出身于……
un intellectuel	知识分子
un nombre élevé de ...	大量的……
une discordance	不协调;不一致
affirmer *v.t*.	肯定;证明;显示
une position	方位;立场,观点

Prendre le temps comme il vient.

随遇而安(或:既来之则安之)。

Un tiens vaut mieux que deux tu l'auras.

隔手的金子不如到手的铜。

NOTES

1. "Le Deuxième Sexe" de Simone de Beauvoir
   1) le deuxième sexe 指女性;这是和 le premier sexe 男人相对而言的。
   2) Simone de Beauvoir: 西蒙娜·德波娃,法国当代著名女作家。1908 年生于巴黎。她出版过不少小说、文集。作品受萨特的影响甚深。"第二性别"是她为谴责法国社会男女不平等而写的。

2. Il y a des femmes ministres, des femmes chefs d'industrie, hauts fonctionnaires. 有女部长,女企业家和女高级官员。

   由于历史原因,法语中有一部分名词只有阳性,而没有阴性形式。比如像 facteur, professeur, médecin 等等。随着社会的进步,各种职业几乎均有女性参与,在表明某女性的身份或职业时,一般可采用两种方法:

   在名词前加上 femme 一词,如本课中的 femme ministre, femme chef; 或加上 madame 一词:如女教授(教师) madame le professeur; 女医生: madame le docteur 等等。

   第二种办法是按构词法创造新词,如 factrice, la présidente 等等。

3. ... j'en **attends un autre** dans quelques mois. ……我几个月后就要再次分娩。

   Attendre un enfant 是生孩子的婉转说法。être enceinte 是怀孕, accoucher 是分娩。但这两个词一般不宜直接用在对话中。

4. ... je pourrai retourner à l'Université et finir **ma licence** de sociologie. 我就可以回到大学，完成我的社会学学士学业。

法国大学的学位和我国大体相同。

学士学位：la licence （一般为两年）

硕士学位：la maîtrise

博士学位：le doctorat

5. **C'est dire que** la femme paraît, dans cette conception, le pivot de la famille. 根据这种观点，也就是说妇女就像家庭的支柱。

C'est dire que 与句型 c'est à dire que 意思相同。前者比后者更口语化。

GRAMMAIRE

1. **La préposition "de" entre deux noms** （两个名词之间的介词 de）：

当介词 de 用于表示两个名词之间的关联而被置于两个名词之间时，后边的名词前是否要加冠词，有以下几种情况：

1) 当表示主有关系，或表示从属关系时，后面的名词前一般要加冠词。例如：

la mère **des** enfants	孩子们的母亲
l'image traditionnelle **de la** femme	妇女的传统形象
le sens **du** détail	对细节的意识
les ordres **du** patron	老板的命令(指令)

2) 如果第二个名词对第一个名词起形容语的作用，第二个名词前一般不用冠词：

la licence **de** sociologie	社会学学士学位(证书)
un chef **d'**industrie	企业家
les conditions **de** vie	生活条件

un cours **de** français	法语课
une chaîne **de** fer	铁链

这时，我们应当从语言感觉上把第二类情况之中的词看作一个整体。

3）第三种情况是：第一个名词为动名词（nom d'action），第二个名词是前者所表示的动作的主语或宾语；这时冠词不能省略。和第一种情况相近。请看实例：

la modernisation **du** pays	国家（该地区）的现代化
la réalisation **du** projet	计划的实现
la mort **du** premier ministre	总理之死
l'enregistrement **du** texte	课文录音

2. **L'adjectif indéfini et le pronom indéfini**（泛指形容词与泛指代词）：

前面的学习中已涉及到不少的泛指形容词或泛指代词。这些词的共同特点就是使用频率较高，再者其中一部分不仅可以作为形容词，亦可作为代词使用。归纳分类如下：

1）有些泛指形容词只作形容词用，有些可以兼作代词使用。

（1）只作形容词使用的，如：

certain	divers	chaque	maint
différent	quelque		

（2）兼作代词使用的，如：

aucun	tel	autre	tout
même	tous	nul	pas un
plusieurs	certains		

（3）只作代词使用的，如：

quelqu'un	l'un l'autre	quelque chose	tout le monde
chacun	on	rien	

2）仅举 aucun，tout，chaque 和 autre 为例：

(1) Aucun

A) 泛指形容词

一般只用单数,永远放在名词前面,不再和其他限定词同时使用。

a) Aucun 与 ne 连用意思是"没有一个"(pas un)。

Sans énergie, **aucune** vie **n**'est possible.

Il **ne** prend **aucun** soin de ses affaires.

b) Aucun 不与 ne 连用,意思是"任何",一般用在疑问句或表示怀疑的从句中。

Avez-vous **aucun** conseil à lui donner?

Je doute qu'il ait **aucun** conseil à nous donner.

B) 泛指代词

Aucun 和所有的泛指代词一样,并不替代别的词,只是不确切地把人或事物提出来。

a) 一般与 ne 连用。意思是"没一个"(pas un)。

Je **ne** connais **aucun** de ses amis.

Aucun d'entre vous **ne** m'a répondu.

b) 在答句中,可以省略否定词"ne"。

Avez-vous lu certains romans de Zola? —**Aucun.**

c) Rien, quelque chose, pas un 等泛指代词,后面如跟有形容词时,在形容词与泛指代词之间要加 de, Aucun 后如有形容词也可加 de。

Que de fruits! Mais je n'en trouve **aucun de** mûr.

Avez-vous **quelque chose de** bon?

Je ne trouve **rien de** spécial dans ce journal.

Parmi tant de livres, je n'en vois **pas un d**'intéressant.

(2) Tout

A）泛指形容词

a）有性、数的变化（toute，tous, toutes）可以与有其他限定词的名词一起使用，放在他们前面。

Tous deux ont tort.

Il a passé **toute** une année à écrire.

Que faire de **tout** ce charbon?

Il a dépensé **tout** son argent et **tout** le nôtre.

b）Tout 单数，不与冠词一起使用时，意思是“每一个”或“任何”。

Tout homme doit mourir un jour.

Tout travail mérite récompense.

c）Tout 单数和冠词一起使用时，意思是“整个”。

Il a fait détruire **toute la** ville.

Toute la classe aime la musique.

d）Tout le monde 或 Tous les ... 在否定句中，没有全部否定的意思。试比较：

Tout le monde n'est pas arrivé. 并不是所有的人都到了。

Personne n'est là. 没有一个人在那儿。

Aucun n'est là.

B）泛指代词。

a）Tout 单数，中性，意思是“一切事情”，“所有的东西”。

Tout est à sa place.

Elle est capable de **tout**.

Elle fait **tout**, elle s'occupe de **tout**.

b）Tous, toutes 复数，意思是“所有的人”，“所有的东西”。

Il m'a donné plusieurs livres, **tous** sont intéressants.

Il y a 10 étudiantes, **toutes** travaillent bien.

Tous ne sont pas d'accord.

注：(1) Tous 作代词时词尾 s 要发音。

On ne peut pas le dire à **tous**.

Nous avons **tous** nos défauts.

(2) Tous 单独使用时常被 Tout le monde 所替代。

Tous sont présents.

Tout le monde est là.

(3) Tout 在否定句中也不是全部否定，全部否定要用 rien。试比较：

J'ai compris **tout** ce texte.

Je n'ai pas compris **tout** le texte.

Je n'y ai rien compris.

Je n'ai rien compris (de ce texte).

Je n'en ai rien compris.

(3) Chaque

泛指形容词，没有性数变化，永远和不带冠词的单数名词连用：

Chaque oiseau trouve son nid bon.

La consommation d'énergie augmente **chaque** année.

Faire **chaque** chose en son temps.

注：不要与泛指代词 chacun 混淆。

Ces livres coûtent 10 francs **chacun**.

Chacun de nous donnera 10 francs.

不能说 Ces livres coûtent 10 francs chaque.

Nous donnerons dix francs chaque.

(4) Autre

A) 用作泛指形容词时,放在名词前面作"另一个","其他的"解释,可以和冠词或其他限定词一起使用,放在冠词或其他限定词的后面。

J'ai **un autre** cahier.

Le raffinage du pétrole fournit le mazout, le kérosène et **d'autres** carburants.

Je l'ai vu **l'autre** jour.

Il n'y a pas **d'autre** solution.

B) 和人称代词连用时,放在代词后面。如:

Nous autres, vous autres, 但一般不说 eux autres。(marque l'opposition ou le mépris)

Vous allez au cinéma, **nous autres** nous allons nous baigner. 你们去看电影,我们去游泳。

Vous autres, vous êtes des lâches!

UN PEU DE CIVILISATION FRANÇAISE

1. Les Françaises (法国妇女)

1906 年时,全法国共有 300 万妇女从事某种工作。其中 100 万是农妇,80 万是女佣。

而 1983 年,登记在册的劳动妇女共有 935 万之众! 这一数字等于整个法国劳动人口的 40.7%。她们之中 8%的人从事农业生产,22%的人就业于工业生产部门,而近 70%的人从事第三产业。

2. Quelques "pionnières" (几位法国妇女的先锋)

1861 年:朱丽·索比,一位年近 40 的小学教员,成为法国历史上第一位"女业士"(通过中学会考者);

1868 年：玛德莱纳·布来斯成为法国第一名女医生；
1869 年：杜梅格小姐成为法国第一位女药剂师；
1892 年：珍娜·舒万成为法国第一个获得法学博士的女性；
1900 年：海伦娜·加布里安成为法国第一位女医药学博士；
1900 年：珍娜·舒万(还是她!)成为法国第一位女律师；
1906 年：玛丽·居里夫人成为法国索尔波大学第一位女物理学教授；
1912 年：爱德梅·舒东成为第一位法国女飞行员；
1931 年：法国才有了第一位女兽医；
1932 年：苏珊·布雷尔成为法国外交史上第一位使馆女参赞；
1935 年：法国有了第一位女警察；
1969 年：法国各高等学府才向妇女敞开大门；
1973 年：作为法国高等学府巴黎综合工程技术学院该届成绩第一名的安妮·绍宾娜,站在该校队伍的前列,参加法国国庆日受阅,通过香榭丽舍大街。

EXERCICES ORAUX

1. Questionnaire 1:
   1) Qu'est-ce que c'est que la "condition féminine"?
   2) Pouvez-vous deviner de quoi parle-t-on dans "le Deuxième Sexe"?
   3) Parmi les deux interlocutrices, qui reste très attachée à la libération des femmes?
   4) Suffit-il que des postes élevés soient tenus par des femmes d'après Catherine?
   5) Est-ce que les femmes sont faites pour des responsabilités importantes?
   6) Catherine attend-elle un autre bébé?
   7) Est-ce que Catherine est une femme ambitieuse? Comment le savez-vous? Prouvez-le!
   8) Pour quelle raison Catherine ne veut-elle pas aller trouver un emploi?

9) Si vous étiez Catherine, est-ce que vous feriez ce travail éventuel?

10) Si vous étiez son mari, seriez-vous d'accord qu'elle gagne sa vie au lieu de rester à la maison?

11) Quel est le projet futur de Catherine? Veut-elle toujours rester épouse et mère d'enfants?

12) Au début, Catherine a bien dit qu'elle n'avait pas le temps de parcourir tout le roman; et pourquoi maintenant elle est résolue (下定决心) de le lire jusqu'au bout quand son amie l'aura fini?

2. Questionnaire 2:

1) Quelles sont ces trois conceptions extrêmes?

2) Pensez-vous que l'égalité des sexes est déjà réalisée en France? et dans notre pays?

3) D'après l'optique traditionnelle, quelle est l'image des femmes?

4) Est-ce qu'il y a des gens qui sont pour l'égalité complète entre femmes et hommes? Comment appelle-t-on ces gens-là?

5) Dans le milieu ouvrier, est-ce que les femmes souhaitent toujours travailler dehors? Pourquoi?

6) Dans quel milieu le mari aide le plus souvent sa femme dans le ménage?

7) Et dans quel cas précis le mari cesse de lui donner un coup de main dans les travaux ménagers?

8) Et en France, dans quel milieu est-on consciemment traditionnel? Pourquoi?

9) Et quel est le milieu le plus ouvert du point de vue "égalité des sexes"? Et pourquoi?

10) Parmi les jeunes étudiants, la conception de "retenir sa femme à la maison" existe-t-elle?

11) Et les jeunes étudiantes, comment envisagent-elles pour leur vie future?

12) Y a-t-il déjà une discordance entre les deux sexes dès avant le mariage pour les jeunes intellectuels?

3. Questionnaire 3:

1) Que pensez-vous de l'émancipation des femmes?

2) Comment est la situation actuelle des femmes en Chine? Pensez-vous que les femmes chinoises sont vraiment égales aux hommes?

3) Pouvez-vous en donner des exemples précis?

4) Est-ce que dans votre famille, vous aidez souvent votre maman à faire du ménage?

5) Et votre père, que fait-il quand votre maman fait les travaux ménagers?

6) Quels sont les bons et mauvais côtés pour des femmes qui ont un emploi au-dehors?

7) Et quels en sont pour celles qui restent à la maison?

8) Vous êtes pour ou contre l'idée de laisser les femmes sortir de la maison et trouver un emploi dans la société?

9) Si un jour vous êtes marié, est-ce que vous laisserez votre femme faire ce qu'elle veut? Pourquoi?

10) Quand vous serez mari, est-ce que vous ferez de votre mieux (尽可能做好) pour aider votre épouse dans les travaux ménagers?

Exercices sur des mots et expressions:

1. acquérir

— Comment as-tu obtenu cette médaille (奖章)?
— Eh bien, je l'ai acquise à la suite des exercices physiques très durs.

1) Comment a-t-il pu obtenir ce bon résultat?

2) Comment avez-vous obtenu ces bonnes notes?

3) Comment les femmes chinoises ont pu obtenir leur égalité à l'égard des hommes?

4) Comment ont-ils obtenu cette victoire fantastique?

5) Comment cette femme a-t-elle obtenu son indépendance économique?

2. qn (qch) est fait pour ...

— Les femmes sont-elles capables de diriger les affaires?
— Non, je ne crois pas qu'elles soient faites pour cela.

1) Es-tu capable d'assumer la responsabilité du chef de notre classe?

2) Sont-ils capables de gouverner cet Etat?

3) Est-il capable d'acquérir son indépendance économique?

4) Pourriez-vous garder vos enfants pendant que votre femme est absente?

5) Pourrait-elle toute seule mener à bien cette affaire?

6) Est-ce que les filles pourraient faire les heures supplémentaires?

3. de manière à ...

— Je ne veux pas travailler au-dehors.
— Tu n'as pas envie de travailler de manière à avoir ton indépendance économique?

1) Je ne veux plus réviser ces leçons mornes (索然无味的)!

2) Les filles ne souhaitent pas qu'on les mette sur un poste élevé.

3) Madame Dupont n'aime plus rester à la maison.

4) Elles ne sont pas contre cette conception traditionnelle, je crois.

5) Elle affirme qu'elle n'ira plus travailler après la naissance de l'enfant.

4. il suffit à qn. de faire qch.

— Dois-je le finir avant midi?
— Oui, il vous suffit de le finir avant midi.

1) Nous devons encore lire toutes ces deux leçons?

2) Les filles doivent-elles encore faire tous ces travaux pratiques?

3) Il faut que les femmes restent à la maison et fassent tous les ménages d'après cette conception?

4) Il faut encore que les ouvriers finissent ce travail?

5) Nous avons donc l'obligation d'aider nos femmes dans leurs travaux ménagers?

5. promettre à qn. de faire qch.

— Est-ce qu'il est d'accord de vous accorder la liberté cent pour cent?
— Oui, il m'a promis de me l'accorder cent pour cent!

1) Le doyen est-il d'accord de vous fournir cette occasion d'aller faire vos études en France?
2) Est-ce que vos parents sont d'accord de vous donner de l'argent pour acheter une moto?
3) Est-il d'accord de vous laisser partir pour finir ta licence de sociologie?
4) Il paraît que le patron est d'accord de vous donner deux mois de congé!
5) Notre ministre a dit qu'on va mettre fin à cet esclavage vraiment dégoûtant (令人厌恶的)?

6. en contrepartie

— J'ai entendu dire que le patron vous a laissé partir?
— Oui, mais en contrepartie, il m'a demandé de lui rendre service, gratuitement, pendant deux semaines! Quel diable!

1) Il paraît que les femmes sont bien capricieuses?
2) Il semble que les hommes ne font pas de ménage chez vous, est-ce vrai?
3) J'ai entendu dire que vous occupez maintenant un poste bien élevé dans votre entreprise?
4) Il paraît que cette femme a un salaire élevé?
5) J'ai entendu dire que les heures supplémentaires sont extrêmement dures?

7. contrairement à ce que ...

— Je crois que les femmes d'aujourd'hui sont tout à fait égales aux hommes!
— Mais contrairement à ce que tu crois, les femmes sont encore loin d'être égales aux hommes.

1) Je pense que nous n'avons pas besoin de qualification professionnelle pour

faire ce travail.

2) Je crois que les marchandises (货物) sont maintenant dévalorisées dans notre ville.

3) Je suis presque sûr que l'application de cette mesure apportera de grands changements dans notre université.

4) J'imagine qu'elle travaille sous les ordres du contremaître.

5) Je crois que cet examen est très facile.

8. par crainte de ...

Il reste très traditionnel, parce qu'il craint que l'émancipation de la femme n'entraîne des bouleversements sociaux. Il reste très traditionnel par crainte des bouleversements que cela pourrait entraîner.

1) Il n'ose plus sortir, parce qu'il craint que le temps ne change bientôt.

2) Tout ce milieu est contre cette nouvelle optique, parce qu'ils craignent qu'elle n'endommage (造成损失) leur vie.

3) Les filles restent toutes dans leur chambre, parce qu'elles craignent que le chien ne les attaque.

4) Les employés n'osent plus bavarder dans leur bureau, parce qu'ils craignent de désobéir (违反) à cette contrainte.

5) Ces gens-là restent très attachés à la conception traditionnelle à l'égard des femmes, parce qu'ils craignent que l'ouverture pour les femmes n'entraîne des changements qu'ils ne pourraient pas supporter.

9. tant ... que ...

— Tu aimes vivre à Paris ou ailleurs? — Tant à Paris qu'ailleurs, cela m'est égal.

1) Ce sont les étudiants ou les professeurs qui vont faire ce travail?

2) C'est pour ta fille ou pour ton garçon que tu achètes tout cela.

3) C'est demain ou après-demain que nous allons réviser ces trois dernières leçons?

4) Ce sont les femmes ou les hommes qui vont se charger d'élever les enfants?

5) Tu préfères travailler avec lui ou avec elle?

EXERCICES DE GRAMMAIRE:

1. Mettez "d', d'un, d'une, de, de la, du, des" ou "à, au, aux" dans les blancs:

________ Quartier Latin, il est dix heures ________ soir, ________ travers ________ petites fenêtres ________ niveau ________ sol, la faible lumière ________ deux lampes ________ huile éclaire le trottoir ________ rue ________ Ecoles. Ce sont les salles ________ laboratoire ________ physique ________ professeur CURIE, dans le sous sol ________ Sorbonne. Elles sont semblables ________ chambres ________ bonne. On y travaille encore ________ cette heure-là.

Marie, un crayon ________ papier ________ la main, écrit ________ chiffres sur un carnet ________ notes, les résultats ________ expérience qui devrait bientôt se terminer. Les traits ________ son visage sont tendus, ses yeux rouges ________ sommeil. ________ fond, on entend le bruit d'une machine ________ vapeur. Près ________ elle, une tasse ________ thé vide, un morceau ________ pain et un petit pot ________ beurre. Ce fut son repas ________ soir, ________ elle et ________ son mari.

Marie se lève ________ sa table ________ travail, monte un escalier ________ marches raides. Elle arrive ________ palier ________ deuxième étage, ouvre la porte ________ couloir qui mène ________ bureau ________ directeur ________ laboratoire ________ physique ________ Sorbonne. Elle s'arrête devant la porte ________ entrée ________ son bureau pour reprendre haleine. La tête lui tourne. "Je tombe ________ faiblesse. ________ ce régime, je ne vais pas continuer longtemps!". Elle frappe ________ la porte ________ bois blanc. Une voix ________ homme lui dit ____ entrer.

________ milieu ________ pièce, sur la table ________ travail ________ son mari, une lampe ________ bureau, une lampe ________ pétrole est allumée. Derrière, le visage fatigué ________ hommes encore jeune ________ fond ________ bureau, une bibliothèque ________ fer, garnie ________ livres ________ couverture noire et ________ papiers. Quelques chaises ________ deux sous, ________ près ________ un vieux bureau ________ grands pieds, celui ________ Marie.

L 'homme se lève ________ table, éteint la lampe ________ bureau, et vient s'asseoir ________ la petite table ________ sa femme, sur l'une ________ pauvres chaises qui garnissent ce local très simple. "Qu'est-ce qui ne va pas, Marie?"-" L'expérience ________ aujourd'hui a échoué. On perd notre temps, non?"—"Tu sais, Marie, l'étude ________ chimie est difficile et longue. Une expérience ________ chimie peut échouer pour ________ nombreuses raisons. Il faut reprendre courage. Ce n'est pas ________ temps perdu."

"C'est entendu, Pierre, demain, je reprends l'expérience ________ chimie."

Quelques minutes après, les lampes ________ huile ________ laboratoire ________ sous sol étaient allumées ________ nouveau. On ne perdait pas son temps, ________ la Faculté ________ Sciences ________ Paris, en 1904!

2. Remplacez les points par un adjectif indéfini ou un pronom indéfini:
   1) ________ solution n'a été trouvée.
   2) Vous n'avez ________ moyen de rentrer ce soir?
   3) Non, je n'en ai ________.
   4) Je suis venu à pied et il n'y a plus ________ bus à cette heure-là.
   5) Il faut dire la vérité à ________.
   6) Lui, il sait ________.
   7) Donnez une place à ________ chose et mettez toujours ________ chose à sa place.
   8) Soyons prêts. A ________ moment ________ peut arriver.

9) ________ adjectifs indéfinis varient en genre et en nombre, ________ sont invariables.

10) "Tous, toutes", devant un nom sans article s'emploient surtout dans des locutions telles que: à ________ égards, en ________ lettres.

11) Les ________ causes produisent souvent les ________ effets.

12) Il y a ________ fruits que je n'aime pas manger.

13) Ce roman ne m'intéresse pas, donnez-moi un ________.

14 ________ nos camarades sont présents, ________ n'est absent.

15) Les élèves entrent dans la classe et s'assoient. ________ à leur place.

3. Distinguez les emplois comme adjectif indéfini, adjectif qualificatif, pronom ou adverbe:

1) Son travail est nul.

2) Nul n'est censé ignorer la loi.

3) Il a un certain âge, cela est vrai.

4) Il a travaillé toute la journée.

5) Toute la ville en parle.

6) J'ai la même veste que lui.

7) Ils n'ont pas tous la même politique.

8) Tout est bon pour le détruire.

9) Aucune force au monde ne pourra résister contre elle.

10) Aucun d'entre eux n'est au courant de cet événement.

11) Autre temps, autres moeurs.

12) Telle est la conclusion à laquelle j'arrive.

13) Dans ce discours il a critiqué certains camarades sans les nommer.

14) Certains prétendent qu'il s'agit bien d'une guerre civile (内战)。

4. A partir de ces quatre exemples, faites des paires de phrases dont l'une utilise "chacun" et l'autre "tous":

1) A la fin de l'année, tous ont reçu un livre, une grammaire moderne. Chacun a reçu un livre, le mien est une grammaire moderne.

2) Après cette belle action, tous furent félicités pour leur courage. Après cette belle action, chacun reçut un mot de félicitations du responsable.

3) On fit appel à nous, nous avons tous répondu "oui". Notre camarade a perdu son père, le professeur fit appel à chacun pour qu'on lui montre de la sympathie.

4) "Puisque chacun de vous a un livre, vous ne devez pas bavarder entre vous en cours."

"Puisque vous avez tous un livre, je ne vais pas relire le texte," dit le professeur avant de l'expliquer.

EXERCICES DIVERS

1. Traduisez les expressions suivantes:

un homme simple	une famille pauvre
un simple homme	une pauvre famille
un homme brave	sa propre maison
un brave homme	une maison propre
l'année dernière	un homme grand
la dernière année	un grand homme

2. Trouvez deux adjectifs pour chacun des noms suivants:

nom	adjectif 1	adjectif 2
les temps	modernes	anciens
la vie		
la révolution		
l'énergie		
la source		
la force		
le progrès		
la matière		
l'importance		
le travail		
les ressources		
les pouvoirs		
le fleuve		

3. Remplacez l'article en italique par l'adjectif indéfini équivalent:

1) Fermé *le* lundi.

2) Cela ne dure qu'*un* temps.

3) Cent francs *le* kilo.

4) *Le* jeudi, je vais à la pêche.

5) Que nous bloquions définitivement les soldats encore accrochés à *des* carrefours, à *des* bâtiments publics.

4. Remplacez les points par "ancien" ou "vieux":

1) Wang Jin-xi était un ________ ouvrier au moment de la Grand Révolution culturelle.

2) Fan était son ________ camarade de lycée.

3) On a fait un lycée d'une ________ église.

4) Cette ________ église est tombée en ruine.

5) Je suis un ________ combattant, dit-il, je ne dois pas rester er arrière.

6) La guerre éclate. L'état-major (参谋部) rappelle tous les ________ combattants sous les drapeaux.

7) C'est une ________ édition, on ne la trouve plus en librairie.

8) Depuis qu'il enseigne à l'Université, il n'a jamais repris son ________ profession d'avocat (律师)。

9) Les ________ élèves sont invités à la fête de l'Institut. Ce sont les ________ élèves qui s'occuperont de leur accueil.

5. Distinguez les adverbes (et locutions adverbiales) des prépositions (et locutions prépositives).

1) Depuis bientôt une semaine, Paris est engagé dans une lutte sans merci dans l'insurrection nationale.

2) Depuis, ces hommes qui étonnent le monde, ont détruit et enflammé deux voitures de l'ennemi.

3) Au-delà de la frontière, on apercevait les premières maisons.

4) Au-delà, commencent les champs de blé.

5) Au-dehors, la rivière coule à pleins bords.

6) Au-dehors du pays on n'entend plus ces chansons.

7) Les enfants se pressent autour de leur mère.

8) Il y a de la viande grillée avec des pommes de terre autour.

9) Les plus courageux marchent devant.

10) Devant nous s'étend le lac.

11) Après la réunion on discuta ferme.

12) J'ai repassé par ces mêmes sentiers vingt ans après.

6. Justifiez la suppression ou l'emploi de l'article dans deux colonnes d'exemples suivants:

Elle possédait une vieille chaise **de** cuisine	Va me chercher une chaise **de la** cuisine, toutes les chaises **du** salon sont occupées.
Elle faillit renverser le pot **de** chambre.	La porte **de la** chambre était ouverte.
Je viens d'acheter une lampe **de** bureau pour pouvoir travailler le soir sans déranger mon petit frère.	La lampe **du** bureau est restée allumée toute la nuit. Tu pourrais faire attention.
Il tient une lampe **de** poche à la main.	Le bouton **de la** poche **de** sa veste vient de sauter.
Il montait en se tenant à la rampe **d'**escalier.	La rampe **de l'**escalier **de** sa maison est cassée.
Le malade mit une robe **de** chambre pour me recevoir.	Les rideaux **de la** chambre **de** mes parents sont en soie.
Ces rideaux **de** chambre sont en soie de Chine.	Les textiles **de la** Chine et **de la** Corée sont réputés.
Marie supprima les frais **de** transport.	En Chine, le prix **des** transports est relativement bas.
L'entrée **de l'**hôtel a une fermeture **de** porte automatique.	Elle travaillait dans la bibliothèque jusqu'à la fermeture **des** portes.

7. Donnez la valeur des passés composés qui se trouvent dans les phrases suivantes:

1) Un instant, j'ai terminé.

2) Si demain vous ne m'avez pas téléphoné, c'est que vous pourrez venir lundi.

3) Quand il a travaillé, il va faire sa petite promenade.

4) Quand j'ai fini, je vous téléphone.

5) Depuis qu'il a perdu son portefeuille, il est triste.

6) Enfin, nous sommes arrivés.

7) Depuis bientôt une semaine, Paris est engagé dans une lutte sans merci, dans l'insurrection nationale.

8. Sujet de débat:

1) Divisez-vous en deux groupes: le premier groupe est pour l'émancipation de la femme et demande l'égalité pour la femme;
le deuxième groupe est contre: il doit faire tout son possible pour ne pas permettre à la femme de se libérer.

2) Essayez de présenter, de façon simple et précise, la condition féminine actuelle en Chine.

EXERCICES ECRITS

1. Répondez par écrit aux questions suivantes en remplaçant les verbes par des noms d'action:

Ex: —Est-ce qu'on peut utiliser la force des marées et la force du vent pour résoudre le problème de l'énergie?
— Oui, on peut résoudre le problème de l'énergie par l'utilisation de la force des marées et de la force du vent.

1) Est-il difficile de résoudre le problème de l'énergie?

2) Est-ce que c'est James Watt qui a découvert la machine à vapeur?

3) Est-ce que la machine à vapeur permet de transformer la chaleur en énergie?

4) Quand a-t-on mis en service cette machine à vapeur?

5) Raffiner le pétrole est un travail compliqué?
6) Faut-il surveiller ce malade 24 heures sur 24?
7) On consomme de plus en plus de viande dans ce pays?
8) Le gouvernement a décidé d'augmenter le salaire des fonctionnaires et des ouvriers?
9) Tu me rendras le vélo après que tu l'auras utilisé, d'accord?
10) Le gouvernement a importé de grosses machines pour exploiter cette région.

2. Reliez les propositions suivantes par un pronom convenable:
1) Vous rappelez-vous ce jour? Ce jour-là, nous sommes rentrés à l'Institut.
2) Ce fleuve s'appelle la Seine. Sur lui est situé Paris.
3) J'assistais au spectacle avec deux amis. J'étais assis entre les deux.
4) J'ai rencontré Mme MARTIN. Je ne l'ai pas reconnue tout de suite.
5) Savez-vous comment s'appelle ce garçon? J'ai oublié son nom.
6) Le professeur m'a posé une question. Je n'ai pu y répondre.
7) Je n'ai pu répondre à la question. Le professeur me l'avait posée.
8) J'ai acheté des journaux et des revues. Les revues coûtent très cher.
9) Mme Sullerot écrit à son mari de lui envoyer une somme d'argent. Sans cet argent elle ne pouvait pas rentrer à Paris.
10) Dans ce pays les fruits tropicaux sont très connus. Le climat de ce pays est chaud et humide.

3. Reliez les deux phrases par un des pronoms relatifs (qui, que, dont, où):
1) Il habite chez son vieil oncle. On appelle ce dernier "le père Grégoire".
2) Ce jeune Américain a prononcé quelques mots. Je n'y ai rien compris.
3) Voici la vieille église. Je t'en avais parlé.
4) J'admire beaucoup la basilique (大教堂) de Vézelay. Son tympan (三角楣) est le plus beau chef-d'oeuvre de la sculpture romane.
5) Nous approchons de la forêt. Les chasseurs y ont organisé une battue. (赶出猎物)

4. Complétez les phrases suivantes par "dont", "de qui", "duquel", selon les cas:

1) Je me suis rendu au lycée ________ elle avait été élevée.

2) C'est une grande chance pour lui ________ je ne sais pas s'il se rend compte.

3) Je suis la seule personne de la discrétion (审慎,保密) ________ elle est sûre.

4) J'ai reçu deux lettres, ________ voici l'une.

5) Il y avait derrière la maison un grand parc, sous les ombrages (绿荫) ________ il faisait bon flâner.

5. Remplacez les blancs par le pronom relatif "lequel, laquelle, lesquels et lesquelles":

1) Apporte-moi la boîte dans ________ j'ai mis les boutons.

2) Voici l'arbre près ________ nous avons campé l'été dernier.

3) C'est l'oeuvre à ________ il a tant travaillé.

4) Voici les pièces de monnaie ________ elle porte tant d'intérêt.

5) Ce sont des gens, auprès ________ tu trouveras un grand réconfort.

6) C'est une mauvaise habitude, contre ________ il lutte en vain depuis longtemps.

6. Faites des phrases avec les mots et expressions proposés en utilisant la construction si ... et que ...

1) / JE /TOMBER SUR /UN VOISIN/ NE PAS AVOIR / MON FILS / AVEC MOI / NOUS/ NE PAS ENGAGER LA CONVERSATION.

2) UNE VOISINE/ DE MON IMMEUBLE/ ME CROISER/ DANS LE COULOIR/ JE/ ETRE SEUL/ NE PAS M'ADRESSER LA PAROLE.

3) JE/ UNE ENFANT/ RENCONTRER/ INCONNU/ CONTACT/ S'ETABLIT.

7. Choisissez le mot juste.

Ex. : prêt — près.

a. Il est prêt à partir.

b. Il est près de partir.

1) partie — parti.

a. Dans une discussion, refuser de prendre ________

b. Faire ________ d'une équipe.

2) pause — pose.

a. Faire une ________ pour se reposer.

b. Prendre une ________ devant un photographe.

3) acquis— acquit.

a. Il a ________ une propriété.

b. Veuillez signer cette facture sous la mention: pour ________.

4) censé — sensé.

a. Nul n'est ________ ignorer la loi.

b. C'est un homme ________ qui réfléchit toujours avant d'agir.

5) fond — fonds.

a. Ils ont décidé d'aller au ________ du problème.

b. Il a revendu son ________ de commerce.

8. Mettez les infinitifs aux temps et aux modes qui conviennent:

Le déjeuner d'un savant

Le grand mathématicien français Ampère travaillait un matin dans sa bibliothèque (chercher) la solution d'un problème difficile. Ne (vouloir) pas interrompre ses calculs pour (venir) déjeuner avec sa femme, il se fit apporter un oeuf et (dire) qu'il le (cuire) lui-même.

La servante (mettre) l'oeuf sur la table, loin de la cheminée où (se trouver) la casserole avec de l'eau bouillante, lui (recommander) de ne (laisser) l'oeuf que trois minutes dans l'eau.

Lorsqu'elle (revenir), un peu plus tard, elle (trouver) le savant, (agenouiller) devant le feu, (regarder) attentivement l'oeuf qu'il (tenir) à la main, tandis que sa montre (cuire) au fond de la casserole.

9. Traduisez en français:

高级官员　　统治国家　　说定了!　　专心于某事　　附属品

无足轻重的　　做好某事　　放学　　散会　　对某事有利

出身于……　　大量的　　随遇而安

10. Thème:

1) 不论中国人还是外国人,我们各自有自己的困难和问题。

2) 在我们这个社会里,不少人还抱着传统观念不放。他们认为妇女就应该在家操持家务,带孩子。对此,我持相反意见:妇女也应该有自己的职业生活,她们应该和男人完全平等。

3) 他这个人,天生就是当画家的料。

4) 你们只要能够完成学习任务就成了。

5) 他总是答应我下一次一定把作业做好,可每次都做得不怎么样。

6) 他们认为,女人心灵手巧,直觉好,善于交际。但相反,也比较任性,好打扮。

7) 妇女解放一直是一个口号。许多人也主张应该男女平等,但实际上只是说说而已。这种人就是怕妇女真的和男人完全平等了,他们也要做家务,带孩子,洗衣服,做"家庭女保姆"。

8) 在法国社会里,富有阶级也讲妇女解放,男女平等。但实际上,他们是更加自觉地抱着传统观念不放。因为他们害怕如果让妻子走出家门,就会引起社会动荡。

11. Version:

Pourquoi travailler?

Ce qui pousse les femmes à travailler? Dans 95% des cas elles le font pour améliorer le budget familial ou pour permettre aux enfants de poursuivre leurs études. Ces impératifs d'ordre économique valent surtout pour le monde ouvrier. Dans les milieux aisés, on trouve d'autres motivations: pour 60%, le goût et l'intérêt pour le métier pratiqué; le travail est envisagé dans ce cas-là comme un moyen d'émancipation et de libération; 50% désirent ainsi être indépendantes, avoir de l'argent à elles et échapper à l'ennui d'un horizon borné aux seules tâches ménagères.

LECTURE

Ce qu'en pensait la loi jusqu'en 1970

La femme a-t-elle un nom? — Bien sûr que oui, comme tout le monde. Chez nous, hommes et femmes sont égaux, n'est-ce pas? Filles et garçons héritent du nom de leur père, si ce dernier a daigné les reconnaître. Il est vrai qu'en se mariant, la jeune fille le perd, mais son mari lui en redonne un. Et cela jusqu'à sa mort . . . sauf si elle divorce. Dans ce cas, elle reprend son nom de jeune fille. Mais de toute façon, elle a un nom.

Est-ce si sûr? L'histoire que nous raconte la sociologue et féministe Evelyne SULLEROT permet d'en douter.

N. D. L. R.

Un jour, au bord de la mer, je me trouve avec mes enfants sans argent. Mon mari, resté à Paris, m'envoie un mandat télégraphique que je vais toucher à la poste:

— Je ne peux pas vous payer ce mandat, Madame, il est pour Monsieur.

— Mais c'est lui qui me l'envoie!

— Peut-être, mais il est au nom de SULLEROT. On n'a pas mentionné "Madame". Il n'y a que le nom, sans prénom. Je ne peux le donner qu'à un homme.

J'essaie d'expliquer que si mon mari m'envoie un mandat télégraphique, c'est que je n'ai plus un sou, que je dois partir avec les enfants le lendemain et ne peux attendre . . . La postière est "fonctionnairement" de bois et m'explique que, puisque je suis mariée, je n'existe plus sous mon nom de jeune fille. Mon nom de femme mariée n'est valable que précédé de "Madame".

La nécessité donnant de l'imagination, j'appelle un de mes fils, treize ans, qui attend sur le trottoir:

— Et lui, il pourrait le toucher?

— S'il a un papier d'identité, oui.

Dix minutes plus tard, mon fils, en maillot de bain, lui tend une carte d'identité avec une photo de lui à sept ans et, devant un public surpris, se voit donner le paquet de billets qu'on refusait à sa mère.

Agitant les billets sous mon nez, mon fils me dit en souriant:

— C'est à moi maintenant. Vous avez besoin d'argent, Madame?

Il finit par me les donner en ajoutant:

— Tiens, les voilà. Mais rappelle-toi. Pas de fils, pas d'argent!

Une fillette de huit ans avait-elle le droit de se faire payer ce mandat familial? Je ne sais pas, mais la mère, elle, ne l'avait pas.

D'après Evelyne SULLEROT

"Le Nouvel Observateur"

VOCABULAIRE

daigner *v.t.* vouloir bien	俯允,惠允
sociologue *n.*	社会学家
mentionner *v.t.*	提及
divorcer *v.i.*	离婚
mandat *n.m.*	汇票
être de bois	呆板

Leçon 14

LES PAYSANS FRANÇAIS

I. Heureux quand même!

Eh bien, voilà: je m'appelle GRENADOU Ephraïm, né en 1897 à Saint-Loup, dans le département de l'Eure-et-Loir. Ma mère était du village et mon père de Meslay-et-Guénat, à six kilomètres.

La route Paris-Tours passe sur la commune et sépare la Beauce du Perche; mais ici, c'est encore la grande plaine avec la cathédrale de Chartres à quinze kilomètres sur l'horizon. Ma vie, je la referais!

Je suis forcé de remercier le Bon Dieu quand je cours dans les champs derrière les tracteurs, à soixante-neuf ans. Pensez qu'Alice et moi, on est encore là tous les deux, que jamais on a été malades, nos gosses non plus. Avec la santé, le travail paraît rien, et c'est facile de gagner de l'argent quand on travaille.

Le difficile avec l'argent, c'est de le conserver. J'ai pas l'esprit banquier. Avant cette guerre, j'ai prêté de l'argent à un gros propriétaire de Vitray pour qu'il s'achète des hectares. Quand je lui ai prêté, un cheval valait quatre mille francs. Quand il me l'a rendu, en 43, une oie valait deux mille francs. Total, chaque fois que je lui avais prêté un cheval, il me rendait deux oies.

Ce n'est pas tant l'argent qui m'a fait plaisir, mais c'est d'avoir commandé une grande ferme. Dans ce métier, on est indépendant. Quand on a payé ce qu'on doit aux propriétaires, au percepteur, aux ouvriers, on demande rien à personne. On ne dépend plus que des saisons et de la température.

Mais pour se lancer aujourd'hui dans la culture, il faut être fils ou petit-fils de paysans. Avec l'évolution, les jeunes ont changé comme le reste. Ils sont plus forts que moi. Quand on est jeune, on est plus mordant. Un vieux patron, c'est tranquille. J'ai toujours été du progrès, [1] mais les jeunes s'y adaptent mieux. Ils osent dépenser davantage. Ils savent prendre des risques.

Question de train de vie, ils ont le chauffage au mazout, la télévision, les grosses autos, Ils sont mieux habillés que nous. Tous les ans, ils vont faire un tour en Italie, en Espagne, en Autriche. Beaucoup vont aux sports d'hiver.

J'ai bien ma maison neuve, mais ça ne me dit rien d'y aller vivre[2]. Avec Alice, on est habitué à l'ancienne mode . . . Jamais de feu dans la chambre à coucher. J'ai encore sur mon lit un édredon fait par ma mère avec le duvet des oies que je gardais: ça me suffit. Même l'hiver je couche avec la fenêtre ouverte; quand il fait chaud dans une pièce, je peux pas dormir. J'ai jamais froid.

Extrait d'Ephraïm Grenadou et
Alain Prévot
Grenadou, paysan français,
Editions du Seuil

II. Une nouvelle race de paysans

Acteurs, naguère, d'une véritable "révolution silencieuse", les paysans ont été récemment les victimes, parfois durement touchées, de la crise du "pétrole vert". Désormais minoritaires dans la société française, leur rôle n'en est pas moins primordial et devrait encore s'accroître dans les années à venir.

Quelles que puissent être en effet leurs difficultés, les paysans actuels ne sont nullement condamnés à mourir de faim.[3] Il reste néanmoins vrai qu'ils "font vivre les autres", c'est-à-dire qu'ils procurent à leurs compatriotes toute l'alimentation dont ils ont besoin. De fait, ils produisent même beaucoup plus qu'il n'est nécessaire pour nourrir les Français[4], et un de leurs problèmes est justement de trouver des débouchés pour le surplus de leur production, autrement dit d'exporter.

Après la guerre, on considérait qu'un agriculteur français moyen survenait aux besoins alimentaires d'une dizaine de ses concitoyens; aujourd'hui, les spécialistes estiment qu'il peut offrir une nourriture plus riche et plus variée à plus d'une quarantaine de personnes.

Pourtant, les paysans ne représentent plus désormais que 7% de la population active (soit 1,6 million de personnes), contre 31% en 1954, 36% en 1936 et plus de 40% à la veille de la Première Guerre mondiale. Avec 3,8 millions de personnes, la population correspond égalment à 7% de l'ensemble des Français, contre 44% en 1954, 48% en 1936 et plus de 55% avant 1914. S'ils ont perdu plus des deux tiers de leurs effectifs au cours des quarante dernières années, les paysans français ont, durant cette période, acquis la parité avec l'ensemble de leurs compatriotes. "Parité économique, parité des revenus, parité sociale, parité des conditions de vie, parité de la dignité, (et enfin) parité de la considération", ainsi que le déclarait en 1977 M. Giscard d'Estaing,[5] alors président de la République. Prenant acte de cette "révolution silencieuse" qui avait permis aux paysans de parvenir à un niveau de vie à peu près identique à celui du reste de la population, le chef de l'Etat affirma que l'agriculture "(devait) être notre pétrole".

Dix ans plus tard, ce pétrole vert est-il aussi rentable que l'était l'or noir en 1977?[6]

D'abord, un constat: depuis la fin de la guerre, la productivité de l'agriculture a plus rapidement augmenté que celle de l'industrie. Plus récemment, elle a contribué pour un quart à la croissance de la production nationale et a joué un rôle important dans la diminution de l'inflation. En 1984, avec les industries de transformation agricoles et alimentaires, elle a permis, grâce à un solde commercial positif d'une trentaine de milliards de francs, de régler la facture des importations françaises de pétrole.[7]

Pourtant, le revenu des agriculteurs diminue depuis une douzaine d'années et a pris un important retard, par rapport au revenu moyen des salariés (-25%) et des artisans et petits commerçants (-12%). En 1985, il a subi une baisse de 4,7%, la plus importante, avec 1980, depuis quinze ans.

Un fait est certain: la chute des revenus est un des signes les plus importants de la crise que traverse actuellement l'agriculture française. Parmi les autres symptômes, on observe le vieillissement de la population agricole (40% des paysans ont plus de cinquante-cinq ans), la diminution des possibilités d'investissement, la surproduction chronique et surtout l'effondrement du marché foncier. En d'autres termes, les prix de la terre baissent: ils ont perdu 40% depuis 1978. En 1985, avec une moyenne de 20 450 francs l'hectare, les terres agricoles (terres labourables et prairies naturelles) sont, en valeur réelle, au niveau des prix de 1961! Bien entendu, il existe d'énormes écarts selon les départements: dans ceux du nord de la Seine, de l'Est et du Sud-Est, les prix dépassent largement les 25 000 F l'hectare (72 100 F en Seine-Saint-Denis, par exemple); tandis que dans les départements du sud de la Bretagne, du Centre-Est et de la Corse, ils sont inférieurs à 15 000 francs (7 300 F en Corse du sud). Pourquoi la terre perd-elle de sa valeur? Parce que les paysans, ses traditionnels acquéreurs, l'achètent moins et que les épargnants investissent dans des placements plus rentables (les actions, l'or, la pierre ...). Les paysans en effet, ont dépensé beaucoup d'argent, ces dernières années, pour s'équiper: ils ont acquis des machines et des engrais, au détriment des terres. Quant aux épargnants, ils ont vendu, en vingt ans, 2,5 fois plus de terres qu'ils n'en ont acheté.

Durant ce même laps de temps, deux millions de personnes ont quitté l'agriculture et 640 000 exploitants ont disparu. Selon certaines prévisions, entre 1983 et 1993 plus de 40% des exploitants (578 000 personnes) devraient cesser leur activité, "libérant" 4 millions d'hectares cultivables (l'équivalent de huit départements). On estime au maximum à 10 000 par an le nombre de jeunes susceptibles de s'installer à leur place. D'après le ministère de l'Agriculture, les jeunes paysans qui ont décidé de s'établir "cherchent de moins en moins à devenir propriétaires, sauf s'ils bénéficient d'une donation ou d'un héritage". Ils n'achètent plus la terre, mais la louent. Si cette tendance se confirme, d'ici quelques années, les propriétaires terriens ne seront plus que des retraités, "anciens paysans", ou des "gens de la ville", héritiers ou acquéreurs de patrimoines fonciers.

Les agriculteurs de demain ne représenteront plus que 4% de la population active, ils ne posséderont plus que quelques dizaines de milliers d'exploitations ressemblant de plus en plus à d'immenses entreprises mécanisées, mais ils devraient faire partie des producteurs et des exportateurs les plus efficaces de ce pays.

VOCABULAIRE

Saint-Loup	圣·卢普(法国地名)
l'Eure-et-Loir	厄尔·卢瓦尔省
la commune	小市镇
la Beauce	布斯(地名),以土地肥沃著称
le Perche	佩尔西(地名)
Chartres	夏尔特尔;(地名)以大教堂著称
l'horizon *m. m.*	地平线
forcer *v.t.*	强迫;逼迫
le Bon Dieu	上帝
un, une gosse	孩子(男,女)
banquier *n. m.*	银行家
l'esprit banquier	银行家的头脑;弄钱的意识
Vitray	维特莱(地名)
une oie	鹅
le percepteur	征税官
se lancer *v. pr.*	投入;(转)大胆从事
mordant, e *a.*	咬人的;刺耳的;咄咄逼人的
s'adapter à ...	适合,适应
prendre des risques	冒险
un train de vie	生活排场
le mazout	重油;柴油
le chauffage au mazout	用柴油的取暖设备
l'Autriche *n. f.*	奥地利
un édredon	鸭绒盖脚被
le duvet	绒毛;羽绒
une race	种族;种类

naguère *adv.*	不久以前;最近
récemment *adv.*	最近
une victime	牺牲品;牺牲者
durement *adv.*	残酷地;严厉地
touché, e *a.*	被触及的;波及的
désormais *adv.*	今后
minoritaire *a.*	少数的
primordial, e *a.*	首要的;重要的
s'accroître *v. pr.*	增加,增长
nullement *adv.*	无一地;根本没有地
procurer *v.t.*	提供;供给
un, une compatriote	同胞
une alimentation	食品;食物
de fait	其实;实际上
un débouché	出口;销售市场
le surplus	过剩;余额
autrement *adv.*	不一样;否则
autrement dit	换言之
exporter *v.t.*	出口
un agriculteur	农业生产者
survenir à	(法律)事后增加;增益
un concitoyen	男同胞,男同乡
une concitoyenne	女同胞,女同乡
estimer *v.t.*	评价;评估;认为
représenter *v.t.*	代表;表现
contre *prép.*	交换;对、向
un effectif	全部人数
la parité	同等;相等
la dignité	尊严
Giscard d'Estaing	吉斯卡尔·德斯坦(法前总统)
alors *adv.*	当时,那时

prendre acte de ...	备案;〔引〕注意到
un acte	行动;证书,文件,契约
rentable *a*.	有收益的;生利的
un constat	证明
la productivité	生产力
la croissance	增长;增加
une inflation	通货膨胀
la transformation	改变,变化;加工
un solde	差额,余额
positif, ve *a*.	积极的;实际的;正的
la facture	发票
régler la facture	给发票结账
une importation	进口
diminuer *v.i*.	减少,降低
un salarié	领取薪金者
subir *v.t*.	忍受;遭受
une baisse	下降;降低
la chute	跌落;下跌
un signe	迹象;征兆
un symptôme	征兆;症状
observer *v.t*.	观察
le vieillissement	老(年)化
une possibilité	可能性
un investissement	投资
la surproduction	生产过剩
chronique *a*.	(医)慢性的;长期的,持久的(指坏事)
un effondrement	倒塌;崩溃
le marché foncier	地产市场
en d'autres termes	用其它的说法;换言之
labourable *a*.	可耕作的

une prairie	草场
énorme *a*.	巨大的
un écart	差距、差异
un acquéreur	(财产)获得者;买主
un épargnant	有储蓄者;储户
un placement	销售;投资
les actions	股票
la pierre	石头(此处喻住房)
s'équiper *v. pr*.	自行装备
des engrais *n. m. pl*.	肥料
au détriment de ... *loc. prép*.	损害……;不利于……
un laps [laps] de temps	一段时间
un exploitant	经营者
une prévision	预见;预测
cultivable *a*.	可耕作的;可种植的
un équivalent	相等物;等同物
susceptible *a*.	可以……的
s'établir *v. pr*.	定居;以……为业;被建立
chercher à faire qch.	力求做某事
bénéficier de ... *v. t. ind*.	受益于……;从……中获利
une donation	赠与;馈赠
une tendance	倾向,趋势
se confirmer	被证实;被证明
terrien, ne *a*.	占有土地的
héritier, ère *n*.	继承人,遗产继承者
le patrimoine	遗产;家产
posséder *v. t*.	拥有
une exploitation	经营;经营的事业
un exportateur	出口商
efficace *a*.	有效的

Il n'y a que les montagnes qui ne se rencontrent pas.

(只有山和山不会相碰。)人生何处不相逢。

Une hirondelle ne fait pas le printemps.

单燕不成春。

NOTES

1. **J'ai toujours été du progrès,** mais les jeunes s'y adaptent mieux. 我一直是赞同进步的,但年轻人对此适应得更好。

   être de ... 原意为"属于,源于"等等。此处应理解为主人公"站在进步的一边"。

2. J'ai bien ma maison neuve, mais **ça ne me dit rien d'**y aller vivre. 我也有自己的新宅,但到那里去住对我来说没任何意思。

   Ça 是形式主语,实质主语为 aller vivre là。dire 在句中意为"意味"。

   Ça ne me dit rien de faire qch. 是俗语说法,笔头语言中应避免。

3. Quelles que puissent être en effet leurs difficultés, les paysans français actuels ne sont **nullement** condamnés à mourir de faim. 无论实际困难怎样,现在法国农民绝没有饿死的危险。

   Nullement 意为"绝不,一点也不",常与 ne 连用,但有时也可省略,用来加强否定的强度。请看例句:

   Ce n'est **nullement** par hasard. 这绝非偶然。

   Il n'en est **nullement** question. 根本不是这回事(儿)。

4. De fait, ils produisent même beaucoup plus qu'**il n'est nécessaire** pour nourrir les Français. 实际上,他们的生产甚至远远超过了养活法国人所必须的产量。

   il est nécessaire de ... 意为"为……所必须的。"

   此句中的 ne 为赘词。法语语法规定:在比较性从句中,当前一个从句中使用 plus, moins, mieux, autrement 等副词，表示一种不平衡的比较，而该从句又是肯定形式时，第二个从句动词前加赘词“ne”。例如：

Paris était alors plus aimable qu'il **n'**est aujourd'hui.

但这种赘词的使用不是强制性的。

5. (Valéry) Giscard **d'**Estaing 吉斯卡尔·德斯坦

介词 de (particule) 本来是贵族的标志，后接封邑名称，作为爵位或名字的补语。如：

Le duc **d'**Orléans 奥尔良(地方的)公爵

Le comte **de** Monte-Christo 基度山(的)伯爵

(Alfred) **de** Musset (阿尔弗雷德·)德·缪塞

今天 **de** 仍保留下来成为姓的一部分，如：**de** Gaulle 戴高乐

在遇到前置介词的情况下，de 不能因此省略，如：un portrait de **de** Gaulle。

有些姓氏原带冠词或缩合冠词，带冠词的有介词时要缩合；已经有缩合冠词的，介词要保留。

les vers de **du** Bellay 杜贝雷的诗

6. Dix ans plus tard, ce pétrole vert est-il aussi rentable que **l'**était l'**or noir** en 1977? 十年之后，这绿色的石油是否也和1977年时那黑金子一样带来收益呢？

“le”是中性代词，表示“rentable”这一结果，使用它是为了避免重复。

黑色的金子指石油。中东阿拉伯国家靠它发了财。1977年发生石油危机，油价飞涨，收益最好。

7. En 1984, avec les industries de transformation agricoles et alimentaires, **elle** a permis, grâce à un **solde commercial positif** d'une trentaine de milliards de francs, de **régler la facture** des

importations françaises de pétrole. 1984 年,法国农业部门的农产品和食品加工业实现了 300 多亿法郎的贸易顺差,使法国能够支付其石油进口的费用。

Elle 指法国农业; solde commercial positif 指贸易顺差余额; régler la facture 原意为"支付支票上的金额",转义即为"结账"。

GRAMMAIRE

"Faire, laisser" plus une proposition infinitive (faire, laisser 后接不定式句):

Faire 和 laisser 后接不定式句时,应注意不定式的主语(S)和直接宾语(O)的形式和位置。

1. 不定式句中只有名词主语:

Il **fait venir** tous les étudiants. (faire 句中 S 只能在不定式后)

Il **laisse** Pierre **partir**. Il **laisse partir** tout le monde. (laisser 句中 S 可以在不定式前或后。)

2. 不定式句中同时有主语和直接宾语:

Je fais réparer ma radio **par** Pierre. (faire 句中 S 必须改为以 à 或 par 引导。)

Je **lui** fais réparer ma radio. (S 是代词时,改为间接形式)

On laisse **le tracteur** écraser la boîte. On laisse écraser la boîte **par** le tracteur. (laisser 句中 S 可以改为间接形式,也可以不改。)

Je **le** (ou: **lui**) laisse dire ce qu'il veut.

3. 非重读人称代词的位置:

 1) 不定式句只有一个代词(S 或 O),应使用直接宾语人称代词:

 Faites-**le** venir.

Il laissait **l'eau** couler sur ses joues.

Ce vieux bâtiment, on **l'**a laissé démolir.

(l' 是 démolir 的直接宾语,但放在 a laissé 前。)

2) 不定式句有两个代词(S 和 O):

Cette chanson, je **la leur** fais chanter.(faire 句中,S 和 O 全作 faire 的宾语处理。)

Cette chanson, je **la leur** laisse chanter.

Cette chanson, je **les** laisse **la** chanter.

(laisser 句中,S 和 O 可以全作 laisser 的宾语处理。也可以分作 laisser 和不定式的宾语处理。)

4. 自反人称代词:

1) 不定式如果是代动词,不定式的主语采取 faire 或 laisser 的直接宾语形式:

Je **les** fais (s') asseoir.(faire 后可以省略自反代词)

Je **l'**ai laissé se promener.(laisser, envoyer, mener 等后面的不定式句中也可以省略自反代词,但较少见。)

2) 在 se faire, se laisser 后,不定式的主语常以 par 或 de 引导:

Il s'est laissé arrêter **par** la Gestapo.

Il se fait aimer **de** tous.

5. 复合时态中的过去分词 fait 和 laissé 的形式:

Je **les** ai fait venir.(fait 永远不变)

Je **les** ai laissé(s) partir.(laissé 可变可不变)

* 表示感觉的动词(如 voir, regarder, écouter, entendre, sentir)在多数情况下用法和 laisser 相同。

UN PEU DE CIVILISATION FRANÇAISE

1. 法 国 农 业 一 瞥

法国是西欧最大的农业生产国和出口国。但它正在悄悄地向工业国演变。

过去曾经是法国农业标志之一的小规模经营模式已经逐渐消失。随着土地的兼并和农业人口的逐步减少，在25年中，20公顷土地以下的小经营者减少了三分之二以上。到1980年，上述经营者的数量在全法国已减少到不足70万。相反。50公顷以上的较大规模的农业经营则比25年前增加了两倍多。种植技术及饲养技术也不断发展，变得越来越工业化了。

2. 法 国 土 地 的 使 用

就全国土地总面积来说，未开垦的土地及建筑面积占16%；果园、葡萄园以及其它作物种植占5%；森林面积占21%；自然草场占24%；主要农作物耕地面积占34%。

EXERCICES ORAUX

1. Questionnaire 1:

1) Quel âge a le héros du texte?

2) Pour quelle raison dit-il qu'il est "heureux quand même"?

3) Où habite-t-il?

4) Quel est son métier?

5) Avec qui vit-il maintenant?

6) Que veut-il dire par "ma vie, je la referais"?

7) Pourquoi dit-il qu'il n'a pas l'esprit banquier?

8) Qu'est-ce que c'est que l'esprit banquier, d'après vous?

9) Qu'est-ce qui lui fait le plus de plaisir?

10) Est-ce qu'il se croit plus fort que les jeunes dans l'agriculture?

11) Quelles sont les qualités des jeunes agriculteurs d'après ce vieux monsieur?

12) Quel est le train de vie des jeunes du village?

13) Et lui? c'est la même chose qu'eux?

14) Pour quelle raison ce monsieur ne veut-il pas aller se loger dans sa maison toute neuve?

15) Qui est Alice?

16) Quel est son ancien mode de vie?

17) Qu'est-ce que vous pensez de ce vieux paysan français?

2. Questionnaire 2:

1) La France est-elle un pays industriel ou agricole?

2) Comment est l'agriculture française actuellement?

3) Est-ce que l'agriculture française produit assez pour nourrir ses habitants?

4) Quelle est la grande difficulté que rencontrent les agriculteurs français?

5) A l'heure actuelle (目前), à combien de bouches un agriculteur français peut-il donner de quoi manger?

6) Quel est le pourcentage qu'occupent les paysans français dans la population active française?

7) Quel est son effectif total?

8) Cela s'est développé ou a diminué?

9) Pour quelle raison Monsieur Giscard d'Estaing a-t-il dit que l'agriculture avait le même poids que le pétrole?

10) Est-ce que l'agriculture est rentable?

11) Avec quoi a-t-elle pu obtenir un solde commercial positif d'une trentaine de milliards de francs?

12) Et quels sont les signes de la crise que traverse actuellement l'agriculture française?

13) Que veut dire "l'effondrement du marché foncier"?

14) Quel est le prix du terrain par hectare dans les banlieues de Paris?

15) Et celui du Centre-Est?

16) Et celui de la Corse?

17) Pourquoi y a-t-il un si grand écart de prix entre ces régions différentes?

Justifiez-le!

18) Est-ce que l'exode rural (农业人口流失) est fort dans toute la France?

19) Pourquoi cet exode rural, pourriez-vous nous l'expliquer?

20) Les jeunes susceptibles de s'installer à la campagne, vont-ils encore acheter de la terre?

21) D'après les prévisions, quel sera le nombre des agriculteurs de demain?

22) Et comment seront leurs exploitations?

3. Questionnaire 3:

1) Comment est l'agriculture chinoise?

2) Y a-t-il aussi un problème d'exode rural?

3) Combien de paysans a la Chine?

4) Est-ce que notre agriculture est moderne?

5) Quelles sont ses difficultés?

6) Pouvez-vous envisager un peu l'agriculture chinoise de demain?

4. Exercices de grammaire:

1) Exercices sur "faire faire", "se faire faire":

— Jacques a fait laver son pantalon?
— Non, il ne l'a pas fait laver, il l'a lavé lui-même.

(1) Pierre a fait monter ses bagages?

(2) Michel a fait réparer sa télé?

(3) Robert a fait sortir la poubelle?

(4) Pierre a fait prévenir les étudiants?

(5) Monique a fait préparer le dîner?

— La mère de Jacques lui a fait laver sa veste?
— Non, elle ne lui a pas fait laver sa veste, elle l'a lavée elle-même.

(1) Elle lui a fait installer l'électricité?

(2) Son père lui a fait répéter ce poème?

(3) Elle lui a fait traduire cet article?

(4) Vous lui avez fait ramasser des coquillages?

(5) Tu as fait payer ces champignons par ta mère?

— Vous faites emprunter des romans par votre ami?
— Non, je n'en fais pas emprunter par lui.

(1) Tu as fait faire des réparations par Jean?

(2) Tu as fait prendre des billets de cinéma par ton frère?

(3) Vous avez fait mettre une annonce dans le journal par Pierre?

(4) Tu as fait nettoyer les escaliers par la concierge?

(5) Vous avez fait faire une robe par Isabelle?

— Jacques a fait venir ses amis chez lui?
— Oui, il les a fait venir.

(1) Il a fait sortir les enfants?

(2) Ses compagnons lui ont fait parvenir les renseignements qu'il demandait?

(3) Pierre a fait monter les enfants dans leur chambre?

(4) Ils ont fait chanter Monique?

(5) Elle a fait revenir son frère?

— Tiens, tu t'es fait couper les cheveux?
— Oui, je me suis fait couper les cheveux.

(1) Elle s'est fait faire une veste?

(2) Ils vont partir pour le Nord-Est. Ils se font faire des vêtements bien chauds?

(3) En sortant de la salle, vous vous êtes fait remarquer?

(4) L'assassin s'est fait pincer par la police?

(5) Tu t'es fait réveiller à cinq heures ce matin?

2) Exercices sur "laisser faire":

— Laissez-le faire! — Non, je ne vais pas le laisser faire.

(1) Laissez-la manger!

(2) Laissez-les dire!

(3) Laissez-la répéter!

(4) Laissez-le couler!

(5) Laissez-les écrire!

— Il veut aller chercher Jacques. — Laissez-le aller chercher Jacques.

(1) Elle veut lire ce livre.

(2) Il veut prendre l'avion.

(3) Ils veulent faire un voyage dans le Nord-Est.

(4) Je veux aller au cinéma cet après-midi.

(5) Nous voulons acheter quelques pains aux raisins.

3) Remplacez les blancs par "payer, fuir, faire, mettre, visiter":

(1) Son père lui fait ________ un manteau.

(2) Ses parents lui ont fait ________ cet argent de côté.

(3) Ses paroles méchantes font ________ tous les amis.

(4) Mon ami a fait ________ le musée Lu Xun à son petit frère.

(5) On nous a fait ________ la note (账单) avant de sortir du restaurant.

4) Remplacez les blancs par les pronoms "se, le, la, les, ou lui, leur":

(1) Jacqueline ________ a fait restaurer sa bergerie.

(2) Les Michel ________ font acheter une résidence à la campagne.

(3) Jean-François ________ fait payer un vélomoteur.

(4) Isabelle veut nager. Laisse ________ nager.

(5) Voilà les amis de Bernard, faites ________ entrer.

(6) Elle ________ fait peigner tous les matins.

(7) Jacques a de la fièvre, ne ________ laisse pas sortir.

(8) Catherine est arrivée à l'heure aujourd'hui. Je ________ ferai venir chez nous ce soir.

5) Remplacez les blancs par le verbe laisser ou le verbe faire:

(1) Il ne faut pas ________ les enfants jouer dans la rue.

(2) Le profeseeur leur ________ commenter les diapositives.

(3) "________ passer ces voitures d'abord", dit l'agent de police.

(4) Je ne connais pas encore bien la ville de Paris, je me ________ conduire par un de mes amis pour la visite.

(5) Un vélomoteur entra dans la cour, le bruit du moteur se ________ entendre.

5. Exercices de réemploi:

1) être forcé(e) de faire qch.

Je doute qu'il ne soit obligé de lui répondre. Je ne crois pas qu'il soit forcé de lui répondre.

(1) Je doute qu'elle ne soit obligée de faire cela.

(2) Nous doutons qu'ils ne soient obligés de prendre des risques.

(3) Est-ce que vous doutez qu'elle ne soit obligée de se lancer dans cette affaire?

(4) Tu ne doutes pas qu'il ne soit obligé de conserver cet argent pour la ferme?

(5) Je doute qu'il ne soit obligé d'utiliser le chauffage au mazout.

2) devoir qch à qn.

Il paraît que je vous ai prêté 2 000 francs il y a 2 semaines? Oui, je vous dois encore 2 000 francs.

(1) Il paraît qne vous avez acheté 4 kilos de boeuf?

(2) Il faut que je vous rende 700 yuans?

(3) Je vous ai déjà rendu la moitié de la somme prêtée, n'est-ce pas?

(4) Nous devons encore donner 9 000 francs au percepteur?

(5) Il faut que vous me rendiez 50 yuans que je vous ai prêtés il y a déjà deux mois!

3) s'adapter à . . .

Je ne peux pas m'habituer à la vie à l'institut. Mais il faut que vous vous adaptiez à la vie ici! (Mais il faut que vous vous y adaptiez!)

(1) Je ne crois pas que je puisse m'habituer à cette méthode de travail!

(2) Est-ce que vous croyez que les jeunes filles puissent s'habituer à la vie si dure ici?

(3) Les vieux paysans ne croient pas que les jeunes gens puissent s'habituer au rythme (节奏) à la campagne.

(4) Ses parents ne croient surtout pas qu'elle puisse s'habituer à ce genre de train de vie.

(5) Pourtant, vous devriez vous habituer à son esprit banquier!

4) nullement

Est-ce que c'est par hasard? Non! ce n'est nullement par hasard!

(1) Est-ce qu'il en est question?

(2) Est-ce qu'ils sont condamnés?

(3) Les paysans sont-ils pauvres en France?

(4) Est-ce que le temps est bon?

(5) Est-ce que ces percepteurs sont gentils?

5) correspondre à ...

— Est-ce que cette méthode de travail vous va bien?
— Oui, elle me correspond parfaitement.

(1) Ce genre de style lui va-t-il bien?

(2) Est-ce que ce train de vie leur va bien?

(3) Est-ce que ce règlement vous va bien à votre institut?

(4) Est-ce que cette alimentation va bien pour les enfants?

(5) Je crois que cette dignité va tout à fait aux paysans français.

6) au détriment de ...

Les paysans mettent trop d'engrais chimiques dans leurs champs.
Ils ont mis trop d'engrais chimiques au détriment des terres.

(1) Paul travaille trop. Il ne fait pas attention à sa santé.

(2) Il tire toujours profit (获利) pour lui-même; il ne pense jamais à autrui (别人).

(3) Le pays fait développer l'industrie. Mais il ne pense pas aux paysans.

(4) Cette usine se développe très vite; mais elle ne fait jamais attention à l'environnement.

(5) L'homme détruit trop de forêts; il ne fait jamais attention aux animaux ni à la nature.

7) chercher à faire qch.

Les paysans s'efforcent d'améliorer leur condition de vie.
Les paysans cherchent à améliorer leur condition de vie.

(1) Les étudiants s'efforcent d'apprendre une deuxième langue étrangère par eux-mêmes.

(2) Il a essayé de passer sans se faire remarquer.

(3) Il a essayé de garder son calme habituel.

(4) Les paysans ont fait tout leur possible pour augmenter le rendement

de la production.

(5) Faites tout votre possible pour venir à temps à la réunion de ce soir dans la classe.

8) bénéficier de ...

Cette mesure est très avantageuse pour les paysans.
Les paysans peuvent bien en bénéficier.

(1) Cette donation est bien utile pour cet enfant.

(2) Ce patrimoine est bien énorme pour nous tous.

(3) La prévision qu'avait laissée ce vieux monsieur est bien juste et positive pour nous.

(4) Les résultats qu'il a obtenus après tant d'épreuves sont bien utiles pour nos études.

(5) Cette croissance d'inflation est une bonne occasion pour les capitalistes de s'enrichir sur les malheurs de simples travailleurs.

6. Exercices divers:

1) Traduisez en français:

(1) 你让他走吧。

(2) 这使他想起中学时代的生活。

(3) 我让人给他带来了他双亲给的礼物。

(4) 皮埃尔总是想方设法地让这位农民了解他的意思。

(5) 她让我看她在巴黎拍的照片。

(6) 这孩子太小,她还要别人给她穿衣服。

2) Refaites les phrases en employant le verbe "se faire" au sens passif:

(1) Pierre a été pincé pour avoir fait du marché noir.

(2) Le marchand de légumes a été arrêté par la Gestapo pour avoir abrité deux Juifs.

(3) C'est dans cet atelier qu'est le montage.

(4) Paris n'a pas été fait en un seul jour.

(5) Anne n'est pas arrivée à l'heure prévue, tout le monde l'attendait.

3) Trouvez à partir des verbes ci-dessous des verbes en en-, em-, qui indiquent le mouvement:

exemple: voler, -(s')envoler

lever	porter
fuir	mener

4) Citez des mots de la même famille et construisez une phrase avec chacun des mots trouvés:

la destruction	lentement
la prononciation	triste
la promenade	voler

5) Traduisez les phrases suivantes en indiquant les différents sens du verbe "produire":

(1) Dans cette région on produit du raisin.

(2) Voilà des arbres qui produisent beaucoup de fruits.

(3) Cette usine produit des tracteurs.

(4) Cette visite a produit sur nos amis une forte impression.

(5) C'est un écrivain qui a beaucoup produit.

(6) Dans mon village, beaucoup de changements se sont produits ces dernières années.

(7) La catastrophe s'est produite dans la région voisine.

6) Dites les sens différents du verbe "accepter" dans les phrases suivantes:

(1) M. Durand a accepté une invitation hier soir.

(2) Georges Michel a accepté de nous loger jusqu'à la fin de l'année.

(3) Ces jeunes gens ont accepté ce débat.

(4) Il a accepté de nous aider.

(5) Il accepte que les choses les plus éloignées les unes des autres puissent se ressembler.

7) Faites entrer dans les phrases "abriter" ou "s'abriter":

(1) Ce matin notre marchand de légumes a été arrêté par les Allemands, parce qu'il ________ des Juifs et des résistants.

(2) Les murs ________ ces jeunes arbres contre le vent.

(3) Dans ces cabanons, les paysans rangeaient leurs outils et ________ de l'orage.

(4) Cet hôtel peut ________ 200 personnes.

(5) Ces enfants ________ derrière un arbre.

8) Précisez les rapports du passé simple et des autres temps dans les phrases suivantes:

(1) Comme il se préparait à sortir, la sonnerie du téléphone retentit.

(2) Et pendant les huit jours qu'il demeura chez nous, il pleura comme une fontaine.

(3) Dans le potager bien dessiné, où des poiriers musclés s'allongeaient au ras des carrés de salade; Aurelle rejoignit O'Grady.

(4) Ayant reçu un coup de poing, il tomba à terre.

(5) Les ordonnances apportèrent le rhum, le sucre et l'eau bouillante. Il commença une réussite.

(6) A propos, reprit-elle, est-ce que vous ne le cherchiez pas hier? Il est revenu.

(7) Il me parut qu'il n'avait pas mangé depuis quarante-huit heures au moins.

(8) Le soir, après qu'on eut mangé les galettes minces, le maître lui dit que cette maison avait été dans les temps anciens la demeure d'une grande dame.

9) Complétez ces phrases, à l'aide de moi qui, toi qui, etc. :

(1) C'est ________ qui seras le chat!

(2) ________ qui suis gourmand, j'adore ce gâteau.

(3) C'est ________ qui le dites!

(4) Ce sont ________ qui vous empêchent de parler?

(5) ________ qui chantent si bien nous préparent un petit concert.

(6) Toi et ________ qui sommes paresseux, . . . ferons la sieste.

(7) ________ qui avez de la chance, prenez un billet de loterie.

(8) ________ qui es courageux, va voir si la porte est fermée.

10) Dans les phrases suivantes, remplacez les points de suspension par voici, voilà, il y a ou c'est, selon ce qui convient (éventuellement à la forme négative).

(1) Vous quittez Paris par l'autoroute? ________ peut-être assez rapide, mais ________ aussi bien encombré! ________ d'autres itinéraires, qui sont plus lents, mais plus tranquilles. En ________ un, par exemple: ________celui qui passe par Melun et Montereau.

(2) J'ai l'idée que ________ peut-être aussi loin que nous l'imaginons. (Alain Fournier)

(3) Tenez, ________ Monsieur qui revient de loin, paraît-il. (Emile Zola)

(4) ________ une fois un homme, un seigneur, et lui et sa dame avaient une petite fille du nom de Marie. (Henri Pourrat)

(5) ________ le fils du roi seul avec sa pantoufle (拖鞋). Mais ________ pas rien, la pantoufle de verre, si mignonette et merveilleuse. (Henri Pourrat)

11) L'adverbe **bien** a différents sens. Précisez-les en choisissant une des expressions équivalentes de la liste suivante:

beaucoup de　　à un bon prix　　ce n'est pas quelqu'un d'autre

très gentiment　　avec élégance　　très

Ex: Je vous souhaite bien du plaisir.

Je vous souhaite beaucoup de plaisir.

(1) Nous avons été *bien* reçus.

(2) Il est *bien* habillé.

(3) *Bien* des jours se sont écoulés depuis son départ.

(4) Il a *bien* revendu sa voiture.

(5) C'est *bien* vous qui avez téléphoné hier soir?

(6) Cet exercice n'est pas *bien* difficile.

12) A l'aide d'une flèche, comme dans l'exemple, reliez chaque phrase à un mot qui soit le contraire de "sec."

(1) Le climat désertique est un climat sec.	a. aimable
(2) Je préfère les vins secs.	b. en crue
(3) Le fleuve est à sec.	c. humide
(4) Vous avez un coeur sec.	d. lentement
(5) Il parle d'un ton sec.	e. être ému
(6) Il est parti en cinq sec.	f. tendre
(7) Je ne pars pas en vacances parce que je suis à sec("être à sec" familier).	g. doux
(8) Il l'a regardé mourir d'un oeil sec.	h. avoir de l'argent

13) On emploie très souvent (trop souvent) le verbe DIRE. Vous pouvez être plus précis en remplaçant DIRE par les verbes suivants:

prétendre expliquer raconter annoncer avouer exprimer

Ex: Dites-nous votre opinion en toute franchise.

Exprimez votre opinion en toute franchise.

(1) Il *dit* son histoire à qui veut l'entendre.

(2) Pouvez-vous me *dire* pourquoi les Français sont si mal aimés?

(3) Ils ont fini par *dire* qu'ils ignoraient tout de cette affaire.

(4) On a toujours *dit* de moi que j'étais maladroit, mais c'est faux.

(5) Il vient de nous *dire* une nouvelle surprenante.

EXERCICES ECRITS

1. A la place des points, écrivez l'un des termes suivants:

aucun aucune jamais ne ou n' nul, nulle pas personne plus rien

1) Je n'ai rencontré ________.

2) Nous n'avons ________ le temps de vous écouter.

3) Je n'ai ________ idée de ce que je ferai demain.

4) Je n'ai ________ compris de son discours.

5) ________ de ma vie je n'ai vu un film aussi passionnant.

6) Aucune solution ________ est apparue.

7) Depuis qu'il est majeur, il ne veut ________ rester chez ses parents.

8) ________ sportif n'est à l'abri d'une défaillance.

9) Nous n'avons ________ espoir de le sauver.

2. Complétez les phrases qui suivent avec *autre chose*, *quelque chose* ou *quelqu'un* selon les cas:

1) N'auriez-vous pas ________ que cette pince?

2) Pour le réveillon de Noël, la tante Irma nous avait préparé ________ de fameux!

3) Ce spectacle, c'est ________ de sublime!

3. Complétez les phrases suivantes par le pronom indéfini qui convient: aucun(e), nul(le):

1) Lui connaissez-vous des ennemis? -Non, ________

2) ________ n'est plus que moi soucieux de ton bonheur.

3) ________ n'est exempt de mourir.

4) ________ n'est prophète en son pays.

5) De toutes les femmes de son temps, ________ n'a jamais été aimée comme elle.

6) ________ de nous n'a pris peur.

4. Complétez en choisissant le mot juste:

entraîner — s'entraîner

a. Il ________ tous les jours pour gagner la course.

b. La crise économique ________ une augmentation du chômage.

c. Ils sont insupportables, ils ________ tous les deux à faire des sottises.

réjouir — se réjouir

a. "Le vin ________ le coeur de l'homme". (Bible)

b. Il a bien raison de ________ de son succès.

habituer — s'habituer

a. Depuis le départ de ses enfants, elle ne ________ pas à vivre seule.

b. Il ________ son fils à être indépendant.

assurer — s'assurer

a. Il regarde autour de lui pour ________ qu'il n'a rien oublié.

b. Il nous a téléphoné pour ________ qu'il viendrait.

voir — se voir

a. Il ________ déjà riche et célèbre.

b. Il ________ souvent ses amis.

c. Il ________ accusé d'un vol qu'il n'a pas commis.

d. Il ________ dans un miroir.

5. Mettez les verbes entre parenthèses au mode et au temps convenables:

Un moment après, je vis les sauvages sortir de leurs bateaux deux malheureux qu'ils (aller) ________ tuer. En effet, l'un d'eux (tomber) ________ bientôt à terre, mort d'un coup de bâton sur la tête. Pendant ce temps, l'autre (attendre) ________ son tour. A un moment, se trouvant un peu en liberté, il (avoir) ________ l'idée de se sauver, car je le (voir) ________ se mettre à courir rapidement vers mon habitation. Je (avoir) ________ terriblement peur quand je le (voir) ________ prendre ce chemin, me figurant surtout qu'il (être poursuivi) ________ par tous les sauvages. Malgré ma peur, je (ne pas bouger) ________, et je (être) ________ bientôt rassuré en ne voyant à sa poursuite (追捕) que les deux sauvages moins habiles que lui à courir.

Je (prendre) tout de suite ma décision. Prenant mon fusil (步枪), je (descendre) ________ et (se diriger) ________ vers la mer. Ma course (ne pas être) longue. Les deux sauvages (s'arrêter) ________ court en me voyant et (être tué) ________ en un rien de temps. Je (se tourner) ________ alors vers celui qui (être poursuivi) ________. Il (avoir) ________ tant de peur qu'il (rester) ________ sur place sans bouger. Il (être) ________ facile de voir qu'il (préférer) ________ s'en aller plutôt que de venir près de moi. Je lui (dire) ________ d'avancer avec tous les signes capables de le rassurer. Enfin il (faire) ________ quelques pas vers moi . . .

Ce (être) ________ un grand garçon de vingt-cinq ans à peu près, qui (paraître) ________ solide et habile. Il (avoir) ________ le visage rond et plein, le nez court, la bouche bien faite, les dents bien rangées et blanches. Ses yeux (briller) ________, pleins de feu.

Peu de temps après je (commencer) ________ à lui parler, et il (apprendre) ________ à me parler à son tour. Je lui (enseigner) ________ d'abord qu'il (se nommer) ________ Vendredi, parce que ce (être) ________ un vendredi que je lui (sauver) ________ la vie.

6. Version:

Traduisez en chinois les deux derniers paragraphes du deuxième texte.

7. Traduisez en français:

被迫做某事　　咄咄逼人的　　冒险　　生活排场　　不久以前
从今以后　　换句话说　　与……相符　　食品加工业　　老年化
相等物　　被证实　　努力做某事　　从……中获利　　以……为业

8. Thème:

1. 法国的农业和我国的农业完全不同。在法国,农民们要自己购买土地,购买机器设备和肥料,自己寻找销售市场。总而言之,十分辛苦,而且收入不高。
2. 我们绝不该自私自利以损害别人的利益来发展自己。
3. 在我国宁夏回族自治区 (Région autonome), 有的地区十分的贫穷。土地贫瘠,没有水源,无法耕种。国家现在正在让这些地区的农民搬家,把他们安置到靠近黄河的地区,使他们能够尽快地富裕起来。自从这一政策实施以来已有几十万人口受益。
4. 我们是否应该让他们自己照顾自己,换句话说,也就是让他们自己管理自己。
5. 法国人把他们的农业称之为"绿色的石油"。但"绿色的石油"常常不如“黑金子”那样带来收益。为了生计，他们不得不想尽办法，使过剩的产品能够找到销路。

6. 随着农村人口的流失，从事农业的人越来越少。就是留下来从事农业生产的年轻人也和老一辈的农民大不一样。他们敢于投资，知道怎样冒险。他们的生活排场也与老一辈不同。他们衣着漂亮，有现代化的住宅和大马力的汽车。每年还要度假，到国外去转上一圈。

VOCABULAIRE ET COMPRÉHENSION ÉCRITE

1. **Avez-vous envisagé** toutes les conséquences possibles d'une telle action?

"envisager" signifie:

a. comprendre　　b. considérer

c. discuter　　d. savoir

2. Nous avons dû **procéder** à un changement de programme en raison des circonstances.

"procéder à" signifie:

a. proposer　　b. faire

c. tenir à　　d. avancer

3. Il arrive **fréquemment** qu'il se rende à son travail à pied.

"fréquemment" signifie:

a. souvent　　b. parfois

c. néanmoins　　d. par moments

4. **En plus de** son travail quotidien, il organise des réunions syndicales.

"en plus de" signifie:

a. en dehors de　　b. à l'égard de

c. à l'exception de　　d. d'après

LECTURE

Entretien avec Nicole, agricultrice

J'ai toujours été de milieu agricole, mes parents étaient agriculteurs: ma mère était passionnée par son travail. Elle avait pour principe qu'une femme peut avoir le même rendement qu'un homme et elle voulait toujours le prouver; physiquement aujourd'hui elle le paie, elle a trop forcé et elle a une prothèse à la hanche. Mais ça lui plaisait, je l'ai toujours vue heureuse; elle faisait ce qu'elle voulait. Alors je me suis dit: "Il n'y a aucune raison pour que j'en fasse pas autant." ...

Cette vie, ça m'apporte une certaine plénitude ... C'est bête, mais je me sens libre au milieu de la nature. En réalité il ne faut pas que je dise que je suis libre, parce qu'on est contraint par les saisons, par le temps, mais j'ai l'avantage d'être en pleine nature ... Je n'ai jamais vécu en ville. Je peux avoir Fanny avec moi autant que je veux, je n'ai pas à galoper pour la place chez une nourrice.

Il y a des moments où c'est dur, par exemple le sarclage des betteraves: sarcler pendant toute une journée donne mal aux reins, mais c'est une fatigue saine. Et puis il y a d'autres moments où il y a moins de travail ... Je fais de la peinture, de la couture.

Au début j'étais un peu paumée parce que je ne connaissais personne; j'étais assez timide, je n'osais pas aller les voir, et puis j'ai été enceinte, ça s'est mal passé, j'ai passé neuf mois sans sortir de la maison du tout. Quand on est enfermée comme ça, on arrive à se créer un petit monde, puis après, reprendre la vie réelle, ça demande un sacré effort. On n'ose plus sortir.

Il y a eu le GFDA, le groupement féminin de développement agricole. Un jour je me suis dit: "Il faudrait peut-être que j'y aille quand même." J'y suis allée. J'y mettais beaucoup d'espoirs parce que je pensais y rencontrer beaucoup de jeunes agricultrices. Dans la formation qu'on reçoit, on nous incite à faire partie de mouvements, de groupements. J'ai été étonnée parce que toutes les femmes qui étaient là avaient plus de trente-cinq ans. J'en avais vingt-deux. Et puis je pense que ce n'était pas une question d'âge, c'était surtout la façon de penser. Si elles avaient eu des idées qui recoupaient un petit peu les miennes, je m'y serais retrouvée.

C'est sûr pourtant que le groupement m'a apporté quelque chose dans la mesure où j'ai vu d'autres femmes se passsionner pour leur métier. Après je n'ai plus travaillé de la même façon. Ça aide beaucoup à se prendre en charge ... à essayer de travailler différemment.

Le GDFA, au départ, avait pour but de former les femmes, de les aider à apprendre à faire la cuisine; petit à petit ça a évolué, parce que les femmes réclamaient autre chose.

Les groupements sont complètement différents selon les cantons, selon l'âge des femmes, leurs besoins, selon la nature de leur exploitation.

A la journée de l'assemblée générale du GDFA du 25 novembre, nous avons témoigné à trois. La première femme était agricultrice depuis trois ans, issue d'un milieu bourgeois. Avant elle était chimiste, elle s'est mariée à un agriculteur. Elle a travaillé comme chimiste dans une usine de région, puis l'usine est tombée, elle n'a pas retrouvé d'emploi. Elle a décidé d'être agricultrice.

Toutes les trois, on est mariées à des agriculteurs. Légalement on n'est pas reconnues, mais dans le travail qu'on fait, on a constaté qu'on faisait quarante à cinquante heures par semaine rien que dans la ferme. On peut dire qu'on a un métier.

Ce qui m'a frappée à l'AG, c'était le témoignage de la fille à côté de moi, elle a expliqué qu'elle avait deux petites filles, qu'elle n'avait jamais personne pour les garder: "Quand je vais traire les vaches, je les enferme dans leur chambre." Une femme aussitôt a essayé de la culpabiliser. Ça a été un tollé général de la part des agricultrices qui ont dit: "On a toutes fait ça parce qu'on n'a pas le choix". On a discuté et on s'est dit que quand on est plusieurs dans un village et dans la même situation, avec des gamins en bas âge, on pourrait faire une halte-garderie. Il y a une femme d'une cinquantaine d'années qui nous a dit: "Ça nous a fait plaisir de voir que vous, les jeunes, vous n'acceptez pas ce que nous avons accepté pendant des années." Puis, elle s'est rassise, elle a juste dit ça, mais on voyait qu'elle était drôlement contente. ...

VOCABULAIRE

la prothèse	人造器官
la hanche	髋部
la plénitude	全体;全部;一致
bête *a*.	愚蠢的
contraint, e *a*.	受限制的
galoper *v.i*.	快速奔跑;飞奔
la nourrice	奶妈
sarcler *v.t*.	除草
la betterave	甜菜;糖萝卜
sain, e *a*.	健康的;未坏的
la couture	缝纫
paumé, e *a*. (*fam*.)	迷路的;迷失的
enceinte *a.f*.	怀孕的
sacré, e *a*. (*fam*.)	大的;巨大的
la formation	培养,训练
inciter *v.t*.	鼓励;激励

recouper *v. t.*	符合
différemment *adv.*	不同地
évoluer *v. i.*	进展;发展
réclamer *v. t.*	要求;坚持要
le canton	(法国的)区
témoigner *v. i. et v. t.*	作证,证明
légalement *adv.*	合法地
le témoignage	证据;证词
traire *v. t.*	挤奶
culpabiliser *v. t.*	使产生犯罪的感觉
le tollé	抗议声;愤怒声
la halte-garderie	临时幼儿园
drôlement *adv.* (*fam.*)	(此处)确实地;的的确确地

Leçon 15

Les Français et l'argent

I. Questions d'argent

Paul: Dis-moi, François, je n'ai plus un sou en poche. Tu peux me prêter 600 francs?

François: Je n'ai pas cet argent sur moi[1]. Mais quoique mes fonds soient assez bas en ce moment, je peux passer à la poste et retirer de mon livret de Caisse d'Epargne la somme dont tu as besoin.

Paul: Ce serait gentil. J'ai fait, ces derniers temps, de grosses dépenses qui m'ont empêché d'équilibrer mon budget. J'ai acheté à crédit une moto japonaise et[2], au début de chaque mois, j'ai à payer une traite qui représente le quart de mon salaire.

François: Quand me rembourseras-tu?

Paul: Nous sommes le 15 octobre; veux-tu le 15 décembre?

François: Malgré mon désir de te rendre service, j'aimerais mieux un peu plus tôt. Je dois finir de payer mes impôts pour le 30 novembre, et, si je suis en retard, le percepteur m'infligera une amende de 10%.

Paul: D'accord. Mon patron a beau être un ours[3], je lui demanderai de me faire une avance fin novembre, ou bien j'irai dans une banque faire un emprunt.

François: Il vaudrait mieux revendre ta moto et faire des économies. Quand une banque te prête de l'argent, c'est contre un gros intérêt, dont le taux peut aller jusqu'à 10 ou 12%. Au contraire, si tu mets de l'argent de côté, tu peux le placer ou acheter par exemple des actions ou des obligations et, sans que tu aies besoin de travailler, c'est toi qui touches les revenus.

Paul: Je ne connais pas grand-chose aux affaires. Je n'ai même pas de carnet de chèques.

François: Tu devrais! Il faut vivre avec son temps[4]!

II. Les Français et l'argent

Lorsque François Guizot[5], qui fut chef du gouvernement français en 1847 — 1848, lança la célèbre formule "Enrichissez-vous!"("par le travail et par l' épargne", ajouta-t-il, mais on ne cite jamais la fin de sa phrase), il ne se doutait certes pas que ces quelques mots allaient lui valoir, pour plus d'un siècle, l'opprobre, voire le mépris, de nombre d'historiens et d'hommes politiques. L'opinion publique, pour sa part, considéra avec méfiance ou réprobation ceux qui écoutèrent Guizot.

Mais les temps ont changé. Désormais, les Français ne considèrent plus l'argent comme un sujet tabou, sinon malsain, ils acceptent d'en parler, ils lui accordent même une valeur positive.

Celui qui a réussi, qui a fait fortune en quelques années, jouit, dans ces années 80, de la considération presque générale et de l'admiration de près d'un Français sur deux. Le "faiseur d'argent" (money maker), figure emblématique de l'American way of life, est désormais présent en France: qu'il soit industriel, artiste ou sportif, sa réussite fascine et fait rêver.

A la bourse des valeurs sûres d'aujourd'hui, le succès et l'argent occupent les premières places[6]. La presse, principal reflet des préoccupations de notre société, publie ainsi de fréquents dossiers sur le thème de l'argent dans ses principaux magazines.

Le "boum" des jeux d'argent[7]

On peut dire que les Français, s'étant serré toute leur vie la ceinture pour accumuler petit à petit leur argent, ont pratiquement disparu aujourd'hui.

Dorénavant prêts à suivre le conseil de Guizot, nombre de Français savent cependant qu'ils ont peu de chances de s'enrichir avec leurs seuls salaires ou revenus, aussi misent-ils sur le hasard.

Les jeux d'argent, longtemps limités à la Loterie nationale et au tiercé, se sont augmentés en 1976 du quarté et du Loto, en 1984 du Tac-o-Tac et en 1985 du Bingo et du Loto sportif.

Tous ces jeux attirent un nombre de Français sans cesse croissant. Si 70 000 d'entre eux ont participé au premier tirage du Loto en mai 1976, ils étaient plus d'un million six mois après et ils sont actuellement entre 11 et 15 millions chaque semaine. Au total, ce sont environ 25 millions de joueurs, soit près d'un Français sur deux, qui dépensent hebdomadairement une moyenne de 25 francs, en espérant gagner le gros lot.

En 1985, 45 milliards de francs ont été misés, dont 29,7 pour les courses de chevaux, dans le cadre du P.M.U., 11,8 au Loto et 3,5 à la Loterie nationale.

Les salaires

En 1985, les salariés français ont gagné en moyenne 87265 F, soit un salaire mensuel net d'environ 7 200 F (par rapport à 1984, la progression a été de 6%, un chiffre supérieur à celui de l'inflation qui était de 4, 7%).

Le S. M. I. C. (salaire minimum interprofessionnel de croissance) qui, en 1970, a remplacé le S. M. I. G. (salaire minimum interprofessionel garanti) a connu, depuis cette date, une forte croissance: il a été multiplié par 6. Le S. M. I. C. est indexé sur les prix et les salaires: il est actuellement fixé à 4 650 F mensuels nets. Les "smicards" (c'est-à-dire ceux qui touchent seulement le S. M. I. C.) sont environ 1 500 000 (dont une majorité de femmes).

Les salaires des femmes demeurent en moyenne inférieurs d'environ 25% à ceux des hommes. Selon l'I. N. S. E. E., le salaire annuel moyen des femmes en 1984 s'élevait à 67 390 F, alors que le salaire masculin atteignait 90 650 F. L'écart varie selon les catégories professionnelles: de 12, 7% pour les contremaîtres à 26, 2% pour les cadres supérieurs. Selon des experts officiels, le maintien de cette inégalité s'expliquerait par l'existence d'une "discrimination indirecte": "quatre-vingt-cinq pour cent de l'écart global (seraient dus) à la concentration des femmes dans des niveaux, des activités, des tailles d'établissements qui payent moins."

A ces éléments, il faut ajouter que la durée du travail des femmes est généralement inférieure à celle des hommes, qu'elles effectuent moins d'heures supplémentaires et touchent moins de primes (pour travaux pénibles ou de nuit, par exemple.)

Les salaires selon les types et secteurs d'activités . . .

Les différences de salaires entre les entreprises correspondent de plus en plus à la diversité des types et des secteurs d'activités.

A travail égal, les salaires en vigueur dans des secteurs de pointe comme l'informatique, par exemple, sont sans commune mesure avec ceux du bâtiment ou de l'habillement. Il faut aussi tenir compte des disparités régionales qui peuvent se traduire par des écarts de salaires de plus de 20%.

En règle générale, les salariés du secteur public perçoivent des traitements inférieurs à ceux de leurs homologues du secteur privé. En contrepartie, ils peuvent bénéficier de certains avantages (durée et conditions de travail, primes . . .) et surtout actuellement d'une bien plus grande sécurité de l'emploi.

VOCABULAIRE

sur soi	随身;身上,身边
un fonds	地产;资金,经费
retirer *v.t.*	撤出;取出
un livret	小册子,簿(指银行存折)
une dépense	花销;支出
équilibrer *v.t.*	平衡;使稳定
un budget	预算,个人收支
un crédit	信贷;付款期限
une traite	贩卖;汇票,票据
rembourser *v.t.*	偿还,还付
un impôt	税,捐税
infliger *v.t.*	处(罚);使蒙受
une amende	罚款,罚金

un ours	熊,公熊
une avance	超前;预付款,预支款
un emprunt	借钱,债
revendre *v.t.*	转卖;再卖出
faire des économies	节约
un taux	比率;税率;利率
placer *v.t.*	放置;存放,投资
toucher *v.t.*	触摸;领取(工资等)
un carnet de chèques	支票薄
une formule	格言,箴言
citer *v.t.*	引用,援引;例举
un opprobre	(书)耻辱,不名誉
un mépris	蔑视;轻视;看不起
un historien	史学家
pour sa part *loc. adv.*	至于他;就他这方面来说
une méfiance	不信任;怀疑
une réprobation	拒绝;斥责
un tabou	禁忌;忌讳之处
tabou *a.*	禁忌的;忌讳的;不得触犯的
malsain, e *a.*	不卫生的;有害健康的;毒害思想的
une fortune	命运;发迹;财富
faire fortune	成功;发财、发迹
jouir de qch.	享受某物;享用某物
une admiration	欣赏;赞赏
un faiseur	创造者,制作者;热衷于某一活动的人(戏谑用语)
emblématique *a.*	作为象征的;象征性的
une réussite	成功
fasciner *v.t.*	使着迷;使入迷
la bourse	钱包;交易所
un reflet	反映;反射

une préoccupation	担心,操心;专心,全神贯注;定见,成见
un thème	主题
se serrer la ceinture	(俗)过紧日子;勒紧腰带
boum *interj*.	嘣!(撞击,跌落或爆炸时发出的声音)
dorénavant *adv*.	今后,此后
miser *v.t*.	下赌注
La Loterie nationale	法国国家奖券公司(亦称国家彩票)
le tiercé	前三名独赢(赛马赌博)
s'augmenter *v.pr*.	增加、增大、增长
un quarté	前四名独赢(赛马赌博)
le Loto	六和彩
le Tac-o-Tac	和国家彩票相近,只不过多一次赢的机会
le Bingo	班科彩票(由各大报向读者发行)
le Loto sportif	体育六和彩
sans cesse *loc. adv*.	不停地
un tirage	抽签,摸彩;发行量
un joueur	游戏者;参加游戏者;玩彩票者
hebdomadairement *adv*.	每周地
le lot	份;奖,彩
les courses de chevaux	赛马;跑马
dans le cadre de ...	在……范围(畴)内
le P.M.U. (Pari mutuel urbain)	城市赛马赌博会
mensuel, le *a*.	每月的
la progression	进展;发展
le S.M.I.C.	各行业最低增长工资
le S.M.I.G.	各行业最低保证工资
interprofessionnel, le *a*.	各行业的;行业间的
indexer *v.t*.	按……指数计算;按……计算

fixer *v.t.*	固定
un smicard	领取各行业最低增长工资者
l'I.N.S.E.E.	全国统计及经济研究所
s'élever *v.pr.*	上升;提高
un contremaître	工头;领班
une contremaîtresse	女工头;女领班
le maintien	保持,维持
une inégalité	不平等
une existence	存在
la discrimination	歧视;不公平待遇
indirect, e *a.*	间接的
global, e, aux, *a.*	全部的;总的
la concentration	集中;专心
un niveau	水平;等级
une taille d'établissement	企业(机关等)的规模
une prime	奖金
pénible *a.*	沉重的;繁重的
la diversité	多样化;形形色色;差别
la vigueur *loc.adv.*	活力;力量
en vigueur	生效的,通用的,常用的
une pointe	尖,尖端
un secteur de pointe	高科技部门;尖端技术部门
l'informatique *n.f.*	信息(部门);信息技术
le bâtiment	建筑业
l'habillement *n.m.*	服装业
une disparité	不相称;差异
se traduire *v.pr.*	被译出;被表达,流露
un traitement	待遇;薪水,薪金
un homologue	对应的人;同行
percevoir *v.t.*	收取;感觉

Il ne faut pas vendre la peau de l'ours (avant de l'avoir tué). 先别打如意算盘。勿盲目乐观。 Autres temps, autres moeurs。 俗随时变。(时代不同、习俗各异。)

NOTES

1. Je n'ai pas cet argent **sur moi.** 我身上没带这笔钱。

   sur moi 指"随身,身上,身边"。请看例句:

   porter qch. **sur soi** 随身携带某物

   avoir beaucoup d'argent liquide **sur soi** 身上带有大笔现金

2. J'ai acheté **à crédit** une moto japonaise et, au début de chaque mois, j'ai à payer une **traite** qui représente le quart de mon salaire. 我分期付款买了辆日本(产)摩托车,所以每个月初我都得用工资的四分之一支付分期付款汇票。

   1) 分期付款(也可称"赊购")是资本主义国家商业流通中经常使用的一种促进资金流动,加快资金周转的手段。可分期付款的物品包罗万象。一般的高档消费品偿还周期为一年以上。

   2) traite 此处即指偿还赊购账目的汇票。

   3) 在欧洲,一辆高质量摩托车的价钱比一辆普通小汽车价格还要昂贵。

3. Mon patron **a beau être un ours,** je lui demanderai de me faire **une avance** fin novembre. 不论我的老板怎样厉害,我也得让他在十一月底提前支付我的薪水。

   1) avoir beau + 动词原形,意为"做……也枉然"。

   2) un ours 熊;在这里指老板的脾气或性格很厉害。

   3) faire une avance 在这里即指提前"支付钱"。

   4) ... Il faut vivre **avec son temps!** 活着得跟上时代呀!

temps 除指“时间”外，亦可指较广义的“时代，时光”等。这里根据上下文，应把 temps 理解为“时代”。

5. François Guizot：弗朗索瓦·吉佐（1787—1874）吉佐全名为“François Pierre Guillaume Guizot”. 是法国 19 世纪政治家和历史学家。他自从 1840 年代替梯也尔（Thiers）成为外交部长后，实际上就成为当时法国政府的首脑。他在 1847—1848 年间被任命为行政院长，成为名符其实的法国政府首脑。吉佐因在任期内第一个提出“用劳动和储蓄致富”的口号而闻名。

6. **A la bourse des valeurs sûres** d'aujourd'hui, le succès et l'argent occupent les premières places. 在今天这个保险证券交易所里，成就和金钱占首位。

   la Bourse des valeurs 指“证券交易所”。但本文中使用的是小写的 bourse. 作者通过这种变化是要向读者说明这只是个“虚构的交易所”，是存在于人们意识中的那种“价值观交易所”。

7. Le “**boum**” des jeux d'argent 赌博的激增

   Le boum 原为拟声词，形容物体爆裂或猛烈碰撞时的“嘣”声。作者借用它做名词，用意在向读者展示赌博游戏增长的速度和规模。

GRAMMAIRE

Le participe passé et le participe passé composé（过去分词和复合过去分词）：

1. Le participe passé：

   过去分词除了与助动词配合用于复合时态或被动态之外，还可单独使用。单独使用的过去分词根据动词性质的不同而表示不同的意义。

   1）如果是直接及物动词，其过去分词表示被动：

un article **écrit** par Guizot

Les jeux d'argent, longtemps **limités** à la Loterie nationale, sont augmentés en 1976 du Loto.

2）如果是以 être 做助动词的不及物动词，其过去分词表示动作已经完成，而不表示被动。

Aurelle, **indignée**, fit demi-tour.

注意：很多动词的过去分词不能单独使用，例如：

avoir, pouvoir 等直接及物动词。

marcher, déjeuner 等以 avoir 做助动词的不及物动词。

assister, profiter 等间接及物动词

过去分词单独使用时，在句中可作形容语、表语、同位语等，过去分词后可接状语。例如：

une porte **entrouverte** 半掩着的门

Le chien est **condamné**. 这条狗没救了。

Comment? dit François, **étonné**.

Les jeux d'argent, sournoisement **encouragés** par le gouvernement français, font boum dans toute la France.

2. Le participe passé composé (复合过去分词)：

复合过去分词由助动词 avoir 或 être 的现在分词加变位动词的过去分词构成。

trouver: ayant trouvé

arriver: étant arrivé

se lever: s'étant levé

复合过去分词具有动词的性质，用法基本上和现在分词相同，可以作名词定语或主语的同位语。不过现在分词表示和主句谓语同时的动作；复合过去分词则表示在主句谓语之前已经完成的动作。复合过去分词多用于笔语。（参看第四课语法，现在分词）

Un homme ayant beaucoup voyagé (= qui a beaucoup voyagé) a beaucoup vu. 行远者识广。

Forbes, n'ayant jamais fait arrêter d'espion réel, voyait partout des espions possibles. 福尔伯从来没有逮到过一名真正的间谍，表现得草木皆兵。

(Etant) descendu (= après être descendu) du train, il trouva sur le quai Robert qui l'attendait. 下了火车，他发现罗伯尔在站台上等他。

S'étant assise (= lorqu'elle s'est assise) à sa place, Monique s'aperçoit qu'elle a oublié ses lunettes. 莫尼克在自己的座位坐下后，发现忘了带眼镜。

N'ayant pas reçu (= comme je n'avais pas reçu) de réponse, j'écrivis de nouveau. 我没有得到回信，就又写了一封信。

Les Français qui, **s'étant serré** toute leur vie la ceinture pour accumuler petit à petit leur argent, ont disparu. 那种节衣缩食一点点攒钱的法国人已经没有了。

UN PEU DE CIVILISATION FRANÇAISE

彩票——席卷法兰西的“BOUM”!

在今天的法国，广播、电视、报刊、杂志乃至人们最热衷的话题之一就是“彩票、奖券”。

法国最早的彩票是法国国家彩票，发行于 1933 年，第一位大奖获得者是一位达拉斯的理发师。他当时赢得了 500 万法郎，其价值约等于今天的 10 亿法郎。

但在今天的法国，参加者最多的，当首推城市赛马俱乐部举办的前三名独赢彩票 (Tiercé)。这种赌博在其它欧洲国家乃至美国和加拿大也很盛行。

除赛马彩票外，就得算六和彩了 (Loto)。这种游戏很简单，就是由摇奖人当众让摇奖机摇出6个带号码的彩球，外加1个补充球(也带号)。如果你在事先买的彩票上填的六位数字与这几个数字相同，就算中了头奖！但希望微乎其微，那摇奖机里有49个球哪！

再者就是体育六和彩。靠猜哪个足球队赢或平局来赌输赢，等等，等等。不一而足。

不过，说来说去，赢钱的毕竟是少数。大头当然是由国家拿走了。根据统计，每100法郎，国家要抽走30多个法郎。现在，每年法国买彩票的总金额达近1 000亿！这笔钱能控制法国各大工业及商业公司的大约20%的股票！这笔钱还相当于法国全年农业预算的9倍！

彩票，是资本主义国家的一种社会现象，多少能反映出生活在那种社会中的人们的心态。

EXERCICES ORAUX

1. Questionnaire 1:

1) Comment est la situation économique de Paul?

2) A qui veut-il emprunter de l'argent?

3) Est-ce que François a cet argent sur lui?

4) Dans quelle banque doit-il retirer l'argent?

5) Quelle est la raison de l'inéquilibre (不平衡) du budget de Paul?

6) Par quelle façon s'est-il acheté cette moto importée?

7) Doit-il encore payer à la suite des mois la traite de la moto?

8) A quelle date précise François veut-il que Paul lui rembourse cet argent?

9) Si François ne payait pas à temps ses impôts, qu'est-ce qu'il risquerait d'avoir comme conséquence?

10) Que signifie le mot "amende"? A quoi cela sert?

11) Et que va faire Paul pour rembourser à temps cette somme à son ami François?

12) Est-ce que c'est cher de faire un emprunt à la banque?

13) Quels sont les avantages de mettre son argent de côté?

14) Pourriez-vous dire autrement dans l'expression de l'idée "il faut vivre avec son temps"?

2. Questionnaire 2:

1) Est-ce que l'argent reste toujours le sujet tabou pour les Français?

2) Quelle est l'attitude des Français vis-à-vis des compatriotes ayant fait fortune?

3) Parmi les valeurs sûres actuelles, laquelle occupe la première place d'après le texte?

4) Est-ce qu'il existe toujours des gens qui se serrent la ceinture pour mettre tout dans leur bas de laine (毛袜子)?

5) Qu'est-ce qui pousse les Français à miser sur le hasard?

6) Quels sont les principaux jeux d'argent en France?

7) Quel est le chiffre exact des joueurs français?

8) Combien d'argent en moyenne dépensent-ils hebdomadairement?

9) Quel est le chiffre total de l'argent misé pour toute la France en 1985?

10) Quel est le salaire moyen des Français en 1985?

11) Quelle est la progression des salaires par rapport à ceux de 1984? Et en comparaison avec la hausse de l'inflation?

12) A quelle somme est fixé le S. M. I. C. en 1985?

13) En comparaison avec la population active, est-ce que les smicards sont nombreux?

14) Pourquoi des experts officiels disent qu'il existe une "discrimination indirecte"? Que cela veut dire précisément?

15) Quelles sont les raisons données par le texte en vue de cette rénumération (报酬) inégale entre les deux sexes?

16) Y a-t-il des différences de salaires entre les entreprises différentes?

17) Y a-t-il des différences de salaires entre les régions différentes?

18) Quels sont les avantages respectifs des salariés dans les secteurs privés et

publics?

3. Questionnaire 3:

1) Avez-vous souvent des problèmes d'argent?
2) Si jamais vous en avez, comment réagissez-vous?
3) Quelle est la réaction la plus typique (典型的) des Chinois face à ceux qui sont devenus "riches"?
4) Est-ce que l'argent est également un sujet tabou chez nous?
5) En Chine, est-ce qu'il existe aussi des "faiseurs d'argent"?
6) Est-ce que leur réussite vous fascine et vous fait rêver?
7) Que pensez-vous du "boum" des jeux d'argent des Français?
8) Savez-vous quel est le salaire moyen des Chinois?
9) Est-ce que les Chinoises ont les mêmes traitements que les Chinois à l'heure actuelle?
10) Comment vous jugez du problème "public et privé", parce qu'il existe également ce genre de problème chez nous?
11) Après vos études, si vous aviez le choix, vous choisiriez le public ou le privé comme secteur de travail? Pourquoi?

4. Exercices de grammaire:

1) sur le participe passé composé

> Comme il a acheté une moto japonaise, Paul est obligé de payer une traite chaque mois.
> Ayant acheté une moto japonaise, Paul est obligé de payer chaque mois une traite.

(1) Comme elle a vu ce film, Jeanne nous en raconte l'histoire.
(2) Comme les jeunes filles s'étaient bien reposées, elles étaient en pleine forme.
(3) Comme il avait misé sur le hasard, il espérait toujours de gagner le gros lot.

(4) Comme ils ont obtenu un billet d'invitation, ils sont allés au musée.

(5) Comme il s'est aperçu qu'il s'était trompé de route, il est retourné à la maison.

Paul, ayant réfléchi, se met à parler. Paul, qui a réfléchi, se met à parler.

(1) Ces élèves, ayant vaincu leurs difficultés, ont fait des progrès.

(2) Le directeur, ayant écouté les explications de Jacques, commence à comprendre sa conduite.

(3) Cet écrivain, ayant parcouru la Chine, s'est mis à écrire un reportage (报导).

(4) Ce jeune homme, s'étant aperçu de son erreur, a changé d'attitude.

(5) Nos amis, s'étant rendu compte de la date prévue du départ, se sont mis à faire leurs préparatifs.

2) Remplacez les propositions subordonnées de circonstance par le participe passé composé:

(1) Quand il aura terminé ses études, il deviendra officier.

(2) Quand elle est entrée dans ce musée, elle a commencé à regarder les tableaux.

(3) Comme il n'avait pas lu ce roman, Pierre ne voulait pas participer au débat.

(4) Les amis étrangers, qui ont travaillé à la traduction de ces oeuvres, ont été invités à la réception (招待会).

(5) S'ils s'étaient rencontrés, ils se seraient rappelé leur vie au lycée.

(6) Comme nous ne les avons pas trouvés sur le quai, nous les attendons à la sortie de la gare.

(7) Quand elle est montée au premier étage, Jeanne a rencontré Monique.

(8) Ce journaliste, qui a enfin fini son article, s'est couché tôt.

3) Transformez les phrases suivantes en utilisant le participe passé composé:

Modèle: S'il n'était pas parti à 6 heures, il n'aurait pas pu prendre le train de nuit.

(Etant) parti à 6 heures, il a pu prendre le train de nuit.

(1) S'il n'était pas sorti par la grande porte, il n'aurait pas rencontré Jean-Paul.

(2) S'il n'avait pas réussi ses examens, il n'aurait pas pu faire ses études dans cette école.

(3) S'il n'était pas rentré chez lui samedi, il n'aurait pas passé le dimanche en famille.

(4) Si elle n'était pas restée chez ses amis, elle ne serait pas arrivée en retard.

4) Exercices sur le participe:

Mettez les verbes entre parenthèses au participe passé ou au participe présent:

(1) (Descendre) à la dernière station, nous nous sommes dirigés vers la Tour Eiffel.

(2) (Etre) malade, elle n'a pas pu venir.

(3) Le bateau (charger) de blé, vient de Tianjin.

(4) (Vouloir) passer quelque temps au bord de la mer, il a choisi la maison de l'oncle Bernard.

(5) Nous allons rendre visite aux amis étrangers (arriver) hier.

(6) (Naître) dans une famille pauvre, elle ne pouvait pas aller à l'école.

(7) Le chien, (se tenir) à l'entrée de la maison, aboie furieusement quand il nous voit approcher.

(8) Aimez-vous le film (passer) hier à la télévision?

5. Exercices de réemploi:

1) sur soi

Vous n'avez pas cent francs maintenant? Non, pardon, je n'ai pas cet argent sur moi.

(1) Vous n'avez pas de stylo, s'il vous plaît?

(2) Vous pourriez lui prêter cet argent; il vous le rendra dans deux jours.

(3) Vos papiers, s'il vous plaît?

(4) Il n'a pas de carnet de chèques?

(5) Vous avez votre livret pour retirer cet argent?

2) empêcher qn. de faire qch.

Je lui ai répété plusieurs fois qu'il ne pourrait pas l'acheter, cette moto! Ah! vous l'avez empêché plusieurs fois de l'acheter.

(1) Tu ne peux pas l'acheter à crédit! c'est trop cher!

(2) Je ne veux pas que mon mari mise chaque semaine une si grosse somme sur le hasard!

(3) Tiens! c'est lui qui a dit à mon patron de ne pas me faire cette avance fin novembre!

(4) Dites-lui de ne pas emprunter à la banque!
Est-ce qu'il connaît le taux d'intérêt bancaire (银行的)?

(5) Je ne veux absolument pas que le percepteur lui inflige cette amende!

3) avoir beau + infinitif

Bien que mon patron soit un ours, je lui dirai de me faire une avance fin novembre! Mon patron a beau être un ours, je lui dirai de me faire une avance fin novembre!

(1) Bien que Paul ait des dettes, il ne veut pas revendre sa moto.

(2) Bien que les fonds de François soient assez bas en ce moment, il peut prêter cet argent à Paul.

(3) Quoique vous soyez malade, la réunion se tiendra ce soir à huit

heures.

(4) Bien que les femmes travaillent autant que les hommes, leur salaire est inférieur à celui des hommes.

(5) Bien que Paul fasse des économies, son budget est toujours inéquilibré (不平衡的)。

4) sans cesse

Avez-vous entendu dire que les Français se passionnent pour les jeux d'argent? Oui, ils misent sans cesse sur le hasard.

(1) La progression des salaires continue toujours?

(2) Constatez-vous que l'inflation ne s'arrête pas?

(3) Avez-vous entendu dire que les prix augmentent toujours?

(4) Nous avons entendu dire que la croissance du taux d'intérêt continue?

(5) Nous constatons que la disparité des traitements entre différents établissements continue à grandir.

5) dans le cadre de ...

Ce problème a lieu dans notre classe même. Donc, nous devons le résoudre dans le cadre de notre classe.

(1) Cette tâche fait partie de vos responsabilités.

(2) Ce genre de jeux ne peut se faire que dans votre pays.

(3) Cette inégalité a lieu dans votre département.

(4) Cette discipline peut s'effectuer dans votre classe.

(5) Cette discrimination existe encore dans votre secteur.

6) pour ma (sa) part, ...

Je veux plus miser sur le hasard, moi! Et toi? Pour ma part, j'aimerais continuer parce que je veux encore gagner le gros lot, moi!

(1) Eh bien, tout le monde se serre la ceinture maintenant. Et toi?

(2) J'ai vraiment une grande admiration pour les gens qui savent comment faire fortune! Et lui?

(3) Il a toujours une grande méfiance dans tout ce que j'ai fait. Et toi?

(4) Je crois absolument que c'est une réussite emblématique pour notre science de pointe! Et vous? Ne le croyez-vous pas?

(5) Moi, toutes les semaines, je mets 200 francs à jouer sur le Loto Sportif. J'ai jamais gagné, mais c'est vraiment excitant (刺激的)! Tu ne trouves pas?

6. Exercices divers:

1) Traduisez en français:

(1) 这些妇女一到就开始报怨工资不平等。

(2) 两个朋友见面后就热烈握手。

(3) 我们稍事休息后就又上路了。

(4) 一下火车,这些运动员就受到城市居民们的欢迎。

(5) 由于迷了路,这些人没能赶上火车。

(6) 离开建筑业后,她又加入服装业。

2) Trouvez les verbes de la même famille que les noms avec le suffixe "age" et formez de petites phrases avec ces verbes:

(1) Mettez votre voiture au garage.

(2) Qui se charge de l'arrosage de votre jardin?

(3) Le chômage dure depuis bientôt six mois.

(4) Le mariage a-t-il empêché Catherine de terminer sa licence?

(5) Pierre aime beaucoup faire du canotage sur le lac.

(6) On vient de construire un barrage sur ce fleuve.

(7) On fait le grand nettoyage tous les samedis après-midi.

(8) Le patinage est un bon sport.

(9) L'ingénieur américain est de passage à Paris.

3) Dites le sens du mot **temps** dans les phrases suivantes et essayez d'en trouver un synonyme pour le remplacer:

(1) Rattrapez le **temps** perdu.

(2) Nous avons tout notre **temps**.

(3) Il faisait beau **temps**.

(4) Chaque chose en son **temps**.

(5) Il arrive le **temps** des moissons.

(6) Le **temps** est venu de prendre des décisions.

(7) Etre de son **temps**.

(8) Il faut vivre avec son **temps**.

4) Complétez la deuxième phrase en utilisant le nom dérivé du verbe: un nom en -ation.

Ex.: On a retrouvé de très anciennes poteries qui étaient parfaitement conservées.

On a retrouvé de très anciennes poteries en parfait état de conservation.

(1) Cet enfant est totalement fasciné par l'informatique.

L'informatique exerce sur cet enfant une totale ________.

(2) Dans l'Antiquité, les divinités s'incarnaient dans certains animaux.

Dans l'Antiquité, certains animaux étaient des ________ divines.

(3) Depuis le XIXe siècle, le niveau de vie s'est nettement élevé en Europe.

Depuis le XIXe siècle, l' ________ du niveau de vie a été très nette.

(4) Ce film a été réalisé en 1932.

La ________ de ce film date de 1932.

5) Classez les expressions suivantes selon qu'elles servent à désigner une personne "économe" ou une personne "dépensière".

(1) "Il jette l'argent par les fenêtres."

(2) "Lui, c'est un panier percé."

(3) "Il est assez regardant."

(4) "Il adore claquer du fric."

(5) "L'argent lui brûle les doigts."

(6) "Il n'a qu'un but dans la vie: mettre de l'argent de côté."

économe	dépensier

6) Classez les expressions suivantes en deux listes:

Personnes ayant de l'argent

Personnes n'ayant pas d'argent

(1) Il est fauché.

(2) Il est bourré de fric.

(3) Il roule sur l'or.

(4) Il n'a pas un rond.

(5) C'est un rupin.

(6) Il est sans un.

(7) Il est dans la dèche.

(8) Il tire le diable par la queue.

Personnes ayant de l'argent	Personnes n'ayant pas d'argent

7) Mettez une croix dans les bonnes cases. Mais attention! Réfléchissez d'abord et trouvez des exemples, cela vous aidera.

	Est toujours adjectif	Peut être aussi pronom
tout		
quelque		
chaque		
quel		
plusieurs		
différents		
trois		

8) Infinitif ou participe passé?

étonné ou étonner?

1) Il n'a pas fini de nous
2) Il était très
3) Je vais vous
4) Vous semblez
5) Il ne faut pas vous

crié ou crier?

1) Ils ont envie de
2) C'est vous qui avez
3) Chanter n'est pas ...
4) C'est elle qui a ...
5) Voulez-vous ne pas ...

marché ou marcher?

(1) J'aime bien ...
(2) Je ne suis plus habitué à ...
(3) A-t-il ...
(4) Je n'ai plus le temps de ...
(5) Jusqu'où avez-vous ...

compté ou compter?

(1) Il dépense sans ...
(2) Compter sur ses doigts n'est pas savoir ...
(3) A-t-il été ...
(4) Sur qui peut-on ...

(5) Ce client n'aurait-il pas été ...

9) Complétez le blanc en utilisant un des verbes de la famille de porter:

apporter-transporter-emporter-rapporter-déporter:

Ex.: Vous portez un livre à un ami.

Vous l'apportez.

(1) Vous partez en voyage en prenant des livres avec vous.

Vous ________ des livres.

(2) Vous rendez un livre que vous avez emprunté.

Vous ________ ce livre.

(3) Vous n'avez pas pu porter votre piano du 1er au 6e étage.

Vous n'avez pas pu le ________.

(4) Vous avez un petit bout de terrain, mais vous n'en tirez aucun bénéfice.

Ce terrain ne vous ________ rien.

(5) Un ministre dit aux journalistes les décisions prises pendant le conseil des ministres.

Le ministre ________ les décisions.

(6) On oblige un groupe de personnes à aller vivre dans un autre pays.

On les ________.

(7) Vous avez terminé l'exercice et vous êtes très joyeux.

Vous êtes ________ de joie.

10) Compréhension rapide de logique:

Cochez la proposition A ou B qui convient logiquement à la première proposition:

(1) L'Etat a imposé un impôt supplémentaire.

a. Nous sommes obligés de le payer.

b. Cet impôt supplémentaire n'est pas obligatoire.

(2) Vous tolérez qu'on fume à côté de vous.

a. Vous acceptez, parce que cela vous est égal.

b. Vous acceptez, mais vous n'aimez pas beaucoup cela.

(3) Vous schématisez un problème.

a. Vous le simplifiez en ne retenant que l'essentiel.

b. Vous le développez en expliquant tous les détails.

(4) Cet homme a été reconnu innocent mais des doutes subsistent.

a. Tout le monde est persuadé de son innocence.

b. Quelques personnes doutent qu'il soit vraiment innocent.

(5) Les candidats qui ne respectent pas les règles du jeu sont éliminés.

a. Ces candidats n'ont plus le droit de participer au jeu.

b. Ces candidats sont tout de même admis à participer au jeu.

11) Compréhension rapide de la LECTURE se trouvant à la fin de cette leçon: choisissez vite la bonne réponse!

(1) a. L'homme et la femme se connaissent depuis longtemps.

b. L'homme et la femme ne se connaissent pas du tout.

c. L'homme et la femme se connaissent depuis peu de temps.

(2) L'homme décide de faire un cadeau à la femme.

a. Elle accepte sans montrer aucune gêne.

b. Elle fait semblant d'être gênée mais elle finit par accepter.

c. Elle se sent vexée et refuse le cadeau.

(3) Le monsieur propose au vendeur de payer par chèque.

a. Le vendeur lui dit ouvertement, devant la dame, que ce n'est pas possible.

b. Le vendeur dit à la dame que malheureusement ce n'est pas possible.

c. Le vendeur essaie discrètement de faire comprendre à son client que ce n'est pas possible.

(4) Réaction de la dame, en sortant du magasin:

a. Elle est fâchée et déçue.

b. Elle est indifférente car le manteau ne l'intéresse pas du tout.

c. Elle saute de joie.

(5) Le lundi, le client se rend au magasin.

a. Le vendeur trouve la situation amusante.

b. Le vendeur n'est pas très content.

c. Le vendeur est prêt à excuser le client.

EXERCICES ECRITS

1. Dans les phrases suivantes, remplacez les blancs par *des*, *de* ou *d'* selon le cas:

   1) Il voulait qu'on lui offrît ________ chocolats et non ________ fades dragées.

   2) Elle aimait lire ________ contes de fées.

   3) Vous avez vécu ________ extraordinaires aventures.

   4) Ce ne sont pas ________ cadeaux pour les enfants.

   5) Il ne paie pas beaucoup ________ impôts.

   6) Nous n'avons pas vu ________ très bons films ces temps-ci.

   7) En revanche nous avons vu ________ superbes expositions.

   8) Ces couteaux coupent comme ________ vrais rasoirs.

2. Complétez les phrases suivantes par: *meilleur*, *moindre* ou *pire*, selon ce qui s'impose:

   1) Ne lui faites pas la ________ peine, je vous prie.

   2) Je n'ai pas de ________ ami que Stéphane.

   3) Il y a des fautes qui sont ________ que des crimes.

   4) Acheter des marchandises à ________ prix ne va pas toujours sans risque.

   5) Il n'est ________ eau que l'eau qui dort.

3. Tous les termes suivants désignent des sommes versées. Complétez les phrases en choisissant le terme le mieux approprié: *un salaire* — *la paye* (ou *la paie*) — *une solde* — *un traitement* — *honoraires* — *pension* — *loyer* —

des arrhes — un prêt — un cachet — quittance — une bourse — un rappel.

Ex.:

Le S. M. I. C. est le salaire minimum obligatoirement payé à tout travailleur.

1) La ________ d'un officier est plus élevée que celle d'un simple soldat.

2) Autrefois, le samedi était pour les ouvriers le jour de ________.

3) Les avocats et les médecins perçoivent des ________.

4) J'ai commandé plusieurs livres chez mon libraire et je lui ai versé des ________.

5) C'est un acteur très célèbre, il touche des ________ fabuleux.

6) Comme elle était de famille modeste, elle a obtenu une ________ pour continuer ses études.

7) Les fonctionnaires perçoivent un ________.

8) J'ai pu acheter mon appartement grâce à un ________ bancaire.

9) J'ai oublié de payer une facture. On m'a envoyé une lettre de ________.

10) Ce mois-ci je dois payer mes impôts, le ________ de mon appartement, la ________ du gaz, de l'électricité et du téléphone, je n'en sortirai jamais!

11) S'il divorce, il sera obligé de verser une ________ alimentaire à sa femme car ils ont trois enfants.

12) On dit que "Toute peine mérite ________" (Proverbe).

4. Transformez les phrases suivantes par un participe passé composé:

1) Le grondement de la moto, qui avait empli d'un seul coup la rue, a fait réveiller les habitants.

2) Comme il avait pressé le pas, il réussit à arriver à l'heure.

3) Une fois qu'ils eurent conclu le marché, les deux paysans s'en allèrent.

4) Quand il s'est réveillé, le voyageur s'est précipité à la fenêtre du wagon.

5. Choisissez le verbe qui convient, en le soulignant.

1) Vous (apportez, amenez) tous les matins votre petite soeur à l'école.

2) Quand ils partent, ils (emmènent, emportent) toujours leur chien.

3) Quand elle voyage, elle (emmène, emporte) beaucoup de bagages.

4) Le voleur a été (amené, apporté) en prison.

5) Le juge a demandé qu'on lui (amène, apporte) le prisonnier pour qu'il puisse le questionner.

6) Vous faites toujours ce qu'il veut, il vous (mène, porte) "par le bout du nez".

7) Quand vous vous baignez, vous aimez bien vous laisser (mener, porter) par les vagues.

8) Vous n'avez pas beaucoup apprécié ce concert mais (emporté, emmené) par l'enthousiasme du public, vous avez applaudi.

6. Mettez les verbes entre parenthèses au mode et au temps convenables:

J'étais bien décidé à avoir une explication avec le patron de l'hôtel afin de savoir comment, en deux jours, dans un petit hôtel de province, nous (pouvoir)________, à deux, dépenser plus de cinq cents francs.

"Pardon, Monsieur," (commencer) ________-je, vous nous (compter) ________ quatre jours de présence en votre établissement, alors que nous (n'y demeurer même pas)________ trois jours, puisque, (arriver)________ lundi soir à l'heure du coucher, nous (partir) ________ aujourd'hui jeudi dès ce matin.

— Lundi, mardi, mercredi et jeudi, cela (faire)________ quatre jours, (répondre)________ le patron.

— Vous (ne pas avoir)________ pourtant l'intention de nous compter la journée de lundi, où nous (passer)________ vingt minutes chez vous, ni celle d'aujourd'hui, jeudi, que nous (commencer)________ à peine.

— Ce (être)________ une habitude de la maison, Monsieur, toute journée(commencer)________(compter)________ intégralement (完整地) ...

7. Version:

L'ARGENT：LE PECHE FRANÇAIS

L'argent, cela met tout le monde mal à l'aise. On ne cesse d'y penser, mais personne n'aime à en parler. Si vous interrogez quelqu'un sur son salaire, sur ses revenus, sur son patrimoine, vous le verrez rougir jusqu'aux oreilles, comme si vous aviez touché à son intimité la plus secrète. Cette pudeur n'est pas un trait typiquement français, elle se retrouve partout, sous toutes les latitudes (...). Mais il n'y a pas beaucoup de pays où les relations avec l'argent soient aussi compliquées qu'en France. C'est un tabou, le dernier peut-être , qui subsiste et qui continue à imposer le silence. Le mot lui-même est jugé si inconvenant que la presse spécialisée s'abrite pudiquement derrière des titres neutres. Fouillez les kiosques：vous découvrirez des Vie française, des Valeurs actuelles, des Echos, des Expansion, mais en aucun cas un journal copié sur le magazine américain Money, et, comme lui, crûment intitulé Argent (....)

8. Traduisez en français：

储蓄银行　花(开)销过大　平衡个人收支　分期付款购物　为某人效(力)劳　处以罚金　提前支付(款)　贷款　贷款利率　存(攒)钱　领取薪金　银行支票簿　赌钱　下赌注　发财致富　赛马　年度奖金　高科技部门　各行业最低增长工资

9. Thème：

1) 由于他过去花钱如流水,以致现在他身无分文。
2) 保尔花了一大笔钱买日本摩托车,所以现在经济上很不宽裕。
3) 我想你最好外出时身上不要带这么多钱。
4) 事情没做完,先别打如意算盘。
5) 虽说这家伙很厉害,我还是得和他把这件事搞清楚。
6) 法国人的月平均工资为 7600 法郎,年平均工资大约为 87000 法郎。但男女之间的工资水平仍有不少差距。
7) 各种各样,名目繁多的赌钱游戏吸引了大量的法国人下赌注。一般说来,平均每两个法国人中就有一个每星期都得赌 20—30 个法郎。
8) 根据部门、行业的不同,法国人的收入也很不一样。一般说来,从事高科技产业的收入较高;而从事服装、建筑业的则收入较低。在私营部门工作的人收入较高,而在公共部门工作的人收入则较低。但各有各的好处。比如说,在公共部门工作的人的就业就比较有保证。

10. Vocabulaire et compréhension écrite:

1) On voudrait bien **se priver de** leurs services.

"se priver de" veut dire:

a. bénéficier de   c. se passer de

b. s'approprier de   d. s'appuyer sur

2) Trois autobus **desserviront** ce nouveau quartier et on prévoit également un prolongement de la ligne de métro jusqu'ici.

"desservir" signifie ici:

a. ne plus servir   c. ne plus passer par

b. passer par   d. embouteiller

3) **Si seulement** tu réussissais à tes examens, je ne dirais rien.

"Si seulement" veut dire:

a. si au moins   c. si tout seul

b. si par hasard   d. si une seule fois

4) Je ne sais pas s'il sera là, mais vas-y **toujours**, tu verras bien.

"toujours" signifie ici:

a. sans cesse   c. en vain

b. en toute occasion   d. quand même

LECTURE

Histoire vraie d'un débrouillard cynique

(Acte I)

Vendredi après-midi, vers 16 h. Une voiture de couleur bordeaux s'arrête en double file devant l'un des plus luxueux magasins de fourrures de Paris. Un homme et une femme en descendent.

L'homme: Si, si ma chérie, j'insiste, choisis ce que tu veux.

La femme: Oh! vraiment je n'ose pas! Nous nous connaissons si peu ...

(Un cadeau si gentiment offert ne se refusant pas, la femme choisit un manteau de fourrure, prix: 7 millions de centimes.)

L'homme (au vendeur): Je vous règle par chèque.

Le vendeur (embarrassé: attirant l'homme à part): Je suis un peu ennuyé, monsieur! Un chèque de cette somme, justement un vendredi après midi. Vous comprenez, les banques ...

L'homme: Mais évidemment! Je vous comprends très bien. Ecoutez: vous gardez le manteau et le chèque. Je repasse lundi. (Se tournant vers la femme.) Tu n'es pas trop déçue, ma chérie? Oh! rassure-toi, tu n'auras pas froid ce week-end! Mes grands bras remplaceront avantageusement la douceur de cette fourrure, etc.

La femme: Bein entendu! Je vais en rêver! Si tu savais comme je suis contente!

(Acte II)

Lundi matin, vers 10 h. La voiture bordeaux s'arrête en double file devant le magasin. L'homme en sort, seul.

Le vendeur (poli mais froid): Ah! Monsieur! Je pense qu'il s'agit d'un malentendu, mais saviez-vous que votre compte n'est provisoirement pas approvisionné?

L'homme: Mais bien entendu! D'ailleurs, vous aviez gardé le manteau; il suffit de me rendre le chèque. Cela dit, je dois vous remercier: si vous saviez le merveilleux week-end que j'ai passé grâce à vous!

VOCABULAIRE

un débrouillard	(俗)有办法的人;机灵鬼
cynique *a*.	厚颜无耻的
bordeaux *a*. *inv*.	紫红色的
en double file	成双排的(指排的队)
luxueux, se *a*.	豪华的
la fourrure	裘皮;皮毛
insister à ...	坚持要……
offert (participe passé d'offrir)	贡献的,赠送的
se refuser *v*. *pr*.	被拒绝
régler par chèque	用支票支付(钱)
embarrassé, e *a*.	窘迫的;难堪的
attirer *v*. *t*.	拉,拽
à part *loc*. *adv*.	单独地,分开地
repasser *v*. *i*.	再来;回来
se tourner *v*. *pr*.	转过身 (去;来)
déçu, e *a*.	失望的
se rassurer *v*. *pr*.	放心;不再担心
avantageusement *adv*.	方便地;有利地
la douceur	轻柔;光滑
froid, e *a*.	冷冰冰的
un malentendu	误会;隔阂
provisoirement *adv*.	临时地;暂时地
approvisionner *v*. *t*.	供应(此处指往账户上存钱)
cela dit	说了这些话后;说到这儿

Leçon 16

LES MASS MEDIA

I. La presse écrite française

— Il paraît que la presse française est bien libre, tout le monde peut faire paraître un journal, mais bien sûr, il faut avoir de l'argent.

— Ce n'est pas si simple que ça. Il faut, tu sais, recueillir l'information, écrire les articles, imprimer le journal et le distribuer. En 1977, seize nouveaux titres, deux quotidiens, cinq hebdomadaires, neuf mensuels ont vu le jour, et ont disparu presque aussitôt.

— C'est si compliqué? Je ne le savais pas.

— Oui, bien sûr. Par exemple, le quotidien "J'informe", ayant une orientation centriste et dirigé par un ancien ministre de la Ve République, a paru pendant trois mois seulement en 1977.

— Et à propos, combien de journaux avons-nous exactement dans toute la France?

— Le nombre de titres quotidiens est passé de 206 à la fin de la Deuxième Guerre mondiale à moins de 100 aujourd'hui (une douzaine à Paris, soixante-dix à quatre-vingts en province). Leur tirage global est de onze à douze millions par jour.

— Et quels sont les journaux les plus importants?

— Il y en a une dizaine, selon leur tirage: France-soir, le Monde, le Figaro, le Parisien, l'Aurore, l'Equipe, l'Humanité, la Croix, le

Matin, Libération et Ouest-France qui est un journal de province mais qui maintient le plus grand tirage de tous les journaux[1].

— Tous ces journaux sont indépendants?

— Bien que certains journaux restent indépendants, comme le Monde ou comme le journal de satire politique "Le Canard Enchaîné"[2], la plupart des titres appartiennent à quelques grands groupes financiers, comme le groupe Hersant[3].

— Et quelles sont les qualités de tous ces journaux, ils ne sont pas tous pareils, je suppose.

— Non, comme on dit en France, "Chacun son goût", les journaux ont aussi des goûts différents pour leurs lecteurs. Par exemple, France-Soir est un journal populaire où dominent l'actualité et les faits divers. Tandis que le Monde, qui est un journal de haute qualité et un modèle de la presse internationale, montre une tendance centre-gauche. Il est surtout connu pour le sérieux de ses informations et l'objectivité qu'il s'efforce de maintenir.

— Et les autres journaux?

— Le Figaro est un journal de tendance centre-droit, ouvert aux grands courants d'opinion actuels. L'Equipe est un journal entièrement consacré aux informations sportives. L'Humanité est l'organe du Parti communiste français. La Croix est pour une inspiration catholique; tandis que Libération est un journal d'orientation gauchiste. Ah, j'ai encore oublié le Parisien Libéré qui est un journal populaire où abondent les faits divers.

— Mais je constate aussi que les périodiques se vendent assez bien dans tout le pays; cela fait également partie de la presse écrite, n'est-ce pas?

— Tu as raison. L'expansion de la presse hebdomadaire est un phénomène récent et reste très dynamique. L'Express, le Nouvel Observateur et le Point, magazines hebdomadaires, qui présentent en particulier des enquêtes et des analyses détaillées d'événements politiques et sociaux, connaissent un grand succès.

— Alors là, il faut dire que je connais pas mal de choses. L'Express est le premier hebdomadaire français qui a adopté, en 1964, le format du magazine américain "Time".

— Oui, c'est ça. Bien que son audience ait diminué après la création du "Point" en 1974, il a encore le plus gros tirage de ces trois magazines; chacun a un style de reportage facilement reconnaissable.

— Mais les périodiques ne se limitent pas là.

— Bien sûr que non. Il y a encore Paris-Match et V.S.D..

— V.S.D.? C'est nouveau ça?

— Oui, c'est tout récent.

— Mais que veut dire "V.S.D."?

— Ce sont les sigles des mots "vendredi, samedi, et dimanche".

— Ah oui! c'est mignon. Alors, ces deux périodiques sont comparables avec les trois précédents?

— Paris-Match consacre de nombreuses pages à des reportages photographiques de l'actualité et il a une plus grande diffusion que les trois magazines précédents. V. S. D. est plutôt pour les lecteurs de fin de semaine.

— Dites, pourquoi il y a toujours tant de publicités dans les journaux? C'est vraiment pas drôle quand on ouvre un journal! Cela occupe parfois la moitié du volume d'un journal[4]!

— Mais tu devrais savoir qu'elle est presque indispensable à la plupart des journaux. Ces journaux équilibrent leur budget grâce à la publicité! Et tu vois bien que dans toute notre société, la publicité prend de plus en plus d'importance. C'est tout à fait normal dans un pays capitaliste!

— Oui, l'argent! encore l'argent! toujours l'argent! La pub, je ne suis pas contre! Mais à la radio, à la télé, toujours de la pub sans arrêt. C'est vraiment impossible. Elle couvre même les murs des villes. J'en ai marre, moi!

— Ecoute, mon ami, la vie, c'est la vie. Je n'aime pas cela moi non plus. Mais, on n'y peut rien . . .

II. Une presse multiple

Le matin, vous écoutez la radio et le soir vous allumez la télévision. Dans la journée, vous avez peut-être lu le **Matin de Paris** ou le **Figaro** et, si vous habitez Bordeaux, vous avez probablement acheté **Sud-Ouest**. Vous appréciez **l'Express** parce qu'il vous apporte une synthèse de l'actualité de la semaine et comme vous avez un faible pour le football, la décoration ou l'informatique, vous achetez **Onze**, le **Journal de la Maison** ou **OI Informatique**.

Bref, si vous voulez vous tenir informé — ou devenir journaliste, ce que nous supposons — vous avez le choix, car la presse est multiple. Chaque support a sa particularité et le journaliste doit pouvoir s'y adapter.

A la radio on vous demandera d'être rapide pour suivre, minute par minute, l'actualité. Peut-être regrettez-vous de ne pas pouvoir approfondir tel ou tel sujet, mais vous aurez le plaisir d'être le premier à raconter. C'est cette rapidité qui a fait la force de la radio; elle a battu en brèche, sur ce plan, la presse quotidienne, parisienne notamment, L'époque est révolue où France-Soir sortait six ou sept éditions par jour et atteignait des ventes record parce que le Président Kennedy était assassiné[5]. La presse quotidienne nationale ne compte plus qu'une dizaine de titres. Bien que très concurrencée, elle reste néanmoins le lieu privilégié d'enquêtes ou de reportages. Aussi, le journaliste du Monde, du Figaro ou de Libération par exemple, doit pouvoir à la fois tenir le rythme du quotidien et développer la recherche d'informations et l'explication.

La presse quotidienne régionale connaît une situation moins critique. Il y a trois raisons à cela: des concentrations financières, une situation de monopole de certains journaux dans leur région et une information qui reste très proche des lecteurs. Cette presse demeure le plus gros employeur. Le journaliste d'Angoulême, d'Angers ou de Carpentras doit être attentif à tout ce qui se passe dans sa région[6]: il doit bien la connaître et ne pas rechigner au bal des pompiers. Mais, il ne fera pas, loin de là, que "les chiens écrasés"[7], le développement économique, social de sa région mérite toute son attention. Et, entre la photo d'une remise de médailles et la réunion du conseil municipal, il doit pouvoir être suffisamment informé pour expliquer à ses lecteurs pourquoi les ouvriers se sont mis en grève.

VOCABULAIRE

la presse écrite	报刊杂志
recueillir *v. t.*	收集;采集
imprimer *v. t.*	印刷;盖章
distribuer *v. t.*	分发;散发
un quotidien	日报
un mensuel	月刊;每月领钱的职工
voir le jour *loc. verb.*	出生,诞生
informer *v. t.*	通知;告诉

une orientation	定位;方向;指导
centriste *a.*	中间派的
France-Soir	法兰西晚报
le Parisien	巴黎人报(解放的巴黎人报)
l'Aurore	震旦报
l'Equipe	队报
l'Humanité	人道报
la Croix	十字架报
le Matin	晨报
la Libération	解放报
Ouest-France	西部法兰西报
maintenir *v.t.*	保持;维持
indépendant, e *a.*	独立的;单独的
la satire	讽刺;讽刺作品
enchaîné *a.*	被铁链锁住的;被束缚的;被奴役的
le Canard Enchaîné	鸭鸣报
financier *a.*	金融的;财政的
supposer *v.t.*	假设;拟定
Chacun son goût.	各有所好。
dominer *v.t. et v.i.*	统治,控制;支配,操纵
une actualité	时事;新闻;现时性
les faits divers	社会新闻;花边新闻
une tendance	倾向;趋势
le sérieux	严肃性;严肃,认真,可靠性
une objectivité	客观性
un organe	器官;喉舌,机关报
catholique *a.*	天主教的
gauchiste *a.*	左倾的,左派的
abonder *v.i.*	充裕,丰富;盛产
un périodique	期刊
se vendre *v.pr*	销售,被出售

une expansion	膨胀;扩张,扩展
dynamique *a*.	活跃的;朝气蓬勃的;生龙活虎的
l'Observateur	观察家杂志
le Point	观点周刊
détaillé, e *a*.	详细的;详尽的
un format	(纸张)开数;大小规格
Time	时报,美国有影响的杂志
facilement *adv*.	容易地;;轻而易举地
reconnaissable *a*.	可辩别的,可识别的
se limiter *v. pr*.	被限制在……;以……为限
Paris-Match	巴黎竞赛画报
V.S.D.	周末三日报(亦称"星期五、六、日报")
récent, e *a*.	近期的,最近的
un sigle	缩写;缩略语
mignon, ne *a*.	可爱的;娇小的
comparable *a*.	可比较的;可比拟的;类似的
photographique *a*.	摄影的;像片的
la publicité	广告
un volume	体积;容量;总额
indispensable *a*.	不可缺少的;必不可少的
la pub	(俗)广告
en avoir marre	(俗)腻了;烦了
multiple *a*.	复杂的;多种的;各式各样的
probablement *adv*.	大概;可能;也许
apprécier *v. t*.	评估;给予好评,欣赏
une synthèse	综合;概括
avoir un faible pour ...	(书)偏爱,嗜好……
Onze	"十一人报"(亦可称作:足球报)
Journal de la Maison	家庭报
OI Informatique	OI 信息报

un support	支撑物;(书)物质基础
une particularité	特点;特色
tel, le *a*.	这样的,如此的
une rapidité	快速;快捷
une brèche	缺口;突破口;(转)损害,损失
battre en brèche	用大炮打开缺口;(转)摧毁,打破
une vente record	创记录的销售
record *a*.	创记录的;空前的
Kennedy	肯尼迪(前美国总统)
assassiné, e *a*.	被暗杀的;被刺杀的
concurrencé, e *a*.	受到竞争的
privilégié, e *a*.	享有特权的;运气好的
proche *a*.	靠近的;近似的;即将来临的
un employeur	雇主
Angoulême	昂古莱姆(法国西部城市名)
Angers	昂热(法国西部城市名)
Carpentras	卡尔邦特拉(法国南部城市名)
rechigner *v.i.*	表示不乐意;表示厌恶
le bal	舞会;舞厅
un pompier	消防队员
mériter *v.t.*	值得;配得上某人
la médaille	纪念章
un conseil municipal	市(镇)议会
suffisamment *adv*.	足够地;绰绰有余地
une grève	罢工

NOTES

1. **Ouest-France** est un journal de province mais qui maintient le plus grand tirage de tous les journaux.

Ouest-France (西部法兰西报)虽是地区报纸,但出版发行量却在法国报业中独占鳌头。它的出版地是在法国西部城市雷纳（Rennes），主要发行地区为布列塔尼、诺曼底和卢瓦尔河流域各省。日发行量近 70 万份，比占第二位的法兰西晚报多三分之一。

2．**Le Canard Enchaîné**："鸭鸣报"为法国著名的政治、社会讽刺幽默报刊。其讽刺对象多为政界要人、社会名流。该报针贬时弊，图文并茂，很受法国人的喜爱。

3．Le Groupe **Hersant**：爱尔森财团

主要人物为罗伯特·爱尔森（Hersant）。该财团雇用人员近 8 000，主要经营费加罗报、法兰西晚报、震旦报；它所掌握的地区性报纸有：北部晨报、中部新闻、比利牛斯新共和国报；周刊主要为快报，还有其它一些周刊及期刊，爱尔森财团为法国报业巨头之一。

4．La **publicité** occupe parfois la moitié du volume d'un journal．法国的广告处处可见。街道、地铁、商店、机场等等。报上广告之多也令人咋舌，有时竟占报纸页数的二分之一！因为报纸赚钱不多，要靠广告业务来赚取广告费，以平衡收支。

5．L'époque est **révolue** où **France-Soir** sortait six ou sept éditions par jour et atteignait des ventes record parce que le Président **Kennedy était assassiné**．肯尼迪总统被暗杀使得法兰西晚报每天出版六、七次，并创销售记录的时代已一去不复返了。

1）Révolu 此处指"完成了的，结束了的"意思。

2）肯尼迪，第 35 任美国总统（1917—1963），于 1963 年在美国达拉斯被暗杀。

6．Le journaliste **d'Angoulême，d'Angers ou de Carpentras** doit être attentif à tout ce qui se passe dans sa région．此处作者用三个城市名字来泛指巴黎以外的地区。

7．Mais il ne fera pas，**loin de là**，que "**les chiens écrasés**"，……但

是，记者不只是报道那些鸡毛蒜皮的花边新闻，……

1) Loin de là：意为“完全相反；差得远”。如：Il n'est pas fâché, loin de là! 他没生气，绝对没有。

2) Les chiens écrasés 是指“被压死的狗”。这里暗喻那些没什么重要价值的花边新闻。

3) ne ... pas que 意为“不只是……”。

GRAMMAIRE

1. **L'attribut du complément d'objet direct**（直接宾语的表语）：

1) 法语中除主语外，直接宾语也可有表语。下列动词的直接宾语可以有表语：

avoir, appeler, croire, déclarer, élire, considérer, estimer, juger, rendre, savoir, trouver, vouloir, etc. 见下例：

(1) Je **les** crois **francs, ces messieurs-là**.

(2) Ils ont jugé **ce film** trop **monotone**.

(3) On considère **ce titre de journal comme nul**.

(4) **J'informe** est devenu le journal le plus lourd de nos journaux mais **il se** voulait **le plus beau**; les Parisiens, eux, l'estimaient **banal** et **non intéressant**.

(5) Nous jugeons **ce périodique riche** d'informations nécessaires.

2) 直接宾语表语可以由不同的词类构成：

(1) Je **le** croyais **très malade**.（形容词）

(2) Le président de la République l'a nommé **premier ministre du gouvernement**.（名词）

(3) Les gens simples l'ont élu **maire de la ville**.（名词）

(4) A Paris, on considérait **ce journal comme nul**.（介词+形容词）

(5) A vrai dire, nous **le** trouvons **pas mal**.(副词短语)

(6) Nous jugeons **l'Equipe de premier ordre** parmi tous les journaux sportifs du monde.(介词+名词)

2. **L'adjectif verbal**(动形容词):

法语中的一部份形容词是从动词派生而来的,称为动形容词。

1) 动形容词在词典中是独立的词,它们的词形有些和现在分词相同,如:obéissant, dansant 等;有些则与现在分词不同。例如:

动词	现在分词	动形容词
adhérer	adhérant	adhérent
convaincre	convainquant	convaincant
différer	différant	différent
fatiguer	fatiguant	fatigant
négliger	négligeant	négligent
précéder	précédant	précédent

2) 动形容词有性、数变化,用法与品质形容词(adjectif qualificatif)相同,而不同于现在分词:

A. 动形容词	B. 现在分词
1) 表示性质或较固定的状态:	1)表示动作或短暂的状态:
Le Canard Enchaîné est vraiment un journal **intéressant**. Ce sont des enfants **obéissants**.	Voilà le Canard Enchaîné **intéressant** tout le monde. **Obéissant** à leurs parents, ces enfants ont cessé de faire du bruit dans la cour.

2）不能带宾语或状语等。但可有形容词补语：	2）可带宾语、状语或表语：
l'eau **dormante** de l'étang C'est un exercice **fatigant** pour les enfants.	Des enfants **dormant** dans leur chambre Voici un exercice **fatiguant** les enfants.
3）与有关的名词性数一致：	3）无性数变化：
Ce sont des contes **amusants**.	Ce sont des contes **amusant** les enfants.

UN PEU DE CIVILISATION FRANÇAISE

法国人与报刊杂志

法国人爱读报吗？对这个问题的回答恐怕会使不少法国人感到不安。在被询问到的人中，只有50%的人的回答是肯定的。25%的人声明“从不看报纸”。这恐怕也是高度发达的法国社会中的一种“怪”现象。

法国报纸预订户很少，大部分报纸都靠零售。报刊零售点星罗棋布。在巴黎街头，报亭挂满各种报刊杂志、书刊广告，也可算是巴黎特有景观，每到高峰时间，报亭前熙熙攘攘，煞是繁忙。下班的法国人都爱在路上买一份自己喜爱的报纸，或在路上看，或带回家看。

法国的一份报纸往往有几十页之多，分成各种专栏，以飨读者。但报纸中的广告要占去不少篇幅，许多法国人是不读广告的。

除去课文中已介绍过的各种报刊、杂志外，比较有影响的杂志期刊还有：每周电视（Télé 7 jours），袖珍电视报（Télé-Poche）和电视一览（Télérama），这三种期刊都是刊登电视、电影以及唱片方面的信息的。妇女专题的杂志有：她（Elle），玛丽·克莱尔

(Marie-Claire)，玛丽·法兰西（Marie-France）等等。读物方面的有:读者文摘法文版,历史浏览（Historama）等。儿童读物有:向导（Pilote），新丁丁（le Nouveau Tintin）等等,儿童读物也很受成年人的欢迎。

周刊中发行量最大的是巴黎竞赛画报,达 70 多万份。期刊中发行量较大的还有电视七日,约 260 万份!

EXERCICES ORAUX

1. Questionnaire 1:

1) Est-ce qu'on est libre de faire sortir un journal en France?

2) Quelle en est la condition primordiale?

3) Est-ce compliqué de faire sortir un journal? Qu'est-ce qu'on doit faire précisément pour faire marcher un journal?

4) Connaissez-vous l'histoire du journal de "J'informe"?

5) Qu'est-ce que c'est que la Ve République?

6) Quel est le chiffre total des journaux français?

7) Pourriez-vous énumérer les journaux les plus importants et dire quelles sont leurs particularités?

8) Quel est le journal ayant le plus gros tirage en France?

9) Est-ce que tous les journaux sont indépendants en France?

10) Quelle est la particularité du "Canard Enchaîné"?

11) Pourriez-vous présenter d'une manière précise le groupe Hersant?

12) A part les quotidiens, il y en a encore d'autres moyens d'information, lesquels?

13) Quels sont les cinq plus importants hebdomadaires français?

14) Quelle est la particularité de Paris-Match?

15) Quelle est la proportion habituelle que les publicités occupent dans un journal?

16) Pourquoi y a-t-il tant de publicités?

17) Un des interlocuteurs n'aime pas du tout la publicité dans les journaux,

vous savez pourquoi?

2. Questionnaire 2：

1）Vous savez pourquoi on dit que la presse est multiple?

2）Cette multiplicité est traduite（表现出的）par quoi?

3）Si l'on veut se tenir toujours informé，qu'est-ce qu'on doit faire tous les jours?

4）Quelles différences y a-t-il entre la presse écrite et celle de la radio et la télé?

5）En comparaison avec la presse écrite，qu'est-ce qui fait la force de la radio et celle de la télé?

6）Que signifie exactement le mot "support" dans la phrase "chaque support a sa particularité"?

7）Est-ce que vous pouvez trouver une phrase pour remplacer "elle a battu en brèche"?

8）Quelle époque est révolue?

9）Pour quelle raison，la presse quotidienne régionale connaît une situation moins critique?

3. Questionnaire 3：

1）Quels sont les journaux français que vous avez déjà lus?

2）Quelles sont les différences entre un journal français et un journal chinois?

3）Quels sont les principaux journaux chinois?

4）Lesquels lisez-vous le plus souvent? Pourquoi?

5）Lesquels vous ne lisez jamais? Pourquoi?

6）Est-ce qu'il y a aussi des informations telles que "les chiens écrasés" dans nos journaux?

7）Pensez-vous que la presse écrite est un moyen très important pour les Chinois voulant se tenir informés?

8）Y en a-t-il d'autres moyens? Si oui，lesquels?

9）Si un jour，vous pourriez faire tout seul un journal local，que feriez-vous pour le bien faire?

10) Parmi tous les moyens de mass média, lequel préféreriez-vous? Justifiez votre argument (论点)!

4. Exercices de grammaire:

1) sur l'attribut du complément d'objet direct:

On croit que ce garçon est un bon élève. On le croit bon élève.

(1) Je crois que monsieur Dufour est un bon professeur.

(2) On croit que Paul est le meilleur chanteur de l'institut.

(3) Tout le monde croit que le Monde est le meilleur journal de toute la France.

(4) Les filles de toute la promotion (年级;届) croient que Mme Thiers est une victime.

(5) Nous croyons, de tous nos coeurs, que ce vieux monsieur est le plus compétent médecin du pays.

Comment est-ce que tu trouves ton roman, intéressant? Mon roman, je le trouve intéressant.

(1) Comment trouves-tu ce texte, facile?

(2) Comment jugez-vous le Canard Enchaîné, intéressant?

(3) Veux-tu ta viande bien cuite?

(4) Comment appelle-t-il son fils, grenouille (青蛙)?

(5) Comment trouvez-vous ce garçon, intelligent?

2) sur l'adjectif verbal:

Mettez au participe présent ou l'adjectif verbal les verbes entre parenthèses (en vous aidant d'un dictionnaire):

(1) Allez jouer plus loin, vous faites des bruits (assourdir) tout le monde.

(2) Je trouve très peu de livres (intéresser) à la fois mon père et ma mère.

(3) J'aime voir les hirondelles (donner) à leurs petits tout (trembler) les premières leçons de vol (飞行).

(4) Les eaux (courir) sont plus saines que les eaux (dormir).

(5) L'ombre (grandir) envahissait toute la campagne.

(6) Ces enfants, (grandir) chaque jour, seront bientôt aussi grands que leurs parents.

3) Choisissez entre les deux mots mis entre parenthèses, et faites accorder, s'il y a lieu, les adjectifs:

(1) Ils étaient dix (adhérant, adhérent) au Parti communiste.

(2) Nos délégués ont toujours des arguments (convainquant, convaincant) tout le monde.

(3) Voilà assurément une raison (convainquant, convaincant).

(4) Nous avons été dans des pays (différent, différant) du nôtre.

(5) Les pays ayant des systèmes sociaux (différent, différant) doivent coexister (共存) en paix conformément aux Cinq Principes (和平共处五项原则).

(6) J'ai connu un jeune homme (excellant, excellent) au tennis.

(7) Seuls les hommes (négligeant, négligent) rien réussiront.

(8) J'admire beaucoup les cadres ne (négligeant, négligent) rien pour permettre la réussite de ce qu'ils font.

(9) Il y a deux chambres (vaquant, vacant) dans cette maison.

(10) Cette victoire est (équivalant, équivalent) à l'autre.

5. Exercices sur des mots et expressions:

1) distribuer

> — Que fait-on avec tous ces journaux?
> — Il faut les distribuer aux abonnés (订户).

(1) Qu'est-ce qu'on fait avec toutes ces lettres?

(2) Que fait-on avec toutes ces revues françaises?

(3) Que fait-on avec tout cet argent?

(4) Que fait-on avec tous ces produits alimentaires?

(5) Que fait-on avec toutes ces médailles?

2) avoir un faible pour ...

Les Italiens préfèrent beaucoup le football. Les Italiens ont un faible pour le football.

(1) Les Chinois âgés préfèrent l'Opéra de Beijing (京剧).

(2) Les vieux préfèrent beaucoup la presse écrite.

(3) Les jeunes américains préfèrent beaucoup le rock.

(4) V.S.D. préfère plutôt publier les faits divers.

(5) Les pompiers ne rechignent jamais au bal.

3) se tenir + un attribut

Pour être toujours au courant de tout ce qui se passe dans le monde entier, il faut lire souvent la presse. Pour se tenir informé de tout ce qui se passe dans le monde, il faut lire souvent la presse.

(1) Pour être tranquille, vous n'avez qu'à fermer les yeux.

(2) Il reste tout droit devant ses parents dont il a peur.

(3) Pour être penché, il met la main sur le dos de la chaise.

(4) Pour être debout, il se serre les dents et tend (绷紧) tous ses muscles (肌肉).

(5) Pour être équilibré financièrement, il est obligé quelquefois de se serrer la ceinture.

4) tel; telle; tels; telles:

Il a dit: "Je n'ai jamais vu un journal sérieux!" Il a dit qu'il n'a jamais vu un tel journal.

(1) "Je n'ai jamais vu de si bonnes récoltes!"

(2) "Je n'ai jamais vu de père pareil!"

(3) "Nous n'avons jamais connu un personnage aussi drôle."

(4) "Vous ne rencontrerez jamais un homme comme celui-là!"

(5) "Ce journal n'avait jamais procédé à des enquêtes pareilles."

5) mériter

Ce roman est vraiment intéressant. Ce roman mérite d'être lu.

(1) Cet hebdomadaire est vraiment très sérieux quant à l'analyse internationale.

(2) Cette situation est vraiment grave. Il faut y faire attention.

(3) Paul a vraiment bien fait pour notre journal. Il faut le récompenser (奖励).

(4) Le Canard Enchaîné est vraiment un journal de satire politique très bien fait.

(5) C'est une affaire urgente. Il faut la faire tout de suite.

6) indispensable à ...

Tout ce règlement est bien nécessaire pour le maintien de discipline dans notre pays. Ce règlement est indispensable au maintien de discipline dans notre pays.

(1) Les connaissances linguistiques sont très nécessaires pour l'apprentissage d'une langue étrangère.

(2) La concentration des fonds est nécessaire pour le développement d'un journal local.

(3) La concurrence libre est bien nécessaire pour le développement des produits de meilleure qualité.

(4) L'approfondissement des connaissances spéciales est bien nécessaire pour un journaliste.

(5) La force et le courage sont deux qualités nécessaires pour un pompier.

6. Exercices divers:

1) Traduisez en français:

(1) 这件事可不像你想的这么简单。

(2) 有些报纸问世仅仅几天便销声匿迹了。

(3) 法国"世界报"以其新闻报道的严肃性和客观性而著称。

(4) "鸭鸣报"是一份活跃的政治讽刺报纸。

(5) 法国各大报风格各异,极易识别。

(6) 新闻媒介包括广播、电视、报刊、杂志等等。

2) Reliez deux à deux les adverbes synonymes:

Ex.:	Il s'est battu très courageusement.	aisément	( )
(1)	Vous ne le ferez pas parler facilement.	instantanément	( )
(2)	Ils sont venus très vite.	notamment	( )
(3)	Je vous suis très reconnaissant.	vaillamment	(Ex.)
(4)	Elle les a beaucoup complimentés.	rapidement	( )
(5)	Je lui reproche beaucoup de choses, particulièrement son égoïsme.	infiniment	( )
(6)	Il répète aussitôt tout ce que je dis.	abondamment	( )

3) Transformez les phrases suivantes selon les modèles:

Ex.: (1) On a encore enlevé un enfant.

(2) Un enfant a encore été enlevé.

(3) Encore un enlèvement d'enfant.

Ex.: On a cambriolé une succursale de la Société Générale.

Une succursale de la Société Générale a été cambriolée.

Cambriolage d'une succursale de la Société Générale.

(1) On a ouvert un nouveau magasin dans la rue Servan.

...

(2) Le ministre de la Culture a inauguré une exposition Picasso.

...

(3) La nouvelle Direction réorganise l'entreprise EDMAR.

...

(4) On a aménagé le carrefour de la route Minervoise.

...

(5) On a reboisé la vallée de l'Orbieu.

...

4) Le mot "faible" (nom ou adjectif) peut avoir plusieurs sens. Retrouvez-les en reliant les phrases dans lesquelles il est utilisé aux expressions synonymes:

	A	B
Ex.	J'ai le coeur faible.	une préférence
(1)	Je ne suis qu'une faible femme.	insuffisants
(2)	Ils font partie des économies faibles.	j'aime beaucoup
(3)	Vous êtes trop faible avec cet enfant.	fragile
(4)	Vos résultats sont trop faibles.	pâle
(5)	Il a un faible pour son fils aîné.	trop gentil
(6)	La pièce était éclairée d'une faible lumière.	pauvre
(7)	Ce n'est pas bon pour la santé, mais j'ai un faible pour le chocolat.	sans défense

5) Récrivez les phrases de façon à utiliser un adverbe:

Ex.: Il vous sera facile de faire cet exercice.

Vous ferez facilement cet exercice.

(1) Vous avez été très rapide pour achever ce travail.

...

(2) Il est amoureux d'une façon passionnée.

...

(3) Nous ne pouvons pas rester ici un temps indéfini.

...

(4) Son refus a été instantané.

...

(5) Son analyse de la situation a été brillante.

...

(6) Cette expression n'est plus utilisée dans le langage courant.

...

(7) Tu lui écris une lettre par an, ce n'est pas suffisant.

...

(8) Il nous a donné de savantes explications sur le fonctionnement du moteur.

...

(9) C'est étonnant comme il a grossi depuis son mariage!

...

6) "Ouest-France" consolide sa position de premier quotidien français:

Plus de 300 pages composées chaque nuit, 38 éditions dans douze départements, 707 661 exemplaires quotidiens vendus en 1982.

Selon les dirigeants de Ouest-France, qui ont réuni à cette occasion une conférence de presse, la progression constante de la diffusion est due à plusieurs raisons: le prix de vente le plus bas (2,60 F actuellement), la diversité des éditions qui permet une localisation poussée des nouvelles, le nombre important des effectifs rédactionnels (trois cent quarante journalistes et quelque quatre mille correspondants locaux), la qualité du contenu et de la présentation(...)

Quant au contenu, le quotidien de Rennes se veut, avant tout, un journal d'informations, "mais pas forcément neutre et désengagé". Sa devise des origines, "Justice et liberté", paraît, aujourd'hui encore, à ses responsables, celle de "valeurs essentielles de la démocratie". Attaché au pluralisme et "respectueux des opinions", Ouest-France veut aussi être, avec d'autres, "la voix de la région".

(1) Complétez la fiche suivante sur le quotidien dont il est question dans cet article.

Titre du quotidien: ________.

Tirage: ________.

Nombre d'éditions: ________.

Nombre de départements dans lesquels il est diffusé: ________.

Prix de vente: ________.

Effectifs rédactionnels: ________.

Journalistes correspondants locaux: ________.

(2) Complétez ce résumé du document:

Grâce à son prix de vente, ________, ________, et ________, "Ouest-France" occupe aujourd'hui la première ________ parmi les ________ français.

7) Débat ou discussion:

Pensez-vous que la publicité soit nécessaire ou inutile?

Justifiez votre argument.

8) Sujet de discussion:

(1) Dressez une liste des marchandises pour lesquelles on fait dans votre pays beaucoup de publicités à la télévision.

a. Pourquoi, à votre avis, fait-on de la publicité pour ces marchandises en particulier?

b. Est-ce que vous n'aimez pas ces publicités? Pourquoi?

(2) Comparez l'importance de la publicité dans un quotidien ou dans un hebdomadaire chinois avec un quotidien ou un hebdomadaire français d'un genre semblable. Et dites votre préférence.

(3) Comparez la publicité dans un hebdomadaire français et dans un heb-

domadaire chinois. Est-ce que les thèmes de ces publicités sont les mêmes? Quelle image de la société donnent les publicités?

9) Exercice d'écrit:

Essayez de faire le résumé du premier texte.

10) Compréhension rapide: Pour ou contre?

Les journaux

On a posé la question suivante à des Français: "Est-ce que vous choisiriez volontiers les journaux comme moyen principal pour vous tenir informé tous les jours?" Les réponses étaient, comme vous pouvez déjà deviner, multiples. Mais qui est pour et qui est contre?

(1) Alors, est-ce que vous pourriez me proposer d'autre chose?

(2) Les journaux, c'est plus concret, c'est plus approfondi. Je ne suis pas contre la radio et la télé, mais c'est un peu comme le flash, trop vite, quoi.

(3) Cela demande du temps, vous savez. Moi, je suis technicien, j'ai pas tout ce temps pour lire tranquillement après le dîner. Le soir, j'ai trop de choses à faire.

(4) J'aime bien ça. Mais il y a des enfants à m'en occuper, des repas à préparer, des ménages à faire, vous croyez que j'aurais le temps de parcourir les journaux de quelques dizaines de pages?

(5) C'est lent. C'est compliqué. Je choisirais volontiers la télé. C'est vite et c'est avec les images; même que ça soit dans l'autre bout du monde.

(6) Pour faire des analyses concrètes ou approfondies, il en faut. Mais pour me tenir informé des choses importantes, il suffit d'avoir une radio ou un poste de télé.

(7) Chaque chose a deux côtés: pour les nouvelles, c'est très bien. Mais les pub, c'est pas marrant ça!

(8) Je ne trouve pas autre chose qui puisse les remplacer. C'est très im-

portant pour un Français dans sa vie courante.

(9) Je ne suis pas contre les journaux. Vous savez, la liberté est à chacun. Mais ça reflète de temps en temps les idées de tel ou tel parti politique, ou directement celles du gouvernement. Alors là, il faut être prudent, quoi!

(10) Je ne pourrais pas imaginer la vie sans journaux. C'est fondamental pour moi.

(11) J'aime tout! Chaque composant des mass média n'est pas inutile. Il faut choisir selon ses besoins différents. Si vous voulez approfondir, le meilleur, ce sont les journaux. N'est-ce pas?

(12) Je ne crois pas qu'il y ait encore si nombreux de gens qui auraient besoin des journaux pour se tenir informés. On est déjà à l'époque de l'Informatique, il y a radio et télé. Même dans les rues, il y a des panneaux électriques où vous pourriez lire des informations importantes.

EXERCICES ECRITS

1. Les noms en "-té". Complétez en suivant les modèles:

adjectif	nom
Ex.: un coureur rapide	la rapidité du coureur
1) des lecteurs fidèles	2) un tableau authentique
3) une presse multiple	4) un problème actuel
5) une question difficile	
Ex.: Des journalistes honnêtes	l'honnêteté des journalistes
6)	la simplicité d'un problème
7)	la complexité d'une question
8)	la crédibilité d'une information
9)	la proximité du danger
10)	la popularité d'un chanteur

2. Récrivez les phrases suivantes en remplaçant l'expression en italique par un verbe synonyme.

éveiller — effrayer — répandre — persuader — prolonger — imposer — appartenir à — se rappeler — expliquer

Ex. : L'école devrait *faire naître* le goût de la lecture.

L'école devrait **éveiller** le goût de la lecture.

1) Je n'ai pas voulu lui *faire peur*.

...

2) Il veut *faire durer* la discussion.

...

3) Il faut *faire savoir* au public les raisons de cette grève.

...

4) Elle ne *fait* plus *partie de* l'équipe.

...

5) Les journaux *ont fait courir le bruit* de ses fiançailles.

...

6) Tu veux me *faire croire* que tu as raison.

...

7) Pourquoi *faire renaître* les mauvais souvenirs?

8) Le président tenait à *faire accepter* son projet.

...

9) Complétez en employant le plus-que-parfait:

(1) Comme ils (achever)________ leur repas, ils partirent.

(2) Lorsque je suis arrivé, ils ________ déjà (partir)________.

(3) Je décidai de leur téléphoner car ils (oublier) ________ leur valise chez moi.

(4) Comment ________ ils (faire) ________? Je me le suis toujours demandé.

(5) Elle (partir)________ de chez elle trop tard: elle manqua son train.

3. Le mot juste.

Ex. : concurrence — rivalité

a. Les petits commerçants ont beaucoup souffert de la concurrence que leur font les gandes surfaces.

b. Ils étaient amoureux de la même femme mais leur amitié n'a jamais souffert de cette rivalité amoureuse.

1) évolution — changement

a. Vous avez quitté le quartier il y a très longtemps, vous ne reconnaîtrez plus rien quand vous reviendrez; il y a eu beaucoup ________.

b. Le singe est-il ou non une étape de notre ________?

2) synthèse — résumé

a. Vous avez discuté des avantages et des inconvénients d'une nouvelle méthode et dans votre ________ vous concluez à l'utilité ou à l'inutilité de cette méthode.

b. Votre ami n'a pas assisté au début du film, vous le lui racontez en quelques mots; grâce à votre ________ il pourra suivre le film.

3) analyse — étude

a. Depuis quelques mois il s'est remis à l' ________ du piano, ce qui ne fait pas le bonheur de ses voisins.

b. Quand vous distinguez dans une phrase le sujet, le verbe, le complément, vous en faites l' ________.

4) authentique — vrai

a. Il passe pour être avare, or ce n'est pas ________, il aide toute sa famille.

b. Ils ont dans leur collection une statuette grecque ________ qui date de 1 500 ans avant J. - C.

5) complexe — compliqué

a. Il m'a raconté une histoire très ________ à laquelle je n'ai rien compris.

b. Expliquer les origines d'une guerre est toujours une affaire ________ car plusieurs facteurs entrent en jeu.

4. vrai ou faux?

VAR MATIN REPUBLIQUE est:

1) un quotidien national

2) un quotidien régional

3) un quotidien de la région du Sud-Ouest

4) un quotidien de la région de Provence

5. Version:

"Devant tant de moyens d'information, le lecteur ou l'auditeur se sent parfois désorienté, il a du mal à faire la synthèse. Dans les années 60, une des hebdomadaires tels **l'Express**, **le Nouvel Observateur** ou **le Point** tentent de présenter une synthèse des événements de la semaine écoulée. Cette forme de presse a ses exigences: le journaliste fouille son sujet, essaie d'aller plus loin que le quotidien dans l'analyse et l'écriture. Rares sont les débutants qui y travaillent. Le succès des "news" correspond à une évolution de notre société. Leurs lecteurs sont déjà très informés, ils veulents comprendre le sens des événements et sont donc très exigeants.

6. Traduisez en français:

报刊杂志　保持独立　社会新闻　诞生　公众的兴趣

机关报　朝气蓬勃的　详尽的分析　巴黎竞赛画报

必不可少的　保持镇静　表示厌恶　创记录的销售

被刺杀的总统　授与奖章

7. Thème:

1) 法国的报刊杂志多种多样。

2）作为一份主要报纸，“世界报”努力要求自己保持客观性。

3）“西部法兰西报”是唯一发行量超过其它几家巴黎报纸的地方报纸。

4）巴黎的几家报纸平均每天出版两到三次。

5）报纸是传递信息的工具，深受大众的欢迎。

6）二次世界大战结束时，全法国的各种报纸曾有200多种。但随着社会的不断发展，资金的不断集中，许多报纸逐渐消失了。现在法国只有不足100份报纸了。这些报纸除了巴黎还有十几种外，剩下的都在外省。但是随着社会和经济的发展，一种新的报刊形式——周刊及各种期刊迅速崛起。这些周刊一般都以过去一周中发生的大事为对象，刊登一些分析文章，很受读者的欢迎。其中最著名的有快报、观点报和新观察家报。

8. Vocabulaire et compréhension écrite

1）**Ah! si j'avais dix ans de moins!**

Dans cet énoncé, l'auteur exprime:

a. un dégoût　　b. une inquiétude

c. un regret　　d. une suggestion

2）Venez donc plus tôt, **ainsi** vous pourrez rentrer chez vous avant la nuit.

"ainsi" marque ici:

a. un but　　b. une cause

c. une conséquence　　d. une comparaison

3）Il ne savait pas **au juste** ce qu'il fallait faire.

"au juste" veut dire ici:

a. exactement　　b. généralement

c. convenablement　　d. approximativement

4）**A première vue** cela semble impossible.

"à première vue" signifie:

a. normalement　　b. précédemment

c. pratiquement　　d. apparemment

LECTURE

Trois pages blanches

Trois pages blanches choquantes dans les magazines français de cette semaine. C'est un symbole, un refus, une alerte. C'est la négation même de notre mission qui est de vous informer et de vous divertir.

Trois pages blanches pour refuser l'uniformité qui nous guette. Et pour affirmer plus que jamais que notre diversité est la garantie de votre liberté de choisir.

Trois pages blanches pour vous dire que les moyens d'existence de la presse magazine sont menacés: ses recettes publicitaires sont en danger, alors que dans le même temps, la télévision se voit accorder le droit d'augmenter les siennes.

En effet, des pages de publicité en moins dans votre magazine, c'est vous enlever des pages d'informations de reportages ou de photos.

C'est condamner la Presse Magazine à un langage uniforme et ses lecteurs à une même façon de réfléchir, de se détendre, de s'informer.

Triste uniformité d'une Presse Magazine qui ressemblerait à la télévision. La télévision qui veut s'adresser à tout le monde et oublie que vous êtes unique.

C'est tout cela que veulent dire nos trois pages blanches. Vous dire que nous nous engageons à préserver en toute indépendance ce droit essentiel: la liberté de choisir.

Car, sans elle, toutes les pages de ce magazine risquent un jour d'être blanches.

VOCABULAIRE

choquant, e *a*.	令人惊异的
un symbole	象征
un refus	拒绝
une alerte	警报
une mission	任务
divertir *v.t.*	使……得到消遣
une uniformité	统一性；一致性
guetter *v.t.*	戒备；伺机，等候(机会)
une garantie	保证
une recette	收入
enlever *v.t.*	取消
se détendre *v.pr.*	放松
s'informer *v.pr*	询问，了解；打听情况
unique *a*.	唯一的，独一的
s'engager à faire qch.	保证要做某事
préserver *v.t.*	使预防；保护，保存

Annexe (附录)

POEMES

1. Liberté

Sur mes cahiers d'écolier,
Sur mon pupitre et les arbres,
Sur le sable, la neige,
J'écris ton nom.

Sur toutes les pages blanches,
Sur toutes les pages lues,
Pierre, sang, papier ou cendre,
J'écris ton nom.

Sur la jungle et le désert
Sur les nids, sur les genêts,
Sur l'écho de mon enfance,
J'écris ton nom.

Sur les champs, sur l'horizon,
Sur les ailes des oiseaux,
Et sur le moulin des ombres,
J'écris ton nom.

Sur la mousse des nuages,
Sur les sueurs de l'orage,
Sur la pluie épaisse et fade,
J'écris ton nom.

Et par le pouvoir d'un mot
Je recommence ma vie,
Je suis né pour te connaître,
Pour te nommer,
LIBERTE!

Paul Eluard: *Dignes de vivre*

écolier, -ère *n*. 小学生
un pupitre 课桌
le sang 血
le cendre 灰
la jungle [ʒɔ̃:gl] (热带)丛林
le désert 沙漠
un nid 鸟窝
le genêt 染料木
un écho [eko] 回声
l'horizon *m*. 地平线
la mousse 苔藓,泡沫,气泡
la sueur 汗
un orage 暴风雨
fade *a*. 平淡乏味的,令人厌烦的
le pouvoir 能力,力量

2. Ah, si vous saviez

Si vous saviez comme on pleure
De vivre seul et sans foyer,
Quelquefois devant ma demeure
Vous passeriez.

Si vous saviez ce que fait naître
Dans l'âme triste un pur regard,
Vous regarderiez ma fenêtre
Comme au hasard.

Si vous saviez quel baume apporte
Au cœur la présence d'un cœur,
Vous vous asseoiriez sous ma porte
Comme une sœur.

Si vous saviez que je vous aime,
Surtout si vous saviez comment,

Vous entreriez, peut-être, même
Tout simplement.

Sully Prudhomme

le foyer 火炉，家
une âme 灵魂
le * hasard 机遇
au hasard 盲目地，无目的地
le baume 香膏，安慰

3. Chanson de Fortunio

Si vous croyez que je vais dire
Qui j'ose aimer
Je ne saurais, pour un empire,
Vous la nommer.

Nous allons chanter à la ronde,
Si vous voulez,
Que je l'adore et qu'elle est blonde
Comme les blés.

Je fais ce que sa fantaisie
Veut m'ordonner,
Et je puis, s'il lui faut ma vie,
La lui donner.

Du mal qu'un amour ignoré
Nous fait souffrir,
J'emporte l'âme déchirée
Jusqu'à mourir.

Mais j'aime trop pour que je die
Qui j'ose aimer,
Et je veux mourir pour ma mie
Sans la nommer.

Alfred de Musset: *Le Chandelier*

un empire 帝国	une âme 灵魂
à la ronde 挨次,轮流	déchirer *v.t.* 撕碎
la fantaisie 幻想;怪念头	je die = je dise
ordonner *v.t.* 命令	ma mie = ma amie, mon amie
ignoré *a.* 忽视的	

4. Vieille chanson du jeune temps

Je ne songeais pas à Rose,
Rose au bois vint avec moi;
Nous parlions de quelque chose,
Mais je ne sais plus de quoi.

J'étais froid comme les marbres;
Je marchais à pas distraits.
Je parlais des fleurs, des arbres,
Son œil semblait dire: Après?

La rosée offrait ses perles,
Le taillis ses parasols;
J'allais; j'écoutais les merles,
Et Rose les rossignols.

Moi, seize ans, et l'air morose;
Elle vingt; ses yeux brillaient.
Les rossignols chantaient Rose
Et les merles me sifflaient.

Rose, droite sur ses hanches,
Leva son beau bras tremblant
Pour prendre une mûre aux branches;
Je ne vis pas son bras blanc.

Une eau courait, fraîche et creuse,
Sur les mousses de velours;

Et la nature amoureuse,
Dormait dans les grands bois sourds.

Rose défit sa chaussure
Et mit d'un air ingénu
Son petit pied dans l'eau pure;
Je ne vis pas son pied nu.

Je ne savais que lui dire;
Je la suivais dans le bois,
La voyant parfois sourire
Et soupirer quelquefois.

Je ne vis qu'elle était belle
Qu'en sortant des grands bois sourds.
— Soit; n'y pensons plus! dit-elle.
Depuis, j'y pense toujours.

Victor Hugo

le marbre 大理石;大理石像
distrait, e *a*. 不专心的
la rosée 露水
une perle 珍珠,珠子
morose *a*. 忧郁的,阴沉的
siffler *v.i*. 吹口哨
la *hanche 髋部,腰
une mûre 桑葚,黑莓
creux, -se *a*. 凹陷的,凹形的
le velours 丝绒
le taillis 矮林
un parasol 阳伞
un merle 乌鸫(鸟)
un rossignol 夜莺
défaire *v.t*. 脱下
une chaussure 鞋
ingénu, e *a*. 天真的,纯朴的
nu, e *a*. 裸露的
soupirer *v.i*. 叹气
soit [swat] *adv*. 好吧,算了

5. Le Pont Mirabeau

Sous le pont Mirabeau coule la Seine
Et nos amours
Faut-il qu'il m'en souvienne

La joie venait toujours après la peine

Vienne la nuit sonne l'heure
Les jours s'en vont je demeure

Les mains dans les mains restons face à face
Tandis que sous
Le pont de nos bras passe
Des éternels regards l'onde si lasse
Vienne la nuit sonne l'heure
Les jours s'en vont je demeure

L'amour s'en va comme cette eau courante
L'amour s'en va
Comme la vie est lente
Et comme l'espérance est violente

Vienne la nuit sonne l'heure
Les jours s'en vont je demeure

Passent les jours et passent les semaines
Ni temps passé
Ni les amours reviennent
Sous le pont Mirabeau coule la Seine

Vienne la nuit sonne l'heure
Les jours s'en vont je demeure

Guillaume Apollinaire

un pont 桥
le pont Mirabeau 米拉波桥，在巴黎西郊
éternel, le *a*. 永恒的
une onde 波浪

las, se *a*. 疲倦的

violent, e *a*. 激烈的，强烈的

vienne, sonne 虚拟式现在时

s'en aller *v. pr*. 走开，消失

6. Chanson de la Seine

La Seine a de la chance
Elle n'a pas de soucis
Elle se la coule douce
Le jour comme la nuit
Et elle sort de sa source
Tout doucement sans bruit
Et sans se faire de mousse
Sans sortir de son lit
Elle s'en va vers la mer
En passant par Paris

La Seine a de la chance
Elle n'a pas de soucis
Et quand elle se promène
Tout le long de ses quais
Avec sa belle robe verte
Et ses lumières dorées
Notre-Dame jalouse
Immobile et sévère
Du haut de toutes ses pierres
Le regard de travers
Mais la Seine s'en balance
Elle n'a pas de soucis
Elle se la coule douce
Le jour comme la nuit
Et s'en va vers le Havre
Et s'en va vers la mer

Et passant comme un rêve
Au milieu des mystères
Des misères de Paris

Jacques Prévert

le souci 忧虑;操心
se la couler douce (俗)过平静的生活
la mousse 苔藓;泡沫
se faire de la mousse (俗)自寻烦恼
sans faire de mousse 无忧无虑
le lit 河床
le quai [ke] 堤岸,沿河马路
doré, e *a*. 金黄色的
jaloux, se *a*. 嫉妒的
immobile *a*. 不动的
le Havre 勒阿佛尔,塞纳河口的城市
un mystère 神秘

7. Ballade à la lune

C'était, dans la nuit brune,
Sur le clocher jauni,
La lune,
Comme un point sur un i.

Lune, quel esprit sombre
Promène au bout d'un fil
Dans l'ombre,
Ta face et ton profil?...

Qui t'avait éborgnée
L'autre nuit? T'étais-tu cognée
A quelque arbre pointu?

Car tu vins, pâle et morne,
Coller sur mes carreaux

Ta corne,
A travers les barreaux...

Et qu'il vente ou qu'il neige,
Moi-même, chaque soir,
Que fais-je,
Venant ici m'asseoir?

Je viens voir, à la brune,
Sur le clocher jauni
La lune
Comme un point sur un i.

Alfred de Musset

une ballade 一种小诗
un clocher (教堂的)钟楼
un esprit 精灵
sombre *a*. 忧郁的,可怜的
un fil 线
un profil 侧影
un carreau 窗玻璃
une corne 角
un barreau 小棍,小棒
les barreaux 窗上铁条
éborgner *v.t.* 使成为独眼
se cogner 碰撞
pointu, e *a*. 尖的
pâle *a*. 苍白的
morne *a*. 忧郁的,黯淡的
coller *v.t.* 粘贴,贴近
venter *v.i.* 刮风
que... ou que ... 不论……还是
à la brune 傍晚,黄昏

8. Tempête en mer

Comme il pleut ce soir,
N'est-ce pas, mon hôte?
Là-bas à la côte,
Le ciel est bien noir,
La mer est bien haute!
On dirait l'hiver;
Parfois on s'y trompe...

Le vent de la mer
Souffle dans sa trompe!
Oh! marins perdus
Au loin dans cette ombre!
Sur la nef qui sombre
Que de bras tendus
Vers la terre sombre!
Pas d'ancre de fer
Que le flot ne rompe,
Le vent de la mer
Souffle dans sa trompe!

Victor Hugo: *Les voix intérieures*

une tempête 暴风雨
un hôte 主人,客人
la côte 海岸
on dirait 好像
une trompe 喇叭
un marin 水手
l'ombre *f*. 阴影,黑暗
une nef (诗)船
sombrer *v.i.* (海)下沉,沉没
un ancre 锚
un flot 浪
rompre *v.t.* 折断,打碎

9. Chanson d'automne

Les sanglots longs
Des violons
De l'automne
Bercent mon cœur
D'une langueur
Monotone.

Tout suffocant
Et blême, quand
Sonne l'heure,

Je me souviens
Des jours anciens
    Et je pleure;

Et je m'en vais
    Au vent mauvais
Qui m'emporte
    Deçà, delà,
    Pareil à la
        Feuille morte.

Paul Verlaine

un sanglot 啜泣
un violon 小提琴
bercer *v.t.* 抚慰
la langueur 忧郁;倦怠
monotone *a.* 单调的
suffocant, e *a.* 使窒息的
blême *a.* 苍白的
deçà *adv.* 这边,这儿
delà *adv.* 那边,那儿

10. Au soir d'automne

Le couchant est si beau, parmi
Les arbres d'or qu'il ensanglante
Que le jour qui meurt à demi
Retarde sa mort grave et lente.

Le crépuscule sur les roses
Est si pur, si calme et si doux
Que toutes ne sont pas closes
Et que j'en cueille une pour vous.

Les feuilles chuchotent si bas,
Une à une ou toutes ensemble
D'arbre en arbre qu'on ne sait pas
Si tu ris ou si le bois tremble.

La rivière coule si douce
Entre les roseaux bleus des prés,
Si douce, si douce, si douce
Qu'on ne sait pas si vous pleurez.

H. de Régnier

le couchant 日落处, 西方
ensanglanter *v. t.* 沾上血, 染红
le crépuscule 黄昏, 暮色
une rose 玫瑰花
clos, e *a.* 关闭的
chuchoter *v. i.* 耳语, 低语
le roseau 芦苇
un pré 草地

11. Le laboureur et ses enfants

Travaillez, prenez de la peine:
C'est le fonds qui manque le moins.

Un riche laboureur, sentant sa mort prochaine,
Fit venir ses enfants, leur parla sans témoins.
《Gardez-vous, leur dit-il, de vendre l'héritage
Que nous ont laissé nos parents:
Un trésor est caché dedans.
Je ne sais pas l'endroit; mais un peu de courage
Vous le fera trouver: vous en viendrez à bout.
Remuez votre champ dès qu'on aura fait l'août:
Creusez, fouillez, bêchez; ne laissez nulle place
Où la main ne passe et repasse.》
Le Père mort, les fils vous retournent le champ,
Deçà, delà, partout: si bien qu'au bout de l'an
Il en rapporta davantage.
D'argent, point de caché. Mais le père fut sage
De leur montrer, avant sa mort,
Que le travail est un trésor.

Jean de La Fontaine: *Fables*

un laboureur 耕地者,庄稼人
le fonds 资金,财富
un témoin 证人
se garder (*de*) *v. pr.* 提防,避免
l'héritage *m.* 遗产
le trésor 财宝,财富
dedans *adv.* 在内
en venir à bout 完成
l'août *m.* (古)收获,收割
fouiller *v.t.* 搜索
bêcher *v.t.* 用铲翻土
vous 在此无实际意义,只表示听者对此可能感兴趣
rapporter *v.t.* 出产,获利
sage *a.* 明智的

12. Le rat de ville et le rat des champs

Autrefois le rat de ville
Invita le rat des champs,
D'une façon fort civile,
A des reliefs d'ortolans.

Sur un tapis de Turquie
Le couvert se trouva mis.
Je laisse à penser la vie
Que firent ces deux amis.

Le régal fut fort honnête:
Rien ne manquait au festin;
Mais quelqu'un troubla la fête
Pendant qu'ils étaient en train.

A la porte de la salle
Ils entendirent du bruit:
Le rat de ville détale;
Son camarade le suit.

Le bruit cesse, on se retire.
Rats en campagne aussitôt;
Et le citadin de dire:

《Achevons tout notre rôt.

— C'est assez, dit le rustique,
Demain vous viendrez chez moi.
Ce n'est pas que je me pique
De tous vos festins de roi:

Mais rien ne vient m'interrompre;
Je mange tout à loisir.
Adieu donc. Fi du plaisir
Que la crainte peut corrompre!》

Jean de La Fontaine: *Fables*

un rat 老鼠
civil, e *a*. 有礼貌的
les reliefs *m. pl*. 残羹,剩菜
un ortolan 雪鹀(鸟)
un tapis 地毯
la Turquie 土耳其
le régal 美味,佳肴
honnête *a*. 诚实的,不掺假的
le festin 宴会,丰盛的饭菜
troubler *v. t*. 打扰,打断
détaler *v. i*. 逃跑
se retirer *v. pr*. 离开,撤退
en campagne 开始活动
de dire = dit (passé simple)
achever *v. t*. 完成,结束
le rôt = le rôti 烤肉
rustique *a*. 乡村的
se piquer (de) *v. pr*. 自炫,自鸣得意
interrompre *v. t*. 中断,打断
fi! *interj*. 呸(轻蔑,不满)
faire fi de 轻视,不顾
corrompre *v. t*. 腐蚀,败坏
corrompre le plaisir 扫兴

Ⅱ. VOCABULAIRE GENERAL

A

à l'abri de *loc. prép.*	躲避;在……遮掩下	(9)
à part *loc. prép.*	除……以外	(4)
à l'issue de	结束后;完结时	(5)
à noter que	要注意到	(4)
à toute heure *loc. adv.*	随时;没有间断地	(7)
à sa façon	以他(她)的方式	(2)
à la place de	在……的位置上	(6)
à nouveau *loc. adv.*	重新	(3)
(à) qui de droit	(对)主管(负责)人	(11)
à l'exclusion de	……除外;不包括……在内	(5)
abaissement *n. m.*	下降	(7)
abonder *v. i.*	充裕;盛产	(16)
accession *n. f.*	获得;加入	(11)
accorder *v. t.*	给予	(11)
accroissement *n. m.*	增加	(7)
achat à crédit *n. m.*	赊购,按揭	(4)
acheteur *n. m.*	购物者	(5)
achever *v. t.*	结束;完成	(2)
acquéreur *n. m.*	获得者;买主	(14)
acquérir *v. t.*	获得	(9)
acquis, e *a.*	(已)获得的	(13)
acquisition *n. f.*	获得,取得,购得	(4)
acte *n. m.*	行动;证书	(14)
actifs *n. m. pl.*	就业人口	(7)

actions *n.f.pl.*	股票	(14)
actualité *n.f.*	时事,新闻	(1)
actualités télévisées *nf.pl.*	电视新闻	(4)
adapté, e *a.*	合适的	(3)
admiration *n.f.*	欣赏,钦佩	(15)
adopter *v.t.*	接受,采纳	(9)
adroit, e *a.*	灵巧的	(13)
adulte *n.*	成年人	(4)
adversaire *n.m.*	对手;对方	(4)
aérien, ne *a.*	航空的	(9)
affaire *n.f.*	事务;事件	(2)
affaires *n.f.pl.*	商业活动	(13)
affirmer *v.t.*	证实;显示,表明	(13)
agent immobilier *n.m.*	不动产商人	(10)
agile *a.*	灵活的,敏捷的	(13)
agressif, ve *a.*	好斗的;咄咄逼人的	(13)
agriculteur *n.m.*	农民	(14)
aide de camp *n.m.*	(军)副官	(11)
aile *n.f.*	翅膀	(2)
ailleurs *adv.*	别处	(1)
aisé, e *a.*	富裕的,宽裕的	(13)
Ajaccio	(科西嘉省会)阿雅克修	(1)
aligner *v.t.*	排成行;整齐地写	(9)
alimentation *n.f.*	食品,食物	(14)
allant de...à	从……至……	(4)
allocution *n.f.*	讲话;简短演说	(11)
allongé, e *a.*	延长的,伸长的	(7)
allongement *n.m.*	延长,伸长	(7)
allonger *v.t.*	延长;伸出,伸长	(7)
alors *adv.*	当时;那时	(14)
alors que loc. *conj.*	而……;却……	(4)

alternance *n. f.*	交替,更迭,轮换	(1)
ambition *n. f.*	雄心;野心	(3)
amende *n. f.*	罚款	(15)
amener *v. t.*	带来;导致	(5)
Amérique *n. f.*	美洲	(1)
Amstrad	阿姆斯塔德牌	(4)
analphabète *n.*	文盲	(4)
ange *n. m.*	天使	(2)
Angers	昂热(法西部城市)	(16)
Angoulême	昂古莱姆(同上)	(16)
année scolalre *n. f.*	学年	(3)
annonce *n. f.*	广告	(7)
annoncer du soleil	预告天晴	(1)
annuel, le *a.*	每年的;年度的	(4)
Antenne 2	(法国)电视二台	(4)
antenne *n. f.*	天线;无线电广播	(4)
antérieur, e *a.*	以前的;先前的	(5)
antériorité *n. f.*	(时间)先前(性)	(6)
apparition *n. f.*	出现;出场,露面	(11)
appel *n. m.*	召唤	(2)
appeler qn. x	称呼某人为 X	(6)
applaudissement *n. m.*	鼓掌	(11)
application *n. f.*	实行;实施	(13)
apprécier *v. t.*	欣赏;赞赏	(16)
apprêté, e *a.*	矫揉造作的	(10)
approfondir *v. t.*	深入	(4)
après tout *loc. adv.*	总之;毕竟	(5)
après-guerre *n. m.*	战后(时期)	(7)
Aquitaine	(法国西部)阿奎坦地区	(1)
arbre de Noël *n. m.*	圣诞树	(6)
archéologie *n. f.*	考古学	(2)

archéologue *n.*	考古学家	(2)
argent de côté *n.m.*	积蓄;存款	(7)
arme *n.f.*	武器	(10)
armée de l'air *n.f.*	空军	(10)
arracher qch. à qn	从某人手中抢走某物	(6)
artificiel, le *a.*	人造的;人工的	(1)
artiste *n.m.*	艺术家	(2)
aspect *n.m.*	方面;面貌	(13)
assassiné, e *a.*	被暗杀(刺杀)的	(16)
assumer *v.t.*	承担	(11)
atelier *n.m.*	车间,作坊	(2)
attaché, e *a.*	喜爱的;忠实的	(13)
atteindre *v.t.*	达到	(1)
attendre un enfant	(此处)怀孕	(13)
attirant, e *a.*	吸引人的,诱人的	(13)
attitude *n.f.*	态度	(8)
au contraire *loc.adv.*	相反地	(1)
au cours de *loc.prép.*	在……期间	(2)
au total *loc.adv.*	全部;总计	(7)
au temps de...	在……时期	(11)
au détriment de *loc.prép.*	损害……	(14)
au point de vue de	以……的观点	(7)
au-dehors *loc.adv.*	在外边	(13)
au-delà de *loc.prép.*	在……之外;超过	(2)
aube *n.f.*	拂晓;黎明	(6)
aucun, aucune	无任何一个	(2)
audience *n.f.*	接见,召见	(11)
auprès de *loc.prép.*	在……旁边	(6)
autrement *adv.*	否则	(14)
autrement dit	换言之	(14)
Autriche *n.f.*	奥地利	(14)

avance *n. f.*	超越;提前;预支款	(15)
avancer *v. i.*	前进;进军,进攻	(6)
avantage *n. m.*	好处;利益	(7)
avantages en nature *n. m. pl.*	实物报酬	(7)
averse *n. f.*	骤雨;暴雨	(1)
avertir *v. t.*	报警;通知	(10)
avoir à faire avec qch(qn)	有事要做;对付某物(某人)	(1)
avoir le dernier mot	说了算数;(辩论)获胜	(12)
avoir tort	错了	(3)
avoir une préférence pour	更喜爱……	(11)
avoir droit à	有……的权力	(9)
avoir envie de faire	热望做某事	(8)
avoir d'autres chats à fouetter	另有事要做	(2)
avoir l'intérêt de	有……的好处	(12)
avoir l'habitude de	有……的习惯	(5)
avoir affaire à	与……打交道	(10)
avoir un faible pour	(书)偏爱;嗜好	(16)

B

baisse *n. f.*	下降;降低	(14)
baisser *v. t.*	落下;降下	(2)
bal *n. m.*	舞会;舞厅	(16)
bande *n. f.*	带;长条	(5)
bande dessinée *n. f.*	连环画(册)	(5)
banquet *n. m.*	宴会;盛宴	(11)
banquier *n. m.*	银行家	(14)
bar *n. m.*	酒吧(间)	(7)
baraque *n. f.*	小板房;木棚	(7)
barman *n. m.*	酒吧侍者(招待)	(7)
base *n. f.*	基础;基地	(10)

bassin *n. m.*	水池,池塘	(7)
bâtiment *n. m.*	楼房;建筑(物)	(15)
bâtir *v. t.*	建筑;建造	(10)
Bauret	博雷(人名)	(6)
bavarder *v. i.*	聊天;闲谈	(9)
bec *n. m.*	喙;鸟嘴;(人的)嘴	(6)
Beethoven	贝多芬	(8)
bénéfice *n. m.*	利润	(7)
bénéficier de *v. t. ind.*	享受……	(14)
beurré, e *a.*	涂黄油的	(6)
Bible *n. f.*	圣经;经书	(2)
bien sûr que oui	当然是了	(2)
bien sûr que non	当然不是了	(2)
bifteck *n. m.*	牛排;(引)肉排	(10)
bile *n. f.*	胆汁;(转)恼怒,烦恼	(6)
Billy-sous-les-Côtes	法国东北一地名	(3)
Bingo *n. m.*	班科彩票	(15)
bizarre *a.*	奇怪的;奇异的	(6)
blanchir *v. t.*	漂白;使变白;浆洗(衣物)	(7)
blême *a.*	灰白的;苍白的	(10)
blesser *v. t.*	使受伤;击伤	(6)
blessure *n. f.*	伤口	(6)
bloquer *v. t.*	封锁;堵塞	(11)
bois *n. m.*	树林;木材	(2)
boîte de nuit *n. f.*	夜总会	(5)
boiteux, se *a.*	跛的	(9)
bol *n. m.*	碗	(6)
bombardement *n. m.*	轰炸,炮击	(9)
Bon Dieu *n. m.*	上帝	(14)
bottes *n. f.* pl.	靴子;皮靴	(6)
bouleversement *n. m.*	骚乱;动荡	(13)

bouquet final *n. m.*	绝招;杀手锏	(10)
bouquet *n. m.*	花束;最后放的、最精彩的烟火	(10)
bouquin *n. m.*	书(籍)	(8)
bourse *n. f.*	奖学金	(15)
brasse *n. f.*	蛙泳	(7)
brèche *n. f.*	缺口	(16)
bref *adv.*	简而言之	(8)
bref, ève *a.*	简短的;简洁的	(5)
Bretagne *n. f.*	布列塔尼(地区)	(6)
brièvement *adv.*	简短地	(11)
bronzé, e *a.*	(晒成)古铜色的	(7)
bruit *n. m.*	声响;响动	(6)
brumeux, se *a.*	有雾的;模糊的	(1)
budget *n. m.*	预算;个人收支	(15)

C

c'est promis	说定了	(8)
ça ne fait rien que	……没有关系	(2)
ça a l'air d'aller	这看上去能行	(7)
cabane *n. f.*	简陋的小屋,窝棚	(7)
cabine *n. f.*	小间;室	(10)
cabinet de travail *n. m.*	工作间,工作室	(11)
cacher *v. t.*	掩藏;藏	(2)
cadre *n. m.*	干部	(5)
caisse d'épargne *n. f.*	储蓄银行	(7)
calculer *v. i. et v. t.*	计算	(6)
calepin *n. m.*	摘要本	(3)
camper *v. i.*	野营;临时住宿	(1)
Camus	加缪(法国存在主义作家)	(5)
canard *n. m.*	鸭子	(9)

candidature *n.f.*	候选资格	(7)
capricieux, se *a.*	任性的,反复无常的	(13)
capturer *v.t.*	捕捉;截获	(6)
caractéristique *n.f.*	特点;特性	(7)
carnet de chèques *n.m.*	支票簿	(15)
Carpentras	卡尔邦特拉(法国南部城市名)	(16)
carreau *n.m.*	方砖地	(6)
cas *n.m.*	情况;例子;场合	(6)
casser *v.t.*	压碎;打破	(3)
cataclysme *n.m.*	激变;(社会)大动乱	(1)
catastrophe naturelle *n.f.*	自然灾害	(1)
catastrophique *a.*	灾难性的	(9)
catégorie *n.f.*	种类;级别	(9)
catholique *a.*	天主教的	(16)
céder à...	让步,屈服,顺从	(10)
ceinture *n.f.*	皮带;腰带	(7)
Cela ne vaut pas une pipette.	(俗)一钱不值	(9)
célibataire *n.*	独身者	(6)
centrale *n.f.*	发电站	(12)
centriste *a.*	中间派的	(16)
cérémonie *n.f.*	仪式,典礼	(11)
certes *adv.*	的确	(11)
cerveau *n.m.*	大脑;头脑	(10)
cette nuit	昨夜	(6)
cf. = confer, ou conférer	请参考	(5)
chacun son goût	各有所好	(16)
chaîne *n.f.*	锁链;流水线;频道	(4)
chaleur *n.f.*	热	(12)
chapitre *n.m.*	章(节)	(9)
charge *n.f.*	负担	(11)

Chartres	夏尔特尔(法国城市,以大教堂闻名)	(14)
chat *n.m.*	猫	(2)
château *n.m.*	城堡;古堡	(9)
chauffage au mazout *n.m.*	烧柴油的取暖设备	(14)
chaussée *n.f.*	马路	(10)
chef de rang *n.m.*	高级厨师	(7)
chef de cuisine *n.m.*	厨师长(领班)	(7)
chef-d'oeuvre *n.m.*	杰作;精品	(2)
chercher à faire	力图做……	(14)
chercheur *n.m.*	研究人员	(2)
chien de mer *n.m.*	鲨鱼	(10)
chiper *v.t.*	(俗)偷窃	(6)
chômage *n.m.*	失业	(7)
choquant, e *a.*	冒犯的;令人不快的	(8)
chronique *a.*	长期的,持久的(指坏事)	(14)
chute *n.f.*	跌落;失败	(14)
ci-après *adv.*	此后;下文	(5)
circuler *v.i.*	传播;循环;往来;流通	(3)
citer *v.t.*	例举;引用,援引	(15)
civilisé, e *a.*	有文化的;有教养的	(10)
clair, e *a.*	明亮的;清楚的	(4)
claquer *v.t.*	发出啪啪声;挥霍,花光	(7)
classe moyenne *n.f.*	中产阶级	(13)
classique *a.*	古典的;传统的	(5)
coiffé, e *a.*	被梳理的;头发梳好的	(6)
collaborateur *n.m.*	合作者	(11)
coloré, e *a.*	有色彩的;(肤色)红润的	(9)
combattre *v.i.*	战斗	(6)
commander *v.t.*	指挥;定购;控制	(10)
commentaire *n.m.*	评述;注释	(9)

commerce *n.m.*	商业;商店	(7)
commodément *adv.*	方便地;舒适地	(4)
communauté *n.f.*	(社)团体;共同体	(11)
Commune de Paris *n.f.*	巴黎公社	(11)
commune *n.f.*	公社;(法国)市镇	(14)
communiquer *v.t.*	传达;告知	(11)
compagnon *n.m.*	同伴,伙伴	(10)
comparable *a.*	可比较的;类似的	(16)
compatriote *n.*	同胞;同乡	(14)
complet, ète *a.*	完全的;全面的	(11)
complexe *a.*	复杂的;复合的	(5)
comportement *n.m.*	行为;举止	(8)
comporter *v.t.*	允许;包含,包括	(4)
composer *v.t.*	组成;写作	(11)
compositeur *n.m.*	作曲家;排字工人	(8)
compter *v.i.*	算得上,具有重要性	(8)
concentration *n.f.*	集中;专心	(15)
conception *n.f.*	概念;观念	(13)
concert *n.m.*	音乐会	(5)
concession *n.f.*	让步;经营权	(7)
concessionnaire *n.m.*	经营权、特许权所有人	(7)
concitoyen, ne *n.*	同胞,同乡	(14)
conclusion *n.f.*	结论;结束	(5)
concurrencé, e *a.*	竞争的	(16)
concurrence *n.f.*	竞争	(5)
condamner sa porte à ...	闭门谢客	(11)
condamner *v.t.*	宣判;阻止;封闭	(11)
conduire à...	导致……	(2)
congrès *n.m.*	大会;代表大会	(11)
consacré, e a.	奉献的;用于……的	(4)
consacrer qch. à *v.t.*	把某物用于……	(4)

consciemment *adv.*	有意地;故意地	(13)
conseil *n.m.*	劝告,建议;会议	(11)
conseil municipal *n.m.*	市政会议,市政委员会	(16)
conseiller *n.m.*	劝告者;参议员	(3)
consentement *n.m.*	同意,赞成	(9)
conserver *v.t.*	保持,保留	(11)
considérable *a.*	巨大的;重要的	(5)
considération *n.f.*	尊重;敬意	(9)
considérer *v.*t.	察看;认为;考虑	(7)
consommation *n.f.*	消费	(8)
constat *n.m.*	笔录;证明	(14)
constatation *n.f.*	验证;证明	(5)
conte *n.m.*	故事;短篇小说	(2)
contemporain, e *a.*	现代的	(8)
contenir *v.t.*	包含;包括	(4)
contenu *n.m.*	内容	(10)
contingent *n.m.*	份额,限额	(5)
contradiction *n.f.*	矛盾;反驳	(13)
contrainte *n.f.*	强迫;束缚;拘束	(13)
contrairement à ce que	与……相反	(13)
contrairement *adv.*	相反地;对立地	(13)
contre *prép*	对向;反对;预防	(14)
contre-courant *n.m.*	逆流;反潮流	(9)
contremaître, esse *n.*	工长;工头	(15)
contrepartie *n.f.*	交换物;反对意见	(13)
contre-pied *n.m.*	相反,反面	(13)
coopérative *n.f.*	合作社;互助社团	(3)
coquet, te *a.*	风骚的;爱打扮的	(13)
corbeille à papier *n.f.*	纸篓	(9)
correspondre à *v.t.ind.*	与……相符	(7)
Corse *n.f.*	(法)科西嘉省(岛)	(1)

cortège *n. m.*	随从;行列	(11)
couche *n. f.*	床;层;地层;阶层	(10)
coup d'oeuil *n. m.*	瞥一眼;看一眼	(5)
courant, e *a.*	日常的;流动的	(11)
courses de chevaux *n. f. pl.*	跑马;赛马	(15)
création *n. f.*	创作;创造;创办	(7)
créativité *n. f.*	创造性	(8)
créature *n. f.*	创造物;人,家伙	(2)
crédit *n. m.*	信用;贷款;拨款	(15)
créer *v. t.*	创作;创造	(2)
crémerie *n. f.*	乳品店;小饭店	(5)
crémier *n. m.*	乳品商	(5)
creuser *v. t.*	挖掘;凿	(2)
crier ses conseils	喊出自己的建议	(7)
critique *a.*	关键的;危急的	(11)
croissance *n. f.*	增加;增长	(14)
croître *v. i.*	增加	(2)
cuisson *n. f.*	烧;煮	(7)
cultivable *a.*	可耕种的	(14)
culotte *n. f.*	短裤;(引)裤子	(10)
cyclone *n. m.*	旋风;旋流	(1)

D

d'un bout à l'autre	从这头到那头儿	(10)
dans le cadre de...	在……范畴(围)内	(15)
dans son genre	在这一类人中	(2)
de quoi	(此处)必须(足够)的东西	(10)
de manière à *loc. prép.*	以致于……;以便于 ……	(13)
de tout temps *loc. adv.*	历来;一向;一贯	(1)
de moins en moins	越来越少(不)	(1)

de plus *loc. adv.*	再,又;此外	(12)
de fait	事实上	(14)
de retour	回来;归来	(9)
débat *n. m.*	辩论;争论	(12)
débit *n. m.*	零售;零售店	(10)
un débit de boissons	酒店	(10)
déborder *v. t.*	突出;超出	(11)
débouché *n. m.*	出口;销路	(14)
déchet *n. m.*	消耗;残渣、废料	(12)
déchirer *v. t.*	撕破;撕碎	(8)
décidément *adv.*	明确地;果断地	(10)
découverte *n. f.*	发现	(2)
découvrir *v. t.*	发现	(2)
défendre *v. t.*	保卫;保护	(9)
dégager *v. t.*	得出,引出,指出	(11)
déguster *v. t.*	品尝;品味	(7)
délicatement *adv.*	精致地;微妙地	(10)
demeurer *v. i.*	居住;停留;依然是	(5)
demi-persiennes *n. f. pl.*	百叶窗式半截门	(6)
démission *n. f.*	辞职;放弃	(11)
démographique *a.*	人口(学)的	(7)
dénomination *n. f.*	命名;名称	(9)
département *n. m.*	部门;系;处	(3)
dépendant, e *a.*	从属;依赖的	(13)
dépendre *v. i.*	取决于;从属于;依赖于	(9)
dépense *n. f.*	花销;支出	(15)
dépenser *v. t.*	花销;支出	(3)
déposer *v. t.*	放下;存放;提交	(10)
déprimant, e *a.*	使人消沉的;令人丧气的	(9)
député *n. m.*	使节;众议员	(12)
des hauts et des bas	时高时低,有高潮有低潮	(2)

désigner *v.t.*	指示;指定,选定	(3)
désormais *adv.*	今后	(14)
destiner qch.à qn.	把某物指定给某人	(1)
destruction *n.f.*	破坏	(12)
détaillé, e *a.*	详尽的	(16)
détailler *v.t.*	分成小块;详述	(9)
détergent *n.m.*	洗涤剂,洗衣粉	(10)
dévalorisé, e *a.*	贬值的;跌价的	(13)
dévaloriser *v.t.*	使贬值;使跌价	(13)
déverser *v.t.*	倾倒;注入	(12)
devise *n.f.*	格言;座右铭;外汇	(10)
dévorer *v.t.*	吞食;狼吞虎咽	(10)
diable *n.m.*	见鬼! 喔唷!(表示惊讶、赞叹或愤怒等)	(10)
Dieu *n.m.*	上帝;天主	(2)
différer *v.i.*	有差别;有分歧	(8)
diffusion *n.f.*	扩散;广播	(4)
dignité *n.f.*	尊严;自尊	(14)
diminuer *v.i.*	缩小;减少	(14)
diminution *n.f.*	缩小;减少	(7)
Dinard	迪纳尔(法国西部海边疗养地)	(1)
diplômé *a.et n.*	有文凭的(人)	(7)
direct *n.m.*	直播	(4)
diriger *v.t.*	领导	(13)
discordance *n.f.*	不一致;不协调	(13)
discours *n.m.*	讲话;致辞	(11)
discrimination *n.f.*	歧视;不公平待遇	(15)
disparité *n.f.*	不同等;不调和	(15)
disparition *n.f.*	消失;隐没	(7)
disponible *a*	不受约束的,无拘束的	(7)
disposer la table	安放桌子	(10)

distinguer *v.t.*	区分;区别	(4)
distraction *n.f.*	娱乐;消遣	(4)
distraire *v.t.*	使娱乐;使开心	(4)
distribuer *v.t.*	分发;散发	(16)
divers, e *a.*	不同的;各种各样的	(7)
diversité *n.f.*	多样性;差别	(15)
documentaire *n.m.*	纪录片	(4)
documentation *n.f.*	资料,文献	(11)
doigt *n.m.*	手指	(3)
domestique *n.*	仆人;佣人	(10)
dominer *v.t.* et *v.i.*	统治;占统治地位	(16)
donation *n.f.*	赠与;赠与证书	(14)
donné, e *a.*	给的;白给的	(4)
dont *pron.rel.*	关系代词,表示从属等	(2)
dorénavant *adv.*	今后,此后	(15)
dossier *n.m.*	椅背;案卷;卷宗	(11)
douloureux, se *a.*	痛苦的;疼的	(5)
droit, e *a.*	(笔)直的	(3)
Drouet	(姓)特鲁埃	(3)
dû, due (à)	由于……	(7)
durée de vie *n.f.*	寿命	(7)
durement *adv.*	严酷地,严峻地	(14)
duvet *n.m.*	(鸟)绒毛;鸭绒睡袋	(14)
dynamique *a.*	活跃的;生气勃勃的	(16)

E

écart *n.m.*	差距;距离	(14)
échapper à *v.i.*	逃过;避开	(10)
échec *n.m.*	失败	(5)
échouer *v.i.*	失败	(9)

éclairage *n. m.*	照明	(10)
éclaircie *n. f.*	云雾中的一角晴天;阴雨天的暂晴	(1)
éclairer *v. t.*	照亮;照明	(10)
éclater *v. i.*	突然发出巨响;爆炸	(9)
école gratuite et obligatoire	义务制免费教育	(5)
écologie *n. f.*	生态学	(12)
écologiste *n.*	生态学家	(12)
écorce *n. f.*	树皮	(12)
écorce terrestre *n. f.*	地壳	(12)
Ecosse *n. f.*	苏格兰	(4)
écrasé, e *a.*	被压碎的;被打垮的	(13)
érudit *n. m.*	博学者	(4)
édification *n. f.*	建设;建筑	(10)
édition *n. f.*	出版;版本	(5)
édredon *n. m.*	鸭绒盖脚被	(14)
effectif *n. m.*	全体人员;(全体)人数	(14)
efficace *a.*	有效的	(14)
efficacité *n. f.*	有效;效能;效率	(3)
effondrement *n. m.*	倒塌;崩溃	(14)
effrayant, e *a.*	恐怖的;吓人的	(12)
égalitaire *a.*	平均主义的	(13)
égalité *n. f.*	平等;相同	(11)
égyptien, ne *a.*	埃及的	(2)
électricité *n. f.*	电;电力	(10)
élégance *n. f.*	优雅;高贵	(9)
élément *n. m.*	因素;成分;组成部分;构件	(7)
élémentaire *a.*	基础的;初级的	(4)
élevé, e *a.*	高的;有教养的	(13)
éloigné *a.*	差得远的;遥远的	(7)
Elysée *n. f.*	爱丽舍宫	(11)

émancipation *n. f.*	解放	(13)
emblématique *a.*	象征性的	(15)
émetteur *n. m.*	发射机;发射台	(4)
émission *n. f.*	发射;播音;广播节目	(4)
emplacement *n. m.*	场地;遗址	(10)
employeur *n. m.*	雇主	(16)
emprunt *n. m.*	借入;借款	(15)
en avoir marre	厌烦;讨厌	(16)
en d'autres termes	换言之;用另一种说法	(14)
en un mot *loc. adv.*	一句话;总而言之	(5)
en plein vent	露天的	(7)
en revanche *loc. adv.*	作为报答;相反地	(7)
en majorité	多数地;大部份	(5)
en effet *loc. adv.*	果然;确实	(3)
en nature	以(用)实物	(7)
en contrepartie *loc. adv.*	作为交换;作为抵偿	(13)
en échange *loc. adv.*	作为交换	(10)
en partie *loc. adv.*	部分地	(8)
en plus de *loc. prép.*	除……以外	(4)
en tête à tête *loc. adv.*	两人单独地	(11)
en tête de qch.	在……前头	(11)
en attendant	暂且,在此期间	(6)
en moins de + un temps	用不了……时间	(3)
en vigueur	现行的;通用的	(15)
en public	在公开场合	(11)
en vue de *loc. prép.*	为了;目的在于……	(11)
enchanté, e *a.*	高兴;有兴	(16)
encyclopédie *n. f.*	百科全书	(5)
énergie *n. f.*	能源	(12)
enfermer *v. t.*	关闭;藏好	(10)
engrais *n. m. pl.*	肥料	(14)

engraisser *v. i.*	发胖	(9)
énigmatique *a.*	谜语的;谜一般的	(10)
énorme *a.*	巨大的;异乎寻常的	(14)
enquête *n. f.*	调查	(3)
ensanglanté, e *a.*	血染的;血迹斑斑的	(6)
entendre faire	想做某事;打算做	(11)
entraîner *v. t.*	拖,拉;训练;导致	(10)
entretenir *v. t.*	保养;维护	(13)
entretien *n. m.*	维修;会谈	(11)
entrouvert, e *a.*	半开着的	(10)
envie *n. f.*	热望;渴望;嫉妒	(8)
envier *v. t.*	羡慕,嫉妒	(9)
environnement *n. m.*	环境	(12)
envisager *v. t.*	打算;设想	(12)
envoyer qn faire	派某人(去)做	(3)
éolien, ne *a.*	风力的;风动的	(12)
épargnant *n. m.*	有积蓄的人	(14)
épargne *n. f.*	节约;节俭;储蓄	(7)
épicerie *n. f.*	食品杂货	(5)
épineux, se *a.*	困难的;棘手的	(10)
époux, épouse *n.*	配偶	(13)
épuisement *n. m.*	枯竭;耗尽;衰竭	(12)
équilibrer *v. t.*	使保持平衡	(15)
équivalent *n. m.*	相等物;等同物	(14)
érudit *n. m.*	博学者	(4)
éruption *n. f.*	喷发;爆发	(1)
en esprit *loc. adv.*	想象中	(8)
esclavage *n. m.*	奴隶制;苦役	(13)
espèce *n. f.*	种类;类别	(2)
espion *n. m.*	间谍;密探	(1)
espionnage *n. m.*	间谍活动;侦察	(5)

esprit *n.m.*	精神;头脑;才智	(5)
esprit banquier *n.m.*	经济头脑;会赚钱	(14)
essai *n.m.*	试验;尝试;论文,随笔	(5)
essentiellement *adv.*	基本地;主要地	(7)
essor *n.m.*	飞跃;发展	(4)
estimer *v.t.*	认为;估计	(14)
estivant, e *n.*	避暑者	(7)
établissement *n.m.*	机构;建立	(7)
étant donné *loc.prép.*	由于;鉴于	(11)
étendu, e *a.*	广阔的;展开的;直躺着的	(6)
étoile *n.f.*	星星;明星	(7)
étonnant *n.m.*	令人惊讶的事	(11)
étrange *a.*	奇怪的;古怪的	(9)
être de son avis	同意某人的意见	(4)
être au soleil	晒太阳	(7)
être défendu de faire	被禁止做某事	(12)
être en baisse	处于下降中	(12)
être sous les ordres de qn.	听命于某人	(13)
être émerveillé de faire	对做某事赞叹不已	(2)
être issu de	出生于……;出身于……	(13)
être bien vu	被重视的;被看好的	(12)
être capable de faire	能够做某事	(2)
être loin de faire	做某事还差得远	(11)
être à l'origine de	是……的起源	(12)
étude poussée *n.f.*	深入研究	(11)
Eurovision *n.f.*	欧洲电视联播	(4)
éveillé, e *a.*	醒着的;生气勃勃的	(11)
événement *n.m.*	事件;大事	(11)
éventuellement *adv.*	可能地;偶然地	(11)
évidemment *adv.*	明显地;当然地	(7)
évident, e *a.*	明显的	(10)

évoluer *v. i*	演变;发展;进化	(1)
évolution *n. f.*	演变;发展;进化	(1)
ex-ambassadeur *n. m.*	前大使	(11)
exceptionnel, le *a.*	例外的;特殊的	(11)
exclusion *n. f.*	开除;排除	(5)
exercer une influence sur	对……施加影响	(5)
exercer *v. t.*	实施;行使	(5)
exergue *n. m.*	奖章上留作刻题字的部份;题铭	(10)
existence *n. f.*	存在;生活	(15)
exotique *a.*	外来的;异国情调的	(8)
expansion *n. f.*	扩张;传播;膨胀	(16)
expert *n. m.*	专家;鉴定人	(8)
exploitant *n. m.*	开发者;经营者	(14)
exploitation *n. f.*	开发;经营	(14)
exploser *v. i.*	爆炸;发作	(11)
exportateur *n. m.*	出口商;输出者	(14)
exporter *v. t.*	出口;输出	(14)
exprimer *v. t.*	表达	(6)

F

fabriquer *v. t.*	制造,制作	(7)
fac-similé *n. m.*	(拉)真迹的复制品	(10)
face à face *loc. adv. et n. m.*	面对面(地)	(4)
facilement *adv.*	轻而易举地	(16)
facteur *n. m.*	因素,要素	(7)
facture *n. f.*	票据;凭据	(14)
faculté *n. f.*	才干;能力;学院	(9)
faible *a.*	软弱的;不结实的;少量的	(1)
faible *n. m.*	嗜好;缺陷;弱者	(9)

faire des économies	节省;节约	(15)
faire fortune	发财	(15)
faire opposition	反对	(10)
faire appel à	求助于……;要求	(12)
faire l'objet de qch.	成为……的目的	(5)
faire place à	让位于……	(8)
faire les comptes	算账;秋后算账	(7)
faire de qch. qch.	把某物变为某物	(10)
faire peur à qn.	吓唬某人,使某人害怕	(2)
faiseur *n.m.*	制作者;吹牛皮者	(15)
fait *n.m.*	事实	(6)
faits divers *n.m.pl.*	社会新闻;"花边儿"新闻	(16)
fanfare *n.f.*	铜管乐(队)	(11)
fasciner *v.t.*	迷住;使着迷	(15)
faune *n.f.*	动物志;动物区系	(12)
fauteuil *n.m.*	扶手椅;沙发	(4)
favorable *a.*	有好感的;顺利的	(13)
favoriser *v.t.*	优待;帮助,促使成功	(11)
feindre de faire	装作做某事	(3)
féminin, e *a.*	阴性的;女性的	(13)
féministe *n.*	女权主义者	(13)
femme ministre *n.f.*	女部长	(13)
ferme *a.*	坚定的;结实的	(9)
feuilleton *n.m.*	电视连续剧	(4)
file *n.f.*	直列;纵列	(9)
filet *n.m.*	(鱼的)脊肉	(10)
finances *n.f.pl.*	财政;国库	(11)
financier *a.*	金融的;财政的	(16)
fixe *a. et n.m.*	固定的(工资,收入)	(7)
fixer *v.t.*	固定;确定	(15)

Flaine	弗兰内(法国东部山区冬季运动点)	(7)
flatter *v.t.*	抚摸;奉承;恭维	(2)
flore *n.f.*	植物区系;植物志	(12)
flotteur *n.m.*	浮物;浮标	(7)
foie *m.m.*	肝(脏)	(10)
fonctionnaire *n.m.*	公务员;官员	(10)
fonds *n.m.*	地产;资金、基金	(15)
forcer *v.t.*	强迫,迫使	(14)
forcément *adv.*	必然地,不可避免地	(7)
forces aériennes *n.f.pl.*	空军	(10)
forêt *n.f.*	森林	(1)
format *n.m.*	开数;大小规格	(16)
forme *n.f.*	形状;状态;形式	(6)
former *v.t.*	形成;组成;培养	(3)
formule *n.f.*	公式;格言;样式	(15)
fortune *n.f.*	财产;运气;处境	(15)
fortuné, e *a.*	有运气的;富裕的	(9)
fouetter *v.t.*	用鞭子抽打	(2)
fouilles *n.f.pl.*	挖掘;发掘	(2)
fourni, e *a.*	浓密的;供给的	(9)
fournir *v.t.*	提供;供应;供给	(1)
foyer *n.m.*	家,户;家庭	(13)
FR 3 = France région	法国电视三台	(4)
Français moyen *n.m.*	普通的法国人	(4)
France-Soir	法兰西晚报	(16)
frappant, e *a.*	惊人的;令人惊讶的	(5)
frapper *v.t.*	打击;打动,使产生强烈印象	(3)
fraternel, le *a.*	兄弟般的;友好的	(11)
frein *n.m.*	刹车;(转)约束,抑制	(13)
frénésie *n.f.*	狂热;疯狂	(11)

fréquent, e *a*	经常;频繁	(1)
fréquentation *n.f.*	常来常往;频繁接触	(9)
front dégagé *n.m.*	宽阔的前额	(9)
fumée *n.f.*	烟;烟雾	(12)
fumer *v.i.*	冒烟;冒气	(6)
fusée *n.f.*	火箭	(10)

G

gâcher *v.t.*	浪费,糟踏	(9)
gamelle *n.f.*	军用饭盒	(6)
gamme *n.f.*	音阶;一系列;等级	(4)
gardien, ne *n.*	看守(人);保管者	(13)
gauchiste *a.*	左派的	(16)
gaz *n.m.*	气体;煤气;毒气	(12)
gelée *n.f.*	严寒;肉冻;果冻	(1)
gêne *n.f.*	不舒服;拘束;为难	(9)
général *n.m.*	将军	(10)
généralement *adv.*	通常,惯常	(6)
Genèse *n.f.*	"创世纪"(圣经旧约第一卷)	(2)
genou *n.m.*	膝盖	(6)
genre *n.m.*	种类;方式;(语)性	(2)
géothermique *a.*	地热的	(12)
gestionnaire *a. et n.*	管理的(人)	(7)
gigantesque *a.*	宏伟的;巨大的	(4)
Giscard d'Estaing	吉斯卡尔·德斯坦	(14)
gisement *n.m.*	矿脉;矿层	(12)
global, e, aux *a.*	总体的;全部的	(15)
Goncourt *n.m.*	龚古尔	(8)
gosse *n.*	孩童;小孩儿	(14)
goût *n.m.*	品味;爱好	(4)
gouverner *v.t.*	统治;管理	(13)

grammairien, ne *n.*	语法学家	(6)
grandiose *a.*	伟大的;雄伟的	(9)
gras, se *a.*	油腻的,油污的	(10)
grève *n.f.*	罢工	(16)
grignoter *v.t.*	蚕食;逐渐破坏	(11)

H

habillement *n.m.*	服装(业)	(15)
habitable *a.*	可居住的	(12)
habituellement *adv.*	习惯地;通常地	(5)
harponneur *n.m.*	捕鲸炮手;鱼叉手	(10)
hausse *n.f.*	上升;上涨	(1)
haut fonctionnaire *n.m.*	高级职(官)员	(13)
hebdomadaire *a.*	每周的,一周的	(5)
hebdomadairement *adv.*	每周地	(15)
héritage *n.m.*	遗产	(11)
héritier, ère *n.*	继承人	(14)
heure par heure	一小时一小时地	(1)
heures supplémentaires *n.f.pl.*	加班加点	(13)
historien *n.m.*	历史学家	(15)
historique *a.*	历史的	(5)
homologue *n.m.*	对等者;对应者	(15)
honte *n.f.*	耻辱;羞愧	(9)
horizon *n.m.*	地平线	(14)
hôte *n.m.*	宾客;客人;主人	(10)
hôtelier, ère *a.*	旅馆的,旅馆业的	(7)
hôtellerie *n.f.*	旅馆业	(7)
Howard Carter	霍华德·卡特	(2)
humain, e *a.*	人类的;人道的;人文的	(5)

I

I.N.S.E.E. *n.m.*	(法)全国统计研究所	(15)
ici-bas *adv.*	在世上	(10)
idéal, e, aux, *a.*	理想的	(5)
identique *a.*	同样的;一致的	(13)
il en est de même pour	对……也一样	(12)
il existe	存在(有)……	(4)
il est besoin de faire	有做某事的必要	(5)
il en résulte (que)	由此导致……	(12)
il arrive à qn. de faire.	某人有时也做某事	(6)
il suffit à qn. de faire	某人只要做某事就够了	(6)
illustre *a.*	著名的;显要的;	(8)
imaginable *a.*	可想像的;想像得到的	(9)
imaginaire *a.*	想像的;臆造的	(8)
imagination *n.f.*	想像(力)	(8)
imbécile *n.m.*	笨蛋;蠢材	(9)
imiter *v.t.*	模仿	(10)
immédiatement *adv.*	立即;马上	(11)
immense *a.*	广大的;无际的	(11)
immigré *a.*	移民的	(7)
immobile *a.*	不动的	(6)
imperceptiblement *adv.*	不易察觉地;极细微地	(6)
impérieusement *adv.*	急迫地;专横地	(10)
implantation *n.f.*	插入;建立;定居	(12)
importation *n.f.*	进口;输入	(14)
importer *v.t.*	进口;输入	(10)
impôt *n.m.*	税;捐税	(15)
imprimer *v.t.*	印刷;印	(16)
imprudence *n.f.*	不小心;粗心大意	(1)

inanition *n.f.*	营养不足;极端衰弱	(10)
incapable *a.*	无能的;不会的	(9)
incendie *n.m.*	火灾	(1)
incessant, e *a.*	不断的;不停的	(11)
incomparable *a.*	无可比拟的	(4)
indépendance *n.f.*	独立	(11)
indépendant, e *a.*	独立的	(16)
indexer *v.t.*	按……(指数)计算	(15)
indirect, e a.	间接的;迂回的	(15)
indirectement *adv.*	间接地	(4)
indispensable *a.*	不可缺少的;必需的	(16)
industriel *n.m.*	工业家	(12)
inégalité *n.f.*	不平等	(15)
inépuisable *a.*	取之不尽的;用不完的	(12)
inexplicable *a.*	无法解释的	(2)
inférieur, e *a.*	劣的,次的;低等的	(13)
infiniment *adv.*	无限地;及其,非常	(4)
inflation *n.f.*	通货膨胀	(14)
informatique *n.f.et.a.*	信息论;信息论的	(15)
informer *v.t.*	通知;告诉	(16)
inhabitable *a.*	不能居住的,不好住的	(12)
initiale *n.f.*	开头字母	(10)
inonder *v.t.*	淹没;大量涌入	(10)
inquiet, ète *a.*	不安的;担心的	(5)
inquiétant, e *a.*	令人不安的	(12)
inscrire *v.t.*	登记;记入	(7)
insoluble *a.*	难以解决的	(10)
inspiration *n.f.*	吸气;灵感	(2)
instable *a.*	不稳定的	(1)
installé, e *a.*	安置好的;安装好的;安顿下来的	(4)

instruire *v.t.*	教育;训练;告诉	(4)
instrument *n.m.*	工具;器材,手段	(4)
intellectuel *n.m.*	知识分子;文化人	(13)
intensité *n.f.*	强度;强烈	(11)
intention *n.f.*	意图;意愿	(9)
interdire à qn. de *v.t.ind.*	禁止某人做某事	(4)
intérêt *n.m.*	利益;利息;关心;注意	(4)
intérieur *n.m. et a.*	内部(的)	(10、13)
interlocuteur, trice *n.*	对话者	(9)
interminable *a.*	无休止的;没完的	(10)
interpréter *v.t.*	解释;翻译	(2)
interprofessionnel, le *a.*	泛(跨)行业的	(15)
interrogé, e *a.*	讯问的;提问的	(5)
interroger *v.t.*	讯问;提问	(5)
interrompre *v.t.*	打断;使中断	(3)
intervenir *v.i.*	介入;干涉	(10)
intuition *n.f.*	直觉;预感	(13)
invention *n.f.*	发明;创造	(11)
inverse *n.m.*	相反的事物;反面	(12)
investir *v.t.*	赋予;投资	(10)
investissement *n.m.*	投资;包围	(14)
isolé, e *a.*	单独的;孤独的;偏僻的	(6)
issue *n.f.*	出口;出路;结局	(5)

J

jargon *n.m.*	行话;不规范的语言	(8)
Jeannin	(姓)贾南	(3)
jeter *v.t.*	扔;丢弃	(5)
joliment *adv.*	(俗)非常,极其	(2)
joueur *n.m.*	游戏者;演奏者;赌博者	(15)

jouir de qch.	享有某物	(15)
Journal de la Maison	家庭报	(16)
journal télévisé *n.m.*	电视新闻	(4)
journaliste *n.m.*	记者;新闻工作者	(2)
jugement *n.m.*	意见;评价;判断	(8)
Julie	朱丽(人名)	(1)
jurer *v.t. et v.i.*	发誓;肯定	(8)
jusqu'au moment où	一直到……的时候	(6)

K

Kennedy	(美前总统)肯尼迪	(16)

L

l'Aurore	震旦报	(16)
l'Equipe	队报	(16)
l'Eure-et-Loir	厄尔·卢瓦尔省	(14)
l'Express	快报	(10)
l'Humanité	人道报	(16)
l'Observateur	观察家报	(16)
la Croix	十字架报	(16)
Libération	解放报	(16)
la Beauce	布斯(地名)	(14)
la Lorraine	洛林省	(3)
labourable *a.*	可耕种的	(14)
lâcher *v.t.*	放开,松开	(9)
laisser entendre à qn. que	示意,表示	(11)
laisser tomber	放弃	(9)
lancer *v.t.*	扔;发出;大力推广;开办	(10)
langage *n.m.*	语言	(4)
laps de temps *n.m.*	一段时间	(14)

Las Vegas	(美国赌城)拉斯维加斯	(10)
latéral, e, *aux a.*	侧面的;旁边的	(11)
le Monde	世界报	(5)
le Figaro	费加罗报	(5)
le Parisien	巴黎人报	(16)
le Matin	晨报	(16)
Le Canard Enchaîné	鸭鸣报	(16)
le Point	观点报	(16)
le Perche	佩尔西(地名)	(14)
le Fémina	妇女文学奖	(8)
le fait que	……这件事	(4)
le feuilleton *n.m.*	电视连续剧	(4)
le Caire *n.m.*	开罗(埃及首都)	(2)
lécher *v.t.*	舔	(2)
lecteur *n.m.*	读者	(5)
légèrement *adv.*	轻轻地;轻微地	(7)
légion *n.f.*	罗马军团;大批,成群	(5)
lendemain *n.m.*	第二天	(2)
lettre de créances *n.f.*	国书	(11)
lettres *n.f.pl.*	文学	(9)
libérer *v.t.*	解放;解救	(13)
liberté *n.f.*	自由	(11)
libraire *n.m.*	(图)书商	(5)
licence *n.f.*	许可;学士学位	(13)
lieue *n.f.*	法国古里(约合 4 公里)	(10)
limpide *a.*	清彻的;透明的	(10)
linguistique *n.f.*	语言学	(8)
littéraire *a.*	文学的	(5)
littéralement *adv.*	逐字逐句地;(俗)完全地	(9)
littérature *n.f.*	文学	(5)
Liverpool	利物浦(英国城市)	(10)

livre de poche *n. m.*	袖珍本书;简装书	(5)
livret *n. m.*	小本子;手册;簿	(15)
loge *n. f.*	小房间	(11)
loger *v. i.*	居住;安身	(9)
Lord Carnarvon	卡那冯爵士(英人名)	(2)
lorrain, e *a.*	洛林省的	(3)
lors de *loc. prép.*	在……时;在……期间	(11)
lorsque *conj. prép.*	当……时	(6)
lot *n. m.*	份;奖金;奖品	(15)
Loterie nationale *n. f.*	国家彩票	(15)
Loto *n. m.*	六和彩	(15)
Loto sportif *n. m.*	体育六和彩	(15)
Louxor	卢克索尔(埃及著名古城)	(2)
lutter contre	与……作斗争	(10)
luxe *n. m.*	豪华;奢侈;高贵	(10)

M

magazine *n. m.*	(广播、电视的)固定节目;杂志	(4)
maintenant que *loc. conj.*	既然……	(10)
maintenir *v. t.*	保持;维持	(16)
maintien *n. m.*	维持;保持	(15)
maire *n. m.*	市(镇)长	(3)
maître *n. m.*	主人;先生	(2)
maître-nageur-sauveteur *n. m.*	游泳教练兼救生员	(7)
majorité *n. f.*	多数;大多数	(5)
malédiction *n. f.*	诅咒;恶语相加	(2)
malheureux, se *n.*	不幸的人;倒霉蛋	(3)
malicieusement *adv.*	狡黠地;调皮地	(11)
Malraux	马尔罗(法诗人)	(8)
malsain, e *a.*	不卫生的;不健康的	(15)

Manach	马纳克(法人名)	(11)
manier *v.t.*	使用;操纵	(8)
manifester *v.t.*	游行;显示	(9)
marché foncier *n.m.*	地产市场	(14)
marche *n.f.*	行走,步行;运转	(1)
marché du travail *n.m.*	劳务市场	(7)
marin *n.m.*	水手	(10)
matériel *n.m.*	(军队的)装备,器材	(10)
mazout *n.m.*	重油,柴油	(14)
médaille *n.f.*	奖章	(16)
média *n.m.pl.*	宣传工具;大众传播媒介	(5)
méditerranéen, ne *a.*	地中海的	(1)
méfiance *n.f.*	不信任;怀疑	(15)
mémoire *n.m.*	学术论文;(复数)回忆录	(5)
menacer *v.t.*	威胁;恐吓	(12)
ménager *v.t.*	爱惜不滥用	(7)
mensuel, le *a. et n.m.*	每月的;月刊	(15、16)
mépris *n.m.*	蔑视;轻视	(15)
mère-poule *n.f.*	(老)母鸡	(9)
mérite *n.m.*	功绩;功勋;优点	(7)
mériter *v.t.*	值得;应受	(16)
merveilleux, se *a.*	出色的;绝妙的	(9)
messe *n.f.*	弥撒	(6)
météo *n.f.*	天气预报;气象台	(1)
mets *n.m.pl.*	菜肴	(10)
mettre qch. en tête	把……置于首位	(5)
mettre du sien dans	为某事做出自己的贡献	(12)
mettre qch. de côté	把某事放置一旁;把某物留起来	(7)
mévente *n.f.*	亏本出售;生意萧条	(5)
Midi *n.m.*	法国南方	(1)

mieux vaut faire	最好(是)做某事	(2)
mignon, ne *a.*	可爱的;娇小玲珑的	(16)
milieu *n.m.*	中间;中央;社会环境	(13)
militaire *a.*	军事的	(1)
mimer *v.t. et v.i.*	用动作表演;模仿	(7)
minéral, e, aux *a.*	矿物的;含矿的	(12)
minoritaire *a.*	少数的	(14)
mirabelle *n.f.*	黄香李	(3)
mis, e *a.*	(此处)穿戴;打扮	(9)
miser *v.t.*	下赌注	(15)
mistral *n.m.*	(法国东南)干寒强烈的(西)北风	(1)
mobile *a.*	移动的;机动的	(10)
mobilisation *n.f.*	动员	(12)
modèle *n.m.*	模范;范例;原型	(11)
modeste *a.*	谦虚的,谦逊的	(11)
modifier *v.t.*	改变;修改	(7)
moineau *n.m.*	麻雀	(6)
moisson *n.f.*	收获	(3)
mondovision *n.f.*	电视的卫星转播	(1)
monologue *n.m.*	独白;自言自语	(3)
monopole *n.m.*	垄断;独占;专利(权)	(4)
monter *v.t.*	筹划,组织;策划	(9)
Montherlant	蒙特尔朗(人名)	(6)
morceau *n.m.*	一块;一口;一段	(2)
mordant, e *a.*	咬人的;尖刻的	(14)
morne *a.*	忧郁的;阴沉的	(10)
mouchoir *n.m.*	手帕	(6)
mouillé, e *a.*	湿的;潮湿的	(7)
mousse *n.f.*	泡沫,气泡	(12)
mouvement *n.m.*	运动;动作;行动	(7)

muet, te *a.*	哑的	(10)
multiple *a.*	多种的;复杂的	(16)
multiplicité *n.f.*	多,繁多,大量	(11)
multiplier *v.i.*	增加;(数)乘(以)	(2)
municipal, e, aux *a.*	市(镇)政的;市的	(3)
mystérieux, se *a.*	神秘的	(10)

N

N.B. =(拉丁语:**Nota Bene**)	请注意	(2)
nageur, se *n.*	游泳者	(7)
naguère *adv.*	不久前;最近	(14)
naissance *n.f.*	出生;诞生	(13)
nappe *n.f.*	桌布;台布	(10)
Nasa *n.f.*(*N.A.S.A.*)	美国国家宇航局	(10)
natal, s *a.*	出生的;故乡的	(9)
natalité *n.f.*	出生率	(12)
nature *n.f.*	性质,本质	(7)
naturellement *adv.*	自然地;当然	(2)
naufragé *n.m.*	遇难船只上的人员	(10)
néanmoins *adv.*	然而;可是	(11)
nécessiter *v.t.*	需要;使成为必要	(11)
négatif, ve *a.*	消极的;负的	(13)
négoce *n.m.*	批发交易;大宗买卖	(9)
neige fondue *n.f.*	融化的雪	(1)
net, te *a.*	清楚的;明确的;直截了当的	(13)
nettement *adv.*	清晰地;明确地	(5)
neveu *n.m.*	侄儿;外甥	(6)
niveau *n.m.*	水平;等级	(15)
nocif, ve *a.*	有害的	(12)
nombre élevé de	大量的……	(13)

non (pas) que	并不是为了……	(8)
normalement *adv.*	正常地，通常	(7)
notable *n.m.*	显要人物；知名人士	(3)
notamment *adv.*	特别是；尤其	(12)
notes *n.f.pl.*	笔记；日记	(3)
nourrir *v.t.*	喂养；供给食物	(7)
nuage *n.m.*	云彩	(9)
nuageux, se *a.*	阴云密布的；多云的	(1)
nuisance *n.f.*	损害；危害	(12)
nullement *adv.*	无一地；毫无	(14)

O

objectivité *n.f.*	客观(性)态度	(16)
obligation *n.f.*	义务；责任	(11)
obscur, e *a.*	阴暗的；难懂的	(10)
observation *n.f.*	遵守；观察；意见；评论	(11)
observer *v.t.*	观察；遵守	(14)
obsessionnel, le *a.*	强迫性的	(9)
océan *n.m.*	海洋；大洋	(12)
oeuvre *n.f.*	作品	(2)
officiel, le *a.*	官方的；正式的	(11)
officier *n.m.*	军官	(6)
OI Informatique	OI 信息报	(16)
oie *n.f.*	鹅	(14)
oiseau *n.m.*	鸟	(6)
Olivier Renaudin	奥利维埃·雷诺丹(人名)	(7)
ombre *n.f.*	阴影；亡灵	(11)
Onze	“十一人”报(足球报)	(16)
opinion *n.f.*	观点；看法；舆论	(5)
opinion publique *n.f.*	公众舆论	(12)

opposition *n.f.*	反对;反对派	(4)
opprobre *n.m.*	耻辱;不名誉	(15)
optimiste *a.*	乐观的;乐天的	(5)
optique *n.f.*	光学;看法	(13)
or *conj.*	然而;既然	(12)
organe *n.m.*	器官;喉舌机关报	(16)
orientation *n.f.*	方向;定位	(16)
origine *n.f.*	根源;出处	(12)
oser *v.t.*	胆敢;敢	(2)
Ouest-France	法兰西西部地区报	(16)
ours *n.m.*	熊	(15)
ouverture *n.f.*	开放;打开	(13)
ouvrage *n.m.*	工作;作品,著作	(9)
ovation *n.f.*	欢呼;喝彩	(11)
oxygène *n.m.*	氧气	(12)

P

P.M.U. *n.m.*	城市赛马赌博会	(15)
pacifique *a.et n.m.*	和平的;太平洋	(1)
paillasson *n.m.*	擦鞋垫;草帽	(2)
Palais des congrès *n.m.*	会议大厦	(11)
panne *n.f.*	故障;抛锚;平绒	(4)
panneau *n.m.*	面板;木牌	(10)
Pâques *n.m.*	复活节	(7)
par là *loc.adv.*	在那儿	(3)
par ici	在这一带	(3)
par suite de *loc.prép.*	由于	(5)
par rapport à	与……相比	(7)
par crainte de	由于(害)怕	(13)
parapluie *n.m.*	雨伞	(3)

parcourir *v.t.*	跑遍;浏览	(11)
paresse *n.f.*	懒惰	(5)
parfois *adv.*	有时	(4)
Paris-Match	巴黎竞赛画报	(16)
parité *n.f.*	同等;相等	(14)
parole *n.f.*	话;语气;发言	(2)
partager *v.t.*	分开;分配;分享	(6)
particularité *n.f.*	特殊情况;特点	(16)
particulièrement *adv.*	特别;尤其	(11)
parvenir à *v.t.ind.*	到达;能够	(11)
passant *n.m.*	行人;过路人	(9)
passif, ve *a.*	被动的;消极的	(13)
patinoire *n.m.*	滑冰场;溜冰场	(7)
patricien *n.m.*	贵族	(11)
patrimoine *n.m.*	遗产;家产	(14)
patron, ne *n.*	老板;店主	(6)
patte *n.f.*	爪;(人的)手	(9)
paume *n.f.*	手掌;手心	(11)
paupière *n.f.*	眼睑;眼皮	(10)
pauvre *n.m.*	穷人;可怜的人	(9)
peine *n.f.*	困难;痛苦;辛苦	(7)
pénétrer *v.i.*	潜入;渗透;深入	(4)
pénible *a.*	繁重的,艰难的,痛苦的	(15)
percepteur *n.m.*	征税官	(14)
percevoir *v.t.*	感觉;收取	(15)
perdre la face	丢脸;失面子	(9)
périodique *n.m.*	期刊	(16)
persienne *n.f.*	百叶窗	(6)
personnage *n.m.*	人物;角色	(10)
personnalité *n.f.*	人格;个性;名人	(11)
perspective *n.f.*	远景;前景;角度	(12)

perturber *v.t.*	扰乱;骚扰	(12)
pessimiste *a.*	悲观的	(5)
petit écran *n.m.*	小银幕(指电视机)	(4)
pétition *n.f.*	请愿书	(12)
pétrolier *n.m.*	油船;石油专家	(12)
peu à peu *loc.adv.*	一点一点地;逐渐地	(12)
pharaon *n.m.*	(埃及)法老	(2)
phénomène *n.m.*	现象	(7)
Philips	菲利浦牌	(4)
philosophique *a.*	哲学的;充满哲理的	(5)
philosophie *n.f.*	哲学	(5)
photographier *v.t.*	拍照;摄影	(1)
photographique *a.*	摄影的	(16)
pièce *n.f.*	(诗文等的)首,篇;剧本	(9)
pierre *n.f.*	石头(块儿)	(14)
pilote *n.* et *a.*	飞机驾驶员;带路人(转)作试点的,试验性的	(10)
pipette *n.f.*	吸管;小烟斗	(9)
Pivot	比沃(人名)	(5)
pivot *n.m.*	支轴;枢纽;主心骨	(13)
pizza *n.f.*	意大利馅饼,比萨饼	(7)
placement *n.m.*	销售;投资	(14)
placer *v.t.*	安放;安置;代销;存放,投资	(15)
plage *n.f.*	海滩;海滨	(7)
planète *n.f.*	行星	(12)
plastique *n.m.*	塑料	(12)
plat, e *a.*	平(整)的;平庸的	(3)
plateau *n.m.*	托盘;高原	(6)
pleurer *v.t.*	哀悼,痛惜	(11)
plonger *v.i.*	陷入,沉入	(10)
poche *n.f.*	口袋;衣袋	(5)

poésie *n.f.*	诗歌	(5)
pointe *n.f.*	尖端;高峰(时间)	(15)
politique *n.f.*	政治;政策	(5)
polluant, e *a.*	污染环境的	(12)
polluer *v.t.*	污染;弄脏	(12)
pollution *n.f.*	污染	(12)
pompier *n.m.*	消防员	(16)
population active *n.f.*	劳动人口	(7)
portier *n.m.*	看门人	(9)
posé, e *a.*	被放置的	(6)
positif *a.*	确实的;肯定的;正的	(14)
position *n.f.*	立场,态度;观点	(13)
posséder *v.t.*	拥有;支配	(14)
possibilité *n.f.*	可能性	(14)
poste *n.m.*	岗位;职位(务);接收机	(4)
pour sa part *loc.adv.*	对其而言	(15)
pour rien au monde	绝不	(1)
pour que... *loc.conj.*(*verbe au subj.*)	为了……	(8)
pour des prunes *loc. adv.* (*fam.*俗)	白忙活	(3)
pour mon compte	至于我	(10)
pourboire *n.m.*	小费	(7)
pourvu que *loc.conj.*	只要;但愿	(2)
pousser qn. à faire	鼓励某人做某事	(5)
pousser *v.t.*	推;促使;激励;发出(叫声)	(2)
poussière *n.f.*	灰尘	(12)
prairie *n.f.*	牧场;草地	(14)
préciser *v.t.*	精确;确定	(5)
précision *n.f.*	精确;准确;简洁	(8)
précoce *a.*	早熟的;提早的	(8)

premier ministre *n.m.*	总理	(4)
prendre acte de	备案;〔引〕注意到	(14)
prendre le contre-pied d'une opinion	持相反意见	(13)
prendre des risques	冒险	(14)
prendre connaissance de qch.	认识某物(认知)	(8)
prendre part à qch.	参加;分享	(8)
prendre pied sur...	踏上……;站在……	(10)
préoccupation *n.f.*	担心;专心;定见,成见	(15)
presse écrite *n.f.*	报刊	(16)
presser *v.t.*	压;挤;榨	(9)
prévision *n.f.*	预见;预料	(14)
prime *n.f.*	奖金;补贴	(15)
primordial, e *a.*	首要的;极重要的	(14)
privatisé, e *a.*	私营(有)化的	(4)
privilégié, e *a.*	享有特权的	(16)
probablement *adv.*	可能;大概	(16)
proche *a.*	近的;临近的	(16)
procurer *v.t.*	提供;带来	(14)
prodigieux, se *a.*	非凡的;惊人的	(4)
productivité *n.f.*	生产力;生产率	(14)
proéminent, e *a.*	突出的;隆起的	(9)
profond, e a.	深邃的;深沉的	(2)
profondément *adv.*	深深地	(7)
programme pilote *n.m.*	创新的计划	(10)
progression *n.f.*	前进;进展	(15)
projeter *v.t.*	抛射;打算,设想	(10)
promesse *n.f.*	诺言;许诺	(12)
promettre à qn de faire	许诺(答应)某人做某事	(13)
promis *interj.*	说好了! 一言为定!	(13)
prononcer *v.t.*	发音;宣布	(2)

proportion *n.f.*	比例;比率	(7)
propos *n.m.*	话;谈话	(8)
propriétaire *n.m.*	主人;所有者	(3)
propriété *n.f.*	房地产;花园住宅	(9)
protection *n.f.*	保护;防护	(10)
Proust	普鲁斯特(法国文学家)	(8)
provocant, e *a.*	挑逗的,诱人的	(6)
provoquer *v.t.*	挑衅;引起	(1)
prune *n.f.*	李子	(3)
prunier *n.m.*	李子树	(3)
pub *n.f.*	(俗)广告	(16)
publicité *n.f.*	广告	(16)
publié, e *a.*	发表的;刊登出来的	(5)
publier *v.t.*	发表;刊登	(5)
puissance *n.f.*	力,力量;能力	(10)

Q

qn est fait pour	某人是做……的料	(13)
qualification *n.f.*	称号;资格	(13)
quarté *n.m.*	(赛马赌博)前四名独赢	(15)
Quatre-vingt-treize	"九三年"(小说名)	(9)
quel que... **(verbe au subj.)**	无论……;不管……	(8)
questionner *v.t.*	问,询问	(9)
quotidien *n.m.*	日报	(16)

R

race *n.f.*	种族;家族;人种	(11)
radio-télévision *n.f.*	广播电视	(4)
raffiné, e a.	精练的;讲究的,文雅的	(9)
railler *v.t.*	开玩笑;嘲笑	(9)

rapidité *n. f.*	快速;迅速	(16)
rappel *n. m.*	提醒;重复	(5)
rappeler *v. t.*	叫回;提醒;再打电话	(3)
rappeler qn à l'ordre	要求某人守秩序	(10)
rapport *n. m.*	关系,联系	(7)
rassurer *v.* t.	使放心;使安心	(10)
rater v. t.	未击中;没搞好	(2)
ravi, e *a.*	狂喜的;心花怒放的	(3)
réaction *n. f.*	反应;反抗;对抗	(10)
réalisation *n. f.*	实现;实施	(11)
réaliser *v. t.*	实施;实现	(5)
récemment *adv.*	最近;近来	(14)
récent, e *a.*	近期的;最近的	(16)
récepteur couleur *n. m.*	彩色电视接收机	(4)
recherche *n. f.*	研究;探讨;寻找	(2)
rechigner à *v. i.*	对……不乐意;厌恶……	(16)
récit *n. m.*	故事;报导;叙述	(5)
récolter *v. t.*	收获	(3)
recommencer *v. i. et v. t.*	重新开始	(2)
reconnaissable *a.*	可辨认的	(16)
reconnaître *v. t.*	承认;认出;识别	(5)
record *a.*	创纪录的,空前的	(16)
recouvrir *v. t.*	重新盖上;掩盖;盖满	(9)
recueillir *v. t.*	采集;收集;收留	(16)
recul *n. m.*	(鉴赏、评价一事物所需的)时空距离	(11)
reculé, e *a.*	遥远的;偏僻的	(10)
réel, le *a.*	真的;实在的	(8)
référence *n. f.*	参考;(复)证明,介绍信	(7)
refermer *v. t.*	关闭;埋藏	(8)
reflet *n. m.*	反映;反射	(15)

refléter *v.t.*	反映;显出	(4)
réflexion *n.f.*	思考;深思	(10)
refouler *v.t.*	驱逐;抑制	(9)
regard *n.m.*	目光;眼光	(6)
régler *v.t.*	调节;安排;解决;结算	(4)
régler la facture	给发票结账	(14)
règne *n.m.*	统治;领域	(10)
regretter *v.t.*	遗憾;抱歉;懊悔	(8)
rejeter *v.t.*	抛弃;排出	(12)
rejoindre *v.t.*	加入	(3)
réjoui, e *a.*	欢乐的;高兴的	(9)
relatif, ve *a.*	相对的;相关的	(13)
religieux, se *a.*	宗教的	(5)
remarquable *a.*	杰出的;卓越的	(11)
remarquer *v.t.*	注意到;认出	(3)
rembourser *v.t.*	偿还;清除	(15)
remise *n.f.*	送交;延期;减价	(11)
remontée *n.f.*	再上升	(7)
remonter à *v.i.*	重新上升;溯源而上	(1)
rendre *v.t.*	使得,使变为	(12)
rendre service à qn.	为某人提供服务	(1)
renoncer à *v.i.*	放弃;抛弃	(9)
rentable *a.*	有收益的;生利的	(14)
repérer *v.t.*	定位;定向;发现,认出	(9)
replanter *v.t.*	移植;再种	(3)
reportage *n.m.*	报道 ;采访	(4)
reprendre *v.t.*	重操;取回;再干	(11)
représentant *n.m.*	代表;代理人	(10)
représenter *v.t.*	代表;代理	(14)
réprobation *n.f.*	严厉谴责;非难	(15)
reproche *n.m.*	谴责;指责	(9)

républicain, e *a.*	共和国的	(3)
requin *n.m.*	鲨鱼;贪婪的人	(10)
résider *v.i.*	居住;定居	(9)
résidu *n.m.*	剩余物;残渣	(12)
résigné, e *a.*	顺从的,屈从的	(9)
Résistance *n.f.*	(二战期间)法国抵抗运动	(6)
respecter *v.t.*	尊敬;遵守	(11)
respirer *v.t.*	呼吸;吸入	(12)
ressembler à *v.t.ind.*	和……相像	(6)
restaurateur, trice *n.*	饭店老板	(7)
reste *n.m.*	其余;剩余;残余	(9)
rester attaché à	非常依恋……	(13)
rester en contact avec qn.	和某人保持联系	(8)
restreint, e *a.*	缩小的;受限制的	(11)
résultat *n.m.*	结果;结局	(5)
résulter	(仅用不定式、现在分词及第三人称)导致;引起	(12)
retarder *v.t.*	耽搁;推迟	(7)
retirer *v.t.*	收回;取出;获得	(15)
retour *n.m.*	回归;返回	(6)
retransmettre *v.t.*	转发;转播	(1)
retrouver *v.t.*	找到;发现;重见	(2)
réussite *n.f.*	成功;胜利;成就	(15)
rêve *n.m.*	梦;梦境	(2)
revendre *v.t.*	转卖;再出售	(15)
revenu *n.m.*	收入;收益	(9)
revêtir *v.t.*	穿上;授与;覆盖	(10)
Révolution française *n.f.*	法国大革命	(1)
richesse *n.f.*	财富;富饶	(2)
ridicule *a.*	可笑的;滑稽的	(6)
risque *n.m.*	冒险;危险	(12)

roi *n.m.*	国王	(2)
roman policier *n.m.*	侦探小说	(5)
Roux	胡(人名)	(5)
rugby *n.m.*	橄榄球	(4)
rumeur *n.f.*	嘈杂声;流言;谣言	(6)

S

S.M.I.C. *n.m.*	最低行业增长工资	(15)
S.M.I.G. *n.m.*	最低行业保证工资	(5)
S.O.F.R.E.S. = La Société française des Enquêtes par sondage	法国社会民意测验所	(5)
s'accouder *v.pr.*	用肘依靠	(7)
s'accroître *v.pr.*	增长	(14)
s'accumuler *v.pr.*	聚集;堆积	(10)
s'adapter à	适合于……;适应……	(14)
s'adresser à	对……讲话;对……播出	(4)
s'agenouiller *v.pr.*	跪下	(6)
s'annoncer *v.pr.*	预示;显示	(10)
s'appliquer à	适应;适合	(10)
s'apprêter à qch.	准备	(6)
s'approcher de	接近……;靠近……	(6)
s'attaquer à *v.pr.*	攻击;损坏;对付	(9)
s'augmenter *v.pr.*	增长	(15)
s'écarter *v.pr.*	离开;背离;分开	(6)
s'écrier *v.pr.*	叫喊;大声说	(9)
s'élever *v.pr.*	上升;提高	(15)
s'éloigner *v.pr.*	走开;离去;远去	(3)
s'embarquer *v.pr.*	上船;上火车;启程	(8)
s'empêcher de faire	自禁做某事	(9)
s'en tenir là	限于此处;到此为止	(2)

s'en aller *v. pr.*	离去;走(掉)	(2)
s'enrichir *v. pr.*	致富;发财	(9)
s'entretenir *v. pr.*	交谈;谈话	(11)
s'épuiser *v. t.*	耗尽;衰竭	(12)
s'équiper *v. pr.*	自行装备	(14)
s'établir *v. pr.*	定居;以……为业	(14)
s'étonner de *v. pr.*	对……表示惊讶	(9)
s'expliquer *v. pr.*	解释;说明	(7)
s'installer à	安家,定居	(2)
s'opposer *v. pr.*	反对;对抗	(10)
s'ouvrir *v. pr.*	打开;开启	(10)
sable *n. m.*	沙子	(2)
saigner *v. i.*	流血;出血	(6)
sain, e *a.*	健康的;健全的	(9)
Sain-Loup	圣·卢普(法国地名)	(14)
saisir *v. t.*	抓住;抓紧;领会	(6)
saisonnier *n. m.*	季节性工人	(7)
salarié *n. m.*	领工资者;靠薪金生活的人,工薪阶层	(14)
sandales *n. f. pl.*	拖鞋;凉鞋;布鞋	(11)
sans cesse *loc. adv.*	不断地;不停地	(15)
sans compter	不算;不把……计算在内	(1)
Sartre	萨特(法国作家)	(5)
satellite *n. m.*	卫星;(引)仆从	(1)
satire *n. f.*	讽刺;讽刺作品	(16)
satisfaire *v. t.*	使满意;令人满意	(4)
sauf *prép.*	除……以外;除非	(4)
sauvegarde *n. f.*	保护;保障	(12)
sauveteur *n. m.*	救生员;援救者	(7)
savon *n. m.*	肥皂	(12)
Schumann	舒曼(德国音乐家)	(8)

science-fiction *n. f.*	科学幻想	(5)
sciences humaines *n. f. pl.*	人文科学	(5)
scolaire *a.*	学校的	(5)
scolarité *n. f.*	学习期限;入学;就学	(7)
se vendre *v. pr.*	卖;出售	(16)
se limiter *v. pr.*	自我限制;局限于……	(16)
se serrer la ceinture	勒紧腰带	(15)
se croiser *v. pr.*	相交;交杂在一起	(6)
se dérouler *v. pr.*	展开;发生	(11)
se découvrir *v. pr.*	脱帽;(天)变晴朗	(3)
se mettre à plusieurs	几个人组织在一起	(3)
se produire *v. pr.*	发生;产生	(11)
se relever *v. pr.*	重新站起来;升高	(6)
se doubler de... *v. pr.*	夹杂着……	(12)
se multiplier *v. pr.*	增多;繁殖	(12)
se brûler *v. pr.*	烫痛、烧痛自己	(6)
se voir faire qch.	认为自己能做某事	(7)
se tromper *v. pr.*	搞错了;弄错了	(1)
se fier à qch(qn).	相信某物(某人)	(1)
se lancer *v. pr.*	投入;投身	(14)
se plaindre de *v. pr.*	报怨	(8)
se moquer de qn.	嘲笑某人,戏弄某人	(8)
se transporter *v. pr.*	想象自己置身于;设想自己生活在	(8)
se calmer *v. pr.*	平静下来	(1)
se couvrir *v. pr.*	乌云密布	(1)
se tenir *v. pr.*	站在;保持;维持;举行,召开	(9)(10)
se réjouir de	喜悦,高兴	(5)
se passer de qch.	戒掉某物;免去某物	(4)
se troubler *v. pr.*	变混浊;发慌	(9)
se reposer *v. pr.*	休息	(2)

se libérer *v. pr.*	解放自己	(13)
se surmener *v. pr.*	劳累过度;工作过度	(2)
se faire de la bile	忧虑;焦急不安	(6)
se retourner *v. pr.*	转身	(6)
se faire *v. pr.*	变为;变成	(2)
se manifester *v. pr.*	表现出	(10)
se refermer *v. pr.*	再关闭;再合上	(6)
se former *v. pr*	形成	(3)
se hâter de faire	赶忙做某事	(10)
se croire *v. pr.*	自信;自以为	(10)
se répéter *v. pr.*	重复出现	(6)
se prononcer *v. pr.*	发表意见	(10)
se presser *v. pr.*	拥挤,聚集	(10)
se fondre *v. pr.*	融化;熔化;溶解	(10)
se traduire *v. pr.*	被解释为;表现	(15)
se confirmer *v. pr.*	被证明;被证实	(14)
secouer *v. t.*	摇晃;摇动	(3)
secret, ète *a.*	秘密的;机密的	(10)
secteur *n. m.*	部门;区域	(7)
secteur de pointe *n. m.*	高精尖领域	(15)
sécurité *n. f.*	安全	(12)
seigneur *n. m.*	领主;大人	(2)
selon *prép.*	根据	(2)
semelle *n. f.*	鞋底(脚印)	(6)
sens *n. m.*	观念,意识;感觉	(13)
sensibilisé *a.*	敏感的;关注的	(12)
sensibiliser *v. t.*	使敏感	(12)
sensibilité *n. f.*	敏感;感觉;灵敏度	(4)
sentiment *n. m.*	感情,情感	(11)
sérieux *n. m.*	严肃;认真;可靠性	(16)
sexe *n. m.*	性;性别	(13)

si...que	如此……以致	(9)
sigle *n. m.*	缩略语;缩写	(16)
signe *n. m.*	信号;象征;迹象	(14)
Simone	西蒙娜(法作家)	(6)
site *n. m.*	风景;景点	(12)
sitôt que	一……就……	(6)
smicard *n. m.*	领取最低各行业增长工资者	(15)
sociologie *n. f.*	社会学	(8)
soi *pron. pers.*	自己	(4)
soigneusement *adv.*	细心地;细致地	(6)
soin *n. m.*	关心;照顾	(6)
sois (être 的虚拟式现在时变位第二人称单数)		(2)
soit *conj.*	即,就是,等于说	(4)
sol *n. m.*	地面;土地;土壤	(6)
solaire *a.*	太阳的	(12)
soldat *n. m.*	士兵	(6)
solde *n. m.*	差额,余额	(14)
solennel, le *a.*	庄严的;庄重的	(6)
solitaire *a.*	孤独的;孤僻的	(11)
somme *n. f.*	总数;款项	(4)
somnolence *n. f.*	昏昏欲睡;半睡	(10)
sondage *n. m.*	试探,测试	(5)
sort *n. m.*	命运	(10)
sortie *n. f.*	下班,放学	(13)
sortir en boîte	去夜总会	(5)
souiller *v. t.*	弄脏;糟蹋	(12)
soupir *n. m.*	叹气;呼气	(2)
soupirer *v. i.*	叹气;追求	(2)
source *n. f.*	来源;源	(12)
sourcil *n. m.*	眉毛	(9)
sourd, e *a.*	聋的	(10)

sous-entendu *n.m.*	暗示;言下之意	(9)
sous-marin *n.m. et a.*	潜水艇;海下的	(10)
souvenir *n.m.*	回忆;纪念品;(复数)回忆录	(5)
spatial, e, *aux a.*	空间的;宇宙的	(10)
spécialisé, e *a.*	专门的;专业的	(9)
stabilité *n.f.*	稳定(性)	(5)
standing *n.m.*	豪华;舒适;地位	(10)
steward *n.m.*	(船、机)服务员;乘务员	(10)
style *n.m.*	风格;文笔;文体	(9)
subalterne *a.*	下级的;附属的	(13)
subir *v.t.*	忍受;遭受	(14)
subordonné, e *a.*	从属的;下属的	(6)
Suède *n.f.*	瑞典	(9)
suffisamment *adv.*	足够地;充足地	(16)
suivi, e *a.*	连续的;连贯的;观(听)众多的	(4)
superpréventif , ve *a.*	超级预防的	(10)
support *n.m.*	支柱;支持;表示概念的东西	(16)
supposer *v.i.*	假设;设想	(16)
sur soi	随身;身边;身上	(15)
sur le tas	在工作现场;正在工作	(7)
sur place	原地;就地;现场	(7)
sur le dos	仰面;背朝下	(3)
sûrement *adv.*	肯定地;确实地	(6)
sûreté *n.f.*	确实;无疑	(8)
surplus *n.m.*	余额;剩余	(14)
surprendre *v.t.*	撞见;突然袭击	(6)
surproduction *n.f.*	生产过剩	(14)
survenir à	〔法〕事后增加,增益	(14)
susceptible *a.*	可以……的;能接受……的	(14)
susciter *v.t.*	引起;激起	(12)
symétriquement *adv.*	对称地;均匀地	(10)

symphonie *n. f.*	交响乐;交响曲	(8)
symptôme *n. m.*	症状;征候	(14)
synthèse *n. f.*	综合;总括;合成	(11)

T

tablier *n. m.*	围裙;工作罩衫	(6)
tabou *a. et n. m.*	禁忌(的)	(15)
tache *n. f.*	污点;渍,迹	(6)
taille d'établissement *n. f.*	企业(机关)的规模	(15)
talent *n. m.*	天赋;天才;才能	(9)
tandis que *loc. conj.*	然而;而	(12)
tant ... que	…… 和 ……; 不论 …… 还是 ……	(13)
tant de *loc. adv.*	如此多的	(8)
tantôt ... tantôt...	时而……时而……	(8)
tarder à faire qch.	延迟做某事	(10)
tartine *n. f.*	(涂有果酱等的)面包片	(6)
tas *n. m.*	堆,垛;工地	(7)
taux *n. m.*	定价;比率;利率	(15)
taxe *n. f.*	捐税,赋税	(4)
techniquement *adv.*	技术上;从技术角度	(9)
teint *n. m.*	染色;面色	(9)
tel, le *a.*	这样的;此类的	(16)
téléspectateur *n. m.*	电视观众	(4)
télévisé e *a.*	电视播出(放映)的	(4)
téléviseur *n. m.*	电视机	(4)
témoignage *n. m.*	证据;证词	(11)
témoin *n. m.*	证人;目击者	(9)
tempête *n. f.*	风暴;暴风雨	(1)
tendance *n. f.*	倾向;趋势	(14)

tenir compagnie à qn.	陪伴某人	(2)
tenir *v.i.*	坚持;附着	(3)
tenir à	由于,取决于	(11)
terminale *n.f.*	毕业班	(7)
terrestre *a.*	陆地的;地球的;人间的	(10)
terrien, ne *a.*	占有土地的;乡村的	(14)
tertiaire *a.*	第三的;第三级的;第三位的	(7)
thème *n.m.*	主题;题材	(15)
thermique *a.*	〔物〕热的	(12)
Thiers	梯也尔(法国人名)	(5)
ticket *n.m.*	票;证;定量配给券	(6)
tiercé *n.m.*	前三名独赢(赛马赌博)	(15)
Time	时报(美国著名刊物)	(16)
tintement *n.m.*	钟声;铃声	(6)
tirage *n.m.*	发行量;抽签;摸彩	(15)
tolérant, e *a.*	宽容的;大度的	(8)
tombeau *n.m.*	墓(地);陵墓	(2)
tomber malade	病倒	(2)
ton *n.m.*	口气;口吻	(6)
tonne *n.f.*	吨	(12)
tort *n.m.*	错误	(3)
tortue *n.f.*	乌龟	(10)
total, e, aux *a.*	全部的	(7)
total *n.m.*	总和;总数	(5)
touché, e *a.*	被触及的	(14)
toucher *v.t.*	触;摸;领取	(15)
Toutankhamon	图坦卡门(古埃及法老)	(2)
tout de même *loc.adv.*	仍然;还是	(1)
toutefois *adv.*	然而;可是	(10)
tracas *n.m.*	忙乱;忧虑,烦恼	(2)
traditionnellement *adv.*	传统地;历来地	(7)

traduction *n.f.*	翻译	(9)
train de vie *n.m.*	生活排场	(14)
traite *n.f.*	挤奶;行程;汇票	(15)
traitement *n.m.*	待遇;薪金	(15)
tramontane *n.f.*	(地中海沿岸的)北风	(1)
tranche *n.f.*	(切下的)薄片;切口	(6)
transformation *n.f.*	改变;改造;加工	(14)
traversée *n.f.*	横渡;横穿;跨过	(1)
tremblement *n.m.*	震动;抖动	(1)
tremblement de terre *n.m.*	地震	(1)
trier *v.t.*	挑选;分类	(7)
tristement *adv.*	伤心地,悲伤地	(2)
tristesse *n.f.*	悲伤;忧伤	(9)
troupes *n.f.pl.*	部队;军队	(6)
tunique *n.f.*	制服上装	(11)
type *n.m.*	型;类;号;(俗)家伙	(5)

U

ultra *a.*	超级的	(10)
univers *n.m.*	宇宙,世界	(1)
universitaire *a.*	大学的	(5)
urbain, e *a.*	城市的	(10)
ustensile *n.m.*	用具;器皿	(10)

V

V.S.D.	周末三日报	(16)
vacancier, ère *n.*	度假的人	(7)
vague *a.*	模糊的,朦胧的	(10)
vallée *n.f.*	山谷;河谷	(2)
varié, e *a.*	多变的;各种各样的	(12)

varier *v. i.*	变化；各有不同	(4)
variété *n. f.*	多样性；(复数)综艺节目	(4)
végétal, e, aux *a.*	植物的	(10)
vente record *n. f.*	创纪录的销售	(16)
verger *n. m.*	果园	(3)
véritable *a.*	真正的；真实的	(8)
verre *n. m.*	玻璃(制品)，玻璃杯	(6)
versé, e *a.*	精通的；交付的	(4)
verser *v. t.*	交纳；交付	(4)
victime *n. f.*	牺牲品	(14)
Victor Hugo	维克多·雨果(法国著名作家，诗人)	(9)
vieillissement *n. m.*	老年化；老龄化	(14)
vif, ve *a.*	活跃的；热烈的	(12)
vigueur *n. f.*	精力；活力	(15)
violent, e *a.*	剧烈的，激烈的；暴力的	(9)
Vitray	维特莱(地名)	(14)
Vive *interj.*	万岁	(1)
vivement *adv.*	十分；急速地；激动地	(10)
vivre de qch.	以……为生	(12)
vogue *n. f.*	流行；时髦	(5)
voir le jour *loc. verb.*	诞生；降临人世	(16)
voir grand	有宏大计划(长远设想)	(3)
voire *adv.*	甚至	(4)
voisin, e *a.*	相邻的；毗邻的	(2)
volcan *n. m.*	火山	(1)
volcanique *a.*	火山的	(1)
voleur *n. m.*	小偷；窃贼	(2)
voleuse *n. f.*	女贼	(2)
volume *n. m.*	卷；册；体积；容积；总额	(16)
voter à gauche	投左派的票	(5)

voter *v.i.*	投票;表决	(5)

W

Washington	华盛顿(美国首都)	(10)
wind-surf [**windsoerf**] *n.m.*	(英)冲浪运动	(7)

Z

Zola	左拉(法国自然主义作家)	(5)
zone *n.f.*	地区	(1)